5

백제학연구총서 쟁점백제사

백제의 성장과 중국

The Growth of Baekje and China

백제학연구총서 쟁점백제사 5

백제의 성장과 중국

발행인 이인숙(한성백제박물관장)
총괄 이인숙(한성백제박물관장)
기획 · 진행 조영하(백제학연구소장), 이장웅(학예연구사)
편집교정 이장웅(학예연구사), 방문식(연구원)
행정지원 양미아(백제학연구소), 윤석존 · 이영경 · 진광호(총무과)

한성백제박물관
138-829 서울특별시 송파구 위례성대로 71
Tel. 02-2152-5800
http://baekjemuseum.seoul.go.kr

발행일 2015년 1월 31일

디자인 · 제작 홀리데이북스
Tel 02-2026-0544

ISBN 979-11-86012-03-1

5

백제학연구총서 쟁점백제사

백제의 성장과 중국

The Growth of Baekje and China

한성백제박물관
SEOUL BAEKJE MUSEUM

발간사

한성백제박물관은 백제학 연구총서 쟁점백제사 제V권, '백제의 성장과 중국'을 발간합니다.

박물관이 매년 두 차례씩 개최하고 있는 '쟁점백제사' 기획 시리즈의 다섯 번째 학술회의가 2014년 10월 2일에 개최된 바 있습니다. 백제는 삼국 중에서도 주변 다른 나라들과의 교섭과 교류 면에서 가장 활발한 면모를 보여주었던 나라입니다. 이번 학술회의에서는 이러한 백제의 대외 교섭에 초점을 맞추어 '백제의 성장과 중국'이라는 주제를 다루어 보았습니다. 백제 시대, 특히 한성백제 시기 동안의 백제와 중국과의 관계를 조명해 본 문헌사학과 고고학 분야의 연구 성과가 4편의 논문과 집중토론을 통해 진지하게 논의되었으며 이를 종합적으로 정리하여 백제학 연구총서 쟁점백제사 시리즈 제V권으로 간행하게 된 것입니다.

백제는 지정학적으로 한반도의 심장부, 한강변에 왕도를 정하고 대외적인 왕래와 교류를 적극적으로 수행함으로써 정치, 문화적으로 성장, 발달했던 진취적인 나라였다고 할 수 있습니다. 그러나 지금까지도 백제 역사에 대한 사료와 유물 자료는 워낙 부족하여, 단편적으로나마 복원해 볼 수 있는 백제 시대의 문화상은 극히 일부분에 지나지 않습니다. 사실, 백제 시대의 문화 수준과 기술의 발달 상황이 예사롭지 않았음은 최근에 추가된 뛰어난 백제 금동 공예품인 나주 정촌 고분 출토 용무늬 금동 신발에도 잘 나타나 있습니다. 오늘날에도 새롭게 발견되고 있는 백제 관련 학술 정보들을 대하면서, 한민족 문화 정체성의 뿌리가 되었던 고대 왕국, 백제의 찬란했던 실체에 대하여 우리 시대 학계는 사명감을 가지고 더욱 조사, 연구에 매진하여 백제 역사 복원에 기여해야겠다고 다짐해 봅니다.

이번 학술총서의 간행으로 한성백제와 중국의 관계에 대한 학계의 연구 현황과 성과를 연구자와 시민들이 다 함께 공유하면서, 앞으로의 연구 방향 설정과 백제학 연구 활성화에 기여하고 더욱 완성된 연구를 위한 기초 자료로 활용될 수 있기를 기대해 마지않습니다.

해를 거듭하면서 나날이 발전하고 있는 한성백제박물관 기획 시리즈, 쟁점백제사 학술대회에 직접 참여하여 자문해 주시고 훌륭한 논문 발표와 더불어 중요 쟁점 사안에 대한 집중토론에 열성적으로 임해 주신 여러 학자님들과, 관심을 가지고 참여해주시는 여러분들께 이 자리를 빌려 깊은 감사의 말씀을 드리고자 합니다.

2015년 1월

한성백제박물관 관장 李仁淑

목 차

종합토론 2부

주제발표 1

3세기 이전 마한백제의 성장과 중국

윤 용 구 인천도시공사

I. 머리말

3세기는 마한馬韓의 한 소국에서 출발한 '백제伯濟'가 고대국가 '백제百濟'로 전환하는데 있어 중요한 시기로 이해되고 있다.[1] 그러나 『삼국사기』와 관련된 중국사서가 보여주는 대조적인 서술은 백제와 이를 포용하고 있던 마한사회를 이해함에 있어서 많은 혼란을 주고 있다.

다 아는 대로 『삼국사기』에는 백제가 이미 기원 전후 한반도 중서부 지역을 장악한 영역국가로 묘사되어 있다. 반면 『삼국지三國志』에는 3세기 중반까지도 마한의 50여 제국諸國 가운데 그 이름만이 확인될 뿐이며, 3세기 후반의 상황을 짐작케 하는 『진서晉書』에는 그 마저도 보이지 않는다.

『삼국사기』 백제본기와 중국사서, 특히 『삼국지』 한전韓傳에 나타나는 정치발전단계의 현격한 차이를 극복하고자 많은 노력이 이루어져 왔다. 『삼국사기』 초기기록에 대한 불신과 긍정, 그리고 수정론에 입각하여 가능한

---

1) 김수태, 1998, 「3세기 중 · 후반의 백제의 발전과 마한」, 『마한사연구』, 충남대학교 출판부.
박순발, 2001, 「마한 대외교섭의 변천과 백제의 등장」, 『백제연구』 33, 충남대학교 백제연구소.
권오영, 2001, 「백제국(伯濟國)에서 백제(百濟)로의 전환」, 『역사와 현실』 40, 한국역사연구회.

자료를 복원하려는 연구가 진행되어 왔고, 사료의 결함을 고고학적 자료를 통하여 메우려는 시도 또한 되풀이 되고 있다. 그 결과 마한과 백제사에 대한 연구와 이해의 폭이 넓어졌으나 여전히 정리된 의견과 해석은 드러나지 않고 있다.

3세기 이전 백제와 중국군현의 교섭을 이해하는데 있어서도 그 기초자료가 되는 『삼국사기』 초기기사와 『삼국지』 한전에 대한 내부 논리를 더욱 명료히 추구하는데서 비롯되어야 한다는 지적[2]은 강조하여도 지나침이 없을 것이다. 본고에서 3세기 이전 백제의 성장과 중국과의 교섭을 이해하는 데 있어서도 기초사료의 문제를 통하여 그 동안의 연구와 이해 방향을 살펴보고자 한다.

제 1장에서는 『삼국사기』 백제본기 온조왕에서 분서왕에 이르는 기간 낙랑군 등 중국과의 교섭기사와 『삼국지』 한전에 수록된 마한 50여국의 명단國目의 작성 시기, 배열 기준, 분포 등을 통해 대중국 교섭의 외적 조건을 살펴보고자 한다. 제 2장에서는 3세기 중엽 발생한 이른바 기리영 공격 사건을 일으킨 주체에 대한 규명을 통하여 중서부 마한사회 속에서 백제국 성장의 한 단면을 살펴보고자 한다. 제 3장에서는 『진서』 무제기武帝紀와 한전韓傳 등에 보이는 마한을 비롯한 동이東夷의 조공기사를 재정리하고, 이 시기 대외교섭의 주도권을 백제왕이 장악하면서 마한제국馬韓諸國에 대한 지배력을 넓혀 나갔다는 이해를 재검토할 것이다.

---

2) 이강래, 2005, 「삼국지 동이전과 한국고대사」, 『전남사학』 25, 전남사학회, 319~343쪽.
주보돈, 2013, 「삼한 관련 기본사서의 문제」, 『삼국지 동이전의 세계』, 성균관대학교출판부, 87~96쪽.

Ⅱ. 교섭기사 이해의 전제

1. 『삼국사기』 백제본기와 낙랑

3세기 이전에 해당하는 『삼국사기』 백제본기의 온조왕에서 분서왕까지의 기록에서 낙랑 등 중국과의 교섭 기사를 발췌해 보면 다음과 같다.

〈사료 1〉 『삼국사기』 백제본기 낙랑 관련 기사(온조왕~분서왕)

① 온조왕 4년(기원전 15) 가을 8월 낙랑樂浪에 사신을 보내 우호를 닦았다.

② 온조왕 8년(기원전 11)가을 7월에 마수성馬首城을 쌓고 병산책甁山柵을 세웠다. 낙랑태수樂浪太守가 사람을 보내 말했다. "지난날 서로 사신을 교환하고, 우호관계를 맺어 한 집안과 같이 여기고 있는 터에, 지금 우리의 영역에 접근하여 성을 쌓고 목책을 세우고 있으니, 혹시 우리 땅을 점점 차지하려는 계획이 아닌가? 만일 옛날의 우호관계를 유지하려면, 성을 허물고 목책을 제거하여 억측과 의심을 하지 않도록 하라! 만약 그렇게 하지 않는다면 전투로 승부를 결정하자!" 왕이 이에 대답하였다. "요새를 설치하여 나라를 수비하는 것은 고금의 상도이거늘, 어찌

이 문제로 화친과 우호관계에 변함이 있겠는가? 이는 당연히 그대가 의심할 일이 아니다. 만일 당신이 강한 것을 믿고 군사를 출동시킨다면, 우리 역시 대응할 뿐이다."이로 말미암아 낙랑과 우호관계가 단절되었다.

③ 온조왕 11년(기원전 8) 여름 4월에 낙랑樂浪이 말갈靺鞨로 하여금 병산책瓶山柵을 습격해서 파괴한 다음 1백여 명을 죽이거나 사로잡았다. 가을 7월에 독산禿山과 구천狗川 두 곳에 목책을 설치하여 낙랑으로 가는 도로를 차단하였다.

④ 온조왕 13년(기원전 6) 여름 5월에 왕이 신하들에게 말했다. "동쪽에는 낙랑이 있고, 북쪽에는 말갈이 있다. 그들이 변경을 침공하여 편안한 날이 없다. 하물며 요즈음에는 요사스러운 징조가 자주 보이고, 어머님이 세상을 떠나셨으며, 나라의 형세가 불안하다. 반드시 도읍을 옮겨야겠다. 내가 어제 순행하는 중에 한수漢水의 남쪽을 보니, 토양이 비옥하였다. 따라서 그곳으로 도읍을 옮겨 영원히 평안할 계획을 세워야겠다."

⑤ 온조왕 17년(기원전 2) 봄에 낙랑이 침입하여 위례성을 불태웠다.

⑥ 온조왕 18년(기원전 1) 11월에 왕이 낙랑의 우두산성牛頭山城을 습격하기 위하여 구곡臼谷까지 갔다. 그러나 눈이 크게 내렸으므로 되돌아왔다.

⑦ 고이왕 13년(246) 가을 8월에 위魏나라 유주자사幽州刺史 관구검毌丘儉이 낙랑태수 유무劉茂 · 삭방태수朔方太守 왕준王遵과 함께 고구려를 공격하자, 왕은 그 틈을 이용하여 좌장 진충眞忠으로 하여금 낙랑의 변방 주민들을 습격하여 잡아오게 하였다. 유무가 이 말을 듣고 분개하였다. 왕이 침공을 받을까 걱정하여 잡아온 사람들을 돌려보냈다.

⑧ 책계왕 즉위(286) 고구려가 대방帶方을 치자 대방은 우리에게 구원을 요청하였다. 이에 앞서 왕이 대방 왕의 딸 보과寶菓를 부인으로 맞이하였기 때문에 왕이 "대방은 우리와 장인과 사위 관계의 나라이니, 그들의 요청을 들어 주어야 한다."고 말하고, 마침내 군사를 출동시켜 구원하였다. 고구려에서 이를 원망하였다. 왕은 고구려의 침략을 염려하여 아차성阿且城을 수축하여 방비하게 하였다.

⑨ 책계왕 13년(298) 가을 9월에 한漢이 맥인貊人을 이끌고 와서 침략하였다. 왕이 직접 나가서 방어하다가 적병에게 살해되었다.

⑩ 분서왕 7년(304) 봄 2월에 낙랑의 서현西縣을 기습하여 빼앗았다. 겨울 10월에 왕이 낙랑태수가 보낸 자객에게 살해되었다.

온조왕에서 분서왕에 이르는 기사 중에 낙랑 등 중국과의 교섭기사는 모두 10건 정도이다. 그 가운데 6건이 시조 온조왕대에 기록되어 있고, 고이왕대 1건, 책계왕대 2건, 분서왕대 1건이다. 온조왕 18년의 기록 이후는 전혀 교섭기록이 없다가 무려 240여년이 지난 고이왕대 1건이 보일 정도로 빈약하다. 고이왕대 기록을 뺀다면 백제 건국 초와 낙랑군 소멸기에 교섭한 내용을 기재한 듯 보인다.

낙랑군과 대방군의 존속기간이나 백제가 군현 가까이 위치하였음을 생각할 때 〈사료 1〉의 기록은 두 세력 간의 통교 사실을 제대로 전하는 것으로 볼 수 없다. 더구나 백제본기의 온조왕조에 기록된 6건의 기록은 온조왕대에 군현세력의 간섭과 압력을 제압하고 성장할 수 있던 기틀을 마련한 것처럼 만들어져 있다. 온조왕으로부터 240여 년간 낙랑과의 어떤 분쟁과 교섭 기사가 없는 것도 이를 표현하고자 한 것이 아닌가 생각된다.

〈사료 1〉의 교섭기사는 『삼국사기』에 보이는 '낙랑'의 실체와 관련하여 모두 동일한 존재로 파악하기는 어려워 보인다. 온조왕 13년 조의 '동유낙랑東有樂浪'을 신채호와 같이 '서'로 혹은 '북'의 오기로 처리하기도 쉽지 않다. 남하하는 진한계 주민 또는 영서지역의 예족을 지칭한다는 견해가 있지만 현재로서는 정리된 의견이 없는 형편이다.[3]

〈사료 1〉의 기사는 또한 대방군에 대한 기록이 거의 없는 것이 특징이다. 물론 남겨진 기록이 적기도 하지만 분서왕이 낙랑태수가 보낸 자객에게 살해당했다는 것도 이해가 쉽지 않다. 책계왕이 대방왕의 딸과 혼인했다는 표현처럼 나타나듯이 '낙랑'은 매우 부정적으로 '대방'은 우호적인 내용으로 표현되고 있는 것도 눈에 두드러진다.

『삼국사기』 백제본기의 낙랑 관련 기록은 한강유역과 경기북부 지역 마한제국이 군현의 간섭을 배제한 역사적 경험을 온조왕대의 사실로 일괄 정리한 것으로 보이는 점, 3세기 후반 군현 소멸기에 백제는 대방군 지역에서 보다 많은 인적 · 물적 자원을 획득하였을 것으로 생각된다. 그 결과가 '낙랑'에 대하여 적대적인 표현을 가져온 원인이 아닌가 생각된다.

고이왕 13년 이른바 조위曹魏의 동침東侵에 따른 한위韓魏간 분쟁을 표현한 것이다. 중국사서의 기록과 다른 '고기古記'에 의거한 기록일 것이다.

---

3) 『삼국사기』 백제본기의 낙랑관련 기사에 대해서는 아래 논고의 정리가 유용하다.
김병남, 2002, 「백제 온조왕대의 '동유낙랑(東有樂浪)'에 대하여」, 『대동사학(大同史學)』 1, 대동사학회.
윤선태, 2005, 「『삼국사기』 백제본기 초기기사의 낙랑과 말갈」, 『한성백제사료연구』, 경기문화재단.

2. 『삼국지』 동이전 마한제국(馬韓諸國)의 분포

『삼국지』 권30 한전 마한조 송본宋本(紹興本)에는 마한의 50여 국명이 다음과 같이 나열되어 있다.[4] 백제국伯濟國의 존재가 유일하게 보이는 대목이다.

〈사료 2〉『삼국지』 권30 위서30 동이전 한

有爰襄國 牟水國 桑外國 小石索國 大石索國 優休牟涿國 臣濆沽國 伯濟國 速盧不斯國 日華國 古誕者國 古離國 怒藍國 月支國 咨離牟盧國 素謂乾國 古爰國 莫盧國 卑離國 占離卑國 臣釁國 支侵國 狗盧國 卑彌國 監奚卑離國 古蒲國 致利鞠國 冉路國 兒林國 駟盧國 內卑離國 感奚國 萬盧國 辟卑離國 臼斯烏旦國 一離國 不彌國 支半國 狗素國 捷盧國 牟盧卑離國 臣蘇塗國 莫盧國 古臘國 臨素半國 臣雲新國 如來卑離國 楚山塗卑離國 一難國 狗奚國 不雲國 不斯濆邪國 爰池國 乾馬國 楚離國 凡五十餘國 大國萬餘家 小國數千家 摠十餘萬戶

먼저 『삼국지』 한전에 수록된 55개 마한국목馬韓國目이 어느 정도 신뢰할 만한 것인지를 살펴보자. 아래 〈표 1〉에서 보는 대로 55개 국명 가운데 22개 국명에서 이표기異表記가 보이지만, 첨자와 도치된 것이 3개 사례에 불과하고 나머지는 전사 과정에서 유사한 필획으로 오사한 경우였다. 특히 55

---

4) 남송초에 간행된 소흥본(紹興本) 『삼국지』는 현재 북경(北京) 중국국가도서관(中國國家圖書館) 선본서고(善本書庫)에 〈『삼국지(三國志)』 송각체수공문지인본(宋刻遞修公文紙印本)〉으로 분류되어 있다. 위지(魏志) 30권만 남아있으며 동이전이 수록된 판본으로는 현재 가장 오래된 것이다. 성균관대학교 김경호 선생님의 도움으로 실견하게 되었다. 이 자리를 빌어 감사를 드린다.

국의 국목國目의 배열은 남송대 간행된 『삼국지』 제간본諸刊本에서나, 『한원翰苑』과 『통지通志』 및 『문헌통고文獻通考』 등의 재인용한 사료에서도 기재 순서가 모두 일치하였다. 마한국목을 가지고 배열의 기준을 살펴보는 데 있어서 사료상의 문제는 크지 않다고 생각된다.

마한의 50여국을 처음 기록한 『삼국지』를 진수陳壽가 저술한 시기는 늦어도 284년 이전으로 이해되고 있다.[5] 그리고 『삼국지』 가운데도 「위지魏志」의 저술이 가장 빨라 282년 이전에 완성된 것으로 알려져 있다.[6] 그러나 『삼국지』 한전 등 동이전은 위지 이전의 저술이 확실한 『위략魏略』을 진수가 『삼국지』 저술에 자료로 사용하였음은 분명하다. 위략이 저술된 시기는 논란이 많았지만 현재 위진교체기라 할 265년경으로 이해되고 있다.[7] 그렇다면 마한 50여국의 '국목國目'은 적어도 『위략』이 저술된 265년 이전에 작성되었을 것이다. 이를 좀 더 명료하게 보여주는 것이 동이전 서문이다. 곧 "드디어 여러 나라를 두루 관찰하고 그들 나라의 법령과 습속을 수집하여 나라의 크고 작음의 구별과 각국의 명칭을 상세하게 기록할 수가 있었다.[遂周觀諸國 采其法俗 小大區別 各有名號 可得詳紀]"라고 스스로 밝히

---

5) 江畑武, 1981, 「『魏略』の成立年次について」, 『村上四男博士和歌山大學退官記念 朝鮮史論文集』, 開明書院, 62쪽

6) 『삼국지』는 동시에 성서(成書)된 것이 아니라 위지(魏志)를 시작으로 촉 · 오지(蜀 · 吳志) 순으로 이루어졌다(范家偉, 1998, 「陳壽對『三國志』分行與并行的處理」, 『史學史研究』, 1998-1, 北京師大 史學研究所, 39~42쪽). 그 가운데 위지(魏志)는 대체로 280년 이전이나(井上幹夫, 1983, 「三國志の成立とそのテキストについて」, 『季刊 邪馬臺國』 18, 158~159쪽), 늦어도 장화(張華)가 순욱(荀勗)의 질시로 유주자사(幽州刺史)로 좌천되던 282년 이전에 완성되었다 한다(姚季農, 1983, 「『吳書』の寫本と宋 · 紹熙本『三國志』校訂記」, 『季刊 邪馬臺國』 18, 梓書店, 186쪽).

7) 江畑武, 1993, 「翰苑所引の魏略肅愼記事と魚豢の卒年」, 『阪南論集』 28-4, 人文社會科學, 1~8쪽.

〈표 1〉 마한국명(馬韓國名)의 이표기(異表記)

순번	『三國志』 30, 韓傳		『翰苑』 蕃夷部 百濟	『通志』 194, 馬韓	『文獻通考』 324, 馬韓
	宋本 (南宋 紹興本)	通行本 (明 汲古閣本)			
1	爰襄國				愛襄國
2	牟水國		牟襄水國		
3	桑外國		桑水國		
6	優休牟涿國		優休牟淥國		
7	臣濆沽國	臣濆活國	臣濆沾國		
12	古離國		古雜國		
14	月支國		自支國		
15	咨離牟盧國		資離牟盧國		治離牟盧國
17	古爰國		古愛國		
18	莫盧國		英盧國		
20	占離卑國		古離卑國		
21	臣釁國		臣疊國		占釁國
23	狗盧國		支狗盧國		
26	古蒲國		古滿國		
33	萬盧國		邁盧國		
34	辟卑離國		群卑離國		
35	臼斯烏旦國		田斯烏旦國		舊斯烏旦國
38	支半國	支半國	羊皮國	支半國	
40	捷盧國			捷盧國	樓盧國
44	古臘國		古櫛國		
50	狗奚國	徇奚國			
53	爰池國		爰他國		

고 있는 바대로, 240년대 관구검毌丘儉의 동침東侵시기에 파악된 일괄 자료일 가능성이 높다고 하겠다. 이는 다음의 두 가지 점에서 좀 더 분명히 할 수 있다고 여겨진다.

첫째는 조위대 이전과 이후에 확인되는 삼한 소국명이 보이지 않는 반면 조위대 소멸하였을 것으로 추정되는 소국은 기록되어 있기 때문이다. 예컨대 왕망~후한 안제대安帝代까지 삼한의 모범적 조공사례로서 3세기 중엽까지도 회자되던 염사읍廉斯邑이 보이지 않으며, 『삼국지』가 저술되던 283년경 20여 국을 이끌고 조공한 마한 신미국新彌國은 누락되어 있다. 반면 후술한 대로 246년 대방군 기리영을 공격한 후 군현의 반격을 받아 '멸한滅韓'으로 묘사된 신분고국臣濆沽國은 수록되어 있는 것이다. 물론 누락된 염사읍의 경우 3세기경 이미 소멸되었거나, 신미국은 아직 존재하지 않았다고 볼 수도 있다. 이는 『삼국지』 한전의 마한 50여국의 '국목國目'이 삼한의 존속시기 전체를 포괄하지 못한다는 방증이 된다.[8]

둘째, 『삼국지』 왜인전과 『진서』 장화전의 기록은 동이전 수록 조건이 조위와의 교섭 유무에 따라 이루어 졌음을 보여주고 있다.

〈사료 3〉

-① 倭人在帶方東南之中 依山島以爲國邑 舊百餘國 漢時有朝見者 今使譯所通三十國 從郡至倭 循海岸水行 歷韓國 乍南乍東 到其北岸狗邪韓國 七千餘里 始渡一海 千餘里 至對馬國...其南有狗奴國 (『삼국지』 권30 위서30 동이전 왜인)

-② 東夷馬韓新彌諸國 依山帶海 去州四千餘里 歷世未附者二十餘國 並遣使朝獻 (『진서』 권36 열전6 장화)

〈사료 3-①〉에 의하면 왜국은 본래 한대에 소통하던 100여국이 있었지만, 조위曹魏와 사역使譯이 소통所通하던 대마국對馬國 이하 구노국狗奴國에 이르는 30국만을 수록하였다. 왜인전에는 또 "여왕국(女王國)의 이북은 그 호구의 숫자와 거리를 대략적으로 기재할 수 있지만, 그 나머지 주변국은 멀

8) 『삼국지』 위지 동이전에 수록된 소국명이 삼한사회 전체를 포괄하지 못한다는 사실은 일찍이 이병도에 의하여 지적된 바 있다. (이병도, 1959, 293쪽)

리 떨어져 있기 때문에 상세한 것을 알 수 없다.[自女王國以北 其戶數道里可得略載 其與旁國絶遠 不可得詳]"고 하였다. 사역이 소통하지 않은 지역은 기재하지 않았음을 분명히 하고 있다. 〈사료 3-②〉는 283년 유주도독 장화에게 동이마한東夷馬韓인 신미국新彌國 등 20여국이 조공하였음을 알려주고 있다. 따라서 신미국 등 20여국이 「위지」에 수록되지 못한 것은 "역세미부자歷世未附者"라 한 점에서 조위대 통교하지 않았기 때문이다.

이처럼 『삼국지』 한전에 수록된 마한 50여 국은 그 성립 및 존속기간에 있어서 각기 차이가 있겠지만, 240년대 관구검의 동침 시기에 파악된 일괄 자료라는 점은 분명하다고 보겠다. 그것은 240년대 무렵 군현에서 사역使譯이 교섭하며 작성된 일괄 자료에 의거한 것으로 추정된다. 전라남도 지역으로 이해되고 있는 신미국 등 20여국이 "역세미부"로 누락되었다면, 거꾸로 『삼국지』 한전에 수록된 마한 50여 국의 분포를 제한적으로 볼 수도 있다. 다시 말해서 마한 50여국의 범위에서 신미국 등 20여국이 차지하였을 전라남도 지역을 제외할 수도 있다는 생각이다.

〈표 1〉의 55개 마한국목이 어떠한 기준으로 배열되어 있는지에 대하여는 천관우千寬宇 선생의 견해가 일반적으로 받아들여지고 있다. 곧 마한 55개 국목에 대하여

> 이들의 열거 순위는 임진강臨津江 방면에서 점차로 남하하여 전남해안全南海岸 방면에까지 이르고 있는, 북으로부터 남으로의 방향이다. 이 같은 윤곽이 파악되는 이상, 여타의 제국諸國은 같은 음상사音相似의 지명일지라도 그것을 위의 각 기점 부근에서 찾는 것이 결코 잘못이 아니

라고 생각하는 것이다.[9]

라 하면서 마한제국의 열거순위는 임진강방면에서 전남 해안에 이르는, 곧 북에서 남으로의 방향이라고 이해하였다. 앞서 언급한대로 『삼국지』 한전의 마한국목은 이표기가 적지 않아도 기재 순서는 혼동이 없다는 점에서 살펴볼 때 천관우 선생의 견해는 여전히 유효한 것이라 생각된다. 또한 『삼국지』 한전에 마한을 "북방근군제국北方近郡諸國"과 "원처遠處"로 대별한 기록도 이와 상응한다고 여겨진다.[10] 북에서 남으로의 방향이란, 군현에서 가까운 근군에서 원처로 바꾸어 부를 수도 있겠다.

문제는 북에서 남으로 내려가든, 근군에서 원처로 가든지 구체적인 기준이 될 터인데, 위치가 추정되는 몇몇 기점에서 비슷한 발음의 지명을 찾아 "점차 남하하였다"는 천관우 선생의 견해는 따르기 어렵다. 『삼국지』 한전의 마한제국이 마한의 영역 전체에 골고루 분포하였다고 볼 수 없기 때문이다.

국목을 비롯한 마한의 기록은 238년에서 246년 무렵 대방군에서 마한지역과의 교섭을 통해 수집한 일괄자료라는 점이다. 조공 사절에 의한 전문傳聞이었든 아니면 군현이 실제 파악한 자료이든지 간에 55개 마한 국목은 당시 존재하였을 뿐이지 마한의 전 시기에 걸쳐 함께 존재하던 국가로 보기 어렵다. 따라서 마한의 공간적 범위로 생각되는 경기, 충청, 전라도 전역

9) 천관우, 1989, 『고조선사 · 삼한사 연구』, 일조각, 376쪽.

10) "그 나라 북방(北方)의 군(郡)과 가까운 제국(諸國)은 그런대로 약간의 예속(禮俗)이 있지만, 멀리 떨어져 있는 지역은 흡사 죄수와 노비(奴婢)가 모여 사는 곳과 같다.[其北方近郡諸國差曉禮俗 其遠處直如囚徒奴婢相聚]"(『삼국지』 권30 위서30 동이전)

에 1국을 현재의 2개 군 정도로 배당하고, 비슷한 발음의 지명을 찾아 위치를 파악하는 방법은 동의할 수 없다. 특히 55개 국명 가운데 절반 가까운 22개 국명의 이표기가 존재하는 점에서 음상사에 의한 지명 고증은 그 신뢰도를 크게 떨어뜨리는 것이다.

마한의 국목은 238년 이후 일정기간 대방군에서 마한의 여러 세력과 교섭하는 과정에서 수집하였다는 사실에 주목해야 한다고 생각된다. 언급한 대로 삼국지 왜인전에 수록된 대마국對馬國에서 구노국狗奴國에 이르는 30국은 모두 대방군을 통해 조위曹魏에 사역을 보내온 국가들이다.

대방군과 마한과의 조공이든 군사적 충돌이든 모든 교섭은 당시의 교통로를 따라 이루어 졌을 것이다. 그런데 교통로를 따라 교섭한 이민족의 사정을 기술하는 것은 『사기』를 비롯한 중국사서에 보이는 보편적인 기재방식이었다. 『한서』 서역전을 비롯하여[11] 『후한서』 · 『진서』 · 『위서』 · 『주서』 등 남북조시대에 이르는 역대 서역전의 서술도 모두 교통로를 따라 그 연변의 여러 국가와 민족을 순차적으로 배열하고 있음을 본다.[12]

이를 좀 더 살펴보면 목적지까지 교통로를 따라가며 기재하는 순차직선식順次直線式, 일정 지역을 기점으로 방사선식放射線式으로 연결하여 기술하는 방식으로 대별된다. 그런데 순차직선형의 경우도 단선이 아니라 몇 개의 노선을 나누어 노선별로 정리하기도 하며, 『삼국지』 왜인전의 경우처럼 순차직선형으로 서술하다가 방사선식으로 마무리하는 사례도 있다고 한

---

11) 松田壽男, 1970, 「前漢書の天山諸國を論ず」, 『古代天山の歷史地理學的硏究』, 早稻田大學出版部, 40~42쪽.

12) 余太山, 2003, 「漢晉正史“西域傳”所見西域諸國的地望」, 「南北朝正史“西域傳”所見西域諸國的地望」, 『兩漢魏晉南北朝正史西域傳硏究』, 中華書局, 198~283쪽.
_____, 2005, 「裴矩 『西域圖記』, 所見敦煌至西海的“三道”」, 『西域硏究』, 2005-4, 16~24쪽.

다.[13]

따라서 『삼국지』 한전의 마한국목은 238년 이후 대방군이 교섭한 마한의 제국은 교통로를 따라 서술하였을 가능성이 매우 높다고 생각된다. 곧 북쪽의 근군제국에서 원처가 되는 남으로의 순서는 교통로 등 군현과 형성된 교역권에 따라 기재되었을 가능성이 있다고 생각된다. 이와 관련하여 다음의 사료를 보자.

〈사료 4〉『삼국지』 권30 위서30 동이전

-① 韓在帶方之南 東西以海爲限 南與倭接 方可四千里 有三種 一曰馬韓 二曰 辰韓 三曰弁韓...馬韓在西...散在山海間...汎五十餘國...辰韓在馬韓之東...馬韓割東界地與之...始有六國 稍分爲十二國. 弁辰亦十二國...弁辰與辰韓雜居....其瀆盧國倭與接界

-② 倭人在帶方東南之中 依山島以爲國邑 舊百餘國 漢時有朝見者 今使譯所通三十國 從郡至倭 循海岸水行 歷韓國 乍南乍東 到其北岸狗邪韓國 七千餘里 始渡一海 千餘里至對馬國...其南有狗奴國

〈사료 4〉는 삼한 사회가 낙랑 · 대방군을 정점으로 왜에 이르는 동이 남부의 교역체계에 들어 있으면서도, 다시 교역로에 따라 구분되었음을 보여준다. 즉 대방군이 해로로 통하는 교역망을 전담한 듯하고 자연 낙랑군은

---

13) 高橋善太郎, 1968, 「シナ史書に於ける交通路程の記事について」, 『愛知縣立大學文學部論集』 20, 44~59쪽.
榎一雄, 1987, 「魏志倭人傳とその周辺-15回」, 『季刊邪馬臺國』 31.
_____, 1992, 『榎一雄著作集』 8, 汲古書院, 516~535쪽.

예濊를 비롯한 동 · 남부 육로교역권을 담당한 것이 아닌가 생각된다.

이와 관련하여 마한의 국목國目과 마찬가지로 국명만을 나열한 왜인전의 사마국斯馬國에서 노국奴國에 이르는 20국의 배열도 교통로를 따라 배치되었던 점,[14] 진변한 24국의 열기列記 또한 영남으로 통하는 내륙 교통로인 낙동강 상류로부터 남하하며 연변의 국가를 거쳐 낙동강 하구까지 내려왔다가 부산과 경주를 돌아 동해안으로 올라가는 교통로를 반영한다는 견해는[15] 참고가 된다.

그렇다면 대방군을 상대로 교섭하던 마한 50여국은 내륙 보다는 연안수로沿岸水路 주변의 교역거점과 그에 인접한 세력들이 주로 기재되었을 것이다. 좀 더 억측한다면 우선 예성강 유역의 대방군 남경南境과 가까운 임진강 및 한강 유역에 자리한 근국제국近郡諸國을 기재하였다고 생각된다. 이어 연안 수로를 따라 기항하던 거점에서 교역망으로 연계된 소국들을 서술하고, 이를 다시 반복하며 남해안에 도달하였을 가능성도 제기해 본다. 전라남도 지역으로 추정되는 신미국新彌國 등 20(혹은 30)여국이 서진대에 처음으로 통교하였다는 기록으로 미루어 본다면, 이곳에는 『삼국지』에 수록된 마한 50여국으로 기재된 경우가 적었다고 여겨진다.

이처럼 『삼국지』 동이전은 직접적으로는 조위의 동이제국에 대한 동침기(238~246년) 수집 자료이며, 넓게 보면 대방군 설치 이후인 공손씨정권(180~238년)으로부터 3세기 중엽까지 삼한과의 교섭의 결과를 정리한 것

---

14) 米倉二郎, 1953,「魏志倭人傳に見ゆる斯馬國以下の比定」,『史學硏究』52.
　　_______, 1981,『邪馬臺國基本論文集』Ⅱ, 創元社, 250쪽.

15) 윤선태, 2001,「마한의 진왕(辰王)과 신분고국(臣濆沽國)」,『백제연구』34, 충남대학교 백제연구소.

으로 생각된다. 특히 마한 50여국의 국목國目은 대방군에서 남으로 연안해로를 따라 교통로와 교역권 단위로 나열하되, 그 대상은 대방군과 통교한 토착사회에 한하였던 것으로 생각된다. 백제 또한 이 시기 낙랑 · 대방군을 통해 중국과 통교하였음이 분명하다. 군현과의 통교는 연안의 교역항(혹은 교통의 결절점에 형성되었을 교역장)을 중심으로 이루어 졌을 것이다.

Ⅱ. 대방군 기리영 공격사건과 백제

기리영 공격사건은 백제 고이왕 13년에 해당하는 246년에 발생하였다. 즉 조위는 242년 고구려의 서안평현西安平縣 공격을 계기로 하여 244년 고구려의 환도성을 함락하고, 이듬 해 재차 고구려와 그 지배하에 있던 동옥저東沃沮를 복속시켰으며, 북으로 읍루挹婁와 부여夫餘를 우회하여 조위의 국세를 과시하는 한편, 남으로는 예濊를 정벌하였는데 그 전역戰役이 끝나가던 246년 경 진한팔국辰韓八國 분할에 반대한 한韓의 대방군 공격으로 이어진다는 이해가 그것이다.[16]

한의 대방군 공격과 관련한 자료는 널리 알려진 대로 다음의 세 가지가 있다.

16) 池内宏, 1928, 「曹魏の東方經略」, 『滿鮮地理歷史硏究報告』 12; 1951, 『滿鮮史硏究』 上世 1, 吉川弘文館, 251~293쪽. 이에 부론(附論)으로 들어 있는(281~288쪽) 「毌丘儉の高句麗征伐に關する三國史記の記事」, 이밖에 1929, 「公孫氏の帶方郡設置と曹魏の樂浪 · 帶方二郡」, 『史苑』 2-6; 앞의 책, 237~250쪽도 池内宏의 논지를 이해하는 데 참고 된다.

〈사료 5〉『삼국지』30 위서 30 동이전 한

-① 景初中 明帝密遣帶方太守劉昕 · 樂浪太守鮮于嗣 越海定二郡 諸韓國臣智加賜邑君印綬其次與邑長 其俗好衣幘 下戶詣郡朝謁 皆假衣幘自服印綬衣幘千有餘人 ㉠部從事吳林 以樂浪本統韓國分割 ㉡辰韓八國以與樂浪 吏譯轉有異同 ㉢臣智激韓忿 攻帶方郡崎離營 時太守弓遵 · 樂浪太守劉茂興兵伐之 遵戰死 二郡遂滅韓[17]

-② 正始七年 春二月 幽州刺史毌丘儉討高句麗 夏五月 討濊貊 皆破之 韓那奚等數十國 各率種落降 (『삼국지』 권4 위서4 제왕방기(齊王芳紀))

-③ 十三年 秋八月 魏幽州刺史毌丘儉與樂浪太守劉茂朔方太守王遵伐高句麗 王乘虛遣左將眞忠襲取樂浪邊民 茂聞之怒 王恐見侵討 還其口 (『삼국사기』 24 백제본기 고이왕조)

즉, 조위는 낙랑 · 대방 2군을 회복한 후 삼한 내 토착세력들에게 인수의책의 사여를 통하여 개별 접촉하는 한편, 부종사 오림吳林으로 하여금 진한팔국辰韓八國을 낙랑군에 배속시키려 하였는데, 이의 시행과정에서 오해가 생겨 한이 대방군 기리영崎離營[18]을 공격하고 대방태수를 전사시켰으나, 군현이 반격하자 마침내 '멸한滅韓'하였다고 한다. 멸한의 한이 삼한 전체를 지칭하지 않음은 분명하다.[19] 그래서 〈사료 5-②〉의 "한 나해 등 수십국이

17) 『삼국지』 권30 위서30 동이전(東夷傳) 한조(韓條). 이하 본문에 위지(魏志) 동이전(東夷傳)을 인용한 경우, 전거(典據)를 표시하지 않는다.

18) 황해도 평산군 인산면 기린리(麒麟里) 일대(이병도, 1936, 「삼한문제의 신고찰 4-진국급삼한고(辰國及三韓考)-」, 『진단학보』 5, 116쪽).

19) 일찍이 那珂通世는 삼한(三韓) 전체가 아니라, 조위에 반란(叛亂)한 세력만을 지칭한다고 보았다. (那珂通世, 1899, 「朝鮮樂浪玄菟帶方考」, 『史學雜誌』 5-4; 1915, 『外交繹史 2-朝鮮古

각각 종족을 거느리고 항복하였다.[韓那奚等數十國 各率種落降]"와, 〈사료 5-③〉의 "유무가 이 말을 듣고 분개하였다. 왕이 침공을 받을까 걱정하여 잡아온 사람들을 돌려보냈다.[茂聞之怒 王恐見侵討 還其口]"를 '멸한滅韓'의 실상으로 이해하고 있는 바,[20] 이 사건을 정시(正始) 7년(246)경에 일어났다고 보는 이유이다.

그런데 〈사료 5-②〉의 "韓那奚等數十國 各率種落降"이라한 기록이 '멸한'의 실제 내용이라면 동이전에 누락된 것은 의문이다. 또한 A-3의 『삼국사기』 기록은 백제가 이 사건에 연루되어 있음을 알게 하는데, 이에 따른다면 대방군 공격의 주체와 그 결과에 대하여 〈사료 5-①〉 과는 상반된 해석이 가능하다.

이러한 논란은 기본적으로 〈사료 5-①〉의 기록(㉠~㉢)이 난해한데 있다. 일찍이 부종사가 군종사의 잘못이라는 견해[21]로부터, 이 기사가 마한을 설명하는 내용에 들어 있으므로 진한팔국을 마한팔국馬韓八國으로 보거나,[22] 아예 진한의 위치를 경기북부에 비정하고 기록을 모순 없이 이해하려한 연구[23]는 널리 알려진 바이다. 그러나 부종사는 자사부刺史部 소속의 주리州吏로서 '~주부州部' '~군종사郡從事'가 정식 직명이므로, '부部 · 군郡'의 자구는

史考』, 岩波書店, 81쪽)

20) 池內宏, 앞의 책, 247쪽.

21) 池內宏은 부종사(部從事)를 군종사(郡從事)의 오기(誤記)라 보고, 이를 대방태수(帶方太守)의 종사관(從事官)이라 하였다(위의 책, 244쪽).

22) 진한팔국(辰韓八國)을 마한팔국(馬韓八國)의 오기(誤記)라는 견해는 일찍부터 있어왔고(樋口隆次郎, 1912, 「朝鮮半島に於ける漢四郡の疆域及沿革考-第五回」, 『史學雜誌』 23-5, 506~507쪽), 근래 되풀이된 바 있다. (천관우, 1976, 「『삼국지』 한전의 재검토」, 『진단학보』 41; 1989, 『고조선사 · 삼한사연구』, 일조각, 241쪽)

23) 이병도, 「眞番郡考」, 『史學雜誌』 40-5, 東京大學史學會, 1929, 79쪽.

논란이 불필요한 것이었다. 진한팔국의 문제도 『삼국지』 제판본諸版本이나 이를 인용한 문헌에 마한팔국이라 표기한 예가 없을 뿐 아니라, 진한이 경기 북부를 포함한다는 견해 또한 이를 영남지방에 비정하는 학계 일반의 연구로 볼 때 받아들이기 어려운 것이다.

그러므로 대방군 공격의 주도세력을 나타낸 "신지격한분臣智激韓忿"의 자구에 대한 논란이 문제 해결을 어렵게 하는 주된 요인이다. 따라서 이 기록은 일찍부터 관련 연구자들의 검토를 거치게 되었고, 그러한 가운데서 대체로 다음과 같은 두 가지 견해가 제시되어 왔다.[24]

(ㄱ) 통행본通行本: 明 毛氏 汲古閣十七史本 위지魏志의 "신지격한분臣智激韓忿"이라는 자구字句를 그대로 인정하고, '신지臣智'가 한인韓人을 격분하게 해 대방군을 공격한 것으로 보는 견해이다. 이 때 신지의 실체는 진한 거수설渠帥說, 위의 〈사료 5-③〉에 따른 백제 고이왕설古尒王說, 그리고 3세기 전반 마한의 맹주국이 목지국目支國이라는 입장에선 진왕설辰王說로 나누인다.

(ㄴ) "신지격한분"의 기록이 백납본百衲本(南宋 紹熙本) 위지에는 "신책첨한분"이라 표기되어 있는데, 이때 '신책첨한'은 마한의 '신분활국臣濆活國'이라는 견해이다. 곧 분격한 신분활한국臣濆活韓國이 대방군을 공격하였다는 것이다. 근래 이를 이어 신분활국이 진왕연맹辰王聯盟의 주요 구성체였으며 이의 입장에서 대방군을 공격한 것으로 보는 연구가 있다.

그러면 이중 어느 견해가 옳은 것일까? 현재 국내학계에서는 (ㄱ)의 백제 고이왕설古尒王說이, 일본에서는 (ㄴ)의 견해가 통설로 자리하고 있는 것으로

---

24) 이하 개별 연구자의 상세한 사항은 윤용구, 1999, 「삼한의 대중교섭과 그 성격-조위(曹魏)의 동이침략(東夷侵略)과 관련하여-」, 『국사관논총』 85 참조

나타나지만, 통행본 위지의 "신지격한臣智激韓"이라한 자구를, 소희본紹熙本에 따라 "신분활한臣濆活韓"의 오류라 보는 것이 논의의 출발로 여겨진다.

그것은 "신지격한분臣智激韓忿"이라 할 때 어의語義 해석의 곤란도 문제려니와, 이것이 명대 이후의 간본刊本에서만 보이는 점이다. 반면 소희본紹熙本은 현존하는 가장 오래된 『삼국지』 판본의 하나이다. 물론 소희본에 의한 견해도 이미 지적된 바와 같이, 연속하여 자구의 오류를 인정하지 않으면 성립할 수 없는 것이다. 사실 간본刊本은 사본寫本에 비하여 오류의 가능성을 크게 줄였지만, 한번 잘못된 것이 되풀이 되는 문제가 있다. 『삼국지』 제판본諸版本을 비교하여서는 진수 본래의 문구를 복원하는데 한계가 있다고 여겨지는 것이다.

여기서 한 가지 방법은 『삼국지』 동이전을 인용한 문헌과의 비교이다. 당송대의 문헌에는 『삼국지』 동이전을 수록한 것이 적지 않다. 진수의 저술 이래 사본寫本으로 전존傳存되던 『삼국지』는 북송北宋 함평연간咸平年間: 1003년경에 비로소 간행본이 나와 지금에 이르렀다. 때문에 당송대 문헌에 인용된 『삼국지』 동이전은 사본의 전사轉寫이거나, 지금은 희귀해진 초기 간본의 모습을 보여준다는 점에서 주목되는 것이다. 특히 『삼국지』 동이전을 절문節文이 아닌 전문全文 그대로 수록한 경우가 그러하다. 이와 관련하여 필자가 주목하는 자료는 『통지通志』이다.

『통지』는 남송 소흥紹興 31년(1161)에 정초鄭樵, 1104~1162가 저술한 기전체 통사이다. 『통지』 194, 사이전 동이 마한조에는[25] 마한의 '신분활국臣濆活國'이 '신분고국臣濆沽國'으로 표기된 것을 비롯하여, 한위분쟁에 대하여도

25) 『通志』 194, 東夷傳 馬韓條(1990, 『萬有文庫十通本 通志』 第3冊, 中華書局, 2版, 北京, 3106~3107쪽).

〈사료 6〉『통지』 194 동이전 마한조

景初中 明帝密遣帶方太守劉昕 · 樂浪太守鮮于嗣 越海定二郡 諸韓國臣智加賜邑君印綬 其次與邑長 其俗好衣幘 下戶詣郡朝謁 皆假衣幘自服印綬衣幘千有餘人 部從事嗚林 以樂浪本統韓國分割辰韓八國 以與樂浪吏譯轉有異同 臣濆沽韓忿 攻帶方郡崎離營 時太守弓遵 · 樂浪太守劉茂興兵伐之 遵戰死 二郡遂滅韓

와 같이, 백납본百衲本: 南宋 紹熙本 및 통행본通行本: 明 汲古閣本과 동문同文이다. 『통지』가 『삼국지』 동이전의 해당 문구를 충실히 전재하였음을 알 수 있다. 그런데 통행본의 "신지격한분臣智激韓忿"만은 백납본의 "신책첨한분臣幘沾韓忿"에 유사한 "신분고한분臣濆沽韓忿"으로 기록되어 명확한 차이를 보여주고 있다.

1999년 필자는 "신지격한분臣智激韓忿"의 자구는 명대 이후 『삼국지』에서만 나타난다는 점을 지적하면서, 삼국지를 전재한 『통지』 마한전의 "신분고한분臣濆沽韓忿"이 본래의 표기였을 것으로 결론내린 바 있다.[26] 이후 이에 따른 연구도 적지 않았지만, 사료의 내부적 논리에 의거하여 해석을 달리하는 등 논란은 여전하다. 공격의 주체는 신분고국臣濆沽國이지만, 목지국目支國을 맹주로 한 연맹체의 일원으로 일으킨 사건이라거나, 백납송본百衲宋本의 "신책첨한臣幘沾韓"을 『통지通志』의 찬자가 자의적으로 "신분고한臣濆沽韓"이라 고쳤다는 견해가 그것이다.[27] 그러나 전자의 견해는 목지국연맹이 실

---

26) 윤용구, 1999, 「삼한의 대중교섭과 그 성격-조위(曹魏)의 동이침략(東夷侵略)과 관련하여-」, 『국사관논총』 85

27) 노중국, 2003, 「마한과 낙랑 · 대방군과의 군사충돌과 목지국의 쇠퇴-정시연간(正始年間

재하는지, 그리고 신분고국이 연맹체의 일원인지는 사료 상으로 확인이 어렵다. 후자에서 제기한 『통지』는 정초鄭樵, 1104~1162의 만년 찬술이지만, 백납송본은 정초 사후 소희연간紹熙年間: 1190~1194 에 간행된 것이므로[28] 반론이 성립되지 않는다.

최근 『통지』 동이전 마한조를 검토한 바에 따르면, 정초는 판본版本 이전의 사본寫本을 이용하였을 가능성을 제기하기도 하였다.[29] 또한 1930년대 초 작성된 『백납본삼국지교감기百衲本三國志校勘記』에 따르면[30] '신책첨한臣幘沾韓'은 대자송본大字宋本과 원본元本에도 동일하게 나타나는데 비해, "신지격한臣智激韓"은 명대明代 이후 판본에서 일관된 표기였음이 다시 한번 확인되기도 하였다.[31]

최근 중국 국가도서관에 소장된 남송 초기에 판각된 촉각소자본蜀刻小字本 『삼국지』에는 "신책고한분臣幘沽韓忿"으로 표기되었던 사실을 알게 되었다. 곧 현재 확인 가능한 남송 초기의 『삼국지』 판본에는 대방군 기리영 공격의 주체를 "신분고한분臣濆沽韓忿, 신책고한분臣幘沽韓忿, 신책첨한분臣幘沾韓忿" 등으로 표기하고 있다(〈그림 1〉 참조).[32] 246년 대방군을 공격한 한의 실체

(240~248))을 중심으로-」, 『대구사학』 71.
박대재, 2005, 「마한과 중국군현의 전쟁」, 『고대한국 초기국가의 왕과 전쟁』, 경인문화사.

28) 현존하는 것은 그 나마도 10여년 뒤인 경원연간(慶元年間)의 중간본(重刊本)이다.

29) 大林賢榮, 2004 「〈古本三国志〉について」, 2004.2.1 連載 31回(http://www.geocities.co.jp/SilkRoad-Lake/5739/kohon.htm)

30) 張元濟, 1999, 『百衲本二十四史校勘記-三國志 校勘記』, 商務印書館, 184~185쪽. 이 책은 본래 1931년 백납본 『삼국지』와 동시에 작성된 것이었다.

31) 윤용구, 2010, 「삼국지 판본과 동이전 교감」, 『한국고대사연구』 60, 248~250쪽.

32) 『삼국지』 송본으로 동이전이 수록된 판본은 현재 3종(蜀刻本 · 紹興本 · 紹熙本)이며, 모두 북경 중국국가도서관 善本書庫에 소장되어 있다. ① 촉각소자본(蜀刻小字本)은 『삼국지(三國志)』 송각본(宋刻本)이라는 이름으로 위지(魏志) 권7~9, 25~30 만이 남아 있으며, 아직

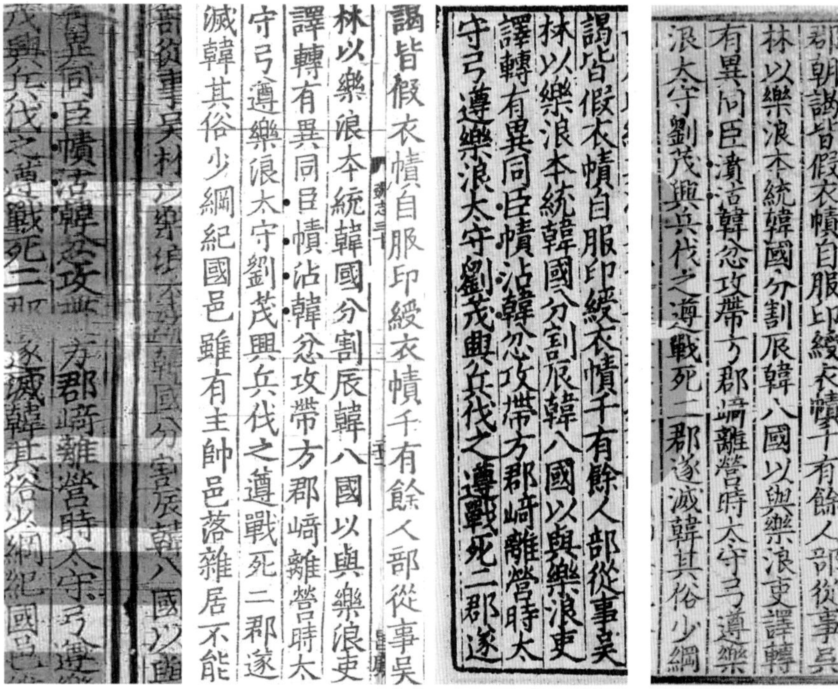

① 蜀刻本 : 臣幘沾韓　② 紹興本 : 臣幘沾韓　③ 紹熙本 : 臣幘沾韓　④『通志』: 臣濆沾韓

〈그림 1〉 남송대 『삼국지』에 보이는 대방군 공격의 주체

까지 학계에 공개된 바 없다. ② 소흥본(紹興本)은 『삼국지(三國志)』 송각체수공문지인본(宋刻遞修公文紙印本)〉이라는 이름으로 위지(魏志) 30권이 남아 있다. 본래 1931년 백납본 24사(史)를 편찬한 장원제(張元濟)의 함분루(涵芬樓) 소장 자료였다. 위지(魏志) 권1~3만이 백납본(百衲本)에 포함되어 간행된 바 있으며, 왜인전만이 사진판으로 알려져 왔다. ③ 소희본(紹熙本)은 역시 『삼국지(三國志)』 송간본(宋刻本)이라는 이름으로 소장되어 있고, 일부 결권을 후대 자료에서 배보(配補)하였다. 동판(同版)인 일본 궁내성 서릉부본(書陵部本)이 1931년 일부 자구를 교각(校刻)하여 백납본(百衲本)으로 간행된 바 있다. 중국국가도서관 소장 송본 『삼국지』에 대해서는 尾崎康, 1989 『正史宋元版の研究』 汲古書院, 311~349쪽 참조. 〈그림 1〉의 ④ 정초(鄭樵)의 『통지』 마한전은 원(元) 대덕각본(大德刻本)으로 역시 중국국가도서관 선본서고에 소장된(中國國家圖書館 善本書號03301, 제33책) 자료를 수록한 것이다.

는 마한 신분고국臣濆沽國 임이 더욱 명백해졌다. 특히 촉각소자본蜀刻小字本 『삼국지』의 "신책고한분臣幘沽韓忿"을 통해 "신분고한분臣濆沽韓忿"의 濆→幘 그리고 沽→沾으로 표기가 변형되어 가는 모습을 알게 되었다. 현재 이러한 자구의 이동이 언제 발생하였는지는 분명치 않지만, 남송 이전에 진행되었을 것이다.

246년 대방군을 공격한 한을 신분고국臣濆沽國으로 볼 때, 그동안 이를 백제 고이왕이 주도한 것으로 보고 구축해온 초기 백제사 연구는 재고를 요한다. 일찍이 이병도는 이를 고이왕으로 보고 "백제의 엄밀한 의미의 건국은 정히 여기에 직접적인 연유를 가진 것이라고 생각된다."고 언급한 바 있다. 백제는 『삼국사기』에 따르면 고이왕대 낙랑의 변민을 약취하였다가 되돌려 준 기록을 남기고 있을 뿐이며, 한위분쟁韓魏紛爭의 중심에 서 있지 않았다. 3세기 중엽을 대규모 전쟁을 수행할 정도의 고대국가 성립시기로 보거나, 3세기 이전 한강유역의 물질자료를 '백제'의 성장이라는 시각에서 이해하는 것은 실제의 역사상과 동떨어진 결과를 낳을 수 있다고 생각된다.

Ⅲ. 『진서』 조공기사와 백제

1. 조공기사와 담당 관부의 변화

『진서晉書』는[33] 양진대兩晉代[34]를 서술한 단대사斷代史지만, 정작 동이전의 내용은 빈약하기 그지없다. 서문에 따른다면 『진서』 사이전四夷傳의 구성은 무제대武帝代, 265~289 입공한 23국이 입전立傳 대상이었다.[35] 일찍이 『진서각주晉書斠注』에서 지적[36]한 대로 사이전 서문의 "입공국수入貢國數"는 의문이

33) 『진서(晉書)』는 정관(貞觀) 20년(646) 당태종(唐太宗)의 칙명으로 방현령(方玄齡)의 책임하에 정관(貞觀) 22년(648)에 완성한 것이었다. 20여 명의 편찬원을 동원하여 총 130권에 달하는 방대한 분량을 서술하였다. 특히 원본(完本)이라 할 장영서(臧榮緖)의 『진서(晉書)』를 비롯한 당시 존재하던 20여 종의 진사(晉史)를 참고하였다.(中村圭爾, 1989, 「晉書」, 『中國史籍解題事典』, 燎原書店, 175쪽)

34) 서진 265~316, 동진 317~418.

35) 『진서』 사이전(四夷傳)에는 24국(동이 15, 서융 6, 남만 2, 북적 1)이 입전되어 있는 바, 임읍국(林邑國)만이 동진(東晉) 효무제대(孝武帝代) 처음 입공하였고, 나머지는 모두 서진(西晉) 무제대(武帝代) 조공으로 기재되어 서문(序文)의 기록에 부합된다.

36) 吳仕鑑 · 劉承幹同注, 1975, 『晉書斠注』 第2冊, 新文豊出版公司 影印本, 台北, 1628쪽. 즉, 무제본기(武帝本紀)의 3~20국에 이르는 마한 등 동이(東夷)의 조공이나, 왕가(王嘉) 습유기(拾遺記)에 기록된 무제(武帝) 태시(泰始) 10년(274) 조량국(朝梁國)의 입공(入貢) 사실이 『진

있다.[37]

동이전에는 부여국, 마한, 진한, 숙신씨, 왜인, 비리裨離 등 10국의 15개 종족(혹은 국가)이 입전되어 있다. 입전된 내용으로 보면 서진대 동이제족을 서술한 것이다. 변한은 진한전에 부전附傳되어 있으나, 고구려와 예맥은 열전은 물론 본기本紀에도 빠져 있음을 본다. 내용 또한 『삼국지』 동이전을 축약한 것이 대부분이다.

숙신과 그 주변 비리 등 10국에 관한 내용을 제외하면 『진서』 무제기와 동이전에 수록된 조공기사朝貢記事가 새로운 기록의 전부라 하겠다. 그 가운데 마한을 비롯한 삼한의 사례가 많은 부분을 차지하고 있다. 이는 동이제국東夷諸國이 서진 본국과 직접 교섭한 것으로 생각해온 내용이다.

이 때문에 『진서』의 동이 조공기사는 일찍부터 군현의 쇠퇴와 함께 마한과 진한 등 동이제국의 정치적 성장을 이해하는 주요 지표로 여겨져 왔다.[38] 물론 3세기 후반까지도 백제지역내 군소국群小國의 병존 상태를 반영한다는 시각도 없지 않다.[39] 그러나 천관우千寬宇가 마한을 백제伯濟로, 진한을 사로斯盧라 이해한 이래 마한馬韓의 소멸과 백제百濟의 성장이라는 측면

서(晉書)』에 누락된 것을 지적하면서, "此云二十三國 攷之本紀 不盡符合 唐史臣作序 未知何據"라 하였다.

37) 왕가(王嘉)의 습유기(拾遺記)에는(권9 진시사(晉時事)) 조량국(祖梁國) 외에도, 무제 태시(泰始) 원년 빈사국(頻斯國), 태시(泰始) 10년 부지국(浮支國), 태강(太康) 원년 인지국(因墀國) 등 서역제국(西域諸國)이 내공(來貢)하였음을 알 수 있다(王嘉 撰 · 齊治平 校注, 1981, 初版, 『拾遺記』, 中華書局, 北京, 208~213쪽).

38) 末松保和, 1932, 「新羅建國考」, 『史學雜誌』 43-12; 1954, 『新羅史の諸問題』, 東洋文庫, 132~134쪽. 서술한 내용 가운데 양평의 동이교위부(東夷校尉府)와의 원거리 교섭을 지적하며 통교형태(通交形態)의 발전을 지적하고 있어 주목된다.

39) 김철준, 1973, 「『魏志』東夷傳에 나타난 韓國 古代社會의 性格」, 『大東文化硏究』 13.
_____, 1990, 『한국문화사론』, 서울대학교출판부, 111쪽.

에서 주목하여 왔다.[40]

한편 풍납토성에서 출토된 시유도기施釉陶器 등의 중국자기를 서진과 교섭 결과 유입된 물품으로 이해하면서, 『진서』의 동이 조공기사에 대한 다각도의 의미 부여가 이루어졌다.[41] 최근 들어서는 3세기 후반 백제가 서진과의 대외교섭권을 장악하였고, 이의 논거로써 진서의 동이 조공기사가 통용되고 있음을 본다.[42] 그러나 전문도기의 연대는 그동안 서진대에 집중된 것으로 보았으나 최근 들어 자료의 증가와 함께 상한은 전한, 하한은 남조까지 확장된 상태이다. 백제의 도성으로 추정되는 풍납토성이나 몽촌토성에서 나온 전문도기 또한 서진대로 한정하여 이해하기 어려워졌다.[43]

『진서』에 기록된 동이 조공기사의 경우에도 사료 상태와 이에 대한 이해에 비추어, 의미 부여가 지나치다고 생각된다. 대부분의 연구에서 마한왕의 조공기사를 『삼국사기』의 기년에 맞추어 백제 고이왕으로 여기고 있으나, 이를 담보할 근거가 제시된 것은 아니다. 이하에서 조공기사에 대한 문헌적 검토를 좀 더 진행하고, 이를 조공 사무를 보던 관부官府의 추이, 조공사절朝貢使節을 이끈 주도세력의 존재와 그 실체에 대하여 살펴보고자 한다.

---

40) 천관우, 1989, 『고조선사 · 삼한사연구』, 일조각, 342~343쪽

41) 박순발, 2001, 『한성백제의 탄생』, 서경문화사, 41~43쪽

42) 김수태, 2001, 「백제의 대외교섭권 장악과 마한」, 『백제연구』 33, 28~29쪽

43) 권오영, 2014, 「몽촌토성을 통해 본 백제 왕궁의 실체」, 『백제학연구총서 쟁점백제사』 3(백제의 왕궁은 어디에 있었나), 한성백제박물관, 185~189쪽

〈표 2〉 서진대 동이조공(東夷朝貢) 일람

연 대	『晉書』本紀	馬韓傳	辰韓傳	기 타
景元 2년(261)				樂浪外夷韓濊貊 朝貢[2)]
3년(262)	4월 肅愼 來獻[1)]			倭女王 數至[3)]
泰始 원년(265)	12월 四夷 會集[4)]			倭女王 重譯朝獻[5)]
2년(267)	11월 倭人 來獻			
3년(268)				裨離等4國 來獻[6)]
咸寧 2년(276)	2월 東夷8國 歸化, 7월 東夷17國 內附			
3년(277)	是歲 東夷3國 內附[7)]	復來[8)]		
4년(278)	3월 東夷6國 來獻 是歲 東夷9國 內附	又請內附		
5년(279)	12월 肅愼氏 來獻[9)]			
咸寧中(275~280)				馬韓王(主) 來朝[10)]
太康 원년(280)	6월 東夷10國 歸化 7월 東夷20國 朝獻	其主頻遣使入貢[11)]	其王遣使獻	辰韓王遣使獻方物 是年 東夷20國 朝獻
2년(281)	3월 東夷5國 朝獻 6월 東夷5國 內附	其主頻遣使入貢	復來朝貢	3월 東夷辰韓等5國 朝獻[12)]
3년(282)	9월 東夷29國 歸化			正月 新彌等20餘國 詣都督朝獻[13)]
7년(286)	8월 東夷11國 內附 是歲 馬韓等11國 遣使來獻	又頻至	又來	夫餘王 詣校尉請援[14)]
8년(287)	8월 東夷2國 內附	又頻至		
9년(288)	9월 東夷7國 詣校尉內附			
10년(289)	5월 東夷11國 內附 是歲 東絕遠夷30餘國 來獻	又頻至		
太熙 원년(290)	2월 東夷7國 朝貢	詣校尉上獻[15)]		正月 牟奴等7國 詣校尉上獻[16)]
永平 원년(291)	是歲 東夷17國 詣校尉內附[17)]			

1) "(景元三年) 夏四月 肅愼来獻楛矢 · 石砮 · 弓甲 · 貂皮等 天子命歸於大將軍府"(『晉書』 卷2 文帝紀)

"(景元三年) 夏四月 遼東郡言 肅愼國遣使重譯入貢 獻其國弓三十張長三尺五寸 楛矢長一尺八寸 石砮三百枚 皮骨鐵雜鎧二十領 貂皮四百枚"(『三國志』 卷4 三少帝紀)

2) "陳留王景元二年...秋七月 樂浪外夷韓濊貊 各率其屬來朝貢"(『三國志』 卷4 三少帝紀)

"冑奐景元二年 (濊)與韓王 率其屬朝貢於魏"(元郝經, 『續後漢書』 卷

81 東夷 濊傳)

3) "文帝作相 又數至"(『晉書』 卷97 倭人傳)

4) "泰始元年冬十二月庚寅 設壇于南郊 百僚在位 及匈奴南單于四夷會者數萬人"(『晉書』 卷3 武帝紀)

5) "晉武帝泰始元年 倭人國女王遣使重譯朝獻"(宋本 『冊府元龜』 卷968 朝貢)

"泰始初 遣使重譯入貢"(『晉書』 卷97 倭人傳)

6) "裨離國...養雲國...寇莫汗國...一羣國...泰始三年 各遣小部獻其方物"(『晉書』 卷97 裨離等十國)

7) "是歲 西北雜虜及鮮卑 · 匈奴 · 五溪蠻夷 · 東夷三國, 前後千餘輩 各帥種人部落內附"(『晉書』 卷3 武帝紀)

"三年 西北雜虜及鮮卑匈奴 · 五溪蠻夷 · 東夷三國前後十餘輩 各率種人部落內附"(宋本 『冊府元龜』 卷977 降附)

8) 『晉書』 卷97 馬韓傳에는 "武帝太康元年二年 其主頻遣使入貢方物 七年 · 八年 · 十年又頻至 太熙元年 詣東夷校尉何龕上獻 咸寧三年 復來 明年 又請內附"이라 하였는데, 함녕咸寧이 태강太康 이전의 연호이기 때문에 수록 위치에 착오가 있다. 그러나 '복래復來'라는 표현은 그 직전 조공朝貢이 있어서가 아니라, 태강太康-태희太熙에 이어 서술하면서 덧붙은 수사修辭일 가능성이 높다.

9) 이와 관련 『晉書』 卷97 肅愼氏傳에는 "魏景元末來貢...至武帝元康初 復來貢獻"이라 한 기록이 있다. 『晉書斠注』(1975, 新文豊出版公司, 臺北, 1630쪽)에서 지적한 대로 원강元康은 태강太康의 오자誤字가 분명한데, 함녕(咸寧) 5년의 조공과 다른 것인지는 알 수 없다.

10) "晉武帝咸寧中 馬韓王來朝 自是無聞 三韓盖為百濟新羅所呑并"

(『通典』 卷185 弁辰)

"晉武帝咸寧中 馬韓主來朝 自後無聞 按三韓尋為百濟新羅所併"(『太平寰宇記』 卷172 三韓國)

"晉武帝咸寧中 馬韓王來朝"(『册府元龜』 卷999 入覲)

11) "晉武帝太康元年二年 其王頻遣使入貢方物"(『通志』 卷194 東夷馬韓傳)

12) "太康二年三月 東夷辰韓等五國朝獻"(宋本 『册府元龜』 卷968 朝貢)

13) "(太康三年 春正月) 甲午 乃出華爲持節 都督幽州諸軍事 領護烏桓校尉 安北將軍 撫納新舊戎夏懷之 東夷馬韓新彌諸國 依山帶海 去州四千餘里 歷世未附者二十餘國 竝遣使朝獻"(『晉書』 卷36 張華傳). 그런데 『玉海』 卷172 朝貢에는 '歷世未附者三十餘國'으로 되어 있다.

14) "武帝時 頻來朝貢. 至太康六年 為慕容廆所襲破...明年 夫餘後王依羅 遣詣龕 求率見人還復舊國仍請援"(『晉書』 卷97 夫餘國傳)

15) "太熙元年 東夷七國朝貢 是年 辰韓詣東夷校尉何龕上獻"(宋本 『册府元龜』 卷968 朝貢)

16)

Ⓐ "牟奴國 · 摸盧國 · 末利國 · 卑離國 · 滿都國 · ■余國 · 沙樓國. 晉起居注曰 太熈元年正月 牟奴等 國大小口十七萬九千餘人 各遣正副使 詣護東夷校尉何龕上獻方物"(『太平御覽』 卷787 南蠻 牟奴等七國)

Ⓑ "至太熙初 復有牟奴國帥逸芝惟離 模盧國帥沙支臣芝 于離末利國帥加牟臣芝 蒲都國帥因末 繩余國帥馬路 沙樓國帥釤加 各遣正副使 詣東夷校尉何龕歸化"(『晉書』 卷97 東夷 裨離等十國)

Ⓒ "晉史載裨離等十國云 裨離國在肅慎西北馬行可二百日 領戶二萬

養雲國去裨離馬行又五十日 領戶一萬 冦莫汗國去養雲國又百日行 領戶五萬餘 一羣國去莫汗又百五十日 計去肅愼五萬餘里 其風俗土壤 並未詳 泰始三年 各遣小部獻共方物 至太熙初 復有牟奴國帥逸芝惟離 模盧國帥沙支臣芝 于離末利國帥加牟臣芝 蒲都國帥因末 繩余國帥馬路 沙樓國帥釤加 各遣正副使 詣東夷後尉何龕歸化 (『通志』 卷194 東夷 馬韓傳 付注)

Ⓓ "晉武帝平吳 林邑扶南入貢之後 曰牟羅曰模盧曰末利曰卑離曰滿都曰■余曰沙樓曰蒲林皆昔所未聞"(『廣東通志』 卷58 外番志)

17) "是歲...東夷十七國 · 南夷二十四部 並詣校尉內附"(『晉書』 卷3 惠帝紀 永平元年)

"惠帝元康元年 東夷十九國 · 南夷二十四部 並詣挍尉內附"(宋本 『冊府元龜』 卷977 降附)

동이 조공기사는 촉망蜀亡 후 사마씨가 사실상 실권을 잡았던 조위曹魏 원제元帝 경원연간景元年間으로부터 무제말武帝末 무렵까지 『진서』 본기本紀와 동이전東夷傳에 수록되어 있다. 이의 내역은 스에마츠 야스카즈末松保和가 처음 정리한 이래 여러 논고에 재록되었다. 본고에서 정리한 자료 또한 기왕의 내용과 크게 다르지 않으나, 몇 가지 내용을 보완하여 작성한 것이 앞의 〈표 2〉이다.

『진서』의 동이 조공기사의 대부분은 본기와 동이전에 수록되어 있는데, 261년에서 268년까지 위진교체기로 불릴 기간과, 276년에서 291년까지의 시기로 대별해 볼 수 있다. 후자는 다시 손오孫吳를 통일한 태강太康 전후로 세분할 수 있다. 276년은 동이제국이 속한 평주平州가 유주幽州로부터 분리된 해인데, 이후 조공기사가 급증한 이유는 분명치 않다. 중요한 사실은 276년 동이제국이 평주로 배속되었음에도 신미국新彌國 등 마한 20여국이

282년 유주도독幽州都督에게 조공하고 있다는 사실이다. 또한 286년 이후로는 동이교위부東夷校尉府에 조공한 경우가 많이 보이는 점이다. 위진교체기의 기록에는 낙랑·요동군遼東郡 등 변군과 통교한 듯이 나타난다. 이로 보면 이민족을 담당하던 변군현에서 유주도독으로, 다시 동이교위부로 바뀌었는지 확인할 필요가 있다.

그러나 〈표 2〉의 동이 조공기사를 일별할 때 눈에 보이는 가장 큰 특징은 왕과 특정 소국(신미국新彌國, 모노국牟奴國)이 맹주가 되어 30여국 혹은 17만 9천여 구를 거느린 사행조직을 이끌고 집단적으로 서진에 조공하고 있다는 점이다. 맹주를 내세운 집단 사행이 276년에서 291년에 걸쳐 빈번하게 이루어지고 있는 것이다. 그런데 신미국이 거느린 20여국과 모노국이 거느린 18만에 가까운 인구를 감안할 때 두 집단은 일정한 거리를 둘 수밖에 없다. 여기에 289년 동이절원東夷絕遠 30여국을 또 다른 조공사절로 본다면 더욱 복잡한 해석이 요구된다. 이처럼 조공사절을 이끈 주도세력의 존재가 복수로 나타나고 있는 것이 주목되는데, 이의 위치 등을 가늠할 수 있다면, 3세기 후반 동이제국의 존재 양태를 이해하는데 유용한 자료가 될 것이다.

한대漢代 이래로 중국과 이민족의 접촉은 통상 그에 근접한 주군州郡에서 맡아 보았다. 때로 이민족의 '내속內屬'곧 집단적으로 투항해 온 경우에는 이들을 일정 지역에 정착시키고 이른바 '영호지절관부領護持節官府'를 두어 통치하였다.『삼국지』동이전에 입전된 동이제족은 유주부幽州部 관할의 4개 변군(현도玄菟·요동遼東·낙랑樂浪·대방군帶方郡)과 접촉한 것으로 나타난다.

그런데 이민족을 주변에 두었던 변군이 대개 그러하듯이 이들 동이족은 각기 접촉하던 군현이 정해져 있었다. 대체로 보아 부여·고구려는 현도군에서, 한과 왜인은 대방군, 그리고 동옥저 및 예의 경우는 낙랑군이 담당하였다. 서진대 들어서도 이 점은 크게 바뀌지 않았다. 『진서』 지리지에 의하면 동이제족은 평주의 관할아래 편재된 군현과 접해 있었다.

> 평주: 우공禹貢의 기주冀州 땅을 살펴보면 주대에는 유주幽州의 경내였고, 한대는 우북평군이 속하였다. 후한 말기에 공손도가 스스로 평주목平州牧이라 칭하였으며, 그의 아들 공손강公孫康과 강의 아들 공손문의公孫文懿가 요동을 점거하니 동이 9종이 모두 복종하여 섬겼다. 위나라에서 동이 교위를 두어 양평襄平에 있게 하고, 요동 · 창려 · 현도 · 대방 · 낙랑의 5군을 나누어 평주로 삼았으며, 뒤에 다시 이를 합하여 유주로 만들었다. (공손)문의가 멸망한 후 호동이교위를 설치하고 양평에 (치소를) 두었다. (진무제) 함령 2년(276) 10월에 창려 · 요동 · 현도 · 대방 · 낙랑 등 다섯 군국을 나누어 평주를 두었다. (평주에서) 통솔하던 현은 26(곳이며), 호는 18,100이다.[44]

위의 기록에 평주가 유주幽州로부터 분치分置된 것은 함녕 2년(276)이다. 본기에는 태시 10년(274)으로 나온다. 어느 하나를 택하는 경우도 있지만, 274년 결정되고 276년 시행된 것으로 이해하는 것이 현재로선 무리가 없다고 여겨진다.[45] 아무튼 『진서』 지리지 평주조의 내용은 276년 이후의 사

---

44) "平州 按禹貢冀州之域 於周為幽州界 漢屬右北平郡 後漢末 公孫度自號平州牧 及其子康 康子文懿並擅據遼東 東夷九種皆服事焉 魏置東夷校尉 居襄平 而分遼東 · 昌黎 · 玄菟 · 帯方 · 樂浪五郡為平州 後還合為幽州 及文懿滅後 有護東夷校尉居襄平 咸寧二年十月 分昌黎 · 遼東 · 玄菟 · 帯方 · 樂浪等郡國五置平州 統縣二十六 戶一萬八千一百" (『진서』 지리지, 평주)

45) 叢佩遠, 1998, 「西晉對東北的統治」, 『中國東北史』 1, 吉林文史出版社, 452~457쪽.

실을 반영하고 있는데, 실제 지리지의 지리획분地理劃分은 무제 태강 4년(283)의 일로 보는 것이 일반적이다.[46]

지리지의 내용을 좀 더 살펴보면 흥미로운 사실을 발견하게 된다. 곧 평주자사가 있는 치소는 창려군 창려昌黎이고, 동이교위는 요동군 양평襄平에 자리해 있다는 점이다. 유주幽州의 경우도 자사부는 범양국 탁현涿縣에 있었고 오환교위를 겸한 유주도독은 연국燕國 계현薊縣에 있었다.[47] 흔히 유주자사가 오환교위를, 평주자사가 동이교위를 겸한 사실로 보면 의아한 내용이다.[48]

결론부터 속히 말한다면 무제 태강 3년(282) 주군의 군정과 민정을 구분하고, 자사에게는 도독과 교위 같은 영병領兵을 금지한 조치에 따른 결과이다. 그리고 평주에 도독이 없는 것은 유주도독幽州都督이 겸임하였기 때문이다.[49] 따라서 동이 조공과 그 담당 관부의 소재를 이해하기 위해서는 진무제 태강연간(280~289)에 이루어진 이른바 "파주군병罷州郡兵"과 "군주분치軍主分治"의 변화와 뒤 이은 혜제대 "군주분치"의 파행상을 이해할 필요가

46) 孔祥軍, 2007, 「『晉書 · 地理志』 政區斷代考」, 『書品』 3, 81~83쪽.

47) 유주도독의 치소가 계현임은 장화의 경우로 알 수 있다.
"范享燕書日 高祖少有大度雄略傑出 晉安北將軍張華鎮薊總御諸部 高祖童冠往見 華甚異之謂高祖日..「君必為命時之器 匡時濟難者也」脫所著幘簪 以遺高祖 結殷勤而別"(『태평어람(太平御覽)』 권478 인사부(人事部) 증유(贈遺))

48) 조위대(曹魏代) 평주(平州)와 동이교위는 모두 요동에 자리해 있었다.
"魏分遼東 · 昌黎 · 元菟 · 帯方 · 樂浪等郡國五置平州 後還合為幽州 咸寧二年 分昌黎 · 遼東 · 元菟 · 帯方 · 樂浪等郡國五置平州 治昌黎 是則公孫度之平州乃遼東 而咸寧所置之平州乃柳城 即昌黎也"(『요사습유(遼史拾遺)』 권14 지리지(地理志) 평주조(平州條))

49) "泰始初 轉征東將軍進爵爲公 都督青州諸軍事 青州刺史 加征東大將軍青州牧 所在皆有政績 除征北大將軍 都督幽州諸軍事 幽州刺史 護烏桓校尉 至鎮表立平州 後兼督之"(『진서(晉書)』 권36 위관전(衛瓘傳))

있다(汪淸, 2006, 148~168쪽). 관련 기록을 나열하면 다음과 같다.

〈사료 7〉

㉠ 진 태강 초(280~)에 무제의 조에 이르기를 "상고 및 중대에 주목 · 자사 · 어사 · 감어사를 둘 때 모두 기강을 총괄하였을 뿐 부세는 맡지 않았다. 백성을 다스리는 일은 제후와 군수의 임무였다. 지난 한나라 말에 천하가 혼란에 빠지고 이어서 오 · 촉이 할거하면서부터 자사가 안으로는 민정을 관장하고, 밖으로는 군사를 거느리는 것이 오늘날 상례가 되었다. 지금 종묘의 신령과 사대부의 힘을 업어 천하가 다시 하나로 합쳐졌으니, 마땅히 병장기를 거두어들여 천하를 쉬게 할 일이다. 여러 주 가운데 일이 없는 곳은 그 병을 파해 자사의 직책을 나누어 한나라 때와 같이 하라. ……2천 석(군 태수)이 백성을 다스리는 중책을 전담하고, 그 위에서 엄정한 감찰을 맡는 것은 모두 오랜 관례였다. (『후한서』 백관지 28 자사조 「劉昭補注」, 所引 「省州牧詔」)[50]

㉡ 오나라를 평정한 뒤, 황제(무제)의 조에 의해 천하의 군역을 파해 나라 안의 안정을 크게 도모함에 따라, 주 · 군은 모두 병사를 거두었으며 (다만) 대군은 무리武吏 100인, 소군은 500인을 두었다. 황제께서 일찍이 선무장에서 군사를 논할 때, 도山濤가 병에 걸리자 가마를 타고 따르도록 말씀하셨다. 이로 인해 (산도는) 노흠과 더불어 용병의 근본에

50) 晉太康之初 武帝詔日 上古及中代 或置州牧 或置刺史 置監御史 皆總綱紀而不賦政 治民之事 任之諸侯 · 郡守 昔漢末四海分崩 因以吳蜀自擅 自是刺史內親民事 外領兵馬 此一時之宜爾 今賴宗廟之靈 士大夫之力 江表平定 天下合之為一 當韜戢干戈 與天下休息 諸州無事者罷其兵 刺史分職 皆如漢氏故事 出頒詔條 入奏事京師 二千石專治民之重 監司清峻於上 此經久之體也 其便省州牧 (『後漢書』 百官志28 刺史條 劉昭補注 所引 「省州牧詔」)

대해 논하면서 주 · 군의 무비武備를 모두 파한 것은 잘못이라 말했는데 그 논리가 자못 정연했다. (『진서』 권43 山濤傳)[51]

ⓒ 진 태강 중(280~289)에 도독은 군무를 맡고, 자사는 민정을 맡아 각각 사람을 두었다. 혜제(재위 290~306) 말 다시 두 직을 하나로 합했고, 중요한 주가 아닌 곳은 단지 자사만 두었다. 주의 관부에는 별가 · 치중 · 의조 · 문학제주 · 제조부중사사를 두었다. (『남제서』 권16 백관지 州牧刺史)[52]

ⓔ 태강 3년(292) 다시 익 · 양주에 경거를 두고 자사로 하여금 군무를 보고하게 하였다. 촉에는 강이羌夷가 많아 서이부(서이교위부)를 두고 평오군사 장목을 (서이)교위에 임명하여 군무를 총괄하게 하였다. 주는 별도로 다스려 서이(서이교위)가 촉을 다스리게 했다. 각각 장사 · 사마를 두었다. (태강) 5년(284) 영주를 파하고 소속된 군은 익주에 합쳤다. (이어) 남이교위를 두었다. (『화양국지』 권8 大同志)[53]

위의 사료 ㉠과 ㉡은 오를 평정한 이후인 태강 3년(282)에 주군州郡의 군병을 대폭 감축하고, 민정은 군국郡國의 제후와 태수가 담당하며 자사는 본

51) 呉平之後 帝詔天下罷軍役 示海内大安 州郡悉去兵 大郡置武吏百人 小郡五十人 帝嘗講武于宣武場 濤時有疾 詔乘步輦從 因與盧欽論用兵之本 以為不宜去州郡武備 其論甚精 于時咸以濤不學孫呉 而闇與之合 帝稱之日 天下名言也 而不能用 及永寧之後 屢有變難 冦賊猋起 郡國皆以無備不能制 天下遂以大亂 如濤言焉 (『晉書』 卷43 山濤傳)

52) 晉太康中 都督知軍事 刺史治民 各用人 惠帝末 乃并任 非要州則單為刺史 州朝置別駕 · 治中 · 議曺 · 文學祭酒 · 諸曺部從事史 (『南齊書』 卷16 百官志 州牧刺史)

53) 太康三年 更以益梁州為輕車 刺史乘傳奏事 以蜀多羌夷 置西夷府 以平呉軍司張牧為校尉 持節統兵 州別立治 西夷治蜀 各置長史司馬 五年 罷寧州 諸郡還益州 置南夷校尉 持節 如西夷 皆舉秀才廉良 (『華陽國志』 卷8 大同志)

래 취지대로 감찰 기능만을 맡도록 하였음을 보여 준다. 사료 ㉢는 혜제대 들어 다시 본래대로 환원되거나 편법으로 운영되었음을 보여주고 있다. 영병領兵은 도독과 교위에 맡겼으나 수취나 민정에는 관여하지 못하였던 것이다. 이 때문에 교위부는 자사부와 각기 관리를 두고 독자적으로 운용되었다.

후한 말 이래 지방사회의 피폐의 핵심인 주목영병제州牧領兵制를 폐지하고, 병력을 감축하여 수취재원의 확대를 시도한 조치였다. 앞서 태시 5년(269)에는 군현 관리와 호족세력의 상업행위를 금지한 바 있었다.[54] 또한 각종 부렴賦斂을 현물로 납부할 수 있는 조치를 취하되 변경에 좀 더 낮은 세율을 부과한 호조제戶租制 시행도 같은 맥락에서 이해된다.[55]

이처럼 서진은 무제 태강 3년 주군 병력을 축소하고, 군현 관리 및 호족세력의 영향력을 크게 감퇴시키고자 하였다. 따라서 주군의 유사시 억제력은 물론 이민족에 대한 통제도 축소될 수밖에 없었다.[56] 물론 혜제惠帝 원강元康 이후 다시 원상으로 회복되었다 하지만[57], 〈사료 1-㉡〉의 기록대로 무비武備를 상실한 주군의 대처 능력은 돌이킬 수 없었던 것이다.

『진서』 지리지의 낙랑군의 범위로 본다면 평안도 일원은 고구려의 영향

---

54) "泰始五年正月癸巳 勅戒郡國計吏諸郡國守相令長 務盡地利 禁遊食商販. 其休假者 令與父兄同其勤勞. 豪勢不得侵役寡弱 私相置名"(『진서(晉書)』 권26 식화지(食貨志))

55) 唐長孺, 앞의 논문, 154쪽. 이 시기 호조제에 대하여는 최근 渡邊信一郎, 2001, 「戶租制の成立-賦斂から戶租へ-」, 『東洋史硏究』 60-3에서 후한 이래 지방 군현관리와 호족층이 백성과 변경의 이민족에게 수탈해온 부렴(賦斂)을 국가 재정기구 속으로 재편하려던 데서 성립되었음을 논증하고 있다.(44~45쪽) 변경에 대하여는 지역 특산물을 현물로 납부하게 하는 등의 우대조치를 실시하였다.(張學鋒, 2000, 「西晉の占田 · 課田 · 租調制の再檢討」, 『東洋史硏究』 59-1, 52~58쪽)

56) 唐長孺, 1983, 「魏晉州郡兵的設置和廢罷」, 『魏晉南北朝史拾遺』, 中華書局, 145~154쪽
高敏, 1998, 「晉武帝 "罷州郡兵"問題辨析」, 『魏晉南北朝兵制硏究』, 大象出版社, 155~169쪽.

57) 唐長孺, 1983, 「魏晉州郡兵的設置和廢罷」, 『魏晉南北朝史拾遺』, 中華書局, 150쪽.

아래 잠식된 상태로 나타난다. 또한 선비제부鮮卑諸部(慕容部, 段部, 宇文部)에 의해 요서지역이 점거되었고, 요동은 모용선비와 고구려가 그 주도권을 놓고 각축하였다.[58] 이 점에서 서진말 낙랑군 조선현에 숨어든 유요劉曜의 기록이 주목된다.

> 유요가 약관의 나이 때 어떤 일에 연관되어 주벌 당하게 되었는데 조순曹恂과 함께 유수劉綏에게로 도망갔다. 이에 유수가 오래 된 궤櫃에다가 넣어 왕충王忠에게 보내니, 왕충이 다시 조선朝鮮으로 보내버렸다. 몇 해가 지난 뒤에 기근이 들어 굶주리자 성명을 바꾸고는 현의 군졸로 빌붙어 있었다. 이때 최악崔岳이 조선령朝鮮令으로 있었는데, 그를 보고는 기이하게 여겨 곡절을 물으니, 유요가 머리를 조아려 자수하고 눈물을 흘리며 애걸하였다. 그러자 최악이 말하기를, "경은 최원숭崔元嵩이 손빈석孫賓碩만 못하다고 여기는가! 어찌 그렇게 두려워하는가. 지금 조칙을 내려 경을 체포하라고 다그치고 있으니, 백성들 사이에 있으면서는 목숨을 보존할 수가 없다. 이 조선현은 몹시 궁벽하고 외지니 형세 상 능히 서로 구원할 수 있을 것이다. 비록 급한 일이 생기더라도 인수印綬를 풀어놓고서 경과 함께 떠나 버리면 그만이다.[59]

---

58) 池內宏, 1941, 「晉代の遼東」, 『帝國學士院紀事』 1-1.
____, 1951, 『滿鮮史研究』 上世 1, 吉川弘文館, 297~298쪽.

59) "弱冠游于洛陽 坐事當誅 亡匿朝鮮 遇赦而歸...初 曜之亡 與曹恂奔於劉綏 綏匿之於書匱 載送於忠 忠送之朝鮮 歲餘 饑窘 變姓名 客為縣卒. 岳為朝鮮令 見而異之 推問所由. 曜叩頭自首 流涕求哀 岳曰 卿謂崔元嵩不如孫賓碩乎 何懼之甚也 今詔捕卿甚峻 百姓間不可保也 此縣幽僻 勢能相濟 縱有大急 不過解印綬與卿俱去耳..."(『진서』 권103 유요재기(劉曜載記))

위의 기록 가운데 중국 동방지배의 거점인 낙랑군의 수현首縣을 가리켜 '유벽幽僻'하다면서, 언제든지 현령의 신표를 내 던질 수 있다는 조선령 최악의 발언은 서진대 변방군현의 상태를 잘 보여준다. 『진서』 동이 조공기사 가운데 변경군현의 역할이 거의 보이지 않는 것은 이 때문이다. 또한 동이 제국이 평주에 속해 있으면서도 유주도독이 교섭 업무를 대신한 배경도 이에 있다.

그러나 언급한 대로 동이조공은 286년을 경계로 동이교위부에서 교섭한 사례가 적지 않다. 동이교위의 설치시기에 관해서는 명확한 기록이 없으며, 286년 최초의 동이교위 선우영이 하감何龕으로 교체되고 있음을 볼 뿐이다. 흔히 평주자사가 동이교위를 겸하였다고 이해되어 왔으나, 자사분직刺史分職을 명시한 태강 3년 이후로는 시행되기 어려운 일로 여겨진다.[60] 290년까지 동이교위직에 있던 하감에게서 평주자사의 직함을 찾아보기 어려운 이유도 여기에 있었다. 동이교위부의 설치와 관련하여 그 시기를 가늠할 수 자료로는 다음의 것이 유일하다.

> 태강 3년(282) 추 8월 평주平州 · 영주寧州를 파하였다. 자사는 3년에 한번 업무를 아뢰게 하였다.[61]

60) 286년 동이교위로 나타나는 선우영(鮮于嬰)은 281년 평주자사(平州刺史)로도 기록되어 있다. 통상 교위부가 위치한 주부(州部)의 자사(刺史)가 겸임한 사례에 따라 필자도 평주자사 선우영이 동이교위를 겸한 것으로 잘못 해석한 바 있다(윤용구, 2005, 「고대중국의 동이관(東夷觀)과 고구려」, 『역사와 현실』 55, 80쪽). 282년 8월 평주(平州)가 폐지된 점, 또한 같은 해 7월의 조칙으로 자사(刺史)는 교위(校尉)와 같이 영병직(領兵職)의 겸임금지 조치가 290년까지 시행되었던 사실을 이해하지 못하였다.

61) "(太康三年) 秋八月 罷平州 寧州 刺史三年一入奏事"(『진서』 권3 武帝紀)

이 기록은 283년 8월 평주와 영주를 파하였다는 것이다. 혁파한 후의 조치에 대하여는 언급이 없다. 이 시기 평주자사는 선우영鮮于嬰으로 생각되는데, 바로 전해 11월 창려昌黎에 침입한 모용선비를 격퇴한 바 있었다.[62] 선우영은 『진서』 부여전에 따르면 286년 동이교위로 등장하고 있다.

그렇다면 283년 평주를 파하고 곧바로 동이교위부를 설치할 가능성이 높다. 평주와 함께 혁파된 영주의 경우 군현은 익주로 환속하면서 남이교위를 설치하고 있기 때문이다.〈사료 7-㉣〉 물론 평주도 동일했다고 단정하기는 어렵다. 현재로선 286년 이전 어느 시기에 동이교위부로 전환되었으리라 추측할 뿐이다. 기록상 동이교위로 보이는 선우영이 마지막 평주자사를 맡았던 인물인 점에서도 그러하다.

서진대 동이제국의 조공사무는 위진교체기에는 전대와 같이 변경군현에서 담당하되, 때로 조위대 관구검의 시기와 같이 유주자사의 영향 하에 군현이 협조하는 형태로 이루어 졌을 것으로 여겨진다. 276년 평주가 유주에서 분립하면서 유주자사의 역할은 평주자사가 담당하였으나, 282년 자사의 영병領兵 폐지와 뒤이은 평주자사가 폐지되자, 동이의 조공사무는 유주도독이 통할하였다.

이로부터 286년 이전 동이교위가 설치되고 이후로는 동이교위부에서 동이제국의 교섭을 담당하였다. 물론 동이교위의 감호監護 대상은 위치상 요동의 모용선비慕容鮮卑가 주된 대상일 수밖에 없었다.[63] 동이교위부와 교섭

62) "太康二年 十一月 鮮卑寇遼西 平州刺史鮮于嬰討破之"(『진서』 권3 武帝紀)

63) 윤용구, 2005, 「고대중국의 동이관과 고구려-동이교위를 중심으로-」, 『역사와 현실』 55, 한국역사연구회

하던 시기에도 이전보다는 크게 위축되었겠지만 낙랑과 대방군 등 변경 군현은 교위부의 통제 하에 조공업무를 보좌하였을 것으로 여겨진다. 290년 마한에서 요동군 양평의 교위부로 조공한다고 할 때 대방군과 낙랑군을 거치지 않고는 어렵기 때문이다.

2. 조공의 주체와 원거리교역의 실재

〈표 2〉의 서진대 동이제국의 조공기록은 그 동안 두 가지 점에서 주목해왔다. 첫째는 마한왕馬韓王 · 진한왕辰韓王, 혹은 신미국新彌國을 맹주盟主로 하여 '수십국數十國'운운云云하는 집단적 형태로 서진과 교섭하는 점이다. 둘째는 282년 마한 신미국 등 20여국이 북경 부근의 연군燕郡 계현에 자리한 유주도독부와 통교하는 등 변경의 군현이 아니라, 이를 관통하여 요동의 내지 깊숙한 지역과 교섭한 점이다.

『진서』 마한전과 진한전에 따르면 280년 이후 마한왕과 진한왕이 각기 서진과의 조공을 주도한 듯 서술했다. 『통전通典』은 함녕 중(275~279)에 조공한 마한도 마한왕으로 기록하였다.[64]

동이 조공기사를 좀더 구체적으로 살펴보면 마한은 평주가 유주에서 분립하던 276년부터 나타나고, 진한은 유주도독이 적극적으로 이민족 통교업무를 담당하던 280년대부터 본격화 하고 있다. 276년 동이 17국의 집단조공을 비롯하여 280년 동이 20국, 282년 마한 신미제국 20여국(혹은 29국)의 조공사절이 나타나고 289년 동이 30국, 290년 모노국 등 17만 9천여

64) "晉武帝咸寧中 馬韓王来朝 自是無聞 三韓盖爲百濟新羅所呑并"(『통전(通典)』 권186 조근(朝覲))

구를 거느린 집단 조공기록이 보인다.

서진 무제가 즉위한 이래 폭발적으로 증가하였음을 보여준다. 언급한 대로 마한 혹은 마한왕 · 진한왕 · 신미국 · 모노국 등 복수의 조공사절단을 확인할 수 있다. 이러한 대규모 집단 조공사절의 등장은 조위 대는 찾아보기 어려운 현상이었다. 이와 관련하여 개별접촉을 적극 유도하던 조위대 오환교위 전예의 활동을 살펴보기로 하자.

> 문제 초년에 북방의 민족이 강성해지자 변방의 관소를 침입하여 소란스럽게 했다. 그래서 전예를 지절호오환교위로 삼고, 견초 · 해준과 함께 선비족을 감독하도록 했다. ①고유 동쪽, 예맥 서쪽에 있는 선비 수십 부족은 가비능 · 미가 · 소리가 땅을 나누어 지배하였다. 그들은 공동으로 서약하여 말을 중국에 팔지 않기로 하였다. ②전예는 융적이 하나가 되면 중국에 이로울 것이 없으므로, 먼저 그들을 분리시켜 그들 스스로 적이 되어 공격하고 다투게 하였다. (그 결과) 소리가 맹약을 위반하고 말 천 필을 관에 주자, 가비능에게 공격을 받았고 전예에게 구원을 요청하였다. 전예는 서로 합쳐지면 많은 피해를 줄 것을 걱정하여 선을 구하고 악을 토벌함으로써 융적에게 신의를 보이고자 하였다.[65] (『삼국지』 권26 전예전(田豫傳))

65) "文帝初 北狄彊盛 侵擾邊塞 乃使豫持節護烏丸校尉 牽招解儁并護鮮卑 自高柳以東 濊貊以西 鮮卑數十部 比能彌加素利割地統御 各有分界 乃共要誓 皆不得以馬與中國市 豫以戎狄爲一 非中國之利 乃先搆離之 使自爲讐敵 互相攻伐 素利違盟 出馬千匹與官 爲比能所攻 求救於豫 豫恐遂相兼并 爲害滋深 宜救善討惡 示信衆狄"

위의 사료 ①과 ②는 선비 수십 부족을 이끄는 가비능 · 미가 · 소리 등이 중국과 개별적으로 말 교역을 하지 않기로 하자, 오환교위 전예가 이들을 분리 · 조정하여 선비 부족의 자중지란을 이끌어 내고 있음을 본다. 특히 위의 사료는 선비 부족이 개별교역과 집단적 교역의 장단점을 잘 알고 있었음을 알려 준다.

맹주를 중심으로 여러 집단이 연합하여 중국에 교섭할 경우, 이민족이 이로운 점은 무엇일까? 위협적 효과로서 더 많은 상사賞賜를 기대할 수 있겠고, 중국의 분리 조종책을 차단하려는 의도도 엿보인다. 아울러 교섭을 주도한 이민족 맹주盟主의 경우, 중국으로 받은 상사賞賜를 재분배하여 그의 정치적 권위를 신장하는데 이용하였을 것이다. 이는 서진대 동이의 조공 기사에서도 마찬가지였다. 문제는 조위와 달리 서진은 집단적인 조공을 자주 허용하고 있는 점이다. 서진의 통제력 약화와 이를 상대한 삼한 맹주의 정치적 성장을 엿볼 수 있는 대목이다. 특히 군현이 아닌 동이교위부東夷校尉府와 같은 지절영호관부持節領護官府를 통하여 교섭하는 경우 이민족에게 더 많은 상사賞賜를 제공하였다고 생각된다. 조공과 같은 공적 교섭은 적어도 양자의 현실적 이익이 합치될 때 이루어졌던 것이다.

그런데 마한의 조공 기사에서 276년에서 282년까지는 마한왕馬韓王이 주도한 것으로 되어 있다. 이때 마한왕의 실체에 대하여는 여러 견해가 있으나 최근 백제왕百濟王으로 보는 견해가 절대 다수라 하겠다. 문제는 마한의 조공기사에서 마한왕은 282년 이후로는 더 이상 나타나지 않을 뿐 아니라, 앞서 언급한 『통전通典』에 "晉武帝咸寧中 馬韓王來朝 自是無聞 三韓盖爲百濟新羅所呑并"라 한대로 백제에 병합된 존재로 볼 수도 있기 때문이다. 요컨대 마한을 통합한 백제와 서진대 마한왕으로 조공하였다는 백제왕은 사료상 연결되기가 어렵다. 연결된다고 보면 양자 사이에는 국호는 같되 왕계王系의 단절을 상정해야 할지도 모른다. 282년과 290년 두 차례 대규모 사행을 벌인 조공기사의 경우는 신미국과 모노국 등 주도세력이 분명하다. 『진서』 비리등십국조裨離等十國條에 6개 국명이 보이는 모노牟奴 등 7국國 조공사행에도 백제가 들어갈 자리는 없는 것이다. 『진서』 마한과 진한전에 따르면 마한왕馬韓王과 진한왕辰韓王을 백제왕과 신라왕으로 단정하기는 쉽지 않다고 생각된다.

그러나 『진서』의 마한 등 삼한의 활발한 조공기사는 서진의 통제력 약화와 토착사회의 정치적 성장을 엿볼 수 있는 대목으로 중시된다. 특히 282년 진한왕이 주도한 진한 등 3(혹은 5국), 신미국 등 20여국, 286년 '마한 등 11국'의 기록이나 마한왕이 주도하였을 시기의 동이東夷 여러 소국의 집단적 통교는 삼한 각지의 지역연맹체가 군현의 소멸기라는 급변하던 정세 속에서 상호 경쟁하는 모습으로 여겨진다. 이는 자연적으로 313년 군현의 퇴출을 전후하여 삼한 지역 내 제 세력간의 복속과 전쟁으로 이어 졌을 것이다.

『진서』를 통해 마한 등 삼한제국의 원거리교섭을 처음 언급한 것은 쓰에마스 야스카즈末松保和였다.[66] 곧 양평襄平의 동이교위부東夷校尉府와의 원거리교섭을 지적하며 통교형태通交形態의 발전을 지적하였다. 현재에도 3세기 후반 백제가 서진과의 대외교역권을 장악하고, 이를 바탕으로 마한통합 등 고대국가로 발전하였다는 것이 일반적 견해이다.

마한의 원거리교섭은 282년 9월 신미국 등 마한 20여국의 유주도독부 통교, 286년 이후 급증한 동이교위부와의 교섭이 주목을 받아 왔다.

---

66) 末松保和, 1932, 「新羅建國考」, 『史學雜誌』 43-12.
_______, 1954, 『新羅史の諸問題』, 東洋文庫, 132~134쪽.

"(太康三年 春正月) 甲午 乃出華爲持節都督幽州諸軍事 領護烏桓校尉 安北將軍 撫納新舊 戎夏懷之 東夷馬韓新彌諸國 依山帶海 去州四千餘里 歷世未附者二十餘國 竝遣使朝獻"(『진서』 권36 장화전)

위의 사료는 282년 신미국新彌國 등 동이 마한 20여국이 처음으로 유주도독부와 통교하였음을 보여주고 있다. 이는 282년 8월 평주자사平州刺史가 혁파된 이후 동이관련 업무를 유주도독幽州都讀이 총괄하던 시기에 일어난 것이다. 유주도독의 치소는 오늘날 북경 근처인 연국燕國 계현薊縣에 있었다. 그렇다면 신미국 등 동이 마한 20여국이 유주도독의 치소와 직접 통교하였을까?

마한신미국 등 20여국의 위치를 "거주사천여리去州四千餘里"로 표현한 것은 이들이 북경의 유주도독 치소로부터가 아니라, 대방군의 남단으로부터 산정한 거리로 여겨진다. 곧 신미국의 조공은 대방군에 파견된 유주도독부 파견 관리 혹은 과거와 같이 대방군에서 대행하고 이를 유주에 보고하는 형식을 취하였을 것이다.

마한과 동이교위부와의 통교도 마찬가지였을 것으로 보인다. 이들의 조공이 동이교위부를 매개로 하였다는 이해가 있다.[67] 〈표 2〉에서 보면 동이교위부 조공은 마한의 290년 조공뿐이다.[68] 더욱이 290년이라면 대동강 이

67) 김수태, 1998, 「3세기 중후반 백제의 발전과 마한」, 『마한사연구』, 충남대학교 출판부, 209쪽.

68) 동이교위부에 삼한이 조공한 것은, 기록상 290년 마한 한 차례 뿐이다.(『진서』 권97, 마한전 "武帝..太熙元年 詣東夷校尉何龕上獻") 그나마 『책부원귀(册府元龜)』에는 진한(辰韓)의 일로 기록되어 있다.(『宋本 册府元龜』 권968 外臣部 朝貢 "太熙元年 東夷七國朝貢 是年辰韓詣東夷校尉何龕上獻"). 그러나 정작 『진서』에는 286년 이후 진한의 조공 기록이 없으므로, 『책부

북의 평안도 일대의 낙랑군의 소속 현들이 모두 폐지되고 사실상 고구려의 영향력 아래 들어간 시기였다. 따라서 이를 관통하여 요동과 통교한다는 것은 생각하기 어렵다.

교위부의 이민족 교섭도 그 단독으로 이루어지는 것이 아니라 주군州郡의 협조 하에 이루어졌기 때문이다. 동이교위 하감이 부여를 공격한 선비를 격퇴하기 위하여 파견한 독호督護 가탐은 통군統軍·영병領兵의 직을 받은 주군의 좌관이었다.[69] 가탐이 평주부 소속인지 아니면 요동군이나 현도군 군부 소속인지는 알 수 없지만 동이교위의 업무를 주군에서 협력하고 있는 증거라 하겠다.

교위와 군현의 관계를 보다 잘 보여주는 것에 1971년 가을 내몽고 화림격이和林格爾에서 발견된 후한대 벽화묘의 오환교위烏丸校尉 출행도가 있다. 전실 중층의 북벽에 교위가 탄 주차主車 주변에는 별가종사別駕從事 등 교위부 소속의 문무관리가 보이고, 동벽 상방에 이러한 행렬을 앞에서 말을 타고 안내하고 있는 안문장사雁門長史가 그려져 있다.[70] 안문군 같은 변군의 장사는 군병을 통솔하며 이민족 사무를 전담하던 요좌僚佐였다.[71] 변군 장사의 협조는 교위가 소속 주州의 자사를 겸하고 있었기 때문이다.

마한에서 교위부로 가기 위해서는 대방군을 비롯하여 낙랑과 요동군을

원귀』의 기록은 마한(馬韓)의 오기로 여겨진다.

69) 嚴耕望, 1963,『秦漢地方行政制度』上册, 中央研究院歷史語言研究所, 주의 독호는 208~209쪽, 군국의 독호는 314쪽 참조.

70) 內蒙古自治區博物館文物工作隊, 1978,『和林格爾漢墓壁畵』, 文物出版社, 13쪽의 도(圖) 29~30 및 15쪽.

71) 嚴耕望, 1961「郡國佐官-丞 · 長史(尉)-」,『秦漢地方行政制度』上册, 中央研究院歷史語言研究所, 102~103쪽.

거쳐야 하는데, 이들의 협조 없이 단독으로 이루어질 수는 없다. 290년 마한의 동이교위부 조공이란 실상 전통적인 교섭 창구인 대방군에 조공한 것이, 교위부로 통보되었을 뿐이다. 요컨대 서진의 동이교위東夷校尉는 선비鮮卑를 영호領護하되, 주변의 동이제족東夷諸族은 요동군 · 대방군을 비롯한 인근 변경 군현의 협조를 받아 통어通御하였다고 여겨진다.

Ⅴ. 맺음말

이상에서 3세기 이전 마한 백제국伯濟國과 중국과의 교섭을 보여주는 기초적 사료와 3세기 중 · 후반 고대국가로의 성장을 보여주는 것으로 해석되어 온 몇 가지 문제를 검토해 보았다. 서술한 내용을 요약하는 것으로 맺음말을 대신하고자 한다.

① 먼저 3세기 이전 백제와 중국과의 교섭을 보여주는 자료로 『삼국사기』 백제본기와 『삼국지』 동이전의 사료적 성격을 살펴보았다. 먼저 『삼국사기』 백제본기의 낙랑 관련 기록 10건 가운데 6건이 시조 온조왕대에 기록되어 있고, 고이왕대 1건, 책계왕대 2건, 분서왕대 1건이다. 온조왕 18년의 기록이후 전혀 교섭기록이 없다가 무려 240여년이 지난 고이왕대 1건이 보일 정도로 관련 기록은 빈약하다. 온조왕대 군현세력의 간섭과 압력을 제압하고 성장할 수 있던 기틀을 마련한 것처럼 만들어져 있다. 온조왕으로부터 240여 년간 낙랑과의 어떤 분쟁과 교섭 기사가 없는 것도 이를 표현하고자 한 것이 아닌가 생각된다. 따라서 백제본기의 낙랑 관련 기록은 한강유역과 경기북부 지역 마한제국이 군현의 간섭을 배제한 역사적 경

험을 온조왕대의 사실로 정리한 것이지만, 두 세력 간의 통교 사실을 제대로 전하는 것으로 볼 수 없다. 다만 고이왕대 낙랑군과의 분쟁기사는 중국 사서의 내용과 차이가 나는데, '고기古記'의 백제측 자료가 반영된 결과로 생각된다.

『삼국지』 동이전에서 백제伯濟의 존재는 마한조의 50여 국의 국명을 나열한 부분이 유일하다. 따라서 백제국의 존재양태 및 중국과의 교섭은 마한 50여국의 국목國目: 國名目錄이 언제 어떻게 누구에 의하여 정리되었는지가 중요하다고 보았다. 『삼국지』동이전은 직접적으로는 조위의 동이제국東夷諸國에 대한 동침기東侵期, 238~246년 수집 자료이며, 넓게 보면 대방군 설치 이후인 공손씨정권公孫氏政權, 180~238년으로부터 3세기 중엽까지 삼한과의 교섭의 결과를 정리한 것으로 생각된다. 특히 마한 50여국의 국목은 대방군에서 남으로 연안해로를 따라 교통로와 교역권 단위로 나열하되, 그 대상은 대방군과 통교한 토착사회에 한하였던 것으로 생각된다. 마한조의 50여 국은 시간적으로나 공간적으로 마한사회에 존재하였던 모든 정치세력을 포괄한 것이 아니었다. 특히 서진대 처음 통교한歷世未附者 신미新彌 등 20여국(혹은 29국)의 위치로 본다면, 마한의 남부해안 지역(전남 일원?)은 마한 50여국에 포함된 정치체가 적었을 것으로 추정된다.

② 3세기 중엽 백제 고이왕대를 고대국가의 성립시기로 보고 그 근거로 제시한 대방군 공격 사건에 대하여 살펴보았다. 246년 대방군을 공격한 한韓의 실체에 대하여, 통행본明 毛氏 汲古閣十七史本 『삼국지』는 "신지격한분臣智激韓忿"으로, 백납본百衲本: 南宋 紹熙本에는 "신책첨한분臣幘沾韓忿"이라 표기되어 있다. 통행본은 어의語義가 난해難解한데다 신지臣智가 누구인지 밝혀져 있지 않으며, 백납본의 "신책첨한臣幘沾韓"은 마한馬韓 "신분고국臣濆沽國"혹

은 "신분활국臣濆活國"을 가리킨다고 보았으나 "책첨幘沾"두 자구의 오류를 인정하여야만 가능한 견해였다. 그래서 판본의 대교로서는 원문 복원에 한계가 있다고 보고 대안代案으로 제시된 것이 『삼국지』 동이전을 재수록한 자료와의 비교였다. 이에 의해 남송 소흥紹興 31년(1161) 정초鄭樵가 펴낸 『통지通志』 동이 마한전에는 "신분고한분臣濆沽韓忿"으로 표기된 것을 제시하였다. 나아가 "신지격한분臣智激韓忿"은 명청 이후 『삼국지』 판본에서만 확인된다는 점도 지적하였다. "신지격한분臣智激韓忿"에 의거하여 대방군을 공격한 주체를 신지臣智: 곧 고이왕라 여겨온 것은 잘못이다. 본고에서는 이에 더하여 중국 국가도서관 소장 남송南宋 초기初期에 판각된 촉각소자본蜀刻小字本 『삼국지』에는 "신책고한분臣幘沽韓忿"으로 표기된 것을 확인하였다. 현재 가장 오래된 『삼국지』 판본에 "신분고한분臣濆沽韓忿", "신책고한분臣幘沽韓忿", "신책첨한분臣幘沾韓忿"등으로 표기된 것으로 보아, 246년 대방군을 공격한 한韓의 실체는 마한 신분고국臣濆沽國 임이 더욱 명백해졌다.

이처럼 246년 대방군帶方郡을 공격한 한韓을 신분고국臣濆沽國으로 볼 때, 그 동안 이를 백제 고이왕이 주도한 것으로 보고 구축해온 초기 백제사 연구는 재고를 요한다. 일찍이 이병도는 이를 고이왕으로 보고 "백제百濟의 엄밀한 의미意味의 건국建國은 정正히 여기에 직접적인 연유緣由를 가진 것이라고 생각된다."고 언급한 바 있다. 백제는 『삼국사기』에 따르면 고이왕대 낙랑의 변민을 약취하였다가 되돌려 준 기록을 남기고 있을 뿐이며 한위분쟁韓魏紛爭의 중심에 서 있지 않았다. 3세기 중엽을 대규모 전쟁을 수행할 정도의 고대국가 성립시기로 보거나, 관련 고고학 자료의 편년을 이에 맞추는 방법은 문제가 있다. 다만 "수멸한遂滅韓"의 대상은 아니었지만 백제국에 미친 전쟁의 여파는 적지 않았다고 생각된다. 무엇보다 신분고국臣濆沽國이 군현의 반격으로 소멸하면서 마한제국 간의 힘의 균형이 깨졌을 것으로 생각되고, 그에 인접하였던 백제국伯濟國이 주변 지역의 주도권을 장악하는 계기가 형성되었을 것으로 추정해 볼 수 있다. 그것은 신분고국이 소멸하고 얼마 안 가 조위曹魏의 통제력이 급격히 후퇴하면서 중서부 지역 마한사회 내 세력 재편성을 위한 격렬한 분쟁이 예상되기 때문이다. 다만 백제의 주도권 장악이 4세기 중엽이후는 분명하지만 그 이전 상황은 단정할 수 없는 점이 문제라 하겠다. 3세기 이전 한강유역의 물질자료를 '백제百濟'의 성장이라는 시각에서만 보는 것은 실제 역사상과 동떨어진 결과를 낳을 수 있다고 생각된다.

③ 3세기 후반 백제가 중서부지역의 마한세력을 규합하여 대중국 교섭의 주도권을 장악해 나가는 근거로 제시해온 『진서』의 동이 조공기사를 살펴보았다. 먼저 마한의 조공 기사에서 276년에서 282년까지는 마한왕馬韓王이, 280년에서 286년까지는 진한왕이 대규모 조공사절을 이끌고 있으나 이를 백제왕과 신라왕으로 특정하기는 어렵다고 생각된다. 더구나 282년 9월 마한 29국을 이끈 신미국新彌國과, 17만 9천 여구를 거느린 모노牟奴 등 7국의 대규모 사행조직이 병존하고 있는 것으로 미루어 백제왕百濟王이 일정 정도의 교역집단은 넘어 마한 전체를 대표하는 존재는 보기 어렵다. 다만 마한왕 · 진한왕과 특정 소국(신미국, 모노국)이 맹주가 되어 30여국 혹은 10여 만구를 거느린 사행조직을 이끌고 집단적으로 서진에 조공하고 있다는 점이 주목된다. 대규모 집단사행과 함께 주목되는 것이 낙랑군 · 대방군 등 변경군현을 넘어 유주자사부幽州刺史府 · 동이교위부東夷校尉府와 통교하고 있는 점이다. 이 경우도 마한의 교역집단이 유주자사부 · 동이교위부東夷校尉府로 가기 위해서는 전통적인 군현의 교섭창구를 경유한 것은 마찬가지였다. 그럼에도 군현이 아닌 동이교위부와 같은 지절영호관부持節領護官府와

의 교섭이 늘어난 것은 더 많은 상사賞賜를 제공하였기 때문으로 생각된다. 군현은 더 이상 토착세력의 선진문물에 대한 욕구를 충족시키거나 제어할 능력을 상실하였던 것으로 여겨진다. 이는 변경지역에 대한 서진 중앙정부의 통제력 약화의 결과로 야기된 것이다. 그 결과는 토착사회의 요구를 받아들여 집단적 사행을 허용하는 것, 유주자사부 · 동이교위부로의 통교를 통하여 더 많은 상사를 제공하는 것으로 나타났다. 조위와 달리 서진대 집단적인 조공을 자주 허용하고 있는 점이 유념할 대목이다. 서진의 통제력 약화와 이를 상대한 삼한 맹주의 정치적 성장을 엿볼 수 있는 대목이다.

참고문헌 |

권오영, 1995, 「백제의 성립과 발전」, 『한국사(백제)』 6, 국사편찬위원회.

______, 2001, 「백제국(伯濟國)에서 백제(百濟)로의 전환」, 『역사와 현실』 40, 한국역사연구회.

______, 2014, 「몽촌토성을 통해 본 백제 왕궁의 실체」, 『백제학연구총서 쟁점백제사』 3(백제 왕궁은 어디에 있었나), 한성백제박물관

권오중, 2012, 『요동왕국과 동아시아』, 영남대학교출판부.

김길식, 2014, 「2~3세기 한강 하류역 철제무기의 계통과 무기의 집중유입 배경-김포 운양동유적 철제 무기를 중심으로-」, 『백제문화』 50, 공주대학교 백제문화연구소.

김병준, 2011, 「돈황 현천치한간(懸泉置漢簡)에 보이는 한대(漢代) 변경무역-삼한과 낙랑군의 교역과 관련하여-」, 『한국 출토 외래유물 ②: 초기철기~삼국시대』, 한국문화재조사기관협의회.

김병남, 2002, 「백제 온조왕대의 '동유낙랑(東有樂浪)'에 대하여」, 『대동사학』 1, 대동사학회.

김수태, 2004, 「한성 백제의 성장과 낙랑 · 대방군」, 『백제연구』 39, 충남대학교 백제연구소.

노중국, 1990, 「목지국(目支國)에 대한 일고찰」, 『백제논총』 2, 백제문화개발연구원.

______, 2003, 「마한과 낙랑 · 대방군과의 군사 충돌과 목지국의 쇠퇴」, 『대구사학』 71, 대구사학회.

______, 2009, 「마한의 성립과 변천」, 『마한, 숨 쉬는 기록』, 국립전주박물관.

박찬규, 2012, 「문헌 자료로 본 전남지역 마한 소국의 위치」, 『전남지역 마한소국과 백제』, 백제학회.

윤선태, 2005,「『삼국사기』 백제본기 초기기사의 낙랑과 말갈」,『한성백제사료연구』, 경기문화재단.

윤용구, 1999,「삼한의 대중교섭과 그 성격-조위의 동이경략(東夷經略)과 관련하여-」,『국사관논총』86, 국사편찬위원회.

______, 2005,「『삼국지』 한전(韓傳)에 보이는 마한국목(馬韓國目)」,『한성백제사료연구』, 경기문화재단.

______, 2014,「『진서』 동이 조공기사의 재검토」,『한국고대사 연구의 자료와 해석(노태돈 교수 정년기념논총)』, 사계절.

이병도, 1959,「남방행렬의 제사회(諸社會)-삼한(三韓)」,『한국사』 고대편, 을유문화사.

______, 1959,「백제의 흥기와 마한의 변천」,『한국사』 고대편, 을유문화사.

이현혜, 2011,「마한에서 백제로-『삼국사기』 온조왕대 기록에 나타난 마한-백제 관계에 대한 인식-」,『백제 사람들, 서울 역사를 열다』, 한성백제박물관.

정인성, 2013,「한강 하류역 운북동 유적의 한식유물로 본 대중교역의 한 형태」,『숭실대학교 한국기독교박물관지』9, 숭실대학교 박물관.

차윤환, 2012,「원삼국후기~백제초기 한강 중 · 하류역 묘제의 지역성」,『한국상고사학보』78, 한국상고사학회.

천관우, 1989,『고조선사 · 삼한사 연구』, 일조각.

末松保和, 1932,「新羅建國考」,『史學雜誌』43-12.

________, 1954,『新羅史の諸問題』, 東洋文庫.

尾崎康, 1989,『正史宋元版の研究』, 汲古書院.

深津行德, 1990,「『三國史記』記載對中國關係記事について」,『學習院史學』27.

汪清, 2006,「晋武帝 "罷州郡兵"與"軍主分治"的努力」,『兩漢魏晋南北朝 州刺史制度研究』, 合肥工業大學出版社.

주제발표 2

고고자료로 본 낙랑 · 대방군과 마한제국

정 인 성 영남대학교

Ⅰ. 머리말
Ⅱ. 마한지역 내 낙랑 · 대방 관련 고고자료와 연구현황
Ⅲ. 낙랑과 대방지역 토기의 특징
Ⅳ. 외래계 토기의 출토와 그 의미
Ⅴ. 기와와 원통형 토제품의 존재
Ⅵ. 결론

Ⅰ. 머리말

마한제국은 물론이거니와 진 · 변한 사회의 성장을 중국과의 관계사적인 측면에서 살필 경우 중요하게 다루어지는 것은 언제나 낙랑과 대방군이다. 이러한 학계의 연구 분위기는 이번 학술대회의 주제선정에서도 분명하게 드러나는데, 「백제의 성장과 중국」과의 관계를 포괄적으로 다룬다고 기획되었으면서 개별주제의 절반은 낙랑 · 대방군으로 배정되었다.

그런데 왜 낙랑군 설치 이후만을 대상으로 하는 것일까?

우선 삼한사회의 개시를 기원 전후나 기원 전 1세기 즈음으로 보는 분위기와도 연관이 지적될 수 있다. 여기에 더해 일제강점기까지 거슬러 올라가는 이러한 연구 분위기는 당시 고고학적인 조사를 통해서 고조선과 관련된 물적 증거를 발견하지 못했던 것과도 관련될 것이다. 1916년에 시작된 고적조사 5개년 계획의 첫해 사업에서 한치군漢治郡 유적이 조사의 중심이 된 이후 낙랑군과 관련된 유적과 유물이 분명한 시각적인 이미지를 만들어내면서 그 이전의 고조선과 관련된 연구는 연구대상에서 제외된 감이 있다.

이런 분위기는 해방 후에도 계속되는데, 한국고고학을 이끈 김원룡은 고조선에 대한 언급을 피하면서 낙랑군도 한국고고학의 연구대상에서 제외해야 된다는 인식을 내비치기도 하였다(김원룡, 1986). 그가 쓴 한국고고학개설의 시대구분에서는 고조선 대신에 청동기시대의 다음에 초기철기와 김해시기가 자리를 잡았다. 나중에는 김해시기를 원삼국시대로 바꾸고 이것이 삼국시대로 이어진다고 정리하면서 역시 고조선이 빠지게 되었다. 김원룡이 삼시기법에 기초한 시대구분을 시도한 것은 해방 후 미국 유학의 영향일 것이나, 각 시대를 고고문화考古文化를 중심으로 살피면서 고조선이 빠지게 된 것은 경성제국대학에서 받은 수업의 영향일 가능성이 높다. 당시의 고고학 관련 강의 전담교수가 후지타 료사쿠藤田亮策였는데, 김원룡은 그가 작성한 고고학개설에서 우메하라 스에지梅原末治의 저서 『조선고대朝鮮古代의 문화文化』와 후지타의 연구를 참고하였다고 적고 있다(김원룡, 1973). 우메하라는 낙랑군의 문화를 책의 첫머리에 서술하고 있지만 김원룡은 이마저 제외하였으니, 초기철기에서 삼국시대의 사이가 애매해지고 만 것이다.

이후 한국고고학회의 정규 학술지인 『한국고고학보』에서 고조선과 직접 관련된 논문이 게재된 바 없는데, 그 이유는 여러 가지가 지적될 수 있으나 김원룡으로 대표되는 해방 이후의 학계 분위기와도 관련 있을 것이다. 최근 한국고고학회가 발행한 『한국고고학 강의』 목차도 김원룡이 설정한 시대구분을 대체로 따르고 있는데, 여기서도 고조선이 별도의 장으로 다루어지지 않았다. 고고자료로 인지되는 문화요소가 분명하지 않았던 점에서 우메하라와 비슷한 상황에 직면했겠지만, 한반도와 그 주변지역이 중국문명과 본격적인 교섭관계를 맺는 것이 군현 설치 이후일 것이라고 인식했다는 점은 아쉽다고 하겠다.

한편, 1990년대에는 평양지역에서 발견되는 대부분의 목관묘나 목곽묘를 낙랑군 설치 후로 인식하는 다카쿠 겐지高久健二의 낙랑고분 편년안이 제출되어 비교적 장기간 한·중·일 고고학자의 지지를 얻었다(高久健二, 1993). 여기에서도 낙랑군 설치 이전의 상황이 전혀 다루어지지 않았다.

그런데 당시 고조선과 비슷한 처지에 놓여 한제국漢帝國과 전쟁을 거쳐 군현이 설치되었던 남월南越이나 서남이西南夷 등의 경우, 군현郡縣 설치 이전에 이미 많은 진한秦漢의 물질요소가 이입되는 현상이 관찰된다. 그렇다면 왜 낙랑군이 설치되었다는 한반도 서북한 지역의 경우만 해석을 달리해 왔는지 그 이유를 따질 필요가 있다. 낙랑군이 설치되기 이전에도 고조선이 중계하였거나 아니면 다른 루트를 통해서 중국과 직접 교섭했을 가능성도 열어둘 필요가 있기 때문이다. 『사기史記』 조선전朝鮮傳에서 드러나듯이 위만조선이 한漢에서 병위兵威와 재물을 공급받은 것은 외신外臣으로서 주변국의 대한對漢 관계를 관리하거나 대리하는 역할을 기대하였기 때문일 것이다. 물론 위만조선 때에만 고정시킬 필요도 없다. 호남지역의 주조철기류와 상림리의 중국식 동검은 그러한 전제 없이는 이해할 수 없는 고고학적 현상이며 이러한 자료는 지금도 지속적으로 늘어가고 있다(정인성, 2013). 즉 군현 설치 이전의 교섭관계가 적극적으로 다루어질 필요가 있다.

또 하나는 한대漢代 낙랑군樂浪郡이 설치된 이후의 대중국對中國 교섭관계에서 낙랑군과 대방군 이외의 지역과는 교섭관계가 없었느냐는 점이다. 즉 군현의 남쪽에 존재하였다는 삼한사회가 전적으로 군현을 통해서만 중국 내의 여러 지역, 혹은 지역정치체와 교섭했는지의 문제이다. 특히 정세가 불안했던 전한말이나 낙랑군에서 왕조의 반란이 발생했던 시기, 후한말 이후 서진대 혼란기 등의 정세를 고려하면 군현이 중심이 된 교섭관계의 기본틀이 항용恒用 유지되었다고 볼 수는 없을 것이기 때문이다. 그런데 최근 발표된 다카쿠 겐지高久健二의 논문은 삼한사회와 중국문명과 교섭관계를 여전히 대낙랑군 설치 이후로 한정하고 있으며, 아울러 군현이 주도한 것으로 인식한다(高久健二, 2012). 김병준도 삼한사회의 중국교섭은 군현사회의 강력한 통제하에서 이루어진 것으로만 설명하고 있다(김병준, 2011). 필자 역시도 군현의 역할이 중요하다고 판단하지만 최근 삼한사회, 그 중에서도 특히 마한지역으로 반입된 중국 전래傳來의 유물 중에서 그 생산지가 서북한 지역이 아닌 자료가 포함되어 있음이 드러났다. 물론 이들 물품도 일단 군현으로 전해진 것이 다시 반입되었을 가능성도 배제할 수 없지만, 필자는 이와는 약간 다른 그림을 그리고 있다.

결국 삼한사회의 성장과 중국과의 관계를 다루는 논의에서 지금까지 낙랑과 대방군에만 쏠려있던 교조적인 시선을 거두고 군현 설치 이전의 상황과 군현 이외의 교섭망의 존재 등도 적극적으로 살필 필요가 있다고 본다.

Ⅱ. 마한지역 내 낙랑 · 대방 관련 고고자료의 연구현황

낙랑樂浪과 대방帶方의 물질문화, 특히 토기류에 대한 기초지식이 부족하던 때에는 삼한사회三韓社會와 군현郡縣과의 관계를 고고학적으로 살피기 어려운 것이 사실이었다. 흔히 한식유물漢式遺物이라는 것이 한경漢鏡이나 청동정靑銅鼎, 개궁모蓋弓帽 등과 같은 청동기류이기 때문에 그 제작지를 구체적으로 동정하기 어려운 한계가 있다. 그럼에도 불구하고 이들을 낙랑과 대방군 경유의 수입품으로 보았던 것은 필자를 포함한 고고학계 전반의 일반적인 인식으로, 그 제작지나 입수경로가 구체적으로 검증된 것은 아니었다.

1980년대 이래로 한국고고학계에서 가장 뜨거운 논쟁거리가 되었던 '와질토기 발생문제'는 김원룡이 설정한 원삼국시대를 대표하는 토기의 성격을 둘러싼 공방이었지만, 이 역시 낙랑토기와 전국시대 토기들에 대한 구체적인 이해가 부족한 상황에서 전개된 것이었다. 마한지역의 원삼국 토기 역시 와질토기의 동일한 맥락에서 이해된 적이 있으나 그 출현과 전개를 둘러싼 연구가 더뎠던 것도 비슷한 이유에서였다(최병현, 2013).

연구사를 살펴보면 1984년부터 타니 도요노부谷豊信에 의한 낙랑토기의 소개가 있었지만(谷豊信, 1984), 국내 연구자들에게로의 파급도는 높지 않았다. 그러던 것이 2001년에 국립중앙박물관에서 『낙랑』이라는 제목하의 칼라도록이 발간되고(국립중앙박물관, 2001), 일제강점기에 조사되었으나 보고되지 않았던 낙랑유적의 재보고서가 출간되면서(이영훈 외, 2001) 상황이 점차 바뀌기 시작했다. 여기에 필자가 2002년부터 수차례 논문을 통해 동경대학에 보관되어 있던 토성리토성(낙랑토성) 출토 자료의 특징을 국내에 소개하면서 국내연구자들의 낙랑토기에 대한 이해도가 빠르게 높아졌다. 이러한 분위기에 연동하듯이 2003년에는 가평 달전리에서 화분형 토기와 타날문토기가 동반되는 서북한 지역의 목관, 목곽묘와 거의 흡사한 무덤이 발견되었으며(박성희, 2003), 2004년에는 화성 기안리에서 제철유구와 함께 낙랑토기의 제법을 충실히 따르는 일군의 토기군이 발견되어 학계의 관심을 모으게 되었다(김무중, 2004). 이를 바탕으로 마한지역 토기들의 편년은 물론 출현배경과 전개를 이해하는데 도움이 될 것이라는 기대를 바탕으로 연구자들의 관심은 높아져 갔다. 물론 관련 자료는 더욱 급격히 늘어나게 되었다.

김무중은 마한지역 전체에서 출토되는 낙랑계 유물을 집성하고 성격을 따져 대방군 설치 무렵의 혼란기에 발생한 군현 이탈민의 유입 등을 나타내는 고고학적 증거라고 판단하였다(김무중, 2006). 이는 마한지역 원삼국시대 유적과 유물들의 역연대를 가늠할 수 있는 기준자료의 등장을 의미한다. 현재 통용되는 기원 후 2세기 중 · 후반대라는 연대는 그러한 맥락에서 얻어진 것이다.

관련 연구는 보다 심화되어 수계나 지역별로 낙랑(계) 토기들의 출토상황이 세밀하게 고찰되기도 하였는데, 북한강 유역권(홍주희, 2013), 한강 하류역(김기옥, 2013), 그리고 임진강 유역권의 관련 자료들의 현황과 성격이 정리되었다(황윤희, 2013). 영동지역의 낙랑계 토기들이 따로 정리되었으며(정인성, 2012), 중부지역 출토의 낙랑토기들을 종합하여 분석한 석사학위 논문이 제출되기도 하였다(이나경, 2013). 이보다 앞서 보다 선명해진 낙랑토기에 대한 이해도를 바탕으로 일본열도 각지에서 출토된 낙랑토기 관련자료들의 집성이 이루어지고 그 특징을 다루는 학술대회가 일본에서 개최되면서 군현과 야요이 사회의 교섭관계를 새로이 살피는 계기가 되기도 하였다(매장문화재연구회, 2010). 이와 같은 일련의 작업들을 통하여 한반도는 물론 일본열도에서 낙랑(계)토기의 반입사례와 회도灰陶 전개양상이 보다 분명해졌고 그 지역적인 특색도 드러나게 되었다. 이들 토기들의 대부분이 낙랑과 대방지역에서 반입되었거나 제작기법이 통한다는 사실이 분명해지면서 삼한사회와의 교섭을 주도하거나 중계하는 중심세력이 서북한 지역에 위치했었다는 사실은 이미 필자에 의해 지적된 바 있다(정인성, 2003).

그런데 그 후에 필자가 대성리 등지의 타날문토기와 철기류들의 연대가 낙랑군 설치 이전으로 소급될 가능성이 높다는 의견을 발표하자(정인성, 2009) 상황은 약간 복잡하게 전개되었다. 그것은 기원 전 1세기대와 기원 후 1세기대의 자료가 분명하지 않게 된 것이다(〈그림 1〉 참조). 그러던 중 인천 운북동에서 기원 전 1세기대로 편년되는 다수의 한식 청동기와 토기, 기와가 발견되면서 그 공백의 일부가 메워졌지만, 그럼에도 불구하고 당시의 재지토기 문화의 성격이 분명하지 않다는 문제와 더불어 중도식 무문토기는 물론 회도에 속하는 타날문토기의 출현이 낙랑군 설치 이전부터 점진적으로 일어난 현상인지, 아니면 기원 후 2세기대 이후에 반입된 군현 토기류의 2차 파급의 결과인지를 밝히는 것이 중요한 과제로 떠오르게 되었다.

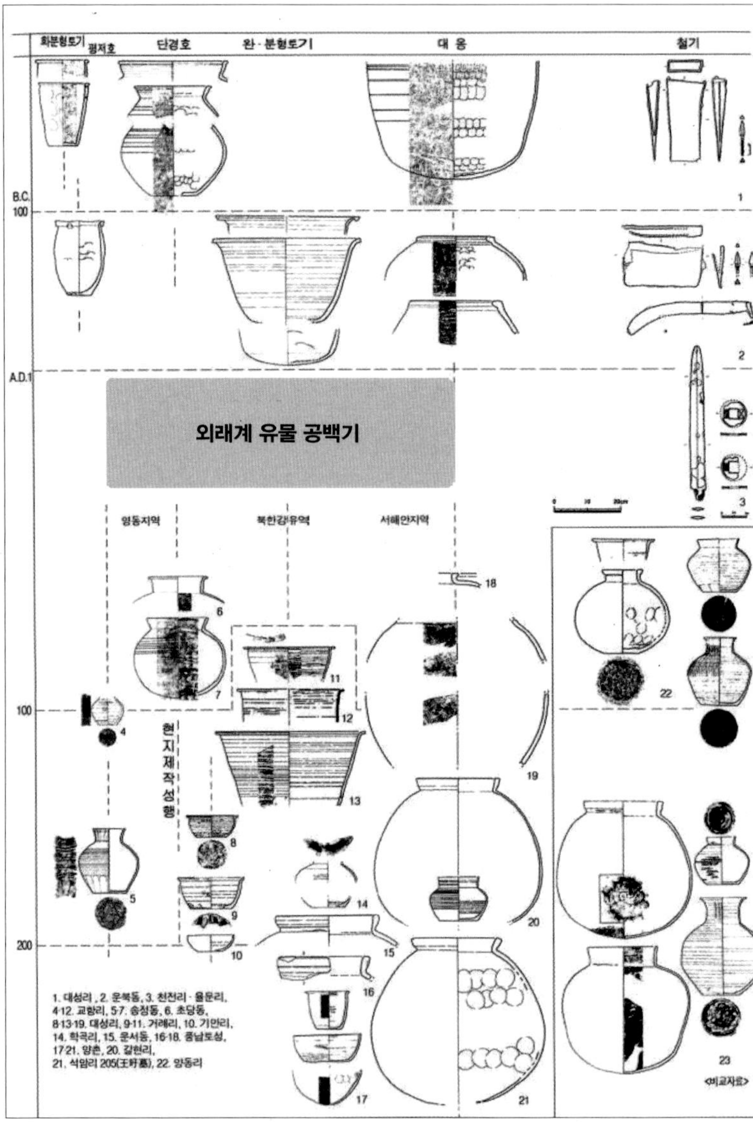

〈그림 1〉 중부지역 출토 외래계 유물의 변천(김무중, 2013)

이러한 중부지역의 낙랑(계)토기와 지역 타날문토기의 전개과정에 대한 논의의 문제점과 과제는 2013년 10월 숭실대학에서 진행된 매산강좌를 통해서 비교적 선명하게 드러났다고 할 수 있다(숭실대학교 한국기독교박물관, 2014).

낙랑과 대방지역의 토기문화에 대한 이해가 높아지고 이입移入된 토기를 변별하게 되면서 새롭게 노정된 문제도 있다. 그것은 중부지역에서 인지되는 외래적 요소의 모두를 예외없이 낙랑 · 대방군과 관련시켜 판단하는 점이다. 운북동에서 이미 드러난 것처럼 이 시기 군현 이외의 지역과 관련된 문화요소가 분명히 인지되는 바, 마한 소국에 의한 군현에 속박되지 않는 대중국對中國 교섭은 물론이거니와 기타 부여나 고구려는 물론 진 · 변한이나 왜와 같은 주변 정치세력과의 상호작용도 보다 유연하게 생각할 필요성이 제기된다.

Ⅲ. 낙랑과 대방지역 토기의 특징

마한지역에서 발견되는 낙랑 · 대방계 문물 중 가장 많은 수량을 차지하는 것은 역시 토기이다. 그 외 제작기법이 서북한 지역의 그것과 동일한 기와와 토제품(토관)들이 주목되며 철기와 청동기류들도 출토량이 늘어가고 있다.

이들 마한지역에서 발견되는 낙랑과 대방 관련의 토기자료를 정리하기 위해서는 서북한 지역 토기자료의 성격을 이해할 필요가 있다. 이와 관련해서는 이미 여러 지면을 통해서 살핀 바 있기에 여기서는 그 종류와 특징만을 간단하게 설명하고자 한다.

낙랑토기는 성형에 이용된 소지의 성격을 기준으로 니질계(회도), 활석혼입계, 석영혼입계의 3종류로 분류할 수 있다고 하였는데, 이외에도 명사리식 토기류와 도기, 자기류가 포함된다. 명사리식 토기라는 것은 이 지역의 점토대토기로 재지 고조선의 기층토기라고 할 수 있다. 도기陶器와 자기루磁器類는 소량으로 중국 남방에서 수입된 고온 자기류와 중원지역에서 제작된 녹유綠釉와 황유류黃釉類 따위의 저온 시유도기로 구분된다. 이들은 출토 정황과 제법으로 미루어 보건데 수입품일 가능성이 대단히 높다. 물론

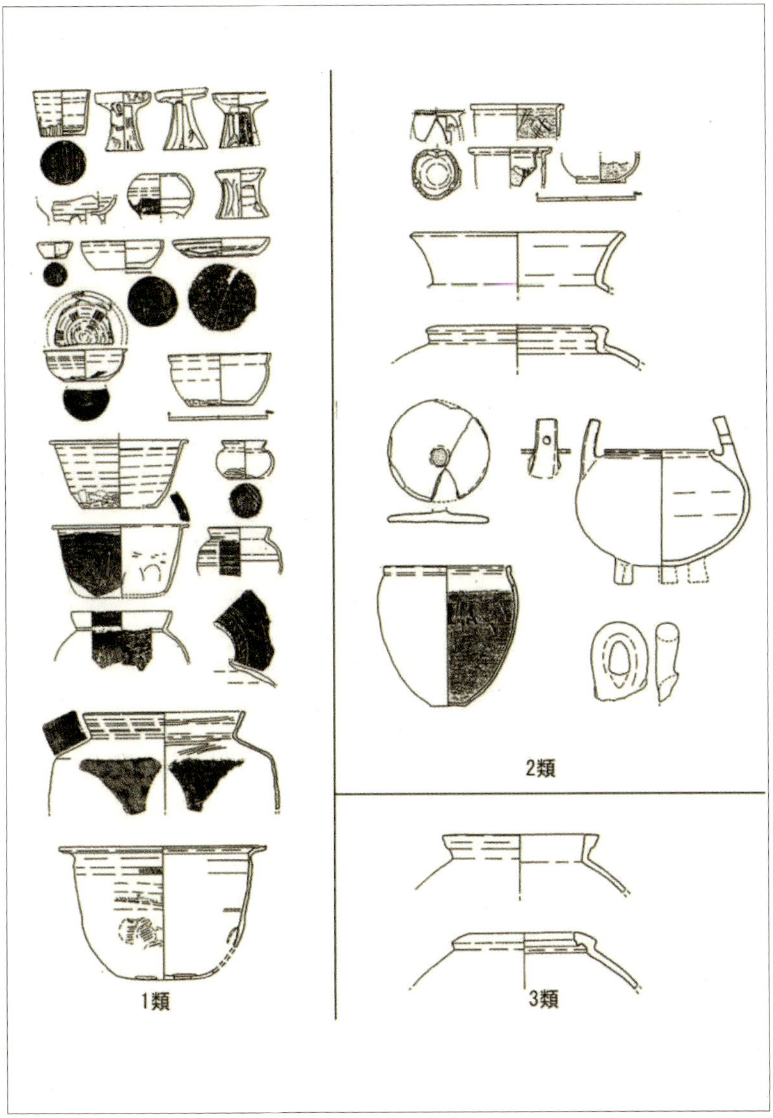

〈그림 2〉 낙랑토성에서 출토된 3종류의 토기

〈그림 3〉 낙랑 니질계분형토기의 내면(노끈무늬)

니질계 회도灰陶 중에서도 수입된 토기들이 있는데, 대표적으로 석암리 9호의 평저호가 그러하다.

토성리토성(낙랑토성)을 포함하여 서북한 지역에서 출토량이 가장 많은 니질계 토기는 원통형토기, 고배형토기, 완형토기盌形土器, 분형토기盆形土器,

시루형토기와 같은 일상용기류가 많다. 무덤에 부장되는 부뚜막형 토기와 명기들도 니질토기가 대부분이다. 이들 토기들은 대개 노끈을 감은繩捲 내박자와 승권타날구繩捲打捺具를 이용해서 성형하는 것이 가장 중요한 특징이다. 때문에 완성된 토기들의 내면에는 횡방향의 승문이, 외면에는 종방향의 승문이 남는 것이다. 정면과정에서 부분적으로 지워지기도 하지만, 낙랑과 대방의 니질계 토기를 변별할 수 있는 중요한 특징이라 할 것이다. 중형 이상의 단경호나 분형토기의 경우, 곡면이 형성된 곳의 내면에는 나이테의 흔적이 남는 내박자를 사용하여 성형하는데, 이 역시 동시기 다른 지역의 토기들과 낙랑 · 대방의 동종 토기를 구분하는 중요한 기준이 된다. 승권내박자繩捲內拍子를 이용한 성형은 낙랑의 일반적인 기와제작에서도 그대로 인정된다.

활석혼입계는 정형토기鼎形土器나 화분형토기, 심발형토기 등 취사용 토기류가 대부분이다. 이는 내화성耐火性이 뛰어난 활석과 활석에서 생성된 점토의 특징이 고려된 토기제작의 결과인 것으로 여겨진다. 토성리토성(낙랑토성)의 바닥에 까는 전돌이나 기와, 그리고 일부 와당의 제작에도 활석혼입계의 소지가 이용된 것으로 보이는데, 이들이 니질계 토기와 동일한 공방에서 제작된 것인지를 밝히는 것은 과제라 할 것이다. 활석혼입계 토기는 대개 '형뜨기'로 제작된다는 점이 중요하다. 그 결과 내면에 포布의 압흔壓痕이 남는다. 이러한 형뜨기 기법은 전국시대 연燕의 토기제작에서 일반적으로 관찰되는 제법인데, 한대를 거치면서도 중국 하북성 일부와 북경에서 계속 제작된다.

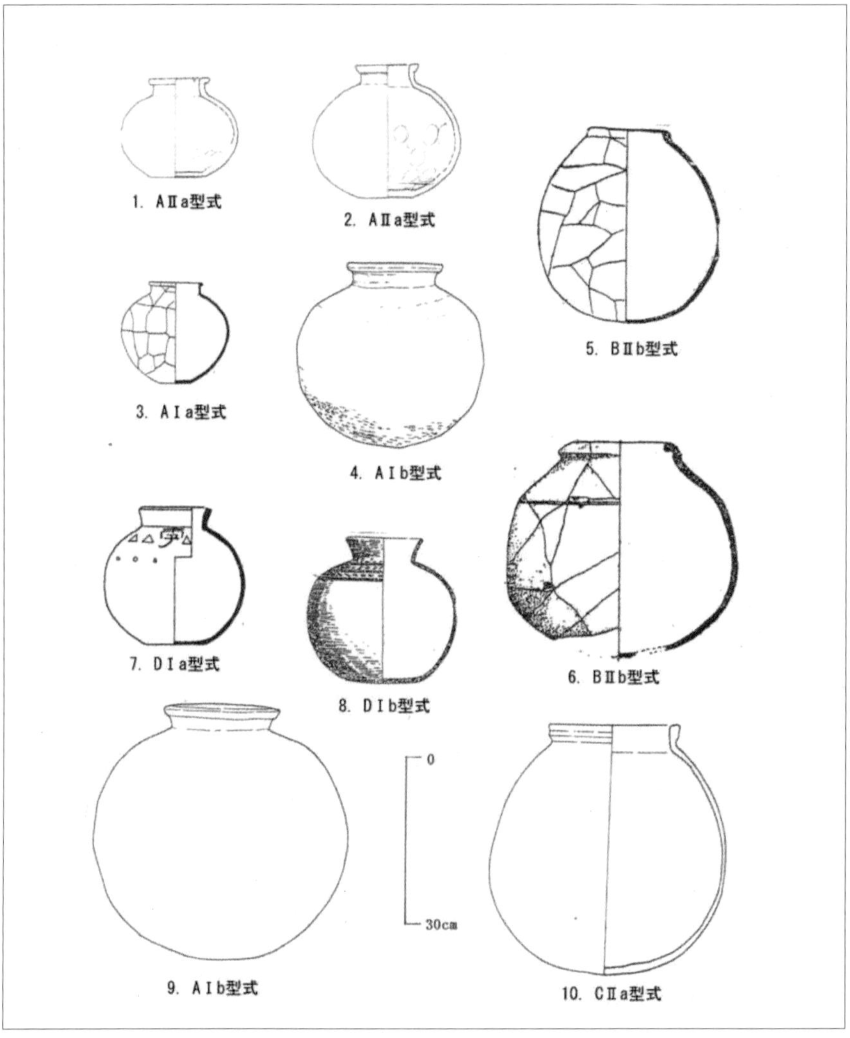

〈그림 4〉 낙랑고분 출토 석영혼입계 백색토기

석영혼입계 토기는 석영암반에서 풍화되어 형성된 점토와 비짐을 사용한 성형이 특징이다. 소지에 철분 함량이 대단히 낮은 것이 특징인데 소성 후의 색조가 백색을 띠는 것도 이와 관련이 있다(정인성, 2003). 이 토기를 백색토기白色土器, 혹은 백도白陶로 부르는 이유도 여기에 있다. 석영혼입계 토기는 소수의 소형호가 있지만 그 대부분이 중대형의 저장용 토기로 특화된 것이다. 이러한 토기는 중국 산동지역의 동북단과 요동지역, 그리고 서북한 지역에 한정되어 출토되는 지역성이 강한 토기인데, 그 생산지는 산동지역일 가능성이 높다(정인성, 2012). 니질계 토기처럼 원통형으로 1차 성형하였다가 2차로 동체의 모양을 변형시키는 것이 아니라, 성형을 시작하면서 완성형을 만들어 가는 차이가 있다. 문양이 없는 둥근 내박자를 사용하며 타날구는 노끈을 감은 것이 일반적이다. 중소형의 경우 실로 떼기 기법斜切技法으로 분리해 내지만, 대형토기의 경우 저부가 꼼꼼히 조정되어 제작법과 관련된 흔적을 관찰하기 어렵다.

대동강大同江 유역권流域圈을 중심으로 전개된 이전과는 다른 이러한 독특한 토기유형은 대방군의 강역疆域이라 지목되는 황해도의 지탑리토성과 그 주변에서도 확인되며 동해안에 면한 소라리토성과 그 주변에서도 발견된다. 대동강 유역권과 재령강 유역권의 토기에서 인지되는 지역성의 여부, 혹은 함흥평야를 중심으로 하는 동해안의 동시기 토기에 대한 구체적인 비교연구는 미흡한 실정이나, 지금까지 알려진 자료로 보는 한 동질적인 요소가 많다. 즉 지금까지 알려진 자료로는 낙랑의 토기와 대방토기의 차별성을 찾을 수 없다.

고분 부장용 토기로 선호되는 화분형토기와 니질계 단경호는 낙랑군 설치 이후에 성립한 토기류가 아니라 서한西漢 전기 병행기의 어느 시점에 성립된 토기문화로 보인다. 이들 토기들은 진한교체기秦漢交替期를 거치면서 형성되어 확산된 신형식 토기가 아니라, 전국시대에 하북성河北省 이현易縣과 북경 지역을 중심으로 분포하는 연국燕國 토기에서 계보가 인정되는 토기들이다. 부형토기釜形土器로 대표되는 연국燕國의 자비용토기煮沸用土器들은 진한교체기를 지나 전한 전기에도 형식 변화를 거치면서 연국燕國 고지에서 계속 제작된다. 요동지역에는 연국燕國의 부형토기釜形土器에서 영향을 받은 요동지역 특유의 부형토기釜形土器가 성립하며, 서북한 지역에서는 화분형토기가 자비용기로 유행하게 된다. 이들은 그 기형이 서로 조금씩 다른데, 요동의 부형토기를 과도기적인 형식으로 판단하는 의견도 있다(宮本一夫, 2012). 평양지역의 화분형토기는 구순口脣이 각지고 바닥이 평평한 것이 전형典型이고 고식古式인데, 이후 구순이 휘며 외반하고 저부에 굽이 달리는 것이 늦은 형식이다. 이를 전형과 변형으로 이해하지만, 둘은 기능이 전혀 다른 토기이기에 명칭을 바꿀 필요가 있다. 즉 전자前者는 철저하게 자비용으로 제작되지만, 후자後者는 자비煮沸와는 거리가 먼 기종이기 때문이다.

석영혼입계 토기는 백색토기라고도 하는데, 그 태토의 성격과 제작기법이 니질계 토기는 물론 활석혼입계 토기와도 다르다. 원래 낙랑지역에서 생산되어 소비된 것으로 이해되어 낙랑토기의 중요 구성요소인 것으로 대접해 왔지만, 최근 산동의 용구시龍口市 주변에서 이를 제작하고 구워내던 가마시설이 발굴되면서 산동지역 생산설이 제기되었고(谷豊信, 2008), 발표자 역시 현지조사 후로는 이를 지지하는 입장이다(정인성, 2012). 후한대, 즉 기원 후가 되면 낙랑지역의 목곽묘에서 석영혼입계 백색토기류의 부장이 인정되는데, 대부분 저장기능이 중시된 배부른 호형토기들이다. 전실묘가 축조되어 분구 내부에 무덤방이 확보되는 단계가 되면, 니질계의 부뚜막형 토기를 비롯하여 각종 명기류明器類들이 부장되기 시작한다. 이들 토기류가 전실묘에서 백색토기와 동반되는 경우가 많기 때문에, 이를 기준으로 백색토기의 선후도 따질 수 있을 것이다.

낙랑토기樂浪土器는 오랫동안 한식토기漢式土器와 동일시되기도 하였지만 형태 및 제작기법에서 중국 한대漢代의 토기와 뚜렷하게 구분되는 기종이 많은 것도 사실이다. 즉 낙랑토기樂浪土器란 한무제漢武帝가 사군四郡을 설치하면서 한 번에 이식된 토기 문화가 아니라는 점이 중시되어야 한다. 고조선대에 성립된 토기문화에 일부 한대漢代의 토기 기종이 추가된 것이 '낙랑토기유형'인 것이다.

Ⅳ. 외래계토기의 출토와 그 의미

1. 반입된 활석혼입계 화분형토기의 성격

이상 서북한 지역의 주요 토기 기종에 대한 이해를 바탕으로 마한지역에서 출토되는 반입 토기들을 살펴보고자 한다. 그 중 활석혼입계 토기들이 주목된다. 화분형토기는 서북한 지역에서 한대漢代 병행기에 유행한 자비용 토기인데, 사람이나 집단의 이동을 살피기에 가장 적합한 토기자료이다. 마한지역에서 활석혼입계 토기가 출토된 유적은 비교적 소수이며 그 종류도 자비용의 화분형토기로 제한되는데, 굽이 있는 늦은 형식의 것은 알려진 사례가 없다. 임진 · 한탄강 유역권의 파주 당동리와 포천 금주리, 그리고 가평 달전리의 분묘 유구와 대성리의 주거유적에서 화분형토기가 출토되었다. 금주리 유적의 화분형토기는 비교적 소형으로 형태는 물론 비짐의 혼입정도 등이 서북한 지역의 그것과 거의 일치하는 자료이다.

달전리 분묘에서 출토된 것은 저부가 둥근 기미이고 동체부가 곡선적이며 구연단이 비교적 단을 형성하며 외반하는 것이다. 외면에 무문 내박자의 흔적도 관찰된다. 내면의 포흔적은 비단처럼 눈이 가는 것이 아니며 활석립도 고루 포함된 것이 아니라서 서북한 지역의 전형적인 화분형토기와는 차이가 있다. 같이 동반된 니질계토기는 전형적인 것이어서 반입품일 가능성을 배제하지는 못하지만, 이주 주민이 정착 직후에 제작한 것일 수도 있다.

대성동에서는 복수의 화분형토기가 출토되었는데, 평저에 직립하는 동체부에 구연단의 외반도와 마무리가 조잡한 느낌이다. 활석의 혼입 상태도 고르지 못하고 타날도 평양지역의 동종同種 토기와는 달리 승문타날이 남은 것도 있다. 내부의 포흔布痕이 성글은 것으로 보아 반입품이 아니라 현지 제작의 가능성도 배제할 수 없다. 같이 동반된 평기와 편은 토성리 토성에서도 발견되는 고식의 기와와 통한다.

그런데 당동리에서 출토된 토기는 화분형토기가 아니라 형태상 내만옹에 가까운 것인데, 역시 내면에서 평양지역의 동형同形 자료보다는 성긴 포흔이 인정된다. 이런 형태의 기형은 평양지역의 것과는 바로 비교되지 않는다. 중국의 하북지역이나 북경의 경우 한대漢代가 되면 구연부가 내만하는 활석혼입계 자비용기들이 유행하지만, 구연단의 마무리에서 당동리 출토품과 차이가 있다. 굳이 비슷한 자료를 찾는다면 천진 방면의 후한대 자료가 있으나, 구체적인 평가는 유물 실견 후로 미루고자 한다. 당동리의 활석혼입계 토기 파편들도 마찬가지이다.

정리하면 마한지역에서 출토된 활석혼입계 토기는 자비용인 화분형토기가 전부이며, 금주리 출토품을 제외한 나머지는 반입품이 아니라 현지 제작일 가능성이 더 높다. 화분형토기의 경우 굽이 달린 늦은 형식의 것은 인정되지 않는다. 토성리토성에서 인지되는 다양한 종류의 기타 활석혼입토기류가 임진강 유역권은 물론 한강 유역권에서 출토되지 않는 상황은 이 지역을 진번군으로 보는 일각의 주장을 비판할 수 있는 고고학적 근거가 된다.

화분형토기는 이미 기원 전 2세기대인 후기後期 고조선 단계에 성립한 것인데, 활석이 다량 혼입된 비교적 고식인 것이 대구 달성과 늑도에서 출토된 바 있으며(정인성, 2012), 낙랑 단계의 정형화된 화분형토기도 늑도 유적과 일본의 하루노츠지原の辻 유적 등지에서 출토되었다. 달전리의 경우 낙랑군 설치를 전후한 시점의 혼란기에 서북한 지역에서 남하한 일군의 집단이 정착한 흔적이라 판단하는데, 원향原鄕과는 토기 제작 여건이 달랐기 때문에 활석혼입 화분형토기에서 약간의 변화가 생긴 것으로 이해한다. 부장유물로 보건데, 달전리 집단은 외부세계와 소통이 원활하지 않은 상황에서 세대를 잇지 못하고 와해된 것으로 보인다.

대성리의 경우에도 동반유물로 보았을 때 낙랑군 설치 전후의 이주민의 이입을 상정할 수 있으며, 대구 달성의 사례도 그러하다. 어쨌거나 마한지역에서 비짐으로 활석을 섞은 자비용기를 만들려고 했으며, '형뜨기'라는 토기 성형기술을 구사하던 일군一群의 주민이 있었다는 사실은 주목된다. 물론 이 기술은 삼한 사회 어디에도 뿌리를 내리지 못하고 사라지며, 그 이후의 시기에도 확인된 바 없다.

늑도나 일본의 하루노츠지, 쓰시마, 후쿠오카에서 출토되는 전형 화분형토기의 경우 낙랑군 설치 후 군현 관계자, 혹은 무역 담당자의 출입을 상정할 수 있는 고고자료로 판단하고자 한다. 동해안 지역의 경우 제법 많은 니질계 호형토기의 반입이 인정되나 자비용의 화분형토기는 보고 예가 없다.

2. 마한의 석영혼입계 토기(백색토기)는 군현에서 반입된 것인가?

마한 관련지역에서 출토되는 반입토기 중에서 최근 발표자가 가장 주목하는 자료는 석영혼입계 토기, 즉 백색토기이다. 이 토기는 이미 설명한 것처럼 카오린(kaolin) 즉 고령토 성분으로 제작되었으며, 소지에 포함된 철분이 적었던 관계로 소성 후에 백색으로 발색되는 것이다(정인성, 2012). 물론 밀폐가 가능한 가마 속에서 구워진 것이다. 원래 낙랑을 대표하는 즉 한반도 서북한 지역에서 제작된 토기로 이해되었으나, 최근 산동반도의 용구시龍口市에서 생산유적이 발견되었기 때문에 산동지역 특산일 가능성이 높다. 필자는 근년의 현지조사를 통해서 이 토기가 북으로는 부여의 남성자고성南城子古城, 동으로는 단동의 애하첨고성靉河尖古城 등지에서도 출토된다는 사실을 확인하였다. 요동반도 거의 전 지역의 고분과 토성 유적에서 파편을 발견하였으며, 산동반도의 경우 용구시를 중심으로 서쪽으로 임치제고성齊古城과 그 주변의 한묘漢墓에서도 출토됨을 현지조사를 통해 알았다. 발해만의 바다 속에서 인양된 백색토기도 있다. 이러한 상황을 통해 보면, 백색토기라는 것이 해로를 통해 제법 넓은 지역으로 수출되거나 소비된 무역토기일 가능성이 높음을 알았다. 물론 이들 여러 지역의 백색토기들은 지금까지의 현지 관찰결과로 판단하건데 제작기법과 형태적인 특징이 모두 동일하다.

게다가 요동지역에는 후한대 이후 요동 특유의 니질계 대형토기가 있으며, 서북한 지역에도 백색토기와 다른 현지 저장용 토기가 인정된다. 백색토기는 내용물 없이 단순한 용기로 수입되지는 않았을 것으로 판단한다. 즉, 저장용으로 특화된 듯한 토기의 기형상 특징으로 보아 산동에서 생산된 어떤 상품產品을 운반하는 도구, 즉 컨테이너일 가능성이 높은 것이다. 물론 내용물이 소비된 다음에는 다른 물건을 담는 용기로 전용되었을 것인데, 후한 병행기의 낙랑지역이나 요동지역에서 목곽묘와 전실묘의 부장토기로도 각광받았던 것으로 보인다. 이러한 백색토기에 무엇을 담아서 운반했을까가 중요하다. 용구시와 그 주변이 한대漢代의 소금산지이기 때문에 생산된 소금, 혹은 발효식품을 저장 · 운반하는 용도로 사용되었을 가능성을 제시해 본다. 실제로 낙랑고분에서 출토된 백색토기 중에는 다수의 생선뼈가 출토된 사례도 있기 때문에, 젓갈과 같은 발효식품을 저장해서 운반했을 가능성이 있다.

백색토기가 사용된 시기의 산동지역에서 서한대로 소급되는 자료는 현재까지 보고되지 않았다. 한반도 서북한 지역의 경우에는 석암리 9호를 포함, 기원 후 1세기 전반대로 편년되는 목곽묘에서 출토가 인정되며, 정백동의 경우 기원 전으로 소급될 가능성이 있는 자료도 있다. 물론 실물관찰이 중요한 토기인 만큼 정확한 판단은 유보하기로 한다.

연천 학곡리에서는 백색 소지로 제작된 소형 평저호와 동체 파편이 출토되었는데 견부의 파상집선문은 토성리토성(낙랑토성)이나 낙랑고분에서 출토된 사례가 없다. 나머지는 김포 운양동 1-11지점의 27호, 인천 운서동 는들 유적, 그리고 김포 양촌과 파주 갈현리 3호 구에서 출토되었다(김기옥, 2013; 이나경, 2013; 황윤희, 2013; 홍주희, 2014). 대개 직립하는 구연에 바깥으로 두꺼워지는 구연단이 달리기 때문에, 천이나 나무 뚜껑 등으로 밀봉하기 좋은 형태이다.

김포 운양동 1지점 백색토기의 경우, 동반유물에 세형동검이 포함되어 주목을 끌었다. 마연 단위가 결입부 이하로 내려오지 않는 것이지만, 등대의 단면이 비교적 납작한 것으로 늦은 시기의 세형동검이다. 그렇다고 하더라도 백색토기가 후한後漢 초기初期를 거슬러 올라가지 못한다는 고정된 연대를 생각할 때 서로 시기가 맞지 않는 유물이다. 최근 원삼국시대의 주거지에서 초기철기시대의 청동기들이 출토되는 경우가 제법 보고되어 있는데, 약간의 전세傳世일 가능성은 물론, 주거지나 무덤 굴착시에 획득된 선대의 기물일 가능성도 있다.

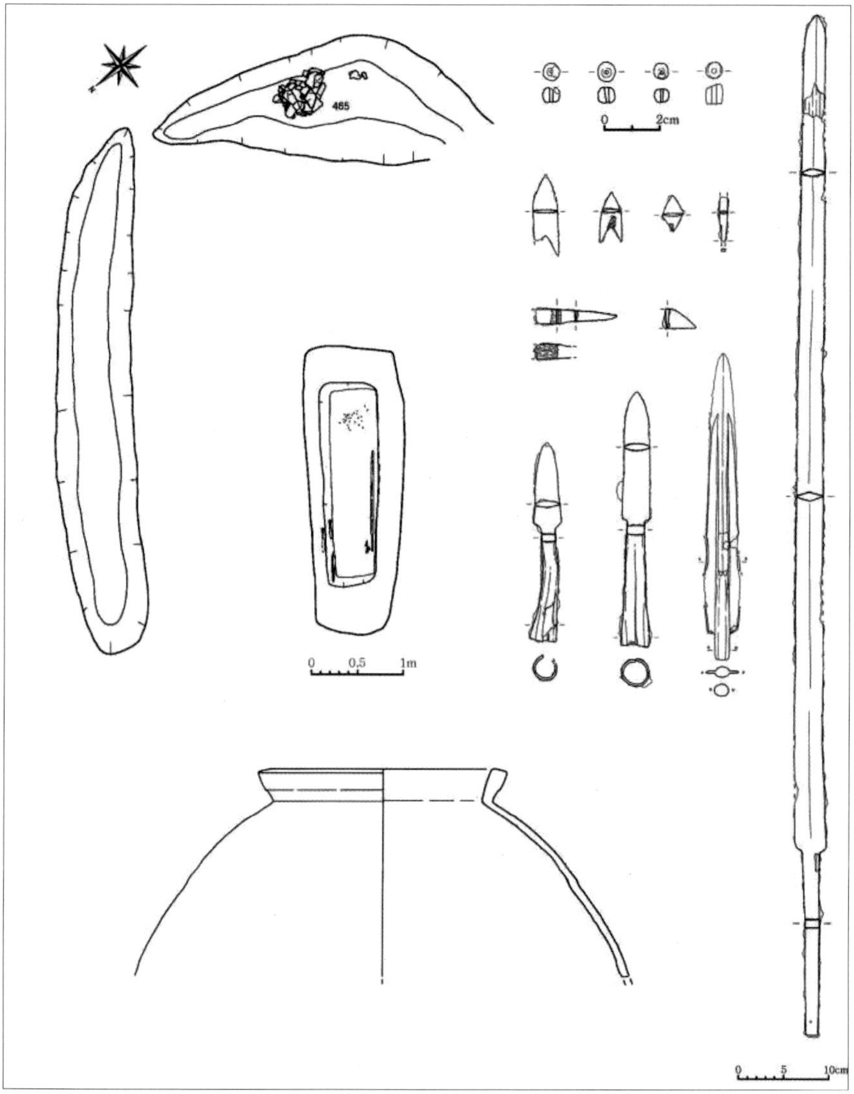

〈그림 5〉 운양동 1-11지구 27호묘 출토 백색토기와 동반유물

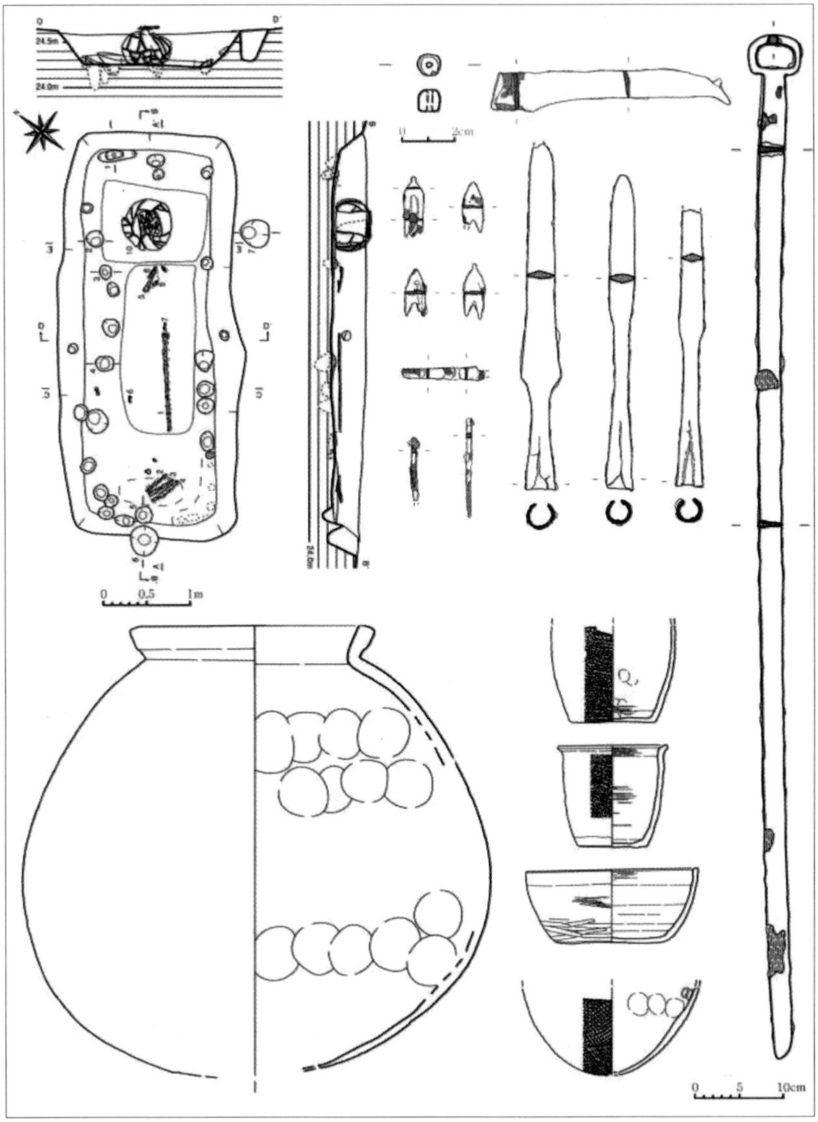

〈그림 6〉 김포 양촌 출토 백색토기와 동반유물

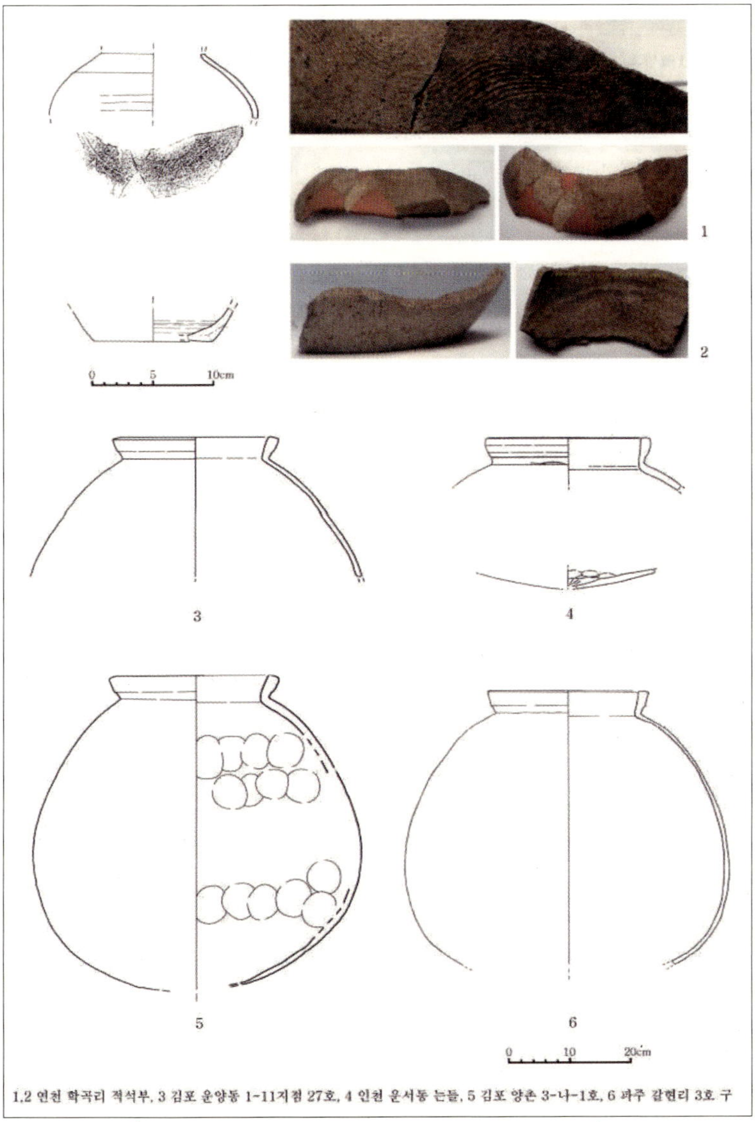

〈그림 7〉 한강하류역에서 출토된 백색토기 각종

김포 양촌에서 출토된 유물은 동반된 환두대도와 관부가 넓어지는 철모의 존재, 하부가 축약되는 철촉은 물론 연질 외반호의 형식 등으로 보아 운양동보다 후행하는 것이다. 서울대학교에서 조사한 는들 유적이나 파주에서 출토된 백색토기도 마찬가지이다.

문제는 이들 백색토기들이 군현 경유인지 아닌지를 가늠하는 것이다. 군현이 일괄 수입하여 재분배 했을 가능성을 배제할 수 없지만, 군현郡縣 설치 후 가장 많은 한경과 청동기류가 공급되었던 변 · 진한이나 왜에는 백색토기가 전혀 출토되지 않는 상황과는 극명하게 대비된다. 아무리 기미책羈縻策을 구사하며 마한을 다루는 시기가 있었다 할지라도 백색토기가 오직 한강 하류역에서만 출토되는지는 설명할 수 없다. 한강 하류역에서 인부가 좁아지는 특이한 철기류들이 집중되는 현상 등도(김무중, 2013) 같이 고려한다면, 단순히 군현이 공급한 토기로 보기에는 주저되는 부분이 있다. 여기에 시기는 앞서지만 낙랑지역과는 다른 한식토기漢式土器와 기와가 출토되는 운북동의 사례가 있다는 정황을 아울러 생각한다면, 후한대 이후 마한세력 중 한강 하류역에 존재하던 세력이 산동지역과 직접 교류하여 백색토기를 입수하였을 가능성도 있다.

백색토기가 군현을 통해서 반입되었다면, 그 출토양상은 인접하는 국가는 견제하고 그 후방의 정치체를 우대하는 국제사회의 기본적인 외교전략과도 맞지 않는다. 실제로 한경漢鏡은 진변한 사회보다 후방에 위치하던 야요이 사회에 더 많이 공급되었다는 점을 음미할 필요가 있다. 최근 마한지역에서 출토량이 늘어나고 있는 한식漢式의 철제 장검과 대도大刀와 같은 최신무기들의 존재양태도 비록 군현이 기미책을 구사했더라도 쉬이 이해하기 어려운 현상이다. 국경을 마주하고 있는 대립관계의 정치체이기 때문이다.

한강유역의 마한세력이 자체 운영한 원거리 교역활동도 진지하게 고민해야 될 것인데, 이러한 해석이 전제되지 않고 백제국을 포함한 일부 마한세력의 급격한 성장과 풍납토성의 돌연한 출현을 설명할 수 없을 것이기 때문이다. 북방계 장신구의 존재 역시 이러한 맥락에서 이해할 필요도 있으며, 이를 반드시 군현에서 공급받은 것으로 해석을 고정시킬 필요는 없을 듯하다.

결국 운북동 유적이 기원 전 1세기대로 편년되는 것을 참고하면, 이때는 산동 등지에 출자를 두는 무역집단이 한강 하류역에서 활동했을 가능성이 높으며, 여기에서 한인韓人들과 교역했던 것으로 보인다. 같은 유적에서 출토된 재지의 삼각형 점토대토기는 동반관계를 좀 더 신중하게 고려해야겠지만 그 가능성을 시사하는 고고자료로 판단할 수 있다. 그런데 기원 후가 되면서 돌연 이 마을이 해체되는 것은, 백색토기가 집중 출토되는 한강 하류역의 마한세력이 한강 하류역을 비교적 넓게 장악한 채 원거리 교역권을 행사한 결과라 해석해 볼 수 있겠다. 그런 후 풍납토성이 축조되는 즈음에는 대외교역의 중심세력이 바뀌었고, 그들이 한강 하류역 전체는 물론 대외교섭권과 해상무역의 일체를 관리할 수 있게 되었으며, 원거리 교역상대도 전략적으로 산동지역에서 강남지역으로 바꾼 것으로 판단하고자 한다. 동진대 이후의 전문도기錢文陶器가 풍납토성에 집중되는 것은 그러한 맥락이며, 이는 한성백제의 성장과도 밀접하게 관련되는 것이다.

3. 니질계 토기류의 확산과 군현으로부터의 유이민

낙랑과 대방군에서는 자비용기와 저장용기 등을 제외한 나머지 일상용기의 대부분이 정선된 니질계의 소지로 성형한 토기들이다. 회도灰陶, 즉 환원염 소성된 와질토기와 유사한 이미지로 판단하면 될 듯하다. 마한지역에서 발견되는 것 중에서 가장 많은 양을 차지하는 니질의 회도는 타날문 단경호와 평저호이다. 이 외에도 분형토기와 완형토기 등이 포함되어 있으며 소량이지만 원통형토기도 있다(김무중, 2004; 홍주희, 2013). 토성리토성에서 발견된 바닥이 얕은 명형토기皿形土器 등은 출토되지 않으며 고배와 기대류 같은 제사용기들도 출토사례가 없는데, 이는 한강 유역권이 군현에서 상용常用된 토기의 일부가 반입되는 공간이기는 하나 결코 군현세계가 아니었음을 말해주는 자료이기도 하다.

니질계 대형옹의 경우 사천 늑도유적에서 출토된 바 있다. 출토 당시 한국은 물론 일본의 연구자들도 모두 이를 낙랑에서 들여온 백색토기 옹으로 판단하였으나, 이는 관찰 결과 석영립이 혼입된 석영본위의 토기가 아니었다. 같은 유적에서 출토된 사수四銖 반량전과 시기가 빠른 활석혼입계 토기 등을 참고하면, 낙랑군 설치 전에 반입된 저장 전용 토기일 가능성이 높다. 신창동 출토유물도 이러한 문제의식으로 다시 관찰할 필요가 있다.

니질계 토기의 중요 기종인 타날문 단경호는 이미 앞에서 설명한 바처럼 김무중과 홍주희, 이나경 등의 지역별 정리가 있기에 여기에서는 상론하지 않겠지만, 견해를 약간만 더한다면 서북한 지역에서 반입된 것과 이를 현지에서 모방한 것으로 구분되고, 여기에 기본형태와 제법에서 멀어진 토기들도 있다는 정도이다. 물론 이는 평저호나 분형토기 등도 마찬가지이다. 예를 들어서 동해 송정동 3-1구역 7호 주거지에서 출토된 단경호, 8호 주거지, 대성리 14호 주거지 등지에서 출토된 단경호는 성형에 이용된 소지와 성형기법, 소성 분위기 등 거의 모든 부분에서 서북한지역의 타날문토기와 동일하기 때문에 완성품으로 반입된 토기일 가능성이 높다. 반면에 대성동 출토 타날문 단경호는 1차 성형과 2차 성형의 구분 등에서 낙랑 단경호의 제작법을 그대로 따르고 있다. 그러나 성형에 사용된 타날구는 격자문으로, 낙랑과 대방군에서는 유행하지 않던 것이다. 즉, 기법은 낙랑과 대방지역의 타날문 단경호를 따르면서 형태와 성형도구에서 차이를 보이는 토기군으로 인정된다. 한편 기형에서도 서북한지역의 것과 거리가 있으며 제작기법에서도 1차 성형과 2차 성형의 구분이 없는 타날문 단경호가 있는데 이들의 숫자가 가장 많다. 서북한 지역의 타날문 단경호의 제작전통에서 벗어나 지역화를 이룬 결과인지를 검증하는 것이 중요하다. 즉 기형과 제도술을 동시에 고려하여 살필 때 마한지역의 타날문 단경호들은 군현 이입품, 충실 모방품으로 나누어지고 여기에 재지화가 이루어진 토기자료들이 추가되는 것이다.

이렇게 깔끔하게 정리된다면 마한지역에서 회도의 일종인 타날문 단경호의 발생과 전개과정이 매끄럽게 설명될 것이지만, 사실은 앞으로 시간을 두고 더 꼼꼼하게 검증해야 될 숙제이다.

한편 재지화가 진행된 토기들이 정말 서북한지역의 낙랑 · 대방군 토기에 출자가 있는 것인지, 아니면 제 3의 토기군의 계보를 잇고 있는 것인지도 앞으로 풀어야할 과제이다. 특히 최근 백색토기와 다양한 대형철기들이 출토되는 한강 하류역의 여러 유적에서는 기고가 낮고 견부에 복수의 침선(현문)이 돌아가는 단경호들이 출토된다. 이 토기류는 서북한 지역에서 유사품이 없기 때문에 산동반도 등 타 지역 토기들과도 지속적으로 비교검토할 필요가 있다.

평저호의 전개과정도 타날문 단경호와 유사한데, 전형적인 서북한의 토기에서 점차 멀어지는 쪽으로 전개되는 방향성을 읽을 수 있다. 그 양이 상당히 많은 것을 보면, 많은 군현 유이민들이 마한지역으로 유입되어 현지화되어 갔음을 알 수 있다. 진 · 변한 지역에서 이러한 양상이 관찰되지 않는 것과는 대조적이어서 대단히 흥미롭다. 즉 진한지역의 니질계 토기灰陶는 군현설치 이전에 성립한 뒤에 지속적인 자체 변화를 거쳐나가는 양상이 인정되지만, 마한지역의 타날문토기는 이와 다른 것이다. 현재까지의 자료로 보는 한 니질계 토기의 2차 파급이 마한지역에서 회도문화가 정착하는 직접 계기가 되었을 가능성이 높다.

이는 철기생산 문제와도 비교된다. 즉 진·변한지역의 철 생산은 이미 고조선단계에 성립하여 발전하지만 마한지역에서 철 생산이 본격화 된 것은 군현으로부터의 새로운 파급에 의한 결과일 가능성이 높다.

물론 이미 필자가 밝힌 것처럼 대성동 유적의 타날문 단경호가 낙랑군 설치 이전으로 소급될 가능성이 높기 때문에(〈그림 1〉 참조), 이들 자료가 발견되지 않는 공백기의 상황을 설명해 줄 좋은 자료의 발견을 기다릴 필요가 있다.

Ⅳ. 기와와 원통형 토제품의 존재

마한지역의 외래계 유물 중에서 주목되는 것은 기와류와 원통형 토제품의 존재이다.

지금까지 가장 널리 알려진 유물은 기안리 유적의 원통형 토제품이다. 송풍관으로도 취급된 이 토제품은 정선된 고운 점토로 성형한 것으로, 외면에는 종방향의 노끈흔적이 남고 내면에는 횡방향의 노끈 흔적이 남은 전형적인 낙랑 기와와 니질계 토기의 제법製法을 충실히 따라 만들어진 것이다. 안정된 가마 내에서 환원염으로 구워진 것도 동일하다. 회전대 위에서 성형하다가 반전시켜 하부를 조정한 것도 평양지역의 기와류와 같은 제법상의 속성이다. 그러나 이 토제품은 이미 공개된 도면과 달리 현지 관찰 결과 하부에 건조 전에 칼로 도려내어 만든 큰 투창이 있음을 알았다. 춘천 우두동 등지에서 발견되는 것과 동일한 것으로, 기와도 송풍관도 아닌 셈이 된다. 어떤 용도로 사용되었는지는 현재로서는 알 수 없지만, 낙랑 기와 혹은 니질계 토기의 제작법을 숙지한 공인이 기안리 유적에 존재하였음을 증명하는 자료가 된다. 특히 기안리 유적은 비교적 규모가 큰 제철유적인데, 원통형 토제품이나 위에서 살핀 토기자료를 통해서 군현 출신의 공인들이 제철작업에 참여하고 있었음을 알 수 있다(김무중, 2004).

그렇지만 출토된 철기자료들을 보건데 공방에서는 소형 주조철부나 여러 가지 단조 철기류 정도를 생산했던 것으로 보인다. 이는 군현의 설치가 철기문화의 발전으로 곧장 이어진 것이 아님을 증명하는 것이기도 하다. 실제로 낙랑군이 설치되었다고 철기문화가 발전했다는 구체적인 증거는 없으며, 군현의 철기 생산 기술은 진 · 변한 사회와 비교하여도 오히려 낮았을 가능성도 제기된다(정인성, 2013).

우두동 1-19호 수혈에서 출토된 기와는 낙랑토기나 기와의 제법을 충실하게 따르고 있지만 태토나 소성 분위기는 차이가 있다. 내면에 횡방향의 승문타날흔이 남고 외면에는 종방향의 승문타날이 관찰되는 등 낙랑 기와와 동일하다. 다만 석사립이 대량으로 혼입되고 소성 분위기가 고르지 못했던 점에서 차별성도 인정된다. 다른 1점도 비슷한 기법으로 만들어졌는데, 실로 떼기 기법으로 하반부에 둥근 구멍을 뚫었다. 이것이 어떤 기능을 의식한 천공穿孔인지 지금으로서는 판단이 어렵다. 대성동 51호 수혈에서 출토된 기와편은 무문 내박자에 외면에 타날흔적이 분명한 것인데 토성리 토성(낙랑)의 기와류와 흡사하다.

운북동 1호 주거지와 2호 수혈에서 출토된 기와는 횡주름이 내외면에 뚜렷한 것이 특징인데, 타날로 1차 성형한 후에 회전물손질한 결과이다. 황색으로 발색하면서 석사립이 혼입된 것은 서북한 지역의 기와들과는 다른 속성이라 주목된다. 수키와 파편 중에는 내면에 포흔이 있는 것도 인정된다. 전국시대 연국에서는 이미 비단처럼 눈이 고운 포를 이용한 형뜨기 기법이 인정되지만, 한대漢代 중원지역에서의 기와제작에서 형뜨기에 의한 포흔이 수키와에서 관찰되는 것은 무제대 이후의 일이며, 암키와의 경우는 후한대 이후가 일반적이다.

어쨌거나 운북동에는 지붕에 부분적으로 기와를 얹은 건물이 존재했을 가능성이 대단히 높다.

Ⅵ. 결론

마한지역에서 출토된 중국계 유물이 한군현漢郡縣 설치 이후로 한정되는 것이 아님은 대성리 유적 등지의 주조철부나 토기를 통해서 추측할 수 있다. 파주 와동리에서 출토된 중국식 동검도 반입시기는 군현 설치보다 소급된다. 완주 상림리는 물론 익산 평장리 등, 한대漢代 이전의 청동기류도 전세되어 반입된 것이 아니라 군현 설치 이전에 이입되었던 것이다(정인성, 2013). 나아가 중부고고학연구소가 조사한 인천지역의 토광묘에서 세형동검과 주조철부류가 동반된 사실도 군현 설치 이전의 한강 유역권과 교류를 상정하지 않으면 이해하기 어려운 현상이다. 호남지역의 주조철기류들의 연대가 대부분 기원 전 3세기나 그 이전으로 상향조정되는 점도 참고해야 한다.

그런데 위에서 살핀 것처럼 낙랑군이 전성기를 맞이하는 기원 전 1세기대 이후가 되면 오히려 마한지역에서 반입 토기자료들이 줄어든다. 세형동검과 무기형 철기류들을 위시하여 한경漢鏡이 집중적으로 출토되는 진・변한 사회와는 방향이 다른 현상이다. 필자는 이것이 낙랑군이 안정된 결과 대외교섭을 포함한 원거리 무역을 군현 측에서 엄격하게 관리하면서 발생한 현상으로 이해한다. 마한지역과는 달리 진 · 변한과 왜倭에 한식유물을 집중 공급한 결과로 판단되는데, 이는 인접하는 마한세력을 견제하기 위한 군현 측의 전략적 판단에 의한 것이다. 비록 짧은 기간이지만 운북동과 같은 군현측이 직접 관여하지 않는 교역장이 서해안의 섬에 단기간 생겨났다가 소멸된 것도 군현이 대외무역을 통제하는 기간에 발생한 수요와 연관된 현상일 수도 있다. 이와 관련하여 군현 설치를 계기로 철기 확산이 본격적으로 시작되었다고 이해하는 연구자가 있지만, 낙랑군에서조차 기원 전 1세기대 고분에서 그러한 징후는 인지되지 않는다.

한편 기원 후에는 백색토기가 한강하류역으로 한정되어 수입되었는데, 이는 마한세력이 산동지역에서 직접 구매한 결과일 수도 있다. 백색토기에는 소금 등이 담겨서 수입되었을 수도 있다. 아울러 낙랑고분에서도 흔하지 않은 대형철기들이 마한의 분묘에서 출토되는 것도 군현을 통해서가 아니라 제 3의 공급처를 통해서일 가능성도 배제할 수 없다. 마한제국 중에서 백제국 등이 급성장할 수 있었던 것은, 이러한 교역권의 확보와도 관련 있을 것이다.

중국 내부의 정치적 혼란과 마한제국 등의 성장이 맞물리면서 군현 내부에서 정치, 사회적인 혼란을 야기시켰고, 이와 연동하여 많은 유이민이 발생하였다. 그들에 의해 각종 니질계 회도류가 마한지역으로 확산된 것으로 이해된다. 현재까지 알려진 고고학자료로 보건데 타날문토기류(회도)의 본격적인 확산은 공백기를 거친 이후, 유이민의 발생과 관련된 2차 파급의 결과로 판단된다.

한편 최근 마한지역의 철기류가 영남지역 진 · 변한 철기와 밀접한 관련이 있다는 연구가 제시된 바 있다(김새봄, 2011). 마한제국과 백제국의 성장을 군현이나 중국과의 교섭에서만 구할 것이 아니라 내적 성장요인과 한반도 내부의 지역간 교류라는 요소를 아울러 고려해야 될 것으로 여겨진다.

참고문헌 |

권오영, 2009,「원삼국기 한강유역 정치체의 존재양태와 백제국가의 통합양상」,『고고학』 8-2, 서울경기고고학회.

______, 2011,「한반도 출토 외래유물에 대한 시각과 연구방법론」,『한국출토 외래유물』 2, 한국문화재조사연구기관협의회.

______, 2013,「백제 국가성립기 한반도 중부지역의 정세」,『온조, 서울 역사를 열다』 한성백제박물관.

김무중, 2004,「화성 기안리 제철유적 출토 낙랑계토기에 대하여」,『백제연구』 40, 충남대학교 백제연구소.

______, 2006,「마한지역 낙랑계 유물의 전개양상」,『낙랑문화연구』, 동북아역사재단 20.

______, 2013,「중부지역 원삼국시대 철기를 통해 본 낙랑」,『숭실대학교 기독교박물관지』 9, 숭실대학교 기독교박물관.

김병준, 2011,「돈황 현천치한간(縣泉置漢簡)에 보이는 한대(漢代) 변경무역」,『한국출토외래유물』 2, 한국문화재연구기관협회.

김새봄, 2011,「원삼국 후기 영남지역과 경기 · 충남지역 철모(鐵矛)의 교류양상」,『한국고고학보』 81, 한국고고학회.

김원룡, 1973,『한국고고학개설』, 일지사.

______, 1983,「소위 '와질토기(瓦質土器)'에 대하여」,『역사학보』 99 · 100합집,.

박순발, 2003,「백제토기 형성기에 보이는 낙랑토기의 영향」,『백제와 낙랑(2003년도 백제연구 국내학술회의)』, 충남대학교 백제연구소.

신경철, 1980,「웅천문화기 기원 전 상한설 재고」,『부대사학』 4.

______, 1991,「韓國の瓦質土器」,『韓日交涉의 考古學』.

이성주, 1988, 「원삼국토기 태토의 유형」, 『영남고고학』 5.

이성준 외, 2013, 「풍납토성 축조연대의 고고과학적 연구」, 『한국고고학보』 88, 한국고고학회.

윤용구, 1999, 「삼한의 조공무역에 대한 일고찰」, 『역사학보』 162.

성정용, 2003, 「백제와 중국의 무역도자」, 『백제연구』 38, 충남대학교 백제연구소.

정인성, 2000, 「낙랑토성 내에서의 청동기제작과 공방의 위치」, 『경북대학교 고고인류학과 20주년 기념논총』.

______, 2003a, 「樂浪円筒形土器の性格」, 『東京大學考古學研究室研究紀要』 18 , 東京大學 考古學研究室.

______, 2003b, 「변한 · 가야의 대외교섭-낙랑군과의 교섭관계를 중심으로-」, 『가야 고고학의 새로운 조명』, 혜안출판사.

______, 2004a, 「낙랑토성의 「활석혼입계(滑石混入系)」, 토기와 그 연대」, 『백제연구』 40.

______, 2004b, 「낙랑토성의 토기」, 『한국고대사연구』 34, 한국고대사학회.

______, 2005, 「낙랑토기와 평기와의 제작기법-분형토기(盆形土器)의 관찰과 제작실험을 중심으로-」, 『낙랑의 고고학』, 제33회 한국상고사학회 학술발표대회.

______, 2006, 「낙랑 토성의 철기와 제작」, 『낙랑문화연구』, 동북아역사재단.

______, 2006, 「복원실험을 통해 본 낙랑 분형토기(盆形土器)와 평기와의 제작기법」, 『한국상고사학보』 53, 한국상고사학회.

______, 2007, 「낙랑 '타날문단경호'연구」, 『강원고고학보』 9, 강원고고학회.

______, 2008, 「와질토기 낙랑영향설의 검토」, 『영남고고학』 47.

______, 2009a, 「가평 대성리유적 출토의 외래계 유물-서북한계 유물을 중심으로-」, 『가평대성리유적』, 경기문화재연구원.

______, 2009b, 「다호리유적에 보이는 중국계 요소-토기를 중심으로-」, 『고고학지 특

집호』, 국립중앙박물관.

______, 2011a, 「동북아시아에서 타날문단경호의 확산」, 『한국기독교박물관지』 7.

______, 2011b, 「원삼국시대 연대론의 제문제 -낙동강 유역권에서 와질토기의 성립-」, 『원삼국시대 연대론의 제문제』, 세종문화재연구원 개원 2주년 기념 초청강연회 자료집.

______, 2012a, 「운북동 유적의 중국계 유물」, 『인천 운북동유적』, 한강문화재연구원.

______, 2012b, 「연하도유적 토기와 와(瓦)의 특징-철기 이외의 자료를 중심으로-」, 『연국(燕國) 철기문화의 형성과 확산』, 동아시아 고대 철기문화연구 국제학술 포럼.

______, 2012c, 「와질토기의 출현과 역연대(歷年代) 재론」, 『원삼국 · 삼국시대 역연대론』, 학연문화사.

최병현, 1998, 「원삼국토기의 계통과 성격」, 『한국고고학보』 38, 한국고고학회.

岡村秀典, 2007, 「中國鏡からみた原三國時代の歷年代」, 『第19回 東アジア古代史 · 考古學研究交流會』, 東アジア考古學會.

高久健二, 2011, 「樂浪帶方郡과의 關係」, 『彌生時代の考古學』 4, 同成社.

________, 2012, 「樂浪郡과 三韓의 交易시스템 形成」, 『專修大學社會知性開發研究센터』 6.

宮本一夫, 2012, 「楽浪土器の成立と拡散-花盆形土器を中心にして-」, 『史淵』 149, 九州大學.

武末純一, 1974, 「金海式土器に関する一私見」, 『古文化談叢』第1集, 九州古文化研究會.

鄭仁盛, 2008, 「牧羊城出土のいわゆる2 · 3類土器の性格と編年」, 『遼寧を中心とする東北アジア古代史の再構成』, 大貫静夫

주제발표 3

4세기~5세기 초엽 백제의 대중교섭 양상

여 호 규 한국외대 사학과

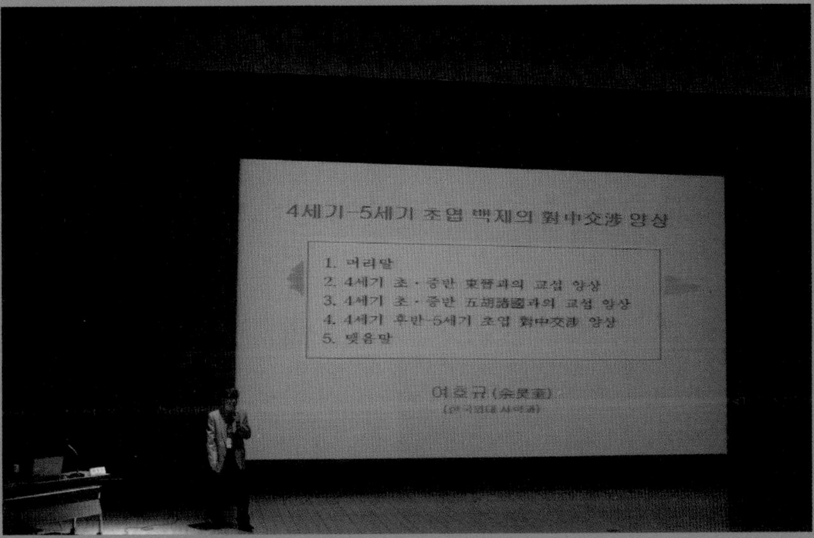

Ⅰ. 머리말
Ⅱ. 4세기 초 · 중반 동진(東晉)과의 교섭 양상
Ⅲ. 4세기 초 · 중반 오호제국(伍胡諸國)과의 교섭 양상
Ⅳ. 4세기 후반~5세기 초엽 대중교섭(對中交涉) 양상
Ⅴ. 맺음말

Ⅰ. 머리말

주지하듯이 4세기 동아시아 국제정세는 긴박하면서도 역동적으로 전개되었다. 8왕의 난을 시발로 서진西晉의 지배질서가 급속하게 붕괴하자, 북중국에서는 흉노匈奴와 선비鮮卑 등이 5호16국이라는 역동적인 시대를 연출했으며, 중국대륙 주변에서도 여러 족속과 국가가 흥기하였다. 만주와 한반도에서도 선비鮮卑 모용부慕容部: 前燕가 요동지역으로 영향력을 확대하는 사이, 고구려는 낙랑 · 대방군을 멸망시키고 서북한 지역을 점령하였다. 이에 따라 동방지역에 대한 중국 왕조의 영향력은 현저하게 약화되었다.

이러한 대격동의 와중에 한반도 중서부에서는 마한馬韓 소국小國의 하나였던 '백제국伯濟國'이 삼국三國의 '백제百濟'로 전환한 것으로 이해된다. 특히 1980년대 이래 백제 도성으로 비정되는 몽촌토성과 풍납토성에서 중국산 물품이 대거 출토됨에 따라 대중교섭對中交涉이 백제국에서 백제로의 전환을 추동한 가장 큰 원동력으로 상정되고 있다. 이곳에서 출토된 흑색마연기법黑色磨研技法의 직구호直口壺나 중국산 시유도기施釉陶器: 錢文陶器 등은 서진대西晉代 물품으로 백제국이 3세기 후반부터 대중교섭對中交涉을 주도하며 삼국의 백제百濟로 전환하던 양상을 반영한다는 것이다. 더욱이 최근에는 백제가 372년 이전에 이미 동진東晉으로부터 책봉을 받았을 가능성까지 상정되고 있다.

이러한 이해는 고고자료考古資料라는 구체적인 '물증物證'을 바탕으로 전개되었기 때문에 상당히 높은 설득력을 지닌 것으로 받아들여지고 있다. 이에 최근에는 고고자료를 토대로 영성한 문헌사료를 보완하려는 시도가 다채롭게 이루어지고 있다. 그리하여 공백으로만 여겨졌던 4세기 초·중반 백제의 대중교섭 양상을 구체적으로 파악하고, 이를 바탕으로 4세기 후반 이후 문헌사료에서 확인되는 대중교섭의 역사적 배경을 새롭게 이해할 수 있게 된 것으로 인식되고 있다.

그런데 4세기 백제의 대중교섭과 관련한 최근 연구성과를 일별하면, 지나치게 백제 중심적인 시각에서 관련 고고자료나 문헌사료를 해석하고 있다는 느낌을 지울 수 없다. 4세기 동아시아가 대격변을 겪었던 만큼 이 시기 백제의 대중교섭도 중국대륙의 정세변화와 밀접하게 연관되어 진행되었을 텐데, 최근 연구성과 가운데 이러한 측면을 구체적으로 검토한 경우를 찾아보기 힘들다. 또한 국제정세가 급변했던 만큼 대외교섭에 참여한 각국의 대외인식이나 외교정책도 시시각각 변모했으며, 이는 백제의 대중교섭에 큰 영향을 미쳤을 텐데, 이러한 측면을 고려한 경우도 찾아보기 힘들다.

이에 본 발표에서는 중국대륙을 중심으로 하는 국제정세 변화에 유의하면서 4~5세기 초엽 백제의 대중교섭과 관련한 주요 쟁점을 재조명하고자 한다. 특히 최근 4세기 초·중반 백제의 주교섭 대상국으로 지목된 동진東晉의 대외인식이나 외교정책 변화에 유의하여 동진東晉과의 교섭交涉 시점始點, 근초고왕近肖古王에 대한 책봉 배경 등을 검토하고자 한다. 이와 더불어 백제가 해로海路를 통해 대중교섭對中交涉을 전개한 점을 고려하여 한반도에서 중국대륙을 잇는 연안해로沿岸海路에서 중간 기착지에 해당하는 요녕遼寧-하북河北 일대의 동향에도 관심을 기울이고자 한다. 선학제현의 아낌없는 질정叱正을 바란다.

Ⅱ. 4세기 초·중반 동진(東晉)과의 교섭 양상

현전하는 문헌사료만 놓고 본다면, '백제百濟'의 대중교섭對中交涉은 372년 1월 근초고왕近肖古王이 동진에 사신을 파견하고, 이해 6월 동진으로부터 책봉을 받으면서 시작된 것으로 확인된다.[1] 그런데 머리말에서 간략히 언급한 것처럼 1990년대 후반 이래 대다수 연구자들이 마한의 백제국伯濟國이 3세기 후반부터 서진西晉과의 대외교섭을 주도했으며, 4세기 초 · 중반에는 동진東晉과 활발하게 교섭을 벌이며 삼국의 백제百濟로 전환했다고 이해하고 있다. 이러한 입론立論의 논거는 크게 두 가지인데, 하나는 『진서晉書』에 나오는 동이東夷와 서진西晉의 교섭기사이며, 다른 하나는 몽촌토성과 풍납토성에서 대거 출토된 중국산 시유도기施釉陶器와 전문도기錢文陶器이다.

먼저 『진서晉書』에는 268년에서 291년까지 동이東夷의 여러 국國이 서진과 20여 차례 교섭한 것으로 나온다.[2] 다만 동이와 서진의 교섭 기사에는

1) 『진서(晉書)』 권9 간문제기(簡文帝紀)9 함안(咸安) 2년 춘정월(春正月) 및 유월(六月)조. 『삼국사기(三國史記)』 백제본기2 근초고왕 27년조에는 정월의 견사(遣使) 기사만 나온다.

2) 동이(東夷)와 서진(西晉)의 교섭 기사는 『진서(晉書)』 본기(本紀), 장화열전(張華列傳), 마한전(馬韓傳), 진한전(辰韓傳) 등에 나오며, 『책부원귀(册府元龜)』, 『통전(通典)』, 『통지(通志)』, 『태평어람(太平御覽)』등에 산재되어 있다. 최근 윤용구, 2014, 「『진서』 동이 조공기사의 재

교섭을 주도한 정치체나 국가의 명칭을 명시하지 않고, "동이 몇 국國이 조헌(朝獻 또는 내부內附, 귀화歸化, 내헌來獻)했다(『진서晉書』 본기)" 또는 "그 주主: 王가 자주 사신을 파견하여 입공入貢했다(『진서晉書』 마한전과 진한전)." 등과 같이 서술했다. 특히 서진과 교섭한 '국國'의 수는 2국에 불과한 경우도 있지만(태강太康 7년, 287년), 대체로 5~17국 전후이며, 20국 이상인 경우도 3차례나 확인된다.[3]

이러한 사료 상황으로 인해 서진과의 교섭을 주도한 주체를 둘러싸고 논란이 분분하였는데, 『진한晉書』 마한전의 '기주其主'라는 표현에 주목하여 '진한왕辰韓王'이라 명기된 경우를 제외하면 대체로 마한주가 교섭을 주도하였다고 파악하였다. 문제는 마한주馬韓主의 실체인데, 1990년대 전반까지만 하더라도 백제국설[4]과 마한설[5]이 팽팽한 접점을 이루었고, 목지국과 백제[6] 또는 3개 이상의 소국연맹체[7]를 동시에 상정하기도 하였다.

검토」, 『한국고대사 연구의 자료와 해석』(노태돈교수정년기념논총 2), 사계절, 332~333쪽의 표에 관련 기사를 종합하여 잘 정리하였다.

3) 289년에는 "동이(東夷)의 절원(絕遠) 30여 국이 내헌(來獻)했다"고 나온다(『진서(晉書)』 권3 무제기 태강(太康) 10년 시세조).

4) 천관우, 1976, 「삼한의 국가형성(하)」, 『한국학보』 3(1989, 『고조선사 · 삼한사연구』, 일조각, 341~343쪽); 이기동, 1987, 「마한 영역에서의 백제의 성장」, 『마한백제문화』 10, 60~62쪽; 노중국, 1990, 「목지국에 대한 일고찰」, 『백제논총』 23, 88쪽. 다만 노중국은 282년의 마한은 영산강 유역의 신미국 세력으로 파악하였다.

5) 이도학, 1993, 「백제 초기사에 관한 문헌자료의 검토」, 『한국학논집』(한양대) 23; 1995, 『백제 고대국가 연구』, 일지사, 40~43쪽; 유원재, 1994, 「진서의 마한과 백제」, 『한국상고사학보』 17, 150~152쪽. 다만 유원재는 282년을 기준으로 그 이전은 금강 이남의 마한 잔여세력, 그 이후는 신미국 중심의 영산강 유역 마한 세력으로 보고 있다.

6) 권오영, 1996, 『삼한의 국(國)에 대한 연구』, 서울대 박사학위논문, 217쪽.

7) 백제국 중심의 소국연맹체, 신미국을 대표로 하는 영산강 유역의 정치조직, 이에 속하지 않은 제 3의 집단 등을 동시에 상정하는 견해이다(이현혜, 1997, 「3세기 마한과 백제국」, 『백

그런데 1990년대 후반 이후 3세기 후반의 대서진對西晉 교섭이 낙랑 · 대방군이 아니라, 멀리 요동遼東의 양평襄平에 설치된 동이교위부東夷校尉府를 중심으로 전개된 것으로 파악되면서 백제국이 원거리 교섭을 수행할 역량을 갖춘 거의 유일한 세력으로 급부상하였다.[8] 이에 따라 점차 백제국 주도설이 우세를 점하기 시작하였는데, 몽촌토성에서 출토된 전문도기錢文陶器와[9] 요녕遼寧 계통의 토기로 비정된 흑색마연기법黑色磨研技法의 직구호直口壺가[10] 유력한 증거로 제시되었다. 이에 따라 282년 "동이東夷 마한馬韓의 신미제국新彌諸國"의 견사도[11] 백제의 주도 아래 처음 서진과 교섭한 기록으로 이해되었고,[12] 태희太熙 초년(290, 태강太康 11년) 모노국牟奴國 등의 견사遣使도[13] 백제 주도 아래 이루어진 것으로 파악되었다.[14]

제의 중앙과 지방』, 충남대학교 백제연구소, 25~29쪽).

8) 김수태, 1998, 「3세기 중 · 후반 백제의 발전과 마한」, 『마한사연구』, 충남대학교 출판부, 210~212쪽; 임기환, 2000, 「3세기~4세기초 위 · 진의 동방정책」, 『역사와현실』 36, 24~30쪽.

9) 김수태, 1998, 앞의 글, 203~208쪽.

10) 임기환, 2000, 앞의 글, 30쪽의 각주 64.

11) "동이마한 신미제국은 산에 의지하고 바다를 끼고 있었으며 유주(幽州)와 4천여 리였는데, 역대로 내부하지 않던 20여 국이 함께 사신을 보내 조공을 바쳐왔다. [東夷馬韓新彌諸國, 依山帶海, 去州四千餘里, 歷世未附者二十餘國, 並遣使朝獻.]"(『진서』 권36 장화전)

12) 김수태, 1998, 앞의 글, 210~212쪽.

13) "태희 초년에는 다시 모노국(牟奴國)의 수령 일지유리(逸芝惟離), 모로국(模盧國)의 수령 사지신지(沙支臣芝), 우리말리국(于離末利國)의 수령 가모신지(加牟臣芝), 포도국(蒲都國) 수령 인말(因末), 승여국(繩余國)의 수령 마로(馬路), 사루국(沙樓國)의 수령 삼가(鈐加)가 각각 정사(正使)와 부사(副使)를 동이교위(東夷校尉) 하감(何龕)에게 보내어 귀화를 청하였다.[至太熙初, 復有牟奴國帥逸芝惟離, 模盧國帥沙支臣芝, 于離末利國帥加牟臣芝, 蒲都國帥因末, 繩余國帥馬路, 沙樓國帥鈐加, 各遣正副使, 詣東夷校尉何龕歸化.]"(『진서』 권97 동이전 비리등십국조(裨離等十國條))

14) 권오영, 2001, 「백제국에서 백제로의 전환」, 『역사와현실』 40, 50~51쪽; 임기환, 2004, 「한

이는 고고자료가 문헌사료의 해석에 결정적인 영향을 미치기 시작한 것이다. 실제 이 무렵 흑색마연기법黑色磨研技法을 채용한 초현기 한성 양식의 백제 토기(직구단경호, 직구광견호, 삼족기 등)는 2세기 중엽~3세기 말경 중국의 동북지역에서 유행하던 기종器種인데, 한강 유역의 정치 엘리트 계층이 동이교위부를 매개로 대서진對西晉 교섭을 추진하면서 위신재로 선별 수용한 결과라는 견해가 제기되었다.[15] 또한 1990년대 후반 이래 풍납토성에서 대거 출토된 시유도기와 전문도기는 서진대西晉代에 남중국의 절강浙江과 강소江蘇에서 생산된 것으로 파악되면서 백제가 서진 동이교위부와의 교섭을 주도한 결정적인 물증物證으로 제시되었다.[16]

특히 전문도기錢文陶器의 분포범위가 양자강揚子江 이남에 국한된다는 사실에 주목하여 한강유역의 정치엘리트 계층이 3세기 말경 이후 남중국의 정치세력과 직접 교섭했을 가능성도 제기되었다.[17] 또한 몽촌토성에서 출토된 진식晉式 금동과대를 4세기 1/4분기로 편년한 다음, 책봉을 통한 동진과의 공식적인 외교관계가 372년 이전에 이미 이루어졌다고 보기도 하였다.[18] 백제가 372년 이전에 동진의 책봉을 받았을 것이라는 견해에 대해서는 백제의 국내외 정세나[19] 근초고왕의 책봉호 구성[20] 등을 근거로 비판이

성기 백제의 대외교섭」, 『한성기 백제의 물류시스템과 대외교섭』, 학연문화사, 97쪽.

15) 박순발, 1999, 「한성 백제의 대외관계」, 『백제연구』 30, 30~35쪽.

16) 권오영, 2001, 앞의 글, 50~51쪽; 권오영, 2002, 「풍납토성 출토 외래유물에 대한 검토」, 『백제연구』 36, 26~29쪽.

17) 박순발, 1999, 앞의 글, 35~37쪽.

18) 박순발, 1999, 앞의 글, 38~40쪽; 박순발, 2004, 「한성기 백제 대중교섭 일례-몽촌토성 출토 금동과대금구 추고」, 『호서고고학』 11, 12~13쪽.

19) 김수태, 2001, 「백제의 대외교섭권 장악과 마한」, 『백제연구』 33, 31~32쪽.

20) 임기환, 2004, 앞의 글, 102쪽.

제기되었지만, 일찍부터 동진과 교섭했을 가능성에 대해서는 많은 연구자가 동의하였다.[21] 이로써 고고자료를 통해 문헌사료에서 확인되지 않는 대중교섭의 양상까지 유추하기에 이르렀다.[22]

그런데 최근 들어 시유도기施釉陶器나 전문도기錢文陶器의 제작시기를 서진대西晉代로 상정하는 종래의 편년관이 조금씩 흔들리고 있다. 풍납토성 경당지구 196호에서 출토된 시유도기(전문도기)를 면밀하게 분석한 연구성과에 따르면, 이곳 출토품은 3세기 후반에서 4세기 전반에 해당하며, 다른 백제 유적의 출토품은 이보다 늦을 가능성이 높다고 한다.[23] 더욱이 중국학자의 연구성과에 따르면 전문도기錢文陶器는 서진부터 남북조시기까지 유행했다고 하는데, 풍납토성 출토 전문도기를 동진대로 편년하면서 도면배치에서는 동진 중후반의 단도丹徒 동진東晋 교장窖藏 유적 출토품보다 후행하는 양식으로 상정하였다.[24] 특히 남경지역南京地域에서 출토된 시유도기(전문도기)와 비교 분석한 연구성과에 따르면, 풍납토성 출토품은 대부분 남조南朝 초기인 유송대劉宋代에 해당하며 동진 중후기에 해당하는 것은 일

21) 권오영, 2003a, 「백제의 대중교섭의 진전과 문화변동」, 『강좌 한국고대사』 4, 6쪽; 문동석, 2010, 「한성 백제의 도교문화와 그 성립과정」, 『백제연구』 50, 21~22쪽; 이한상, 2011, 「허리띠 분배에 반영된 고대 동북아시아의 교류양상」, 『동북아역사논총』 33, 377쪽; 노중국, 2012, 『백제의 대외교섭과 교류』, 지식산업사, 188~189쪽.

22) 최근 중국학자들도 국내학계의 연구성과를 받아들여 백제가 3~4세기에 이미 중국 강남지역과 직접 교류했다고 파악하고 있다(周裕興, 2008, 「해상 교류로 본 중국과 백제의 관계」, 『백제문화』 38, 54쪽; 周裕興, 2010, 「从海上交通看中国与百济的关系」, 『東南文化』 2010-1(213기), 72쪽).

23) 한지수, 2010, 「백제 풍납토성 출토 시유도기 연구」, 『백제연구』 51, 25~34쪽

24) 賀雲翱 · 馮慧 · 李洁, 2008, 「東亞地區出土早期錢文陶瓷器的研究」, 『考古與文物』 2008-2, 90~91쪽 및 90쪽의 도21 참조.

부에 불과하다고 한다.[25]

이러한 최근 연구성과에 따르면 시유도기(전문도기)를 논거로 삼아 백제국이 3세기 후반 대서진 교섭을 주도했다거나 3세기 말경부터 남중국의 정치세력과 직접 교섭했다는 견해는 성립하기 힘들다. 더욱이 풍납토성 출토 시유도기(전문도기)를 동진東晉 후반기나 남조南朝 초기로 편년하는 중국학자의 연구성과를 인정한다면, 백제가 372년 이전부터 동진과 직접 활발하게 교섭했을 것이라는 견해도 성립하기 힘들어진다. 물론 중국학계에서도 시유도기나 전문도기에 대한 편년관이 정립된 것으로 보이지는 않는다. 그렇지만, 최근 동진 중후기나 남조대로 편년되는 시유도기의 출토 사례가 급증하고 있으므로[26] 몽촌토성이나 풍납토성에서 출토된 시유도기의 제작 시기를 서진대나 동진 초로 단정하고 논의를 진행하는 연구경향은 재고再考할 필요가 있다.[27]

그렇다면 고고자료를 물증으로 삼아 문헌사료를 재해석하거나, 문헌사료에서 확인되지 않는 대중교섭 양상을 유추할 때도 보다 신중한 접근이 필요하다고 하겠다. 1990년대 후반 이래 대부분의 연구자들이 3세기 후반 대서진對西晉 교섭을 주도한 주체로 백제국을 상정하고 있지만,[28] 이 시기의 대중교섭을 기술한 문헌사료에서 '백제국伯濟國'이나 '백제百濟'라는 국명은

25) 王志高, 2012, 「풍납토성의 세 가지 문제에 대한 시론」, 『동아시아 속의 풍납토성』, 학연문화사, 87~121쪽.

26) 王志高, 2012, 앞의 글, 87~100쪽.

27) 권오영, 2014, 「몽촌토성을 통해본 백제 왕궁의 실체」, 『한성 백제의 왕궁은 어디에 있었나』(백제학연구총서 쟁점백제사 3), 한성백제박물관, 187쪽.

28) 물론 많지는 않지만, 대서진 교섭의 주체로 마한세력을 상정하기도 한다(임영진, 2007, 「중국과의 문물교류」, 『백제의 문물교류』, 충청남도 역사문화연구원, 224~225쪽).

확인되지 않는다.[29] 오히려 견사遣使와 관련한 국명國名을 구체적으로 기술한 경우, 교섭 주체는 백제보다 다른 정치세력이었을 가능성이 더 높다.

가령 "동이東夷 29국國이 귀화歸化하여 방물方物을 바쳤다"는 282년의 견사遣使 주체는[30] 『진서晉書』 장화전張華傳에 따른다면[31] 신미국新彌國으로 보는 것이 가장 타당하다. 또한 "동이東夷 7국國이 조공했다"는 290년의 견사 주체도[32] 『진서晉書』 동이전의 비리등십국조裨離等十國條나[33] 『태평어람太平御覽』 남만전南蠻傳의 모노등칠국조牟奴等七國條[34] 등을 종합하면 모노국牟奴國으로 상정하는 것이 가장 타당하다.[35] 더욱이 282년에는 신미국을 비롯하여 무려 29국이 서진과의 교섭에 참여했고, 290년에 서진과 교섭한 7국은 17만 9천여 명을 거느렸다고 한다. 양자 모두 상당히 넓은 공간범위에 분포한 소국연맹체나 지역연맹체로 상정할 수 있는 것이다. 이러한 점에서 현전하는 문헌사료만 놓고 본다면, 3세기 후반 동이東夷 지역의 대서진對西晉 교섭은 다수의 소국연맹체나 지역연맹체가 상호 경쟁하며 동시 다발적으로 전개했다고 보는 것이 타당하다.[36]

이처럼 백제국이 3세기 후반 동이 지역의 대서진對西晉 교섭을 주도했다

29) 이현혜, 2014, 「백제 국가의 형성과 발달 과정을 둘러싼 중요 쟁점」, 『백제의 왕권은 어떻게 강화되었나』(백제학연구총서 쟁점백제사 4), 한성백제박물관, 16쪽.

30) 『진서(晉書)』 권3 무제기(武帝紀) 태강(太康) 3년 9월: "東夷二十九國歸化, 獻其方物."

31) 『진서』 권36 장화전(張華傳).

32) 『진서』 권3 무제기 태강 11년 2월: "東夷七國朝貢."

33) 『진서』 권97 동이전 비리등십국조(裨離等十國條)

34) 『태평어람(太平御覽)』 권787 남만(南蠻)3, 추노(牟奴) 등 7국: "晉起居注曰, 太熙元年正月, 牟奴等國大小口十七萬九千餘人, 各遣正副使, 詣護東夷校尉何龕, 上獻方物."

35) 윤용구, 2014, 앞의 글, 342~345쪽.

36) 이현혜, 1997, 앞의 글, 25~29쪽; 윤용구, 2014 앞의 글, 342~345쪽.

고 보기 힘들다면, 백제가 3세기 말경이나 동진 초기부터 남중국 지역과 직접 교섭했다고 상정할 수 있는지도 재검토가 필요하다. 이와 관련하여 먼저 백제가 372년 이전에 동진과 공식적인 외교교섭을 갖고 책봉을 받았는가라는 문제부터 검토해보자. 앞서 약술한 것처럼 백제가 372년 이전에 동진의 책봉을 받았다는 견해에 대해서는 백제의 국가체제 정비가 365년경에 비로소 마무리되었다는 점,[37] 그리고 372년 근초고왕의 책봉호가 '백제왕'이 아니라 이미 소멸한 '낙랑태수'라는 점[38] 등을 들어 비판하기도 하였다.

그런데 이러한 비판의 전제는 만약 백제가 4세기 전반에 국가체제를 정비한 사실이 확인되고, 372년 근초고왕의 책봉호에 '백제왕'이 포함된 사실이 밝혀진다면, 372년 이전에 동진의 책봉을 받았다고 볼 수도 있다는 것이다. 즉 백제가 372년 이전에 동진의 책봉을 받았는지 여부에 대한 논의가 주로 백제의 상황에 입각하여 전개된 것이다. 책봉을 받는 백제의 상황만 고려하고, 책봉 수여국인 동진의 대내외 상황에 대해서는 관심을 기울이지 않았던 것이다. 그렇다면 백제가 372년 이전부터 동진과 공식적인 외교교섭을 전개하면서 책봉을 요청했다면, 동진이 과연 백제에게 책봉호를 수여하였을까?

이러한 의문에 답하기 위해서는 370년 이전 동진의 책봉호 수여 현황을 검토할 필요가 있다.[39] 370년 이전 동진과 교섭한 국가나 정치세력은 종전

37) 김수태, 2001, 앞의 글, 31~32쪽.

38) 임기환, 2004, 앞의 글, 102쪽.

39) 오호십육국사(五胡十六國史)의 전개 및 동진과의 관계는 谷川道雄, 1971, 「古代世界帝國の崩壞と五胡諸國家の興立」, 『隋唐帝國形成史論』, 筑摩書房; 박한제, 1988, 「오호전기정권(五胡前期政權)과 한인사족(漢人士族)」, 『중국중호한체제연구(中國中胡漢體制研究)』, 일조각; 三

서진西晉의 판도를 기준으로 크게 두 그룹으로 대별할 수 있다. 〈표 1〉에서 보듯이 동진 건국 초부터 교섭한 요녕遼寧-하북河北 지역의 선비鮮卑 모용부慕容部: 前燕와[40] 단부段部 및 하서河西 지역의 전량前涼, 340년대 후반부터 교섭한 한중漢中 지역의 전구지前仇池, 건국 이전에 동진과 잠시 교섭한 전진前秦의 부씨苻氏나 후진後秦의 요씨姚氏 등은 기본적으로 종전의 서진西晉 판도 내부에서 흥기한 국가나 정치세력으로 분류할 수 있다. 이에 비해 [표 2]에 나오는 고구려, 숙신, 임읍, 부남 등은 모두 서진西晉의 판도 외부에 자리잡고 있던 국가나 족속에 해당한다.

그런데 동진東晉은 서진西晉의 판도 내부에서 흥기한 국가나 정치세력이 칭신稱臣하거나 내속來屬하면 책봉호를 수여한 반면, 그 외부의 국가나 족속에 대해서는 견사遣使하여 조헌朝獻하더라도 책봉호를 수여하지 않고 있다. 이는 370년경까지만 하더라도 동진東晉이 종전의 서진西晉 판도 외부에 존재하는 국가나 족속에 대해 책봉호를 수여하는 대외인식이나 외교정책을 정립하지 못했을 가능성을 시사한다. 그러므로 백제가 372년 이전에 동진과 공식적인 교섭을 가졌다 하더라도 동진으로부터 책봉호를 수여받았을 가능성은 희박하다고 생각된다.

崎良章, 2006, 『五胡十六國』, 東方書店(김영환 옮김. 2007, 『오호십육국(五胡十六國)』, 경인문화사); 庄金秋, 2011, 「兩晋與北方民族政權關係研究」, 蘭州大學 박사학위논문 등 참조.

40) 선비(鮮卑) 모용부(慕容部)는 3세기 말경부터 흥기하여 337년에 모용황(慕容皝)이 '연왕(燕王)'을 자칭하고, 341년에는 동진(東晉)으로부터 '연왕(燕王)'에 책봉된다. 이에 337년을 기준으로 그 이전은 모용부(慕容部), 그 이후는 전연(前燕)으로 부르는데, 본고에서는 혼동을 피하기 위해 양자 모두 전연(前燕)으로 통칭(統稱)한다.

〈표 1〉 370년까지 동진의 책봉호 수여 현황[41]

대상국	대상자	연도	책봉호 구성	비고
前燕	慕容廆	317	假節·散騎常侍·都督遼佐雜夷流民諸軍事·龍驤將軍·大單于·昌黎公	사양
		318	龍驤將軍·大單于·昌黎公	公爵 사양
		320	監平州諸軍事·安北將軍·平州刺史	
		321	使持節·都督幽平二州東夷諸軍事[42]·車騎將軍·平州牧·遼東郡公·大單于	
		326	侍中·特進 추가	
	慕容皝	334	(使持節·都督幽平二州東夷諸軍事) 鎭軍大將軍·平州刺史·大單于·遼東公	
		338	征北大將軍·幽州牧·領平州刺史 승격. 散騎常侍 추가. (持節,都督,單于,公은 종전과 동일)	
		341	使持節·大將軍·都督河北諸軍事·幽州牧·大單于·燕王	
		347	安北將軍(『晋書』 권8에만 보임)	
	慕容儁	349	使持節·侍中·大都督·督河北諸軍事·幽冀并平四州牧[43]·大將軍·大單于·燕王	
段部	段匹磾	317	서진의 幽州刺史·左賢王·渤海公 책봉받은 상태	
	段匹磾	321	撫軍將軍·幽州刺史 소지(戰死)	
	尙書 陳眕	323	都督幽平二州諸軍事·幽州刺史	
	段末波	325	幽州刺史 소지(사망)	
	段牙	325	段末波의 幽州刺史 승계	
	段遼	331	幽州刺史·大單于 소지, 驃騎將軍 수여	
	段龕	351	鎭北將軍·齊公	

41) 『진서』 본기와 재기(載記), 『십육국춘추집보(十六國春秋輯補)』, 『자치통감』 진기(晋紀) 등을 참조하여 작성하였다.

42) 『진서』 권108 모용외재기(慕容廆載記)에는 '都督幽州東夷諸軍事'으로 나옴.

43) 『자치통감』 권98 진기20 영화 5년 4월조에는 '幽平二州牧'으로 나옴.

	張寔	320	西中郎將 · 護羌校尉 · 涼州刺史 · 西平公 소지(피살)	
	張茂	320	平西將軍, 涼州刺史	
	張駿	324	使持節 · 大都督 · 大將軍 · 涼州牧 · 領護羌校尉 · 西平公	愍帝의 使者가 수여
前涼	張重華	347	(假節)大都督隴右關中諸軍事 · 護羌校尉 · 大將軍 · (涼州刺史)	
		351	涼州牧으로 승격	
	張玄靚	361	涼州刺史 소지. 大都督隴右諸軍事 · 護羌校尉 · 西平公 추가	
	張天錫	太和初	大將軍 · 大都督 · 督隴右關中諸軍事 · 護羌校尉 · 涼州刺史 · 西平公	
前仇池	楊初	347	征南將軍 · 雍州刺史 · 平羌校尉 · 仇池公, 並假節	
	楊國	355	仇池公 소지(피살)	
	楊俊	355	仇池公	
	楊世	360	楊俊의 仇池公 계승	
前秦	蒲洪(苻洪)	350	氐王 · 使持節 · 征北大將軍 · 都督河北諸軍事 · 冀州刺史 · 廣川郡公	건국 이전
後秦	姚弋仲	351	車騎將軍 · 大單于, 封高陵郡公	건국 이전

〈표 2〉 370년까지 주변국의 동진에 대한 사신 파견 현황

국명	연도	교섭 내용	전거
고구려	336	高句驪遣使貢方物	晉書7
	343	高句驪遣使朝獻	晉書7
숙신	319	肅愼獻楛矢石砮	晉書2
임읍	340	林邑獻馴象	晉書7
부남	357	扶南竺旃檀獻馴象	晉書8

그럼 과연 백제가 372년 이전부터 동진과 직접 교섭했다고 볼 수 있을까?

이와 관련하여 먼저 동진과의 교섭 루트부터 살펴볼 필요가 있다. 당시 백제와 동진 사이에는 고구려나 5호제국胡諸國이 웅거하고 있었으므로 백제는 해로海路를 통해 동진과 교섭할 수밖에 없는 상황이었다. 한반도 서해안에서 중국대륙의 산동반도山東半島로 직접 건너가는 서해 횡단항로는 5세

기 이후에야 비로소 개설된 것으로 파악된다.[44] 그러므로 4세기 초·중반에 백제가 동진과 직접 교섭하기 위해서는 한반도 서해안과 중국대륙 동해안을 따라 가는 연안항로를 이용하여야 했다. 〈지도 1〉에서 보듯이 이 연안항로는 서해안을 따라 요동반도遼東半島 서남단까지 간 다음, 이곳에서 묘도열도廟島列島를 거쳐 산동반도山東半島로 건너고, 다시 산동반도의 성산각成山角을 돌아 양자강揚子江 하구로 나아가는 원거리 루트였다.[45]

백제가 이러한 연안항로를 이용하여 동진東晉까지 가려면 원거리 항해술을 보유하고 있어야 했을 뿐 아니라, 그 사이에 위치한 고구려나 전연 등의 협조를 받을 수 있어야 했다. 〈표 3〉은 4세기 전반 전연前燕이 동진東晉에 파견한 사행使行 현황을 정리한 것이다. 전연前燕도 해로海路를 통해 동진東晉과 교섭하였는데,[46] 귀국 시에 요동반도遼東半島 서남단의 마석진馬石津: 旅順 일대에[47] 상륙한 것으로 보아[48] 요동반도遼東半島-산동반도山東半島-양자강揚子江 하구의 연안항로를 이용한 것으로 파악된다. 그런데 319년 동진에 파견되었던 배억裴嶷은 319년 12월에 전연을 출발하여 이듬해 3월에 건강建康에

---

44) 한반도 서해안과 산동반도를 직접 잇는 서해 횡단항로는 5세기 초경에 개발된 것으로 추정된다(周裕興, 2008, 앞의 글, 54~56쪽; 박순발, 2012, 「고고자료로 본 산동(山東)과 한반도(韓半島)의 고대 해상교통」, 『백제와 주변세계』, 진인진; 박순발, 2013, 「연운항 봉토석실묘의 역사 성격」, 『백제연구』 57, 91~92쪽).

45) 2~5세기 중국대륙 동해안과 요동지역을 잇는 연안항로에 대해서는 黎虎, 1989, 「六朝時期江左與東北地區的交通」, 『北京師範大學學報』 1989-5; 王綿厚 · 李健才, 1990, 『東北古代交通』 瀋陽出版社; 張興兆, 2008, 「魏晋南北朝時期的北方近海水運」, 『青島大學師範學院學報』 2008-6; 侯德彤, 2012, 「三國兩晋南北朝時期膠東半島海上活動」, 『東方論壇』 2012-6 등 참조.

46) 『자치통감』 권90 진기12 건무원년 4월조: "(慕容廆) 遣長史王濟, 浮海詣建康, 勸進."

47) 王綿厚 · 李健才, 1990, 『東北古代交通』, 瀋陽出版社, 74~76쪽.

48) 『자치통감』 권95 진기17 함화 9년 8월조: "王濟還遼東, (중략) 船下馬石津, 皆爲慕容仁所留."

도착했다.[49] 당시 전연前燕의 중심지인 대릉하大凌河 하류의 극성棘城에서 동진의 도성인 건강建康까지 가는데 3개월 가까이 소요되었던 것이다.[50] 그러므로 백제 도성에서 출발하여 동진의 건강建康까지 가는 데는 3개월보다 더 많은 시간이 소요되었을 것이다.

한편 〈표 3〉에서 보듯이 사절단의 책임자는 4명을 확인할 수 있는데, 모두 중원中原이나 서진西晉 변군邊郡의 한족漢族 출신이다. 특히 317년과 333년에 파견되었던 왕제王濟는 발해渤海, 336년에 파견되었던 유빈劉斌은 창려昌黎, 339년에 파견되었던 유상劉翔은 평원平原: 山東省 德州市 平原 등 모두 발해만渤海灣 연안 지역 출신이다. 319년에 파견되었던 배억裴嶷도 내륙인 하동河東 출신이지만, 발해만 연안의 창려태수昌黎太守를 역임한 바 있다. 이렇게 본다면 사절단의 책임자는 모두 한족 출신으로 당시의 국제정세에 밝았을 뿐 아니라, 발해만을 비롯한 연안항로에도 익숙하였을 것으로 추정된다. 전연前燕이 국제정세뿐 아니라 연안항로에도 밝은 인물을 3개월이나 소요되는 동진東晉 사절단의 책임자로 임명하였던 것이다.

그러므로 백제가 3세기 말경이나 동진 초부터 남중국의 정치세력이나 동진과 직접 교섭하기 위해서는 원거리 항해술과 더불어 한반도-중국대륙의 연안항로에 밝은 인물을 확보하고 있어야 했다. 또한 3개월 이상 소요되는 원거리 항해를 하려면 중간 기착지로부터 물자공급을 받을 수 있어야

---

49) 『자치통감』 권91 진기13 태흥 2년(319년) 12월조 및 태흥 3년 3월조.

50) 지배선, 1998, 「동진과 전연의 관계에 대하여」, 『동양사학연구』 62, 4~5쪽.

51) 『자치통감』 권95 함강 7년 2월 · 7월조에는 유상(劉翔) 일행이 341년 2월에 동진에 도착하였고, 1년 이상 건강(建康)에 머문 다음 341년 7월에 귀환했다고 나온다. 기사에 착오가 있는 셈인데, 339년 겨울에 전연을 출발하여 340년 2월에 동진에 도착한 다음 1년 이상 머물다가 341년 7월에 전연에 귀환했다고 보는 것이 가장 타당하다.

〈표 3〉 전연 사신의 동진 왕래 현황

시기	使臣名	使臣의 이력	임무
317. 4	長史 王濟	渤海 출신 333년: 동진에 견사	司馬睿 勸進
319 –320	裴嶷	河東 출신, 昌黎太守 역임. 314년: 慕容廆의 謀主(長史) 325년: 遼東相 재직 325년 이후: 樂浪太守	평주자사 최비 격파 獻捷 (319년 12월 출발, 320년 3월 건강 도착)
333. 6	長史 王濟		慕容廆 訃音 전달
334. 8	長史 王濟		東晋의 조문사와 함께 귀국 馬石津에서 모용인에게 억류
336. 9	長史 劉斌	昌黎 출신 314년: 慕容廆의 典機要 350년: 內史 ⇒ 大司農	동진의 조문사 송환
	郎中令 陽景	遼東 출신	
339. 冬 341. 7	長史 劉翔	平原 출신 段部에 의탁 ⇒ 慕容廆에 의탁 318년: 慕容廆의 主簿 338년: 功曹 재직 341년: 東夷護軍 · 領大將軍長史	후조에 대한 전승 헌첩 (341년 7월에 전연에 귀환)[51]
	參軍 鞠運		

하는데, 이를 위해서는 당시 서북한이나 요동지역을 장악하고 있던 고구려나 전연의 협조가 필요하였다.[52] 그렇지만 백제국이 3세기 후반 대서진 교섭을 주도했는지 불분명한 상황에서 백제가 3세기 말경이나 동진 초부터 상기와 같은 조건을 모두 구비했다고 보기는 어렵다. 더욱이 다음 장에서 검토하는 것처럼 313~314년 낙랑 · 대방군 멸망 직후에 이 지역을 대표할

52) 333년 6월 동진(東晉)에 파견되었던 전연(前燕)의 장사(長史) 왕제(王濟)는 334년 8월 동진의 조문사절과 함께 귀환하였는데, 요동반도 서남단의 마석진(馬石津)에 상륙하였다가 당시 모용황(慕容皝)에게 항거하며 요동지역을 장악하고 있던 모용인(慕容仁)에게 억류된 바 있다(『자치통감』 권95 진기17 성제 함화 9년 8월). 이 사례는 한반도-중국대륙의 연안항로에서 요동반도 일대가 중간 기착지(寄着地)로 중요한 역할을 했을 가능성을 시사한다.

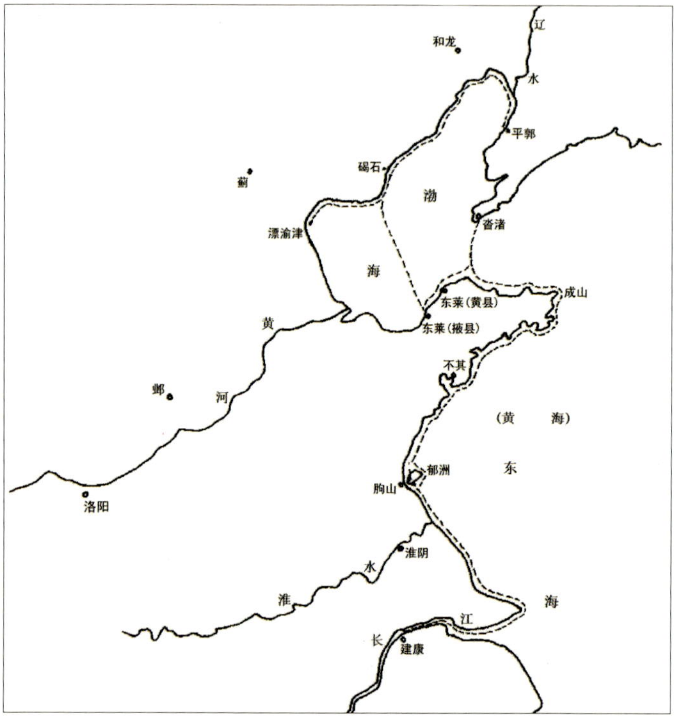

〈지도 1〉 남중국과 요동 사이의 해로(海路)(張興兆, 2008, 34쪽)

만한 유력 세력이 백제지역으로 대거 내투來投했다고 상정하기도 힘든 상황이다.

이러한 점을 고려하다면, 백제가 3세기 말경부터 남중국의 정치세력이나 동진과 직접 교섭했다고 단정하기보다는 그 가능성을 열어두고 다양한 교섭 방식을 검토할 필요가 있다. 특히 고고자료의 경우 문헌사료와 달리 교섭의 주체를 명확하게 확인하기 어렵다. 현재 대부분의 논자들이 중국산 물품의 교섭 주체로 백제라는 국가나 왕실을 상정하고 있는데,[53] 다른 가능성도 얼마든지 남아 있다.[54] 동진을 비롯한 남중국산 물품이라 하더라도 입수경로는 직접 교섭 외에도 중계무역이나 사람의 이동 등 다양한 가능성을 상정할 수 있는 것이다. 이러한 제반 측면을 검토하기 위해서는 한반도-중국대륙 연안항로의 중간 기착지에 해당하는 요령遼寧-하북河北 일대의 동향을 살펴볼 필요가 있다.

53) 최근 4세기 초 · 중반 백제와 동진(東晉)의 교섭이 문헌사료에 나오지 않는 난점을 해결하기 위해 백제측 교섭 주체는 왕실, 동진측 교섭 주체는 양주(揚州) 지역의 귀족가문으로 상정한 다음 공식 주체와 비공식 주체의 교역이었기 때문에 사서에 남지 않게 되었다는 견해가 제기되었는데(안성진, 2011, 「도자(陶瓷)를 통해 본 4세기 초 백제와 동진의 교류」, 『한국사학보』 42, 20~27쪽), 백제측 교섭 주체를 왕실로 설정한다는 점은 종전 견해와 동일하다.

54) 박윤선, 2011, 「백제와 중국왕조의 관계에 대한 연구현황과 과제」, 『백제문화』 45, 72~73쪽.

Ⅲ. 4세기 초 · 중반 5호제국(五胡諸國)과의 교섭 양상

서진西晉의 붕괴와 더불어 요령遼寧-하북河北 일대의 정세도 급변하였다. 이 지역에서는 선비鮮卑와 갈족羯族이 크게 흥기하였는데, 점차 선비 모용부의 전연前燕과 갈족의 후조後趙가 이 일대를 반분半分하는 형세를 이루었다. 서진의 지배질서가 붕괴되던 310년대에는 한족漢族 출신인 평주자사平州刺史 최비崔毖가 요동지역, 전연前燕: 鮮卑 慕容部이 대릉하大凌河 일대, 선비鮮卑 단부段部가 난하灤河 일대에 웅거했고, 후조後趙 석륵은 유주幽州-기주冀州 일대를 장악하며 화북 일대를 석권해 나갔다. 이때 고구려가 313~314년 낙랑 · 대방군을 멸망시켜 서북한 지역을 장악한 다음, 315년경부터 요동진출을 시도하였으나 전연에게 저지당하였다.[55]

이로써 전연前燕이 요하遼河 유역을 중심으로 거대한 세력을 이루고, 후조後趙는 화북 일대를 석권하며 북중국 대륙에서 가장 강력한 세력으로 부상하였다. 후조는 329년 전조까지 멸망시키며 북중국의 중심부를 통일하기

55) 5호16국의 동향에 대해서는 谷川道雄, 1971, 앞의 책; 三崎良章, 2006, 앞의 책 참조.

에 이른다. 이때부터 후조와 전연의 대립이 본격적으로 전개되었는데, 330년 고구려와 우문부가 후조와의 연계를 시도하면서 양자의 대결은 더욱 복합적인 양상을 띠었다. 특히 338년 전연과 후조는 양국 사이에 끼인 단부段部를 협공하였는데, 이때 후조는 전연까지 정벌하려고 시도하다가 오히려 패배당하고, 단부 협공에 따른 전과도 전연에게 고스란히 빼앗겼다.

이에 후조는 338년 4월 청주青州의 해도海島에 전연 공략을 위한 거점을 구축하는 한편, 고구려에 배 300척으로 곡식 300만곡을 보내 전연 협공을 본격적으로 시도하였다. 이와 더불어 난하灤河 하류를 중심으로 한 요서遼西 일대에서도 양국의 공방전이 격화되었다. 그렇지만 전연이 342년 고구려 도성까지 진공하고, 344년에는 선비 우문부를 멸망시키고, 346년 부여를 정벌하는 등 주변 세력을 격파하면서 양국 공방전의 추는 점차 전연으로 기울었다. 특히 349년 석호石虎의 사망과 더불어 후조가 내분에 휩싸여 있는데, 전연이 이를 틈타 350년부터 중원진출을 시도하여 352년에 화북 일대를 장악하고 이해 10월에 황제국을 표방하였다.[56]

대릉하大凌河 하류에서 흥기한 전연前燕이 요령遼寧-하북河北 일대를 석권한 것이다. 그런데 본고와 관련하여 전연의 흥기나 전연-후조의 공방전에서 주목되는 점은 전연前燕이 해로海路를 이용하여 동진에 자주 사신을 파견했으며, 후조는 해로海路를 이용하여 전연을 공격하거나[57] 고구려와 함께 전연 협공을 도모하였다는 점이다. 발해만과 요동만 일대의 해로海路가 당

56) 이상의 서술은 여호규, 2000, 「4세기 동아시아 국제질서와 고구려 대외정책의 변화」, 『역사와현실』 36, 37~52쪽을 요약 정리한 것임.

57) 『자치통감』 권96 진기18 함강 7년 10월조의 "趙横海將軍王華帥舟師, 自海道襲燕安平, 破之." 라는 기사는 후조(後趙)가 수군(水軍)을 동원하여 전연(前燕)을 공격하던 상황을 잘 보여준다.

시 각국의 교섭이나 공방전에 주요 루트로 활용되었던 것이다. 이에 따라 백제가 해로海路를 통해 이 지역과 일찍부터 교섭하였을 가능성이 제기되었는데, 특히 다음 사료의 '백제百濟'라는 국명이 많은 주목을 받았다.

① (慕容)皝記室參軍封裕諫曰： 殿下以英聖之資, 克廣先業, 南摧强趙, 東滅句麗, 開境三千, 戶增十萬, 繼武闡廣之功, 有高西伯. 宜省罷諸苑, 以業流人. 人至而無資産者, 賜之以牧牛. 人旣殿下之人, 牛豈失乎.(중략) 句麗 · 百濟及宇文 · 段部之人, 皆兵勢所徙, 非如中國慕義而至, 咸有思歸之心. 今戶垂十萬, 狹湊都城, 恐方將爲國家深害, 宜分其兄弟宗屬, 徙于西境諸城, 撫之以恩, 檢之以法, 使不得散在居人, 知國之虛實. (『晉書』 권109 慕容皝載記)[58]

② 春, 正月, 初, 夫餘居於鹿山, 爲百濟所侵, 部落衰散, 西徙近燕, 而不設備. 燕王皝遣世子儁帥慕容軍 · 慕容恪 · 慕輿根三將軍萬七千騎襲夫餘. 儁居中指授, 軍事皆以任恪. 遂拔夫餘, 虜其王玄及部落伍萬餘口而還. 皝以玄爲鎭軍將軍, 妻以女. (『資治通鑑』 권97 晉紀19 永和 2년 춘정월조)

사료 ①은 345년 전연前燕의 유유封裕가 국가의 제반 정책에 대해 건의하면서 사민집단徙民集團에 대한 대책을 기술한 부분인데, 전연 도성 주변에

58) 이 기사는 『십육국춘추집보(十六國春秋輯補)』 권25 전연록(前燕錄)3 모용황 12년조, 『통지(通志)』 권188 재기(載記)3 전연(前燕) 모용황(慕容皝), 『책부원귀(册府元龜)』 권723 막부부(幕府部) 규풍(規諷), 『흠정(欽定) 열하지(熱河志)』 권117 예문(藝文)11 표상(表狀) 상모용황서(上慕容皝書), 『경제유편(經濟類編)』 권37 재부류(財賦類)3 권농(勸農) 등에도 나온다.

사민徙民된 집단으로 고구려, 우문, 단부와 함께 '백제百濟'가 나온다. 그리고 사료 ②는 346년 전연이 부여를 정벌하는 상황을 기술한 것인데, 전연에 앞서 '백제百濟'가 부여의 중심지인 녹산鹿山을 침공하였고 이로 인해 부여가 서쪽으로 이주하여 전연에 가까워졌다는 내용이다. 340년대에 '백제百濟'가 전연이나 부여와 각축전을 벌였을 가능성을 시사한다는 점에서 많은 연구자의 관심을 받았다.

그리하여 일찍부터 상기 기사의 '백제'는 삼국의 백제[59]로 고구려, 우문부, 단부와 병칭竝稱될 정도로 성장했고, 전연과 무력 대결을 벌이거나[60] 대립하던[61] 모습을 반영한다고 파악되었다. 4세기 전반에 백제가 군사적으로 요서지역에 진출했을 가능성을 방증한다는 것이다.[62] 또한 백제가 더 이상 '마한'이 아니라 '백제'라는 명칭으로 대중교섭을 전개하며 연맹체를 벗어나 왕조국가의 모습을 보여주던 상황을 반영한다고 이해하기도 하였다.[63] 이와 더불어 상기 기사를 바탕으로 만주지역에서 활동하던 백제가 4세기 중엽 이후 한강유역으로 남하하여 백제를 건국했다고 보기도 한다.[64]

그렇다면 상기 기사의 '백제'는 한강 유역의 백제와 동일한 실체로 볼 수 있을까? 전술하였듯이 사료 ①은 345년 전연前燕의 봉유封裕가 사민집단에 대한 대책을 건의한 부분인데, 당시 전연의 도성 주변에는 고구려, '백제',

---

59) 천관우, 1976, 앞의 글(1989 앞의 책, 344~345쪽); 서영수, 1987, 「삼국시대 대중외교의 전개와 성격」, 『고대 한중관계사의 연구』, 삼지원, 116~118쪽.

60) 이기동, 1987, 앞의 글, 63쪽.

61) 김수태, 2001, 앞의 글, 30~31쪽; 강종원, 2002, 『4세기 백제사연구』, 서경, 113~128쪽.

62) 강종훈, 1992, 「백제 대륙진출설의 제문제」, 『한국고대사논총』 4, 395~399쪽.

63) 노중국, 1990, 『백제사연구(중판)』, 일조각, 107~108쪽.

64) 이도학, 1990, 「백제의 기원과 국가형성에 관한 재검토」, 『한국 고대국가의 형성』, 민음사, 153~160쪽; 1995, 『백제 고대국가 연구』, 일지사, 110~125쪽

우문부, 단부 등에서 강제로 사민徙民한 인구가 10만호에 이른다는 것이다. 실제 전연前燕은 서진西晋의 군현지배가 실시되던 지역을 제외하면, 주변 지역이나 국가를 정복한 다음 직접 지배하기보다 주민집단을 천사遷徙하는 정책을 구사하였다.[65] 가령 325년 우문부를 공격하여 수만호를 천사시켰고, 338년에는 단부段部를 공격하여 5천여 호戶를 노획하였으며, 342년에는 고구려 도성까지 진격하여 5만여 구口를 노획하였다. 또한 344년에는 우문부를 정벌하여 5만여 落을 이주시켰다.[66] '구려 등의 사람은 모두 병세兵勢에 의해 천사遷徙되었다'는 표현은 이러한 강제 사민책을 잘 보여준다.[67]

따라서 고구려, 우문부, 단부 등과 함께 나오는 '백제인'도 군사적 강제력에 의해 천사되었다고 보아야 한다. 그렇지만 전연이 백제를 공격했다는 기사는 확인되지 않으며, 당시 국제정세로 보아 전연이 백제를 공격하였다고 상정하기도 힘들다. 이러한 점에서 전연(선비 모용부)이 가장 일찍 군사적 강제력을 동원하여 천사遷徙한 '부여夫餘'가 상기 기사에 빠져있다는 사실이 주목된다. 주지하듯이 전연은 285년 부여를 공격하여 만여 인을 극성棘城 일대로 천사遷徙시키고, 그 뒤 매년 부여인을 대거 노획한 바 있다.[68] 또한 봉유封裕가 사민대책을 건의한 직후인 346년에도 부여를 정벌하여 5만여 구를 노획하였다. 이렇게 본다면 사료 ①의 '백제百濟'는 '부여夫餘'의 오

65) 여호규, 2012, 「4세기~5세기 초 고구려와 모용'연'의 영역확장과 지배방식 비교」, 『한국고대사연구』 67, 89~91쪽.

66) 『진서』 권109 모용황재기 참조.

67) 전연의 사민(徙民) 현황에 대해서는 關尾史郎, 1981, 「前燕政權(337~370년)成立の前提」, 『歷史學硏究』 488, 19쪽의 도표; 楊龍, 2008, 「試論十六國時期前燕的人口管理」, 『東北史地』 2008-4, 32~33쪽 도표에 잘 정리되어 있다.

68) 『진서(晉書)』 권97 동이전 부여전; 『진서』 권108 모용황재기(慕容廆載記).

기誤記[69]로 보는 것이 가장 타당하다고 생각된다.[70]

한편 사료 ②는 346년 전연이 부여를 정벌하던 때와 그 직전의 상황을 묘사한 것인데, 이와 관련하여 다음 기사를 참조할 필요가 있다.

③-㉠ (345년) 冬, 十月, 燕王皝使慕容恪攻高句麗, 拔南蘇, 置戍而還. (『資治通鑑』 권97 晉紀19 永和 원년 10월조)

③-㉡ 慕容恪攻高句麗南蘇, 克之, 置戍而還. 三年(346년), 遣其世子儁與恪率騎萬七千東襲夫餘, 克之, 虜其王及部衆伍萬餘口以還. (『晉書』 권109 慕容皝載記)

③-㉢ 冉牟令彡靈ㅁㅁㅁㅁㅁㅁ慕容鮮卑ㅁㅁㅁㅁㅁㅁ河泊之孫日月之子所生之地來ㅁ北夫餘. (중략) 大兄冉牟壽盡. ㅁㅁ於彼喪亡ㅁ由祖父ㅁㅁ大兄慈ㅁ大兄ㅁㅁㅁ世遭官恩恩ㅁ祖之ㅁ道城民谷民幷領前王ㅁ育如此. 遝至國崗上大開土地好太聖王緣祖父ㅁ爾恩教奴客牟頭婁ㅁㅁ牟教遣令北夫餘守事. (「牟頭婁墓誌」)[71]

『자치통감資治通鑑』에는 사료 ②와 관련하여 전연이 346년 1월의 부여 정벌에 앞서 345년 10월 고구려의 남소성을 함락시키고 수졸戍卒을 설치했다

69) 『진서』 권109 모용황재기 가운데 "咸康七年, 皝遷都龍城. 率勁卒四萬, 入自南陜, 以伐宇文·高句麗"라는 기사의 '우문(宇文)'도 잘못 삽입된, 오기(誤記)에 해당한다.

70) 關尾史郎, 1977, 「前燕屯田政策に關する二三の問題」, 『上智史學』 22, 100쪽의 각주 4쪽; 三崎良章, 1998, 「五胡十六國時代における遼東-遼西の地方民族構成の變化について」, 『早稻田大學本庄高等學院硏究紀要』 16, 27쪽의 각주 24; 楊龍, 2008, 「試論十六國時期前燕的人口管理」, 『東北史地』 2008-4

71) 판독문은 노태돈, 1992, 「모두루묘지(牟頭婁墓誌)」, 『역주 한국고대금석문(I)』, 가락국사적개발연구원 참조.

는 기사가 나온다(③-㉠). 실제 사료 ③-㉡에서 보듯이 전연의 고구려 남소성 공격과 부여 정벌은 밀접하게 연관된 것으로 나오는데, 『자치통감資治通鑑』에 기재된 ③-㉠과 ②를 시간순에 따라 배열하면 『진서晉書』 모용황재기慕容皝載記의 ③-㉡이 된다. 고구려의 남소성은 혼하渾河와 그 지류인 소자하蘇子河의 합류지점 일대로 비정되는데, 이곳은 요동방면에서 혼하渾河를 거슬러 고구려 중심부 및 원부여지역으로 모두 나아갈 수 있는 교통로상의 요충지이다.

따라서 345년 10월 전연의 고구려 남소성 공격과 346년 1월 부여 정벌은 일련의 군사작전 아래 진행되었다고 추정된다. 모용각慕容恪이 두 전쟁을 모두 실질적으로 지휘했다는 사실도 이를 반영한다. 당시 부여지역을 둘러싸고 전연과 각축전을 벌인 것은 백제가 아니라 고구려인 것이다.[72] 사료 ③-㉢은 이러한 상황을 잘 보여준다. 이에 따르면 모용선비慕容鮮卑 곧 전연前燕이 북부여 방면으로 진공할 때, 모두루의 선조인 염모冉牟가 전공戰功을 세우고, 이를 계기로 모두루의 조부들이 이 방면 교통로의 성민城民과 곡민谷民을 다스렸다고 한다. 이는 346년 1월 전연이 부여를 정벌할 때 고구려가 원부여지역을 장악하고 있었음을 반영한다.[73] 그러므로 ②의 '백제'는 '고구려'의 오기로 파악하는 것이 가장 타당하다.[74]

---

72) 여호규, 1995, 「3세기 후반~4세기 전반 고구려의 교통로와 지방통치조직」, 『한국사연구』 91, 18~22쪽 참조.

73) 武田幸男, 1989, 「牟頭婁一族と高句麗王權」, 『高句麗史と東アジア』, 岩波書店, 330~335쪽; 노태돈, 1989, 「부여의 경역(境域)과 그 변천」, 『국사관논총』 3, 44쪽.

74) 日野開三郎, 1946, 「夫餘國考」, 『史淵』 34(1988, 『東北アジア民族史(上)』(日野開三郎東洋史學論集 14), 三一書房, 42~44쪽; 이병도, 1976, 「부여고(夫餘考)」, 『한국고대사연구』, 박영사, 221~222쪽.

이처럼 사료 ①과 ②의 '백제百濟'는 모두 오기誤記로 파악된다. 상기 사료를 논거로 삼아 4세기 초 · 중반 백제의 대중교섭 양상을 고찰하기는 힘든 것이다. 그렇다면 4세기 초 · 중반 백제의 대중교섭 양상은 어떻게 파악할 수 있을까?

이와 관련하여 가장 주목되는 것은 역시 낙랑 · 대방계 유민의 동향이다. 많은 연구자들이 지적하였듯이 낙랑군 · 대방군 멸망 이후 많은 유민들이 백제 지역으로 남하한 것으로 추정된다. 그리고 이들이 백제의 대중교섭에 중요한 역할을 담당했으며, 372년 동진에 대한 견사도 이를 바탕으로 가능했던 것으로 파악된다.[75] 실제 〈표 4〉에서 보듯이 5세기 중국왕조에 파견된 백제 사신은 왕족으로 추정되는 여례餘禮를 제외하면 거의 모두 중국계 성씨를 보유하고 있는데, 이 가운데 장張, 고高, 양楊, 회會, 진陳 등의 성씨가 낙랑 · 대방 지역의 문자자료에서 확인된다.[76]

그러므로 낙랑 · 대방계 유민이 백제지역으로 남하한 다음, 대중교섭에 중요한 역할을 담당했다는 견해는 대체로 타당하다고 생각된다. 다만 종전 견해에서는 낙랑 · 대방군의 멸망과 함께 낙랑 · 대방계 유민이 대거 백제 지역으로 남하하였으며, 이들이 곧바로 동진 등 중국왕조와 직접 교섭했다고 파악하는 경향이 강하였다. 그렇지만 낙랑 · 대방계 유민이라고 누구나 대중교섭을 주도할 수 있는 것은 아니다. 전연의 사례에서 보았듯이 대중

75) 김기섭, 2000, 『백제와 근초고왕』, 학연문화사, 98~100쪽; 강종원, 2002, 『4세기 백제사연구』, 서경, 88~93쪽; 강종훈, 2001, 「4세기 백제-왜 관계의 성립과 그 배경」, 『역사와현실』 40, 6~7쪽; 권오영, 2003a, 앞의 글, 8~11쪽.

76) 공석구, 1988, 「평안 · 황해도 지방출토 기년명전에 대한 연구」, 『진단학보』 65(1998, 『고구려 영역확장사 연구』, 서경문화사); 임기환, 1992, 「제3편 제1부 낙랑」, 『역주 한국고대금석문(I)』, 가락국사적개발연구원 참조.

〈표 4〉 5세기 중국왕조에 파견된 백제 사신 현황

<table>
<tr><th>연도</th><th>파견국</th><th>외교
직책</th><th>백제 관작</th><th>인명</th><th>교섭 내용</th><th>전거</th></tr>
<tr><td>424</td><td>송</td><td>長史</td><td></td><td>張威</td><td>詣闕貢獻</td><td>『宋書』
백제국전</td></tr>
<tr><td>450</td><td>송</td><td>臺使</td><td>西河太守</td><td>馮野夫</td><td>表求易林 ·
式占 · 腰弩</td><td>『宋書』
백제국전</td></tr>
<tr><td rowspan="3">465–
471</td><td rowspan="3">송</td><td>長史</td><td>行 建威將軍 廣陽太守</td><td>高達</td><td rowspan="3">관작 요청
(?)</td><td rowspan="3">『南齊書』
백제전</td></tr>
<tr><td>司馬</td><td>行 建威將軍 朝鮮太守</td><td>楊茂</td></tr>
<tr><td>參軍</td><td>行 宜威將軍</td><td>會邁</td></tr>
<tr><td rowspan="2">472</td><td rowspan="2">북위</td><td>長史</td><td>私署 冠軍將軍 駙馬都尉
弗斯侯</td><td>餘禮</td><td rowspan="2">고구려
정벌 요청</td><td rowspan="2">『魏書』
백제국전</td></tr>
<tr><td>司馬</td><td>私署 龍驤將軍 帶方太守</td><td>張茂</td></tr>
<tr><td rowspan="3">490</td><td rowspan="3">남제</td><td>長史</td><td>假行 龍驤將軍 帶方太守</td><td>高達</td><td rowspan="3">관작 요청</td><td rowspan="3">『南齊書』
백제전</td></tr>
<tr><td>司馬</td><td>假行 建威將軍 廣陵太守</td><td>楊茂</td></tr>
<tr><td>參軍</td><td>假行 廣武將軍 淸河太守</td><td>會邁</td></tr>
<tr><td rowspan="4">495</td><td rowspan="4">남제</td><td>長史</td><td>行 龍驤將軍 樂浪太守</td><td>慕遺</td><td rowspan="4">대고구려전
전승 보고,
관작 요청</td><td rowspan="4">『南齊書』
백제전</td></tr>
<tr><td>司馬</td><td>行 建威將軍 城陽太守</td><td>王茂</td></tr>
<tr><td rowspan="2">參軍</td><td>行 振武將軍 朝鮮太守</td><td>張塞</td></tr>
<tr><td>行 揚武將軍</td><td>陳明</td></tr>
</table>

교섭을 주도하기 위해서는 원거리 항해술과 더불어 한반도-중국대륙의 연안항로에 대한 정보를 보유하고 있어야 한다.

이러한 점에서 낙랑 · 대방군 멸망 전후의 상황을 알려주는 다음 사료가 주목된다.

④ "건흥 원년, 요동사람 장통이 낙랑 · 대방 2군에 거하면서, 고구려의 을불리(乙弗利)와 서로 공격하였는데, 해에 해를 이어 그치지 않았다. 낙랑의 왕준이 장통을 설득하여 그 백성 천여 가(家)를 거느리고 (모용)외에게 들어가니, (모용)외가 그들을 위해 낙랑군을 설치하여 주고, 장통을 (낙랑)태수로, 왕준을 참군사로 삼았다.[遼東張統據樂浪 · 帶方二郡, 與高句麗王乙弗利相攻, 連年不解. 樂浪王遵說統帥其民千餘家歸

廆, 廆爲之置樂浪郡, 以統爲太守, 遵參軍事.]"(『자치통감』 권88 진기10 건흥 원년 4월조)

사료 ④는 서진西晉의 지배질서가 붕괴된 상황에서 낙랑 · 대방군의 장통張統 세력과 고구려가 치열하게 공방전을 벌이던 양상을 잘 보여준다. 고구려와 장통은 매년 공방전을 벌였는데, 313년 4월 장통張統이 왕준王遵의 설득으로 천여 가를 거느리고 모용외慕容廆에게 귀부했다고 한다. 『삼국사기』에는 고구려가 313년 10월에 낙랑군을 공격하여 남녀 2천여 구口를 노획하고, 314년 9월에 대방군을 공격한 것으로 나온다.[77] 두 사료를 비교하면 장통張統은 낙랑군 멸망 직전에 모용외에게 귀부했으며, 이때 모용외가 이들을 위해 낙랑군樂浪郡을 설치했다고 하므로 낙랑군 세력이 중심을 이루었다고 파악된다. 이로 보아 낙랑군의 유력세력 가운데 고구려와 대립적인 관계에 있던 인물들은 낙랑군 멸망 직전에 거의 대부분 모용외에게 내투했다고 파악된다.

그런데 낙랑 · 대방 지역의 묘제墓制는 본래 전축분塼築墳이었는데, 낙랑 · 대방군 멸망 이후 대방지역에는 전축분이 계속 조영되었지만 낙랑(평양)지역은 거의 중단되었다. 반면 낙랑군의 중심 고분군에는 고구려계 석실묘가 조영되었다.[78] 이러한 상황은 고구려의 점령과정과 연관된 것으로 이해된다. 즉 고구려가 낙랑군을 점령할 때는 무력으로 진압하고 남녀 2천여 명을 이주시키는 등 강력한 응징 조치를 취한 반면, 대방군은 비교적 순조롭게 점령했다는 것이다. 그리하여 낙랑지역의 경우 핵심 세력이 석실묘 축조집

77) 『삼국사기』 권17 고구려본기5 미천왕 14년 및 15년조.

78) 리순진 · 김재용, 2003, 『낙랑구역 일대의 고분 발굴보고』, 백산자료원, 509~518쪽.

단으로 교체된 반면, 대방지역의 재지세력은 종전의 세력기반을 용인 받아 계속 전축분을 조영했다는 것이다.[79]

이렇게 본다면 낙랑·대방군 멸망 직후 낙랑·대방계 유민 가운데 유력세력의 남하는 매우 제한적으로 이루어졌다고 추정된다. 고구려에 대립적인 낙랑군의 유력세력은 낙랑군 멸망 직전에 거의 대부분 모용외慕容廆에게 귀부한 상황이었고, 대방군의 유력세력은 고구려로부터 종전의 세력기반을 인정받아 본거지에 온존했을 가능성이 높기 때문이다. 낙랑·대방군 멸망 직후 원거리 항해술과 한반도-중국대륙의 연안항로에 대한 정보를 보유한 낙랑·대방계 유력세력이 백제지역으로 대거 남하했다고 보기는 힘든 것이다. 그러므로 백제가 4세기 초부터 낙랑·대방계 유민을 활용하여 동진 등 중국왕조와 활발하게 교섭하였다고 단정하기는 쉽지 않다.

이러한 점에서 전연 모용외에게 귀부한 낙랑·대방계 유민의 동향이 주목된다. 상기 사료에서 보듯이 모용외는 장통張統 등의 귀부를 받은 다음, 이들을 위해 교군僑郡인 낙랑군樂浪郡을 설치하고 장통을 태수, 왕준王遵을 참군사參軍事로 삼았다. 이 무렵 전연은 중국계中國系 유민流民을 대거 받아들여 출신 지역을 단위로 안집시켜 교군을 설치하였다.[80] 314년에 설치한 기양군冀陽郡[기주인(冀州人)], 성주군成周郡[예주인(豫州人)], 영구군營丘郡[청주인(青州人)], 당국군唐國郡[병주인(並州人)]등이 대표적인 사례이다.[81] 이러한 전연의 교군僑郡 설치는 동진보다 빠른 것으로 5호 16국 시기 교군僑郡 설치의 남상濫觴으로

79) 오영찬, 2006, 『낙랑군연구』, 사계절, 226~239쪽.
80) 飯塚勝重, 1963, 「慕容部の漢人政策について一考察」, 『白山史學』 9, 32쪽.
81) 『자치통감』 권89 건흥 2년 3월.

평가받는다.[82] 또한 유민流民의 출신지역을 단위로 교군을 설치한 것은 종족宗族·향리鄕里 단위로 유망한 유민을 효율적으로 지배하기 위한 조치로 해석된다.[83]

이때 전연은 교군僑郡의 지방관에도 한족漢族 사인士人을 임명했는데, 다만 교군민僑郡民과 지역출신이 다른 인물을 임명했다. 가령 성주내사成周內史 최도崔燾는 예주가 아닌 기주冀州, 기양태수冀陽太守 송촉松燭은 기주가 아닌 관중, 영구내사營丘內史 선우굴鮮于屈은 청주가 아닌 유주, 영구군 예하의 무령령武寧令 손흥孫興도 청주가 아닌 사주司州 등이 그 출신지이다. 전연이 한인漢人 유민流民을 통치하기 위해 중국적 군현체제를 도입하고 한족漢族 사인士人을 지방관으로 임명했지만, 본적지 출신자를 임명하던 당시 관례와[84] 달리 출신지가 다른 인물을 임명하여 유민에 대한 통제를 강화했던 것이다.[85]

그런데 낙랑·대방군에 대해서는 중국 대륙계 유민과 달리 처음에는 유민의 거수인 장통張統을 태수, 왕준王遵을 참군사로 임명하였다. 이는 전연이 낙랑·대방군의 특수한 성격을 인정했을 가능성을 시사한다. 다만 낙랑태수에 임명되었던 장통은 319년에는 장군의 직책을 갖고 고구려와의 전

82) 모용외(慕容廆)의 교군(僑郡) 설치시점에 대해 『진서』 권108 모용외재기(慕容廆載記)에는 318~319년 사이에 기재되어 있지만, 『자치통감』 기사가 더 정확한 것으로 평가받는다. 또한 동진이 교군을 처음 설치한 것은 320년 7월인데(『진서』 권6 원제기(元帝紀) 태흥 3년 7월), 모용부의 영향을 받았을 가능성도 상정되고 있다(仇鹿鳴, 2007, 「僑郡改置與前燕政權中的胡漢關係」, 『中國歷史地理論壇』 2007-4, 94~95쪽)

83) 關尾史郎, 1981, 앞의 글, 15~16쪽.

84) 窪添慶文, 2003, 「魏晋南北朝における地方官の本籍地任用について」, 『魏晋南北朝官僚制研究』, 汲古書院, 275~299쪽.

85) 關尾史郎, 1981, 앞의 글, 16쪽; 仇鹿鳴, 2007, 앞의 글, 97쪽.

투에 투입된다.[86] 그 뒤 낙랑태수에도 다른 지역 출신 인물을 임명하는데, 325년 이후에는 사주司州 하동河東 출신의 배억裴嶷,[87] 338년 이전에는 청주青州 동래東萊 출신의 국팽鞠彭[88] 등이 낙랑태수로 재임한 것으로 확인된다. 낙랑군에 대해서도 다른 교군僑郡처럼 출신지가 다른 인물을 태수에 임명하여 통제를 강화했던 것이다.

그런데 전술했듯이 배억裴嶷은 본래 창려태수를 역임했고, 319년에는 동진에 사신으로 파견되었던 인물이다. 또한 국팽鞠彭은 산동반도山東半島의 동래태수東萊太守를 역임했고, 향리鄉里의 천여 가를 거느리고 해로海路를 통해 요동지역으로 이주했던 인물이다.[89] 장통張統 이후 낙랑태수를 역임한 인물이 모두 해로에 밝고 원거리 항해 경험이 있는 한족漢族 사인士人인데, 이를 단순한 우연의 일치로 보기는 어렵다. 다소 무리한 추정일 수 있지만 낙랑 · 대방계 유민이 전연에 귀부한 이후 해로와 관련한 교역 등에 많이 종사하였기 때문에, 이를 지원하고 또 통제하기 위해 해로에 밝고 원거리 항해 경험이 있는 인물을 낙랑태수에 임명했다고 파악된다.[90]

---

86) 『자치통감』 권91 진기13 원제 태흥2년(319년) 12월.

87) 『진서』 권108 모용외재기 부 배억전(裴嶷傳): "出爲遼東相, 轉樂浪太守."

88) 『자치통감』 권96 진기18 성제 함강 4년(338년) 5월조: "樂浪太守鞠彭以境內皆叛, 選鄉里壯士二百餘人共還棘城."

89) 『자치통감』 권91 진기13 태흥 2년(319년) 12월조: "初, 鞠羨既死, 苟晞複以羨子彭爲東萊太守. (중략) 彭歎曰: '今天下大亂, 強者爲雄. 曹亦鄉里, 爲天所相, 苟可依憑, 即爲民主, 何必與之力爭, 使百姓肝腦塗地! 吾去此, 則禍自息矣.'郡人以爲不可, 爭獻拒嶷之策, 彭一無所用, 與鄉里千餘家浮海歸崔毖. (중략) 比至遼東, 毖已敗, 乃歸慕容廆."

90) 일찍이 모용외(慕容廆)의 핵심 참모인 배억(裴嶷)이 낙랑태수에 임명된 것을 두고 낙랑군이 전연 정권의 핵심적인 군의 하나였을 가능성이 제기된 바 있고(천관우, 1977, 「난하(灤河) 하류의 조선」, 『사총』 21 · 22; 1989, 앞의 책, 113~114쪽), 후연의 낙랑왕 작호 및 북연의 낙랑공주 등을 바탕으로 낙랑군이 후연이나 북연대까지도 대군(大郡)으로 존재했을 가

그러므로 전연에 귀부한 낙랑 · 대방계 유민 가운데 상당수가 전연의 지원과 통제 아래 연안항로를 이용한 교역 등에 종사했다고 추정된다. 그리고 전연이 멸망할 때까지 한반도-중국대륙 연안항로의 중간 기착지인 요동반도 일대를 장악한 사실을 감안하면, 이들이 낙랑 · 대방계 유민의 연계망을 활용하여 서북한이나 한반도 중부지역과도 교역했을 가능성이 높다. 백제가 낙랑 · 대방군 멸망 직후 대중교섭을 진행했다면, 주로 전연에 귀부한 낙랑 · 대방계 유민을 매개로 이루어졌을 가능성이 높은 것이다.

결국 문헌사료에서는 확인되지 않지만, 백제가 4세기 전반에는 주로 전연으로 귀부한 낙랑 · 대방계 유민을 매개로 대중국교섭을 진행했을 가능성이 높다.[91] 그러므로 이 과정에서 자연스럽게 모용선비慕容鮮卑 계통의 문화가 유입되었을 것이다. 일찍부터 여러 논자가 지적하였듯이 한반도 중서부에서 널리 확인되는 4세기 전반으로 편년되는 선비 계통의 마구류는 이러한 교섭 양상을 잘 반영한다.[92] 다만 4세기 초부터 백제가 낙랑 · 대방계 유민을 매개로 한 전연과의 교섭을 독점하였는지, 아니면 다른 정치세력과 공유하였는지에 대해서는 현재로서는 명확하게 단언하기 어렵다.

이는 백제의 국가체제 확립 시점과 관련하여 매우 중요한 쟁점 사항인

능성이 제기되었다(이성규, 2005, 「4세기 이후의 낙랑교군과 낙랑유민」, 『동아시아 역사 속의 중국과 한국』, 서해문집, 205~207쪽).

91) 일찍이 백제가 전연의 낙랑교군과 서북한 지역에 잔존하거나 백제로 남하한 낙랑 유민 사이의 심리적 혈연적 유대감을 외교나 무역 활동에 적극 이용하였을 제기된 바 있다(김기섭, 2000, 앞의 책, 209~211쪽). 필자의 견해와 비교한다면 백제가 낙랑 · 대방계 유민의 연계망을 주도적으로 활용하였다고 본다는 점이 다소 다르다.

92) 박순발, 1999, 앞의 글, 37~38쪽; 성정용, 2000, 『중서부 마한지역의 백제영역화 과정 연구』, 서울대 박사학위논문, 107~123쪽

데,[93] 향후 고고자료의 축적과 그에 대한 면밀한 분석을 기다릴 필요가 있다. 이와 관련하여 풍납토성에서 출토된 4구획 전문와당錢文瓦當과 유사한 와당이[94] 최근 업북성鄴北城에서도 확인되고 있어 주목된다. 업북성에서 출토된 4구획 와당은 5호 16국 시기 전연前燕의 것으로 추정된다.[95] 양자는 당심(중방)과 문양의 배치양상은 조금 다르지만, 와당면을 4분할한 다음 다시 'V'자선 모양으로 분할하고 원형문을 배치한 점은 동일하다. 특히 말단의 원형문 안에 '十'자를 배치한 점은 거의 동일하다.[96]

아직 관련 자료가 충분히 축적되지 않았고, 제작기법이나 편년에 대한 비교 연구도 정치하게 이루어지지 않았으므로 양자의 직접적인 연관성을 상정하기는 다소 이르다. 다만 풍납토성에서 출토된 4구획 전문와당이 업북성 출토 4분할 와당의 직간접적인 영향을 받아 제작되었을 가능성은 매우 높다. 이는 백제가 낙랑 · 대방계 유민을 매개로 전연과 교섭을 전개하면서 점차 최상층 문화까지 수용하는 단계에 이르렀을 가능성을 시사한다. 적어도 이 단계가 되면 백제가 낙랑 · 대방계 유민을 매개로 한 전연과의

93) 이에 대한 최신 연구동향은 이현혜, 2014, 앞의 글을 비롯하여 『백제의 왕권은 어떻게 강화되었나』(백제학연구총서 쟁점백제사 4)에 게재된 논문과 토론 녹취록에 잘 정리되어 있다.

94) 한성시기 백제 와당에 대해서는 권오영, 2003, 「한성기 백제 기와의 제작전통과 발전의 획기」, 『백제연구』 38; 정치영, 2009, 「백제 한성기 와당의 형성과 계보」, 『한국상고사학보』 64 참조.

95) 山崎信二, 2011, 「第4章 魏 · 十六國 · 北朝の瓦生産」, 『古代造瓦史-東アジアと日本』, 雄山閣, 53~55쪽.

96) 山崎信二, 2011, 「第7章 百濟の瓦生産」, 위의 책, 83~90쪽; 이병호, 2014, 『백제 불교 사원의 성립과 전개』, 사회평론, 47쪽의 각주 59. 풍납토성 출토 4구획 전문와당과 업북성 출토 와당의 관련성에 대해서는 2014년 7월 업성박물관(鄴城博物館)을 관람하던 중 충남대 박순발 교수로부터 처음 전해 들었고, 그와 관련한 연구자료는 국립중앙박물관의 이병호 박사로부터 제공받았다. 귀중한 정보와 자료를 제공해주신 두 분 선생님께 감사드린다.

교섭을 독점적으로 수행하거나 여러 집단의 교역을 강력하게 통제했을 가능성이 높다.

이러한 점에서 낙랑 · 대방계 유민이 355년을 전후하여 대거 백제지역으로 유입되었을 것으로 파악한 최근 연구가 주목되는데,[97] 이 지역에 대한 고구려의 지배양상을 고려하면 가능성이 상당히 높은 견해라고 생각된다. 고구려는 313 · 314년 낙랑 · 대방군을 점령한 직후 기존의 군치郡治를 재활용하고 재지세력의 기반을 용인하는 등 최소한의 국력만 투입하여 이 지역을 경영한 것으로 파악된다. 그러다가 330년대 중반부터 대동강 북안에 평양성을 축조하여 새로운 지배거점을 구축하는 한편, 340년대에는 중국계 망명인을 대거 이주시켜 재지의 지배질서를 재편하면서 통치력을 강화했다. 고구려가 낙랑 · 대방지역에 대해 점진적으로 통치력을 강화하는 정책을 구사했던 것이다.

그런데 고구려는 355년 전연과 조공 · 책봉관계를 체결한 다음, 요동진출을 잠시 유보한 채 남진정책을 적극적으로 추진했다. 이 과정에서 낙랑 · 대방지역에 대한 통치력을 강화하기 위해 다양한 조치를 취했던 것으로 보인다. 낙랑 · 대방군 멸망 이후에도 계속 축조되던 대방지역의 전축분이 352년을 전후하여 점차 소멸하기 시작한 것은 이를 잘 보여준다. 이는 고구려가 남진정책을 추진하기 위해 그 전진기지인 낙랑 · 대방지역에 대한 통치력을 강화한 것과 깊이 연관된다. 이에 따라 대방지역의 재지세력은 고구려의 남진정책에 적극 협조하거나 아니면 이탈할 수밖에 없었을 것

97) 송지연, 2004, 「대방군의 성쇠에 대한 연구」, 『사학연구』 74; 윤용구, 2007, 「중국계 관료와 그 활동」, 『백제의 대외교섭』, 충청남도 역사문화연구원; 정재윤, 2012, 「중국계 백제관료에 대한 고찰」, 『사총』 77.

이다.[98]

낙랑 · 대방계 유민 특히 대방지역의 유민이 대거 백제지역으로 남하한 것은 바로 이 무렵으로 추정된다.[99] 또한 대방지역을 둘러싼 고구려와 백제의 대립과 각축전이 본격화한 것도 이 무렵으로 파악된다.

⑤ 연력(延曆) 4년(785년) 6월, 계유(癸酉) 우위사독(右衛士督) 종 3위(位) 겸 하총수(下總守) 판상대기촌예전마려(坂上大忌村苅田麻呂) 등이 표(表)를 올려, "신(臣) 등은 본래 후한(後漢) 영제(靈帝)의 증손(曾孫)인 아지왕(阿智王)의 후손입니다. 한(漢)이 위(魏)로 바뀌자 아지왕(阿智王)은 신우(神牛)의 가르침을 따라 대방(帶方)으로 길을 떠났습니다. (도중에) 홀연히 진귀한 보옥으로 장식한 상서로운 띠를 얻었는데 그 모양이 궁성과 비슷하였습니다. 이에 국읍(國邑)을 세우고 백성들을 길렀습니다. 후에 부형(父兄)을 불러 놓고 '제가 들으니 동쪽 나라에 성스러운 임금이 있다고 합니다. 어찌 귀속하여 따르지 않겠습니까. 만약 오래도록 이 곳에 머무르면 아주 없어지게 될까 두렵습니다.'라 말하고, 곧 친동생인 우흥덕(迂興德) 및 일곱 성씨(姓氏)의 백성들을 데리고 귀화하여 내조(來朝)하였습니다. 이것은 호무다천황(譽田天皇, 270~310)이 천하를 다스리던 때의 일이었습니다. 아지왕(阿智王)이 '신(臣)은 옛날에 대방(帶方)에 살았는데 (그곳의) 백성들은 남녀 모두 재주와 솜씨를 가지고 있습니다. 근래에는 백제(百濟)와 고려(高麗) 사

98) 이상의 서술은 여호규, 2009, 「4세기 고구려의 낙랑 · 대방 경영과 중국계 망명인의 정체성 인식」, 『한국고대사연구』 53 참조.
99) 송지연, 2004, 앞의 글, 18~22쪽.

이에서 살면서 마음 속으로 아직 거취를 정하지 못하고 있습니다. 엎드려 바라건대 천황(天皇)의 은혜로 사자를 파견하여 그들을 불러 주십시오.'라고 아뢰어 청하자, 이에 칙(勅)을 내려 신하인 팔복씨(八腹氏)를 우두머리로 삼아 보냈습니다. 그 백성들 남녀는 모두 마을(落)을 들어 사신을 따라 와서 영원히 공민(公民)이 되었습니다. 그것이 세월이 흘러 지금에 이르렀습니다."[延曆 4년(785년) 6월, (癸酉) 右衛士督從三位兼下總守 坂上大忌寸 獲田麻呂等, 上表言, "臣等, 本是後漢靈帝之曾孫阿智王之後也. 漢祚遷魏, 阿智王因神牛教, 出行帶方. 忽得寶帶瑞, 其像似宮城. 爰建國邑, 育其人庶. 後召父兄告曰, 吳聞, 東國有聖主, 何不歸從乎. 若久居此處, 恐取覆滅. 卽携母弟迁興德, 及七姓民, 歸化來朝. 是則譽田天皇治天下之御世也. 於是, 阿智王奏請曰, 臣舊居在於帶方, 人民男女皆有才藝. 近者寓於百濟 · 高麗之間, 心懷猶豫, 未知去就. 伏願, 天恩遣使追召之. 乃勅遣臣八腹氏, 分頭發遣. 其人民男女, 擧落隨使盡來, 永爲公民. 積年累代, 以至于今."] (『속일본기(續日本紀)』 권38 연력(延曆) 4년 6월조)

상기 기사는 대방지역 유민의 향배를 잘 보여준다. 이에 따르면 대방지역 유민은 '칠성민七姓民'이라는 혈연집단 또는 '낙落'이라는 지연집단을 단위로 이주하였는데, 이는 당시 중국대륙의 유민流民이 '종족宗族'과 '향리鄕里'의 결속을 유지하면서 주변 지역으로 이주하던 양상과[100] 유사하다. 그런데 상기 기사에 따르면 대방계 유민은 고구려와 백제 사이에 살면서 거취

100) 關尾史郎, 1981, 앞의 글, 15~16쪽

를 정하지 못하고 있다가 왜로 이주했다고 한다. 이는 대방계 유민이 왜로 이주한 직접적 계기가 이 지역을 둘러싼 고구려와 백제의 대결이었음을 반영한다.

따라서 대방계 유민이 백제로 대거 남하한 것도 이 지역을 둘러싼 고구려와 백제의 각축전이 심화되는 355년 전후라고 볼 수 있다.[101] 백제사의 입장에서 본다면 근초고왕대에 들어와 대방계 유민이 대거 백제로 유입했다고 볼 수 있는 것이다.[102] 이에 따라 원거리 항해술과 한반도-중국대륙의 연안항로에 대한 정보를 보유한 낙랑 · 대방지역의 유력세력도 다수 백제로 귀부했을 것으로 추정된다. 백제가 원거리 항해를 통해 남중국의 동진과 직접 교섭할 수 있는 토대가 점차 마련되어 나갔던 것이다.

---

101) 윤용구, 2007, 앞의 글, 258~263쪽

102) 정재윤, 2012, 앞의 글, 5~12쪽

Ⅳ. 위세품 사여와 지방지배

주지하듯이 고구려와 백제의 각축전은 369년 9월 고구려가 멸악산맥을 넘어 예성강 유역을 선공先攻하는 형태로 시작되었다. 그렇지만 백제가 예성강 하류의 치양雉壤에서 고구려군을 격파하고, 예성강 상류의 수곡성水谷城까지 추격하였다. 그리고 2년 뒤인 371년 10월에는 백제가 고구려의 평양성까지 진공하여 고국원왕을 전사시키는 대승을 거두었다.[103] 이로써 양국의 첫 번째 각축전은 백제의 승리로 귀결되었는데, 백제는 이 여세를 몰아 372년 1월 동진에 사신을 파견하면서 본격적으로 대중교섭을 전개하였다.

⑥-㉠ (372년) 春正月 辛丑, 百濟 · 林邑王各遣使貢方物. (『진서』 권9 간문제기9 함안 2년)[104]

⑥-㉡ (372년) 六月, 遣使拜百濟王餘句為鎮東將軍 · 領樂浪太守.

103) 『삼국사기』 권18 고국원왕 39년 및 41년조, 권24 근초고왕 24년 및 26년조, 권24 근구수왕 즉위년조 등 참조.

104) 『삼국사기』 권24 근초고왕 27년 정월조에 "遣使入晉朝貢"라는 기사가 나옴.

(『진서』 권9 간문제기9 함안 2년)

⑥-ⓒ (373년) 春二月, 遣使入晉朝貢. (『삼국사기』 권24 근초고왕 28년)

⑥-ⓓ (379년) 春三月, 遣使朝晉, 其使海上遇惡風, 不達而還. (『삼국사기』 권24 근구수왕 5년)

⑥-ⓔ (384년) 秋七月 己酉, 百濟遣使來貢方物. (『진서』 권9 효무제9 태원 9년)[105]

⑥-ⓕ (384년) 九月, 胡僧摩羅難陁自晉至, 王迎之, 致宮內禮敬焉, 佛法始於比. (『삼국사기』 권24 침류왕 원년)

⑥-ⓖ (386년) 夏四月, 以百濟王世子餘暉為使持節 · 都督 · 鎮東將軍 · 百濟王. (『진서』 권9 효무제9 태원 11년)

⑥-ⓗ (406년) 二月, 遣使入晉朝貢. (『삼국사기』 권25 전지왕 2년)

⑥-ⓘ (416년) 以百濟王餘映爲使持節 · 都督百濟諸軍事 · 鎭東將軍 · 百濟王 (『송서』 권97 백제전 의희 12년)[106]

사료 ⑥은 372년 이래 백제와 동진의 교섭 기사를 정리한 것인데, 백제가 동진에 견사遣使한 기사와 동진이 백제왕을 책봉冊封한 기사로 대별할 수 있다. 이에 따르면 백제는 372년에서 406년까지 34년간 모두 5차례 동진에 사신을 파견하였는데, 379년에는 악풍惡風을 만나 동진까지 가지 못하였다. 또한 동진은 백제왕을 모두 3차례 책봉했으며, 372년에는 사신을 파견하여

105) 『삼국사기』 권24 침류왕 원년 7월조에 "遣使入晉朝貢"라는 기사가 나옴.

106) 『삼국사기』 권25 전지왕 12년조에 "東晉安帝遣使, 冊命王, 爲使持節 · 都督百濟諸軍事 · 鎭東將軍 · 百濟王"라는 기사가 나옴.

직접 근초고왕을 책봉한 사실이 확인된다. 384년에는 동진이 승려를 보내 백제에 불교를 전하기도 하였다. 문헌사료상 동진과의 교섭이 확인되지 않는 372년 이전과 비교한다면, 양국의 교섭이 본격적으로 전개되었다고 볼 수 있는 것이다.

사료 ⑥ 가운데 372년 기사에 따르면 백제는 372년 1월 동진에 사신을 파견하여 방물方物을 공헌했고, 이에 동진이 372년 6월 백제에 사신을 파견하여 근초고왕(여구餘句)을 '진동장군鎮東將軍 · 영낙랑태수領樂浪太守'에 책봉했다고 한다. 372년 1월 기사에는 백제와 함께 임읍林邑의 견사도 기록된 것으로 보아, 백제 사신이 동진에 도착한 시점을 나타낸 것으로 파악된다. 그러므로 4세기 전반 전연에서 동진까지 가는데 3개월 정도 소요된 사실을 고려하면, 백제가 371년 10월 평양성 전투 직후 곧바로 동진에 사신을 파견했다고 파악된다.[107] 371년 백제의 견사는 고구려에 대한 전승을 알리는 것이 가장 주요한 목적이었던 것이다.

372년 기사는 백제의 대중교섭對中交涉과 관련하여 처음 확인되는 문헌사료인 만큼 종래 많은 연구자의 관심을 받았다. 특히 372년 6월 백제 근초고왕이 동진으로부터 받은 책봉호에 대해 다양한 검토가 이루어졌다. 일찍이 '이 책봉호는 백제의 요청에 기초하여 부여된 것인데, 평양 부근까지 영유한 상황을 동진으로부터 인정받고, 고구려에 대한 억지력을 얻기 위해 중국세력을 이용한 것으로 볼 수 있다'는 견해가 제기되었다. 상기 책봉은 중국 세력의 압박이 아니라 백제의 요구에 따른 외교적 일환이라는 것이

107) 李磊, 2014, 「百濟的天下意識與東晋南朝的天下秩序」, 『華東師範大學學報(哲學社會科學版)』 2014-2, 64~65쪽.

다.[108] 이러한 견해는 상기 사료를 바라보는 기본 시각을 제공하였다.

그리하여 백제의 주도적인 역할이 강조되는 가운데, 상기 책봉호는 마한 방면으로의 영역 확장, 가야나 왜와의 교섭, 대방고지로의 진출 등 백제의 국가적 성장을 상징하며,[109] 백제에서 가야-왜로 이어지는 교역망을 백제 중심으로 복원한 결과라는[110] 견해가 주류를 이루게 되었다. 특히 '영낙랑태수領樂浪太守'호에 대해 대부분의 논자들이 동진이 백제의 낙랑지역 점령을 인정한다는 뜻에서 수여하였다고 파악하는 가운데,[111] 한반도를 대표하는 세력으로 인정받았다고 이해하기도 하였다.[112]

이와 더불어 '영낙랑태수領樂浪太守'호에 대해 백제가 낙랑지역 점령을 인정받고 낙랑 유민을 회유할 필요성 때문에 동진에 요청하였고,[113] 전연으로부터 수여받은 고구려 고국원왕의 '낙랑공'을 의식하여 의도적으로 동진으로부터 얻어냈다고[114] 파악하기도 하였다. 그러면서 고구려가 일찍부터 동진과 교섭하였지만 책봉호를 받지 못한 것은 북중국과의 교류에 신경을 써

108) 江畑武, 1968, 「四~六世紀の朝鮮三國と日本」, 『朝鮮史研究會論文集』 5, 29~30쪽. 이 논자는 고구려 고국원왕이 전연으로부터 받은 '낙랑공(樂浪公)'과 근초고왕이 동진으로부터 받은 '낙랑태수(樂浪太守)'를 비교하기도 하였는데, 전자는 작호이고, 후자는 관직으로 그 성격이 다르므로 직접 비교하기는 힘들다.

109) 서영수, 1981, 「삼국과 남북조 교섭의 성격」, 『동양학』 1, 163쪽; 유원재, 1994, 앞의 글, 153~159쪽; 김기섭, 2000, 앞의 책, 211~214쪽; 권오영, 2001, 앞의 글, 51~54쪽; 김수태, 2001, 앞의 글, 32~34쪽; 강종원, 2002, 앞의 책, 268~273쪽; 임기환, 2004, 앞의 글, 102~104쪽

110) 강종훈, 2001, 앞의 글, 6~7쪽; 임기환, 2004, 앞의 글, 107~110쪽.

111) 노중국, 2012, 앞의 책, 151쪽.

112) 정재윤, 2012, 앞의 글, 12~18쪽.

113) 김기섭, 2000, 앞의 책, 211~214쪽.

114) 강종원, 2002, 앞의 책, 268~273쪽; 송지연, 2004, 앞의 글, 21쪽 각주 50.

야하는 고구려의 내부사정 때문이라고 보기도 하였다.[115]

대체로 백제의 관점에서 상기 책봉호를 이해하고, 정작 책봉호의 수여 주체인 동진의 상황이나 인식은 거의 고려하지 않았던 것이다. 물론 372년 근초고왕의 책봉호가 백제의 국가적 성장을 반영하며, 이를 국제적으로 인정받는 측면이 강하다는 데는 필자도 동의한다. 또한 후술하듯이 4세기 전반에 전연이 동진에 '연왕燕王'책봉호를 여러 차례 요청한 것이나, 5세기에 왜왕이 송에 특정한 책봉호를 요청한 사실을 상기하면, '영낙랑태수領樂浪太守'를 비롯한 상기 책봉호도 백제의 요청에 의해 수여되었을 가능성도 없지 않다.

그렇지만 책봉호는 이를 수여받는 피책봉국의 입장도 중요하지만, 기본적으로 책봉국의 대외인식과 외교정책에 입각하여 수여되었다고 보는 것이 타당하다. 설령 책봉국이 피책봉국의 요청을 받아들이는 형태로 책봉호를 수여했다 하더라도, 이는 책봉국의 대외인식이나 외교정책에 부합하거나 적어도 그에 위배되지 않았기 때문에 받아들여졌다고 보아야 할 것이다. 이러한 점에서 372년 근초고왕의 책봉호도 기본적으로 동진의 대외인식과 외교정책에 입각하여 수여되었다고 보는 것이 타당하다.

이와 관련하여 전술하였듯이 370년 이전에는 동진이 서진의 판도 외부에 존재하는 국가나 족속에게 책봉을 수여한 적이 없다는 사실에 주목할 필요가 있다. 372년 근초고왕의 책봉호는 동진東晉이 서진西晉의 판도 바깥에 존재하는 주변국 국왕을 책봉한 첫 번째 사례에 해당하는 것이다. 이는 근초고왕에 대한 책봉을 전후하여 동진의 대외인식이나 외교정책에 커다

115) 정재윤, 2008, 「5~6세기 백제의 南朝 중심 외교정책과 그 의미」, 『백제문화』 41, 177~178쪽

란 변화가 일어났을 가능성을 시사한다. 다만 이 분야 전공자가 아닌 필자로서는 깊이 있는 분석을 하기는 힘들고, 몇 가지 현상적인 측면만 지적하고자 한다.

먼저 〈표 1〉에서 보듯이 동진은 서진西晉의 판도 내부에서 흥기한 국가나 정치세력에게 4세기 전반부터 '지절호持節號, 도독제군사호都督諸軍事號, 장군호將軍號, 지방관명地方官名, 작호爵號'등으로 구성된 책봉호를 수여하였다. 여기에 상황에 따라 호강교위護羌校尉 · 평강교위平羌校尉 등의 이민족통제관異民族統制官, 본국왕호本國王號의 일종인 대선우大單于 등을 부가하였다. 이것과 비교하면 372년 근초고왕의 책봉호는 장군호와 지방관명만으로 구성된 가장 간략한 형태라 할 수 있다. 군사지휘권의 위임을 뜻하는 지절호와 도독제군사호가 없을 뿐 아니라, 355년 전연이 수여한 고구려 고국원왕의 책봉호와[116] 비교하면 작호와 본국왕호가 없다는 점도 특징적이다. 특히 5호16국이나 남북조 왕조가 주변국의 본국왕호本國王號를 거의 그대로 승인하는 형태로 책봉호를 수여한 사실을 고려하면[117], '백제왕'이라는 본국왕호가 빠진 점에 유의할 필요가 있다.

그런데 동진東晉은 서진西晉의 판도 내부에서 흥기한 국가나 정치세력에게도 '왕호王號'를 수여하는 것은 대단히 꺼렸다. 가령 전연前燕 모용외가 331년 사신을 파견하여 '연왕燕王'에 책봉해줄 것을 요청하였지만, 동진 조

116) 355년 고국원왕은 전연으로부터 '營州諸軍事 · 征東大將軍 · 營州刺史 · 樂浪公 · 高句麗王' 이라는 책봉호를 수여받았다(『진서』 권110 모용준재기(慕容儁載記); 『십육국춘추집보(十六國春秋輯補)』 권26 전연록(前燕錄)4 원새(元璽) 4년).

117) 남북조시기 책봉호 현황은 김종완, 1995, 『중국 남북조사 연구』, 일소각, 128~136쪽 도표 참조.

정이 2년 가까이 결정을 유보하는 사이 333년에 모용외는 사망하였다.[118] 또한 모용외를 이은 모용황이 337년 '연왕燕王'을 자칭하였지만, 동진은 이를 인정하지 않고 338년 종전의 '요동공遼東公'를 계속 유지하였다〈표 1〉.

이에 모용황이 339년 유상劉翔을 파견하여 후조에 대한 전승을 헌첩獻捷하며 왕호王號 승인을 요청하자, 동진 조정에서는 '한漢 · 위魏 이래 이성異姓을 봉封하여 왕으로 삼지 않았다면서 허가할 수 없다'는 의론議論이 대세를 이루었다.[119] 유상劉翔이 건강建康에 1년 이상 머물렀으나 동진 조정의 중론衆論이 모아지지 않았다. 이에 전연이 중상시中常侍 욱홍彧弘이나 유빙劉氷 등을 개별적으로 설득하여 341년 2월에 겨우 '대장군大將軍 · 연왕燕王'이라는 책봉호를 수여받을 수 있었다.[120] 결국 모용황의 '연왕燕王'이라는 책봉호는 동진이 자발적으로 수여한 것이 아니며, 동진 조정의 중론衆論은 이성異姓에게는 왕호王號를 수여할 수 없다는 것이라 할 수 있다.

이는 전조前趙가 319년에 후조의 석륵을 '조왕趙王'에 책봉하고,[121] 323~324년에 전량의 장무張茂나 장준張駿을 '양왕涼王'에 책봉한[122] 사례와 뚜렷이 대비된다. 특히 전량前涼의 장중화張重華가 346년 '가양왕假涼王'을 자칭하였음에도 불구하고, 동진이 이를 승인하지 않자 351년 동진東晉의 책봉

118) 『진서』 권108 모용외재기(慕容廆載記).

119) "二月, 劉翔至建康, 帝引見, 問慕容鎮軍平安. 對曰 "臣受遣之日, 朝服拜章." 翔爲燕王䟦求大將軍 · 燕五章璽. 朝議以爲, "故事, 大將軍不處邊, 漢 · 魏以來, 不封異姓爲王. 所求不可許." (『자치통감』 권95 진기17 함강 7년)

120) 堀敏一, 2006, 「江南王朝との東アジア諸國 · 諸民族」, 『東アジア世界の形成』汲古書院, 230쪽; 崔明德 · 庄金秋, 2010, 「略論慕容鮮卑與兩晋的關係」, 『西南民族大學學報(人文社會科學版)』, 2010-9, 50~51쪽.

121) 『자치통감』 권91 진기13 태흥 2년 2월조.

122) 『자치통감』 권92 진기14 태원원년 8월조 및 『진서』 권86 장준전(張駿傳).

사册封使 유귀俞歸에게 선비족 출신인 모용황에게만 왕호를 수여한 이유가 무엇이냐고 강력하게 반발하였다. 이에 유귀俞歸는 '이성異姓은 왕을 칭할 수 없고 구주九州 안에서 작호는 공작公爵을 뛰어넘을 수 없다면서, 선비 모용황의 사례는 융적戎狄이므로 비교 대상이 아니다'고 답변하였다.[123]

이상의 사례로 보아 동진 조정에는 황실皇室 구성원이 아니면 한인漢人이든 이적夷狄이든 왕호王號를 책봉할 수 없다는 의론議論이 대세를 이루었다고 파악된다. 특히 전량前涼에 책봉사로 파견되었던 유귀俞歸의 언설을 빌리면, 전연 모용황에게 '연왕燕王'이라는 왕호를 내린 것은 이적夷狄 출신으로 구주九州의 왕제王制 적용 대상에서 제외되었기 때문이라는 것이다. 전연 모용황에게 왕호를 내린 것은 이적夷狄 출신이기 때문에 왕제의 제약을 받지 않는 예외적인 사례에 불과하다는 것이다. 4세기 초 · 중반 동진이 주변국이나 정치세력에 대한 책봉호 수여를 상당히 폐쇄적으로 운영하고 있었던 것이다.

이러한 폐쇄적인 책봉호 운영은 서진西晉의 붕괴 이후 5호제국五胡諸國이 북중국 대륙을 장악한 상황에서 동진만이 유일한 정통왕조라는 보수적인 정통관에서 기인한 것으로 보인다. 가령 333년 후조가 동진에 사신을 파견하여 수호修好를 제안했지만, 동진은 후조의 사절을 받아들이지 않고 폐백을 모두 불태웠다.[124] 동진이 구적寇賊과는 왕래할 수 없다는 단호한 의지를 표출한 것인데,[125] 중원中原 군신君臣의 명분을 방기하고 중토中土를 절도한 이

123) 『진서』 권86 장중화전; 堀敏 一, 2006, 앞의 책, 232쪽.
124) 『자치통감』 권95 진기17 함화 8년 정월조: "趙主勒遣使來修好, 詔焚其幣."
125) 堀敏一, 2006, 앞의 책, 231쪽.

적夷狄과는 인국隣國 관계를 맺을 수는 없다는 인식의 발로라 할 수 있다.[126]

370년까지 동진東晉에 견사한 주변국에게 책봉호를 수여하지 않은 것도 이와 연관하여 해석할 수 있다. 비록 종전 서진西晉의 판도 외부에 존재하는 주변국이라 하더라도 이들에게 본국왕호本國王號 등을 수여하면, 북중국 곳곳에 웅거한 5호五胡 제국諸國의 존재도 인정해야하는 모순이 발생할 수 있기 때문이다. 이에 동진東晉은 〈표 1〉에서 보듯이 주로 선비 모용부(전연)와 단부, 한족 출신인 전량(장씨), 저족 출신인 전구지 등 서진대부터 신속했던 국가나 정치세력에게 책봉호를 수여했으며,[127] 후조처럼 천왕天王이나 황제皇帝를 자칭한 국가와는 공식적인 외교교섭조차 갖지 않았던 것이다.

이러한 제반 측면을 고려하면, 372년 근초고왕에 대한 책봉은 동진의 대외인식이나 외교정책과 관련한 중요한 변화라고 볼 수 있다. 다시 말하면 372년을 전후하여 동진의 대외인식이나 외교정책이 변화하지 않았다면, 백제가 아무리 국가적 성장을 이룩하고 서진의 군현이 위치했던 낙랑 · 대방지역을 장악했다 하더라도 책봉호를 수여받지 못했을 가능성이 높다는 것이다. 그렇다면 과연 이 무렵 동진의 대외인식이나 대외정책은 어떠한 양상으로 변모했던 것일까?

이와 관련하여 먼저 중국대륙의 정세 변화부터 살펴볼 필요가 있다. 370년을 전후하여 북중국 대륙에는 전진前秦, 전연前燕, 전구지前仇池, 전량前涼 등이 병존하고 있었다. 그런데 전진이 370년 11월 내분에 휩싸인 전연을 멸망시키고 북중국 대륙의 중심부를 통합하였다. 전진은 이 여세를 몰아 371년 4월에는 전구지前仇池를 멸망시켰는데, 이 무렵 전량의 장천석張天錫

126) 馮世明, 2009, 「正統觀視覺下的十六國與東晋政權的關係」, 『晋中學院學報』 26-5, 84~87쪽.

127) 三崎良章, 2006, 앞의 책 및 庄金秋, 2011, 앞의 논문 참조.

도 전진에 칭번하였다.[128] 370년대에 접어들면서 전진이 빠른 속도로 북중국 대륙을 통일해 나간 것이다.[129]

더욱이 전연前燕의 실권자였던 모용평慕容評이 전진의 추격을 받아 용성龍城을 거쳐 고구려까지 망명하자, 고구려는 그를 붙잡아 전진에 송환하였다.[130] 이로써 전연은 요동 일대로 도망친 전연의 세력을 비교적 손쉽게 평정하고,[131] 전연의 책봉을 받았던 고구려와도 우호관계를 맺을 수 있었다. 그 뒤 고구려와 전진은 별다른 무력 충돌없이 383년 비수淝水의 전투로 전진이 붕괴할 때까지 화친관계를 유지하였다.[132]

백제 근초고왕이 동진에 사신을 파견한 372년 1월경, 북중국 대륙은 급속하게 전진의 천하로 변모했고, 동방지역에도 전진의 영향력이 강하게 작용했던 것이다. 동진의 입장에서는 자국에만 칭신하거나 칭번稱藩하는 국가나 정치세력이 전무한 위기 상황을 맞았던 것이다. 이러한 상황에서 동진이 서진의 판도 외부에 존재하는 국가나 족속에게 책봉호를 수여하지 않는 종전의 외교정책을 계속 유지하기는 힘들었을 것이다.

특히 전술한 것처럼 백제는 평양성 전투 직후 곧바로 동진에 사신을 파견하여 고구려에 대한 전승을 알렸다. 비록 간접적이지만 전진과 우호관계를 맺은 고구려를 격파했다는 백제의 승전보는 위기상황에 몰린 동진에게

128) 전진은 376년 8월에 전량(前涼)마저 멸망시키고 북중국 대륙을 통일하였다.

129) 三崎良章, 2006, 앞의 책 및 庄金秋, 2011 앞의 논문 참조.

130) 『자치통감』 권102 진기24 태화 5년 11월조.

131) 전진이 요동에서 마지막까지 항거하던 전연의 모용환(慕容桓)을 주살한 시점에 대해서는 370년 11월(『자치통감』 권102 태화 5년 11월조)과 372년 2월(『진서』 권9 간문제기9 함안 2년 2월조)로 다소 상반되는 기사가 전하는데, 본고에서는 동진이 근초고왕을 책봉하기 이전에 요동의 전연세력을 완전히 소탕한 사실에 주목하고자 한다.

132) 여호규, 2000, 앞의 글, 62~63쪽.

매우 반가운 소식이었을 것이다. 결국 동진이 백제 근초고왕을 책봉한 데는 전진의 북중국 통일에 따른 국제정세 변화가 중요한 요인의 하나로 작용했다고 볼 수 있다.[133]

그렇지만 4세기 초 · 중반 주변국에 대한 동진의 책봉호 수여가 매우 폐쇄적으로 운영되었기 때문에 국제정세 변화만으로는 근초고왕에 대한 책봉을 설명하기가 쉽지 않다. 국제정세 변화와 맞물려 동진 내부의 대외인식도 바뀌어야만 가능한 것이다. 이러한 점에서 이 무렵 동진의 국내정세가 급변했다는 사실에 주목할 필요가 있다.

당시 동진의 최대 군벌軍閥이었던 환온桓溫은 369년 4월 전연 방면으로 진격하면서 제 3차 북벌北伐을 단행하였다. 처음에는 환온이 전연을 공격하여 상당한 전과를 올렸지만, 전연의 구원 요청을 받은 전진이 원병을 파견함에 따라 전세는 점차 동진에게 불리해졌다. 이에 환온은 369년 9월부터 퇴각하기 시작했는데, 전연의 추격을 받아 무려 4만 명이나 전사당하는 참패를 당하였다. 환온의 제3차 북벌이 사실상 실패로 돌아간 것이다.

그런데 전술하였듯이 전연은 환온桓溫의 북벌을 막아냈지만, 이 과정에서 내분에 휩싸이고 마침내 370년 11월 전진에게 멸망당한다. 환온의 제3차 북벌이 단순한 군사적 대결로 끝나지 않고, 전진이 북중국 대륙의 중심부를 통합하는 계기로 작용했던 것이다. 환온으로서는 또 다른 정치적 위기를 맞은 것이다. 이에 환온은 371년 11월 도성인 건강建康으로 입성하여 폐제廢帝를 폐위시키고, 간문제簡文帝를 옹립하는 특단의 조치를 취하였다.

---

133) 당시 국제정세 전체를 조망한 것은 아니지만, 전연의 패망 및 고구려 · 전진의 우호관계에 자극을 받아 동진과 백제가 외교관계를 맺었다는 견해가 제기된 바 있다(권오영, 2001, 앞의 글, 51~54쪽; 임기환, 2004, 앞의 글, 102~104쪽; 이병호, 2014, 앞의 책, 32~33쪽).

이렇게 본다면 백제의 사신이 동진에 도착한 것은 환온이 간문제를 옹립한 직후라 할 수 있다. 그런데 환온은 362년 붕당에 따른 사의私議 혁파와 관제官制 개혁 등을 포함한 시정개혁안 7가지를 건의하였고, 364년에는 대사마大司馬의 직위에 있으면서 은닉호隱匿戶를 색출하기 위한 토단책土斷策을 대대적으로 시행하였다.[134] 환온의 이러한 조치는 기본적으로 자신의 정치적 기반을 확장하려는 목적과 깊이 연관되어 있지만, 보수적인 문벌귀족과 비교한다면 상당히 개혁적인 정책으로 해석된다.[135]

이러한 점에서 환온이 371년 11월 간문제를 옹립하여 중앙권력을 장악한 다음, 전진의 북중국 통일이라는 새로운 국제정세에 대응하기 위해 종전의 대외인식이나 외교정책을 수정했을 가능성이 높다고 추정된다. 5세기 초반 군벌軍閥인 유유劉裕가 권력을 장악한 다음 북위나 고구려 등의 주변국과 활발하게 교섭한 사실도[136] 이러한 가능성을 시사한다. 결국 국제정세 변화와 더불어 동진의 대외인식과 외교정책 변화가 맞물리면서 근초고왕에 대한 책봉호 수여가 가능했다고 볼 수 있는 것이다.[137]

다만 동진으로서는 서진西晉 판도 바깥의 주변국에 처음 수여하는 책봉호이기 때문에 지나치게 급격한 변화를 주기는 힘들었을 것이다. 이에 동진은 북중국에 웅거했던 5호제국五胡諸國의 존재를 용인할 수도 있는 본국

134) 『진서』 권98 환온전(桓溫傳); 『자치통감』 권101 진기23 홍녕2년 3월조.

135) 王永平 · 戚雲龍, 1986, 「試論桓溫北伐與東晉門閥政治」, 『揚州師院學院學報(社會科學版)』, 1986-4, 132~133쪽.

136) 馮世明, 2009, 앞의 글, 84~87쪽.

137) 백제에 대한 동진의 책봉호 수여가 권신(權臣)의 권력 장악 직후에 이루어진 사실이 지적된 바 있는데(안성진, 2011, 앞의 글, 16~20쪽), 대외인식이나 외교정책의 변화에는 주목하지 못하였다.

왕호를 제외하고, 장군호와 지방관명으로 구성된 가장 간략한 책봉호를 근초고왕에게 수여했다고 판단된다. 이때 지방관명도 종래 서진西晉이 관할하던 '영낙랑태수領樂浪太守'호를 수여함으로써 백제가 서진의 판도 외부에 존재한다는 사실을 애써 외면하려고 한 것으로 보인다.[138]

물론 종래 많은 연구자들이 지적하였듯이 '영낙랑태수領樂浪太守'호에는 백제가 평양성까지 진공하여 낙랑지역을 일시적으로 점령한 사실을 인정한다는 의미도 담겨있다. 또한 백제가 종래 낙랑군을 중심으로 형성되었던 해상교역망을 복원한 사실을 인정한다는 의미도 담겨있다. 백제의 국가적 성장이나 대외적 위상을 인정한다는 의미가 담겨 있기 때문에 백제의 입장에서도 상기 책봉호를 수용할 수 있었던 것이다. 결국 근초고왕의 책봉호는 372년경 동진과 백제의 외교정책이 상호 부합한 결과라 볼 수 있는데, 기본적으로 동진이 책봉호 수여의 주체였다는 사실을 간과해서는 안 된다.

그런데 386년 백제가 동진으로부터 수여받은 책봉호는 '지절호, 도독호, 장군호, 본국왕호'등으로 구성되어 있다. 372년 근초고왕의 책봉호와 비교하면 '영낙랑태수領樂浪太守'라는 지방관명이 빠진 대신, 백제왕이라는 본국왕호와 함께 군사지휘권을 반영하는 지절호 · 도독호 등이 수여된 점이 주목된다. 동진이 점차 북중국의 5호제국五胡諸國과 거의 동일한 형태로 주변국에게 책봉호를 수여하기 시작한 것이다. 특히 4세기 초중반 동진의 책봉호 수여 현황을 상기하면, '백제왕'이라는 본국왕호를 수여한 점이 주목된다.

138) 이와 관련하여 낙랑태수라는 관직이 소멸한 것이지만, 동진이 동방지역에 대한 지배력을 상징적으로 드러낼 수 있는 칭호로 인식했다는 지적이 주목된다(임기환, 2004, 앞의 글, 102~104쪽).

이는 동진이 서진의 판도 외부에 존재하는 주변국에게 본격적으로 책봉호를 수여하기 시작했음을 의미한다. 또한 중원 유일의 정통왕조라는 인식에서 탈피하여 자신의 국가적 위상을 객관적으로 인지하고, 북중국 대륙에 웅거한 5호제국五胡諸國의 존재를 인정하기 시작했음을 뜻한다. 실제 동진은 396년에 북위에 사신을 파견하였으며, 유유劉裕가 후진後秦을 멸망시킨 다음에는 매년 사신을 교환하기에 이르렀다. 동진이 중원中原 군신君臣의 명분을 방기하고, 중토中土를 절도한 이적夷狄과 상호 대등한 인국관계隣國關係를 맺기에 이른 것이다.[139]

이에 따라 동진과 5호 제국은 상호 교섭을 전개하면서 주변국에 대한 외교경쟁을 본격적으로 전개하였다. 5세기에 들어와 동진과 5호 제국이 주변국에게 책봉호를 경쟁적으로 수여한 사실은 이를 반영한다. 이에 따라 백제의 대중교섭 폭도 더욱 확장되었을 가능성을 상정해 볼 수 있는데, 이와 관련하여 다음 사료가 주목된다.

> ⑦-㉠ (380년) 三月, 幽州治中平規曰 "(중략) 若明公神旗一建, 必率土雲從. 今跨據全燕, 地盡東海, 北總烏桓·鮮卑, 東引句麗·百濟, 控弦之士不減伍十餘萬, 奈何束手就徵, 蹈不測之禍乎!" 洛攘袂大言曰 "孤計決矣, 沮謀者斬." 於是自稱大將軍·大都督·秦王. (중략) 分遣使者徵兵於鮮卑·烏桓·高句麗·百濟·新羅·休忍諸國. (『자치통감』 권104 진기26 태원 5년)
>
> ⑦-㉡ 宋代得高麗·百濟伎. 魏平馮跋, 亦得之而未具. 周師滅齊, 二國

139) 馮世明, 2009, 앞의 책, 84~87쪽

獻其樂, 合西涼樂, 凡七部, 通謂之國伎. 隋文帝平陳, 得清樂及文康禮畢曲, 而黜百濟. 至煬帝, 乃立清樂 · 龜茲 · 西涼 · 天竺 · 康國 · 疏勒 · 安國 · 高麗 · 禮畢為九. (『통전』 권146 악(樂)6 사방악(四方樂))

사료 ⑦-㉠은 전진前秦의 유주자사 부락苻洛이 376년 대代를 정벌하는 전공을 세웠지만, 380년에 다시 서남 변방의 장수로 임명되자 반란을 일으킨 상황을 전하는 것이다. 당시 부락苻洛은 대릉하 중류의 용성龍城에 주둔하고 있었는데, 평규가 그의 세력을 '전연全燕을 뛰어넘어 웅거하면서 북으로는 오환과 선비를 아우르고, 동으로는 고구려와 백제를 끌어당겼다'고 표현한 점이 주목된다. 평규의 말대로 부락이 이들을 모두 강력하게 통제했다고 보기는 어렵지만, 적어도 용성龍城에 주둔한 부락 세력이 백제와 어떠한 형태로든 교섭하였을 가능성은 높다고 생각된다.

실제 부락은 반란을 일으킨 다음 주변국에게 사신을 파견하여 군사를 징발하려고 시도하였는데, 이때 고구려, 신라와 더불어 백제에도 사신을 파견하였다. 따라서 전연이 멸망한 이후 전진대에 들어와서도 백제가 한반도-중국대륙 연안항로의 중간 기착지에 해당하는 요동반도나 요서지역과 지속적으로 교섭했을 가능성이 높다. 다만 백제와 전진의 교섭 사실이 문헌 사료상 확인되지 않으므로 국가 간의 외교관계로까지 발전했다고 단언하기는 쉽지 않다.[140]

140) "天王詔與百濟王銅虎符第口"라는 명문이 새겨진 동호부(銅虎符)나 백제 왕후제의 좌우현왕(左右賢王) 등을 근거로 백제와 전진의 외교관계를 상정하기도 한다(방선주, 1973, 「예(濊) · 백제(百濟) 관계 호부(虎符)에 대하여」, 『사총』 17 · 18 합집, 39~40쪽; 노중국, 2012, 앞의 책, 155~161쪽 및 183~186쪽).

사료 ⑦-㉡에 따르면 '남조의 송이 고구려와 백제의 기악伎樂을 획득했으며, 북위가 풍발馮跋(북연)을 정벌하고 또한 이들 국가의 기악伎樂을 획득했는데 완전히 갖추지는 못했다'고 한다. 5세기 초엽 지금의 요서지역에 웅거했던 북연이 백제의 기악을 보유하고 있었다는 것이다. 이는 백제가 5세기 초엽에도 지금의 요서지역과 교섭했을 가능성을 시사한다. 이러한 점에서 450년 송에 사신으로 파견된 백제의 사신 대사臺使 풍야부馮野夫가 북연계 망명인일 것이라는 견해에도 유의할 필요가 있다.[141]

이렇게 본다면 전연 멸망 이후에도 백제는 5세기 초엽까지 한반도-중국대륙 연안항로의 중간 기착지에 해당하는 요동반도나 지금의 요서지역 일대와 지속적으로 교섭했을 가능성이 높다. 그리고 낙랑교군樂浪僑郡이 북연대까지도 이 지역에 설치된 것으로 확인되므로[142] 낙랑 · 대방계 유민이 이러한 교섭을 주도했을 것으로 짐작된다. 다만 4세기 중후반에는 부여계 이주민의 동향에도 유의할 필요가 있다.

전술하였듯이 전연은 285년 이래 부여인을 지속적으로 노획하였고, 346년에는 5만여 명이나 강제로 천사하였다. 그리하여 전연의 도성과 그 주변에는 부여계 이주민이 집단적으로 거주하게 되었다. 더욱이 370년 11월 전연 멸망시에 부여 왕족 출신인 여울餘蔚이 전진前秦과 내응하여 도성인 업성鄴城의 성문을 열어주었는데, 이때 여울餘蔚은 부여인과 더불어 고구려 질자質子를 대거 거느리고 전진에 내투했다. 그 뒤 여울은 전진의 형양태수滎陽太守를 역임하게 되는데, 형양은 본래 3세기 중반 조위 관구검 침공시에 사민

141) 鈴木靖民, 2003, 「왜와 백제의 부관제」, 『고대 동아세아와 백제』, 충남대 백제연구소, 347쪽.

142) 이성규, 2005, 앞의 글, 205~207쪽.

된 고구려 이주민의 집단 거주지이다.[143]

이로 보아 전연이나 전진에 거주하던 부여계와 고구려계 이주민은 상당한 결속력을 유지하였다고 파악된다. 그런데 부여계 이주민은 383년 비수淝水의 전투 패배로 전진前秦이 붕괴되는 가운데 크게 두 세력으로 분열하였다. 384년 1월 여울을 중심으로 한 세력이 후연 건국에 적극 참여한 반면, 여암餘巖 일파는 385년 7월 기주冀州의 무읍武邑에서 모반하여 유주幽州의 계성薊城을 거쳐 난하灤河 하류의 영지令支에 웅거하였다. 이때부터 여암 일파는 후연의 모용농에게 토벌되는 385년 11월까지 약 4~5개월 정도 난하灤河 중하류 일대를 석권하였다.[144]

이 무렵 전연에서 오래 동안 관직을 역임했던 발해渤海 봉씨封氏의 후손인 봉의封懿도 후연 건국에 반발하여 독자세력화를 모색하였는데, 본래 서진의 유력한 귀족가문이었다는 점에서 진 왕조의 회복을 명분으로 내걸었을 가능성이 높다. 이로 보아 본래 서진과 돈독한 관계를 가졌던 부여인의 후손인 여암餘巖도 후연 건국에 반발하며 진 왕조의 회복을 명분삼아 독자세력화를 모색했다고 파악된다. 이처럼 여암이 진 왕조의 회복을 명분으로 삼았다면, 동진과 교섭할 만한 항해술을 갖추었을 것으로 파악된다.

물론 여암이 영지에 웅거한 기간이 4~5개월에 불과하므로 동진과의 연계가 실현되었을 가능성은 희박하다.[145] 다만 부여계 이주민인 여암이 동진

---

143) 『진서』 권56 열전26 강통전(江統傳) 및 『자치통감』 권83 원강 9년 1월조.

144) 필자는 『송서(宋書)』 백제전 등의 백제의 요서진출 기사는 385년 7~11월 여암(餘巖)의 영지(令支) 웅거(雄據)와 관련한 사료가 와전된 것으로 파악하고 있다. 이에 대해서는 여호규, 2001, 「백제의 요서진출설 재검토」, 『진단학보』 91에서 논한 바 있으므로 본고에서는 상론을 피한다.

145) 여암이 영지에 웅거하던 385년 7~11월에 백제와 연계했다고 보기도 한다(강종훈, 2003,

과의 연계를 염두에 두고 독자세력화를 모색했다면, 그 이전부터 부여계 이주민들도 한반도-중국대륙 연안항로와 관련한 업무에 종사했을 것으로 파악된다. 그리므로 근초고왕이 부여계 이주민과 동일한 '여씨'라는 성씨를 사용하고, 백제 왕실이 부여에서 출자했다고 강조한 사실을 상기하면, 4세기 중후반에는 부여계 이주민들이 백제와 요동-요서지역의 교섭에 어떤 형태로든지 관여했을 가능성이 높다고 생각된다. 다만 현재로서는 고고자료나 문헌사료상 명확한 논거가 없으므로 가능성을 열어놓고 다각도로 검토할 필요가 있다고 생각된다.[146]

「4세기 백제의 요서(遼西) 지역 진출과 그 배경」, 『한국고대사연구』 30). 그렇지만 당시의 항해 기간을 고려하면, 4~5개월이라는 짧은 기간에 양자의 연계가 실현되었다고 보기는 힘들다고 생각된다.

146) 부여계 이주민과 관련한 상기 서술은 여호규, 2001, 앞의 글 참조.

Ⅴ. 맺음말

이상을 통해 4세기~5세기 초엽 백제의 대중교섭 양상을 검토하였다. 특히 최근 백제의 대중교섭을 다룬 연구성과가 지나치게 백제 중심적인 시각에 입각하고 있다는 반성에서 당시 국제정세의 전반적인 변화 양상을 고려하면서 논의를 진행하려고 노력하였다. 이를 위해 백제의 주교섭 대상국으로 지목된 동진의 대외인식이나 외교정책 변화에 유의하였고, 한반도-중국대륙 연안해로沿岸海路의 중간 기착지인 요령遼寧-하북河北 일대의 동향에도 관심을 기울였다.

그 결과 최근 연구동향과 달리 『진서』에 나오는 동이와 서진의 교섭기사나 몽촌토성과 풍납토성에 출토된 중국산 물품을 논거로 삼아 백제(백제국)가 3세기 후반부터 서진과의 교섭을 주도했고, 4세기 초반에는 동진과 직접 교섭했다고 보기는 힘들다는 사실을 확인하였다. 3세기 후반 서진과의 교섭은 여러 소국연맹체(지역연맹체)가 동시 다발적으로 전개했을 가능성이 높다. 또한 4세기 초반에 백제가 동진과 직접 교섭할만한 여건을 충분히 갖추었다고 보기도 힘들다.

당시 국제정세나 백제의 상황을 종합하면 4세기 전반에는 주로 전연에 내투한 낙랑·대방계 유민을 매개로 대중국 교섭을 전개했고, 이를 통해 모용 선비계 마구를 비롯하여 각종 중국산 물품을 입수한 것으로 파악된다. 다만 350년대 중반부터 고구려가 본격적으로 남진정책을 추진하면서 대방지역의 유력세력이 대거 백제지역으로 남하하였다. 그리하여 백제가 점차 원거리 항해술과 한반도-중국대륙 연안항로에 대한 정보 등을 구비하여 동진과 직접 교섭할 수 있는 역량을 갖추기 시작하였다.

백제는 이러한 역량을 바탕으로 평양성 전투에서 고구려를 대파한 다음, 372년 1월에 동진에 사신을 파견하고, 이해 6월에 '진동장군鎭東將軍·영낙랑태수領樂浪太守'라는 책봉호를 수여받았다. 370년까지만 하더라도 주변국에게 책봉호를 수여하지 않던 동진이 근초고왕에게 책봉호를 수여한 것은 국제정세 변화에 따라 대외인식과 외교정책도 변모했기 때문이다. 즉 동진은 북중국 대륙이 전진의 천하로 급속하게 변모하는 국제정세 변화에 대응하기 위해 주변국인 백제에게 책봉호를 내렸던 것이다. 다만 북중국에 웅거했던 5호제국五胡諸國의 존재를 용인할 수 있는 본국왕호는 제외하였다.

결국 근초고왕의 책봉호는 동진의 대외정책 변화와 백제의 국가적 성장이 상호 부합한 결과라 볼 수 있다. 그 뒤 동진은 중원 유일의 정통왕조라는 인식에서 탈피하여 국가적 위상을 객관적으로 정립하는 방향으로 대외정책을 전개하였다. 386년 동진이 백제에 수여한 책봉호에 '본국왕호本國王號'가 포함된 것은 5호제국의 존재를 용인할 수 있다는 예시였다. 실제 동진은 4세기 말부터 5호제국五胡諸國과 교섭하며 인국관계隣國關係를 맺기 시작하였다.

이에 따라 동진과 5호 제국은 상호 교섭을 전개하면서 주변국에 대한 외교경쟁을 본격적으로 전개하였다. 이에 따라 백제의 대중교섭 폭도 더욱 확장되었을 것이다. 실제 백제가 전연 멸망 이후에도 요동반도나 요서지역의 전진이나 북연 등과 교섭한 흔적을 확인할 수 있다. 다만 사신 교환 등의 기록이 전하지 않는 것으로 보아 이러한 교섭을 국가 간의 공식적인 외교관계로까지 발전시키지는 못하였던 것으로 보인다.

백제와 적대관계에 있었던 고구려의 견제 등 여러 가지 가능성을 상정할 수 있지만, 이에 대해서는 향후 더욱 면밀한 검토가 필요하다. 다만 이로 인해 남북조시기에 접어들면서 백제의 대중교섭은 점차 남조에 편중되는 양상을 보였다. 그리하여 백제는 남조로부터 선진문물의 전수를 거부당한 서역 제국과 달리,[147] 남조의 별다른 의심이나 견제를 받지 않고 다양한 선진문물 특히 요노腰弩와 최신 무기까지[148] 전수받을 수 있었다.[149]

많은 연구자들이 지적한 것처럼 백제가 남조와의 교섭을 통해 선진문물을 안정적으로 확보한 것은 백제의 국가적 성장뿐 아니라 한반도 중남부와 일본열도에서의 국제적 위상을 제고하는데도 중요한 역할을 하였다. 다만 이러한 문화 일변도의 대중교섭만으로는 당시 각축전을 벌이던 고구려를 정치 · 군사적으로 견제하기 힘들었다. 472년 북위에 대한 백제의 군사 외교가 실패한 것은 이를 잘 보여준다.

147) 『남제서』 권57 강탕창전(羌宕昌傳) 및 권59 하남(河南) 토곡혼전(吐谷渾傳).

148) 『송서』 권97 백제국전.

149) 李磊, 2014, 앞의 글, 70쪽.

주제발표 4

고고자료로 본 한성백제와 양진, 십육국의 대외교섭

조 윤 재 인제대학교

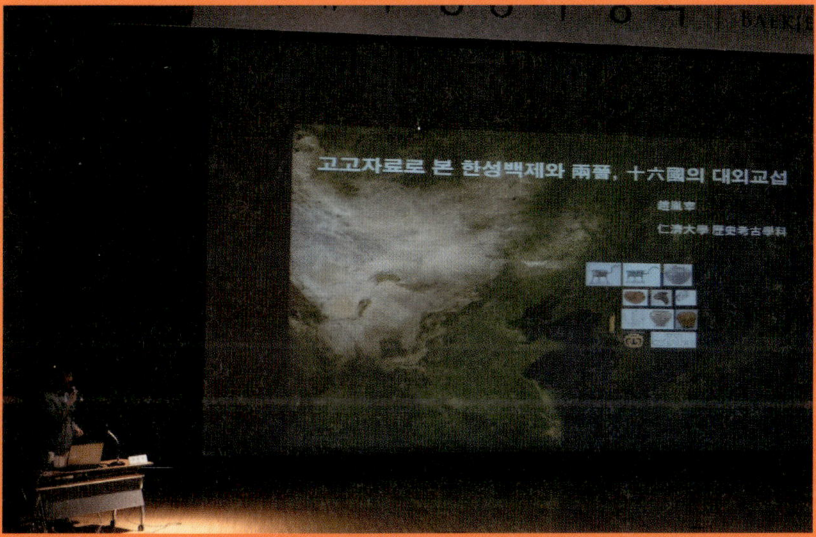

Ⅰ. 머리말

Ⅱ. 한성기 백제의 대중국 교섭

Ⅲ. 맺음말

Ⅰ. 머리말

한성백제의 성립은 3세기 중후엽경 연맹왕국의 출현으로 본격화된다.[1] 이후 475년 고구려의 압박으로 웅진천도를 감행하기 전까지 한성백제는 비교적 다양한 형태의 대외교섭을 진행하였다. 이러한 교섭의 시말始末은 관련 문헌기록에서 확인되고 있어 국가성장과의 연관성을 살펴 볼 수 있다. 고대 동아시아는 물론 세계사에 있어 각 국가 혹은 정치체政治體들은 원만한 국가경영을 위해 내부적 정치활동과 군사적 정비를 완성하는데 국가적 역량을 집중하였다. 그러나 국가경영 과정에서 내사內事 외에도 주변의 다수 정권 및 외국과의 외교적 루트를 건립하고 교섭을 진행하는 것도 대단히 중요한 통치전략統治戰略이었다. 외교적 관계를 구축하는 것은, 때로는 내부의 정치사회적 상황과 판세에 직간접적으로 영향을 줌으로써 국가의 흥망성쇠와 연동되어 움직이는 예도 적지 않았다. 또 외교관계의 형성은 국가재정과 사회적 자원을 확보하는 교역을 진행할 수 있는 환경을 제공하기에 각국의 통치자들과 의사결정자들은 경외境外 지역에 대한 면밀한 관

1) 박순발, 1998, 『백제국가의 형성 연구』, 서울대학교 대학원 박사학위논문.

심과 주의를 기울였다.[2]

백제의 대중국 교류도 이러한 맥락에서 이해할 수 있으며 그 움직임은 국가의 기틀을 잡을 무렵부터 개시되었다고 보고 있다. 백제는 국가형성의 과정에서 주변세력과 충돌 혹은 교섭을 반복하면서 동북아시아에서의 입지를 다져 나갔다. 특히 중국의 제정권과 교섭하면서 국력팽창의 동력을 얻었다. 일찍이 고구려, 낙랑 등의 주변세력과 각축角逐하였고 이를 통한 국가의 성장을 토대로 후일 한은 물론 위진남북조魏晉南北朝의 제정권과 활발한 교섭을 전개하게 되었다. 특히 중국의 남조정권과는 매우 긴밀한 정치·외교적 관계를 맺으며 국제관계의 전략적 국익을 도모하였다.

국가 성립기 한강유역 고고자료에서 나타나는 외래문물 가운데 한성백제 토기양식의 핵심기종인 직구호류直口壺類, 청자류靑瓷類, 전문도기錢文陶器, 시유도기施釉陶器, 금동과대구金銅銙帶具 등이 주목되는 물질자료들이다. 이들은 한성백제의 국가발전과 관련하여 당시 원거리 교섭의 실상을 반영하고 있기 때문이다. 한성백제기의 대외교섭은 요양遼陽에 소재한 동이교위東夷校尉와의 접촉을 시작으로 시작된다. 3세기 중후엽 군현세력의 위축과 동시에 변화된 중국의 정치적 축의 이동은 조위와 서진을 거치면서 통일국가의 중앙집권화가 짧은 시간이나마 실현되는 계기를 맞게 된다. 이와 동시에 중앙에서부터 이루어지는 대외교섭 체계의 직접적 관리의 일환으로 동이교위東夷校尉가 설치된다. 동이교위는 동한東漢 시기 선비에 대응하기 위한 기구였으나[3] 위진시기魏晉時期에는 고구려 및 마한의 접촉 창구로도 활용되

2) 조윤재, 2013, 「고대 중국의 객관제도(客館制度)를 통해 본 백제객관 집아관(集雅館)의 실제(實際)」, 『백제연구』 57, 18쪽.

3) "漢置東夷校尉, 以撫鮮卑." (『後漢書』 志28 · 百官5 · 烏桓校尉)

고 있다.[4]

백제가 공식적으로 중원의 제정권과 교섭을 진행한 시점은 일반적으로 근초고왕대近肖古王代: 372년[5] 동진東晉과의 대외관계 발생을 말하지만 국가형성단계에서 보이는 다수의 고고자료를 감안한다면 이른 시기부터 양자의 관계는 성립되었다고 보아야 할 것이다. 본문에서는 전시기를 토대로 전개된 양진兩晉 십육국시기十六國時期의 대중교섭을 백제의 한성기 고고자료를 통해 일별해 보는 데 초점을 맞추어 보도록 한다.

---

4) "武帝太康元年 · 二年, 其主頻遣使入貢方物, 七年 · 八年 · 十年, 又頻至. 太熙元年, 詣東夷校尉何龕上獻." (『晉書』 卷97 · 四夷 · 東夷 · 馬韓)

5) "咸安二年, 六月, 遣使拜百濟王餘句為鎮東將軍, 領樂浪太守." (『晉書』 帝紀9)

Ⅱ. 한성기 백제의 대중국 교섭

한성기의 중국관련 문물은 주로 풍납토성과 몽촌토성을 중심으로 하는 도성유적에서 집중적으로 출토되었다. 그 다음으로 한성 주변의 거점지역에서 확인된 고분유적에서도 대량의 중국계 유물이 검출되었다. 주요 도성유적에서 외래계 유물이 집중되는 것은 당연한 일이지만 백제의 지방거점지역에서도 상당히 격이 높은 외래계 위세품들이 출토되었다는 사실은 당시 백제의 정치적 시스템과 지배방식의 한 단면을 유추하는데 유력한 정보를 제공해준다고 하겠다. 그러나 서진과의 교섭에 대한 실체는 아직도 불분명한 상황이라 이를 반영하는 고고자료의 정량적定量的 축적도 미미한 편이다. 이후 동진과의 정식 외교가 진행되면서 중국과의 관계를 통한 중국계 물질자료의 정량적 증가가 보이기 시작한다.

이 시기 중국의 정세는 더욱 혼탁해지면서 중원왕조의 전통을 지탱하던 동진이 쇠락하고 북방과 남방은 다수의 왕조가 단속적으로 교체되는 남북조시기에 접어들었다. 백제는 이 시기 대외교섭의 향방을 남조정권으로 서서히 선회함으로써 북조정권과의 교섭은 상대적으로 그 빈도와 관심이 격감하였다. 특히 본문에서 언급하는 십육국정권十六國政權과의 교섭에 대한 정황은 문헌 및 고고자료의 절대적 부족으로 여전히 구체성을 담보하고 있지 못하다. 다만 최근 전개된 관련연구를 통해 개연적인 추단推斷과 예단豫斷을 해보는 수준까지만 가능할 것으로 본다.

1. 흑색마연토기

요녕 지역의 토기제작 전통의 이입으로 발생된 신기종으로 마한馬韓: 한강 유역의 백제로 이해의 서진西晉과의 교섭 관계를 지적하고 있다.[6] 요령遼寧 지역의 직구단경호 전통이 선별적 수용을 통해 마한지역의 상위층에 유입되었

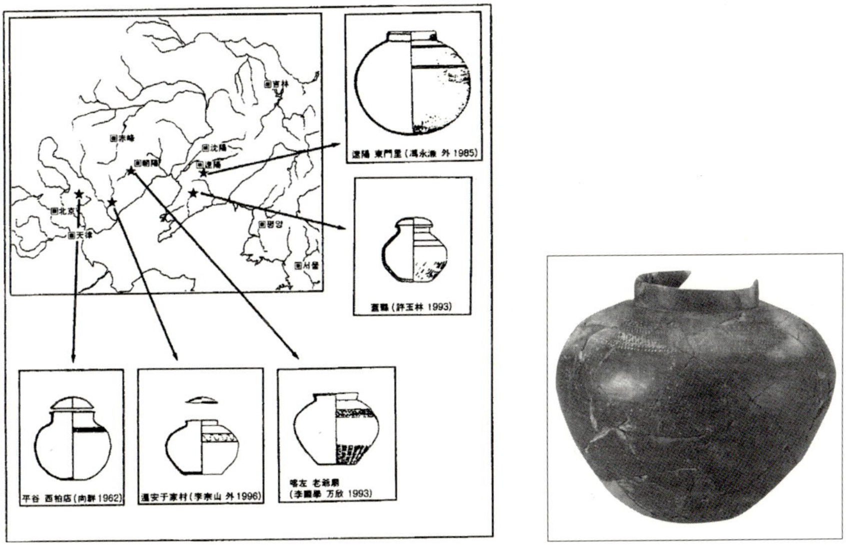

도1) 중국 동북지방 직구호류의 분포(박순발, 1999)

6) 박순발, 1999,「한성백제의 대외관계」,『백제연구』30, 충남대학교백제연구소.

으며, 특히 『진서晉書』 동이전東夷傳 마한조馬韓條의 277~290년 사이의 서진과의 접촉을 제시하고 동이교위부東夷校尉府와의 "내부內附"를 배후로 보고 있다.[7] 흑색마연토기의 출현 배경이나 당시 백제 국가형성기의 상위계층에 전유專有된 위신재威信財의 기능을 지적하는 견해로 볼 때 대외교섭을 통한 수용과정에서 일정한 목적성을 가진 기종이라고 볼 수 있다.

2. 청동초두(青銅鐎斗)

초두는 3개의 다리가 부착된 화로 모양의 자비용기煮沸容器이다. 한대漢代에 등장하여 남북조시기에 성행하다가 수당시기에 점차 소멸된 청동용기이다. 군대의 취사용기로 보는 견해[8]도 있으나 최근에는 다구茶具의 일종으로 보는 견해[9]도 있다. 형태상으로 용수병龍首柄과 수제각獸蹄脚이 달린 유형과 각脚이 없이 횡橫으로 긴 자루가 달린 횡장병초두橫長柄鐎斗로 분류된다. 풍납토성, 원주 법천리1호분에서 출토된 청동초두[10]로 인해 새로운 중국과의 비교연대 기물器物을 확보하게 되었다. 풍납토성에서는 두 부류의 초두가 모두 출토되었다. 중국에서 청동초두의 분포는 전역에서 확인되고 있다. 백제지역 청동초두의 유입은 남북조시기 초기에 이루어졌을 가능성이 높

7) 권오영, 2005, 「백제의 생산기술과 유통체계 이해를 위하여」, 『백제의 생산기술과 유통체계』
박순발, 2001, 『한성백제의 탄생』, 서경문화사.
8) 家珍, 1958, 「"熨斗"和"鐎斗", "刁斗"」, 『文物參考資料』 1.
9) 吳小平, 2008, 「銅鐎斗的器形演變及用途考」, 『考古』 3.
10) 국립문화재연구소, 2002, 『풍납토성(風納土城) Ⅱ』
송의정 · 윤형원, 2000, 『법천리(法泉里)』, 국립중앙박물관.

도2) 풍납토성, 원주 법천리 출토 청동초두

으나[11] 중국 출토 초두와의 비교를 통해 그 유입시기를 5세기 후반으로 보는 견해도 있다.[12] 다만 원주 법천리 1호분에서 출토된 청동초두와 공반한 유물(금동식리金銅飾履, 금동이식金銅耳飾, 역심엽형금구逆心葉形金具, 표비鑣轡, 병부 단면 오각형 등자柄部 斷面 五角形 鐙子 등)들의 연대와 연동하여 본다면 초두의 전세기간傳世期間 혹은 보유기간保有期間이 감안되어야 할 여지도 있다.[13]

11) 박순발, 2005,「초두고(鐎斗考)」,『동아고고논단(東亞考古論壇)』 창간호, 충청문화재연구원.
12) 박보현, 2005,「풍납토성출토 초두의 편년적 위치」,『호서고고학보』 12, 호서고고학회, 11쪽.
13) 성정용, 2010,「백제 관련 연대결정자료와 연대관」,『호서고고학보』 22, 호서고고학회, 77쪽.

〈표 1〉 중국 및 백제 초두 편년표(박순발, 2005)

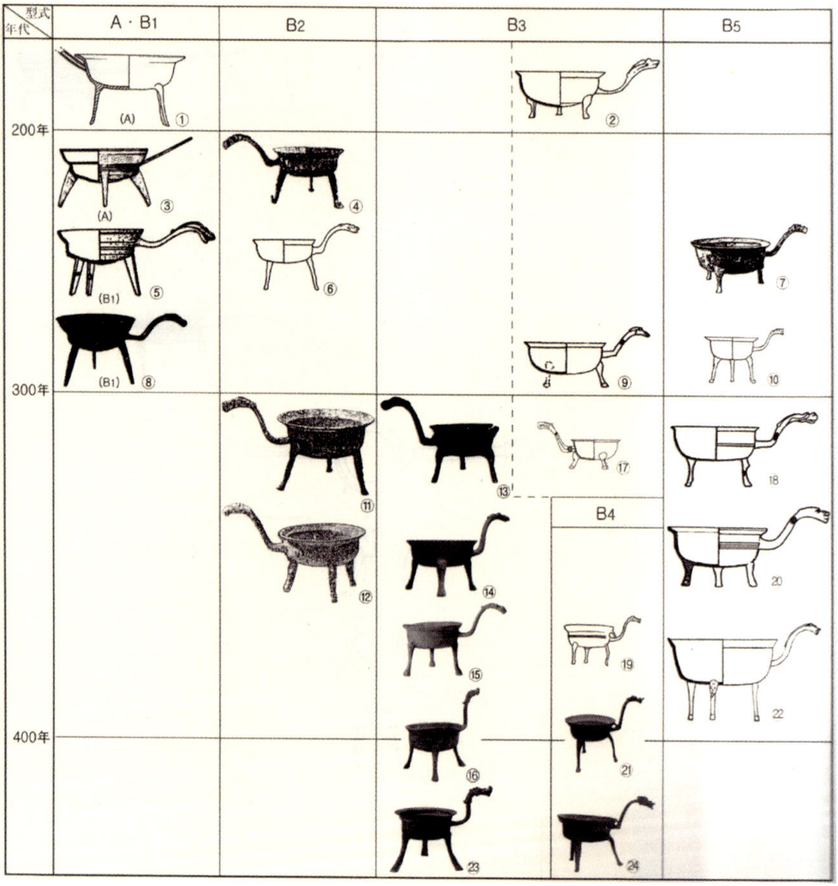

1.浙江上虞駄山 2.山東沂水漢墓 3.安徽馬鞍山朱然墓 4.江蘇鎭江高淳 5.浙江安吉 6.江蘇鎭江丹徒 7.山東壽光 8.江蘇句容 9.山東諸城 10.湖北漢陽 11.南京象山M7 12.南京象山M5 13.南京鄧府山 14.南京老虎山M4 15.法泉里 16.경주식리총 17.南京貴富山M4 18.南京邁臯橋 19.內蒙古美垈 20.遼寧朝陽袁臺子 21.南京大博物館 22.遼寧錦州 23.風納土城 24.寧夏固原雷祖廟

3. 와전제작(瓦塼製作)

1) 한성기 백제의 와전제작

한성기 백제기와에 대한 논의는 1970~1980년대 석촌동고분과 몽촌토성에 대한 발굴조사 자료의 보고와 그 시점을 같이하고 있다. 가메다 슈이치龜田修一의 백제기와 출현 시기에 대한 연구[14]는 한성기인 4세기말~5세기 기와의 출현을 예고하면서 인식의 전환을 가져오게 되었다.[15] 백제는 한성기에 이미 전塼을 생산하였다. 중앙의 풍납토성 및 몽촌토성만이 아니라 지방인 화성 발안리나 당하리1유적에서도 전이 출토됨을 볼 때, 전의 사용이 공간적으로 넓은 범위에 걸쳐 이루어졌음을 보여준다. 하지만 그 양은 매우 제한적이어서 용도에 대한 구체적인 해명이 곤란하다. 도로에 깔은 포전鋪塼, 건물이나 우물에 이용한 건축부재 등의 가능성을 상정할 수 있지만 발굴조사에서 확인된 것은 아니다. 전이 이미 생산되었음에도 불구하고 고분의 축조에는 전혀 이용되지 못한 점이 한성기의 특징이다.

현재까지 알려진 한성기 와당 문양은 소수의 무문無文이나 초엽문草葉文을 제외한 압도적인 다수는 와당면瓦當面을 사구획四區劃한 후 그 내부에 동전무늬와 나뭇가지무늬를 배치한 형태이다.[16] 그런데 최근 서울 풍납토성 발굴조사에서 3점의 연화문 와당과 1점의 수면문와당獸面文瓦當이 출토되었

14) 龜田修一, 1984, 「百濟漢城時代の瓦に關する覺書」, 『尹武炳博士回甲紀念論叢』.

15) 정치영, 2007, 「한성기 백제 기와 제작기술의 전개양상-풍납토성 경당지구 출토 기와를 중심으로-」, 『한국고고학보』 63, 한국고고학회, 66쪽.

16) 門田誠一, 2002, 「百濟前期における錢文瓦當の創出とその背景-石村洞出土資料の再檢討-」, 『淸溪史學』 16 · 17合, 悠山姜仁求敎授停年紀念 東北亞古文化論叢.

다.[17] 연화문와당의 형태는 남조에서는 유사한 형태를 찾을 수 없고, 북방의 몽골지역에서 유례를 찾을 수 있는데 신라의 황남대총 출토 페르시아산 은잔 내면에 타출打出된 문양과도 매우 흡사하다.[18] 따라서 남조가 아닌 북방-서역계통의 문양임을 알 수 있다. 반면 수면문獸面文은 남경의 동진대東晋代 수면문와당獸面文瓦當[19]과 유사하여 그 영향을 받았음을 알 수 있다. 그럼에도 불구하고 한성기의 주류 와당은 전문와당錢文瓦當이었다. 전문와당의 사례는 아직 백제지역 외에는 보이지 않고 있다. 전문와당의 제작은 아마도 전문도기 및 육조시기 전문와당의 영향 아래 출현하였을 것으로 인식하고 있다. 남경南京의 건강성建康城 고지故地에서 확인되는 연화문와당은 북위北魏의 전형적인 복판문와당複辦文瓦當과 흡사하지만, 문양의 계통은 남조와 근접하여 백제와 유송劉宋의 교섭과정에서 유입되었을 것이다. 그러나 기와의 제작기법은 낙랑의 조와술造瓦術에서 영향을 받은 것으로 보인다.[20]

최근 풍납토성 경당지구 조사를 통해 알려진 연화문와당은 그 제작기법이나 문양 등이 내몽고에 위치했던 북위北魏의 초기도성 성락성유적盛樂城遺蹟에서 출토된 와당과 친연성을 보이고 있어 주목되고 있다.[21] 또 이와 밀접한 연관성이 표출되는 선조문線條紋의 와당이 몽촌토성에서도 확인된 바 있어 이들의 계통성을 면밀히 검토할 필요가 있다.

---

17) 권오영 · 한지선 2008,「베일 벗는 백제 왕성의 문화상」,『한국의 고고학』, 주류성.
18) 권오영, 2009,「고대 동아시아 문물교류와 백제」,『부여 정림사지 정비복원 고증기본조사-백제 불교사 및 고고학연구 용역 결과 보고서』, 충남대학교 백제연구소.
19) 王志高 · 賈維勇, 2004,「六朝瓦當的發現及初步研究」,『東南文化』8.
20) 정치영, 2009,「백제 한성기 와당의 형성과 계통」,『한국상고사학보』64, 93쪽.
21) 박순발. 2010,「평성단상(平城斷想)」,『백제학보』3.

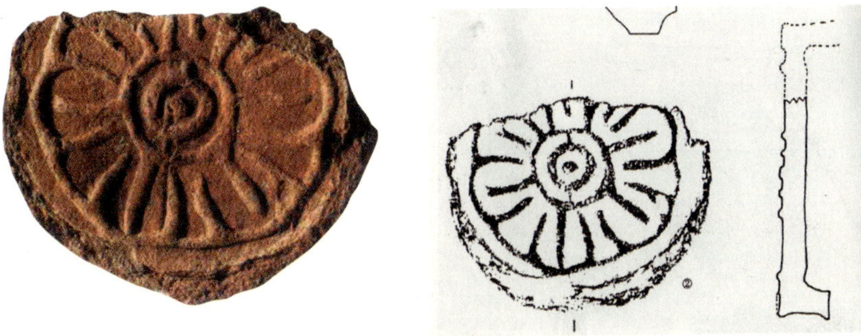

도3) 서울 몽촌토성 출토 연화문와당

도4) 서울 풍납토성 출토 수면문와당과 연화문와당, 남경 건강성 출토 육조 수면문와당

〈표 2〉 한성기 백제의 와당과 편년 (정치영, 2009)

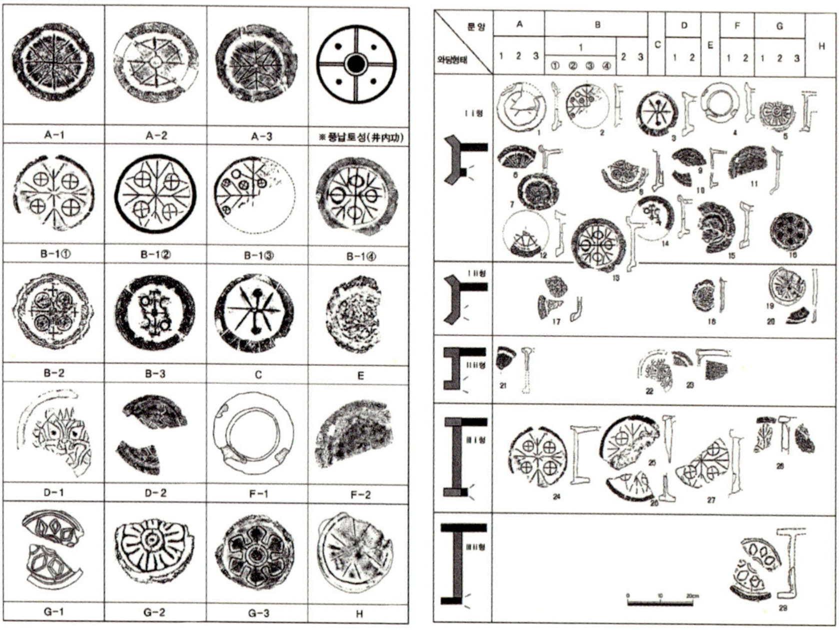

2) 최근 출토 업성 와당에 대한 소개

풍납토성 미래마을 가지구 1호수혈, 경당연립부지, 나-7호주거지, 현대연합주택부지 등에서 출토된 전문식錢文式의 전수형錢樹形, 전범형錢范形, 초화형花草形 문양의 와당은 전문도기의 등장시점과 연동되어 그 출현 시기를 가늠하고 있으며 그 연대는 4세기 초에서 5세기까지로 보고 있다.[22] 업성鄴

22) 정치영, 2010, 「백제 한성의 와당과 와즙경관(瓦葺景觀)」, 『호서고고학보』 23, 21쪽.

城 출토 와당 중에 사구획四區劃 구도를 중심으로 '환丸에 십자형十字文' 문양이 배치된 것이 있다고 하며, 요령遼寧 조양朝陽 북탑유적北塔遺蹟에서는 전문錢文을 채용한 와당이 출토된 바 있다고 한다.[23]

최근 업성 발굴조사로 불사유적佛寺遺蹟은 물론 기와의 출토량도 증가하고 있어 주목을 받고 있다. 2014년 사회과학원고고연구소의 발굴조사에서도 흥미로운 문양의 와당이 확인되고 있는데[24], 이전 사가와 마사토시佐川正敏의 논고에서 언급했던 '사구획의 개별 환에 십문자 문양'의 와당이 보이고 있다. 아직 공식 보고서의 출간이 이루어지지 않아 구체적인 상황을 알 수는 없지만 이들 와당의 연대를 위진시기로 추정하고 있다.[25] 그러나 조위시기曹魏時期의 업성지역 와당문양과 비교해 매우 이질적이며 그 계통성도 발견되지 않고 있어 연대 설정에 대한 재검토가 필요할 것으로 본다. 물론 십육국시기에 대한 와당연구가 여러 가지 이유로 진전을 보지 못하고 있어 속단할 수는 없으나 후조後趙의 업성 조영 2단계(335~347년)에 제작된 와당일 가능성도 배제할 수 없다. 후조後趙의 석호石虎는 건무원년建武元年 업성鄴城 천도를 하면서 대규모의 업도조영을 진행하는데 기본적으로 부친인 석륵의 마스터플랜에 충실한 도성건립을 추진하였다.

업성鄴城 출토 와당의 십자문十字文 문양은 전문도기錢文陶器나 전범錢范의 영향 아래 제작된 것으로 여겨온 풍납토성 출토 와당의 십자문十字文 문양과 어떠한 연관성이 있는지 검토해 볼 필요가 있다. 서진시기 전화戰禍로 피

23) 佐川正敏, 2009, 「中國における造瓦技術の流遷」, 『古代東アジアにおける造瓦技術の変遷と伝播』, 奈良文化財研究所.

24) 2014년 하계 업성학술회의와 현장답사에 참가한 충남대학교 박순발 선생님의 사진자료를 제공 받았다. 지면을 빌어 감사드린다.

25) 焦智勤, 2007, 「鄴城瓦當分期研究」, 『殷都學刊』 6, 44~45쪽.

폐된 업성鄴城이 후조後趙의 거점지로 선택되면서 기존 조위시기의 토대위에서 재건되는 시점은 동아시아 도성사都城史에서도 눈여겨봐야 할 대목이다. 후조와 백제의 관계가 문헌 및 고고자료에서 거의 포착되지 않고 있어 예단은 어렵겠지만, 로암리 전실묘[26]와 같이 십육국시대 후조의 존재가 낙랑, 대방 및 고구려 고지故地에서 보이고 있어 백제와의 간접적 관계도 감안해야 할 것이다. 이와 같이 오호십육국五胡十六國과 백제의 관계 설정에는 그 자료의 구체성이 아직까지는 완전하지 못해 본격적인 언급을 하기가 주저되는 것이 사실이다. 그러나 일전 학회에서 논의되었듯이 전진前秦에서 반급頒給된 것으로 추정되는 백제왕동호부百濟王銅虎符[27] 및 『자치통감資治通鑑』 기록[28] 등을 근거로 백제의 대십육국對十六國교섭을 좀 더 적극적으로 상정할 필요성이 제기되고 있다.[29]

백제왕동호부의 출자가 전진前秦의 중앙에서 이루어졌다면 위진남북조시기 백제는 십육국과의 공적 관계를 이미 수립한 것으로 볼 수 있다. 당시 호부虎符 및 절節의 성격에 비추어 보면 지방 관원인 장군將軍, 태수太守, 지시刺史, 도독都督 등에게 병력징발에 관한 권한을 부여한 것은[30] 물론 역외域

---

26) 한인덕, 2003, 「로암리 돌천장 전돌무덤에 대하여」, 『조선고고연구』 3, 사회과학원고고학연구소.

27) 방선주, 1973, 「예(濊) · 백제관계 호부에 대하여」, 『사총(史叢)』 17 · 18합집.

28) 『資治通鑑』 권104 · 晉紀: "太元五年, …分遣使者征兵於鮮卑 · 烏桓 · 高句麗 · 百濟 · 新羅 · 休忍諸國,遣兵三萬助北海公重戍薊." 370년대 전진과 동이제국과의 관계에 대해 일면을 보여주는 기사로서 군사적 원조를 요청할 정도의 관계가 수립되었다면 국가적 공적관계도 이루어졌다고 가늠할 수 있을 것이다.

29) 한성백제박물관, 2014, 「토론문: 문헌과 고고자료의 조화 모색」, 『백제의 왕권은 어떻게 강화되었나-한성백제의 중앙과 지방-』(백제학연구총서 쟁점백제사 4), 271쪽.

30) 陶新華, 2002, 「論魏晉南北朝地方政權的軍事化」, 『史學月刊』 4, 41쪽.

外 지역에 대한 반급頒給도 행해졌을 가능성이 있다. 십육국시기 전진前秦의 부견苻堅이 병력동원을 위해 절節을 수여한 대목이 『진서晉書』에서[31] 일부 확인되고 있으나 호부虎符의 반급頒給은 보이지 않고 있다. 아마도 이 시기부터 점차적으로 절節이 호부虎符를 대체했을 것으로 추측하고 있다.[32] 그러나 동호부의 출처와 실물의 소재를 파악하기 어렵고 가품假品의 혐의嫌疑를 거둘 수가 없는지라 중국의 호부虎符 및 절節 체계에 대한 이해가 좀 더 보강되어야 할 것이다. 하여간 십육국시기 백제의 대외교섭에 대한 고고자료는 여전히 빈약한 상황이지만 모색은 진행되어야 할 것이다.

---

31) 『晉書』 卷81 · 列傳: "苻堅別將寇彭城, 復以將軍假節 · 監江北軍事, 鎭廣陵. 遷右將軍 · 宣城內史 · 假節, 鎭姑孰. 穆之以爲戍在近畿, 無復軍警, 不宜加節, 上疏辭讓, 許之."

32) 牟發松, 1985, 「十六國時期地方行政機構的軍鎭化」, 『晉陽學刊』 6.

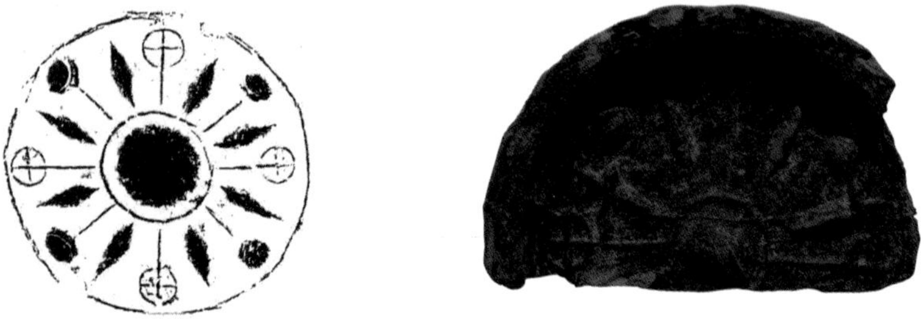

도5) 업성 출토 화판문와당(박순발, 2014년 촬영)

도6) 풍납토성 출토 전문식 와당

도7) 업성 출토 조위시기 와당(초지근, 2007)

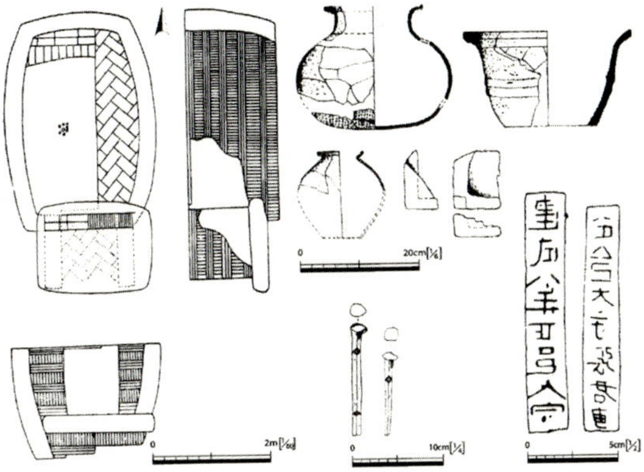

도8) 황해남도 안악군 로암리 전실묘

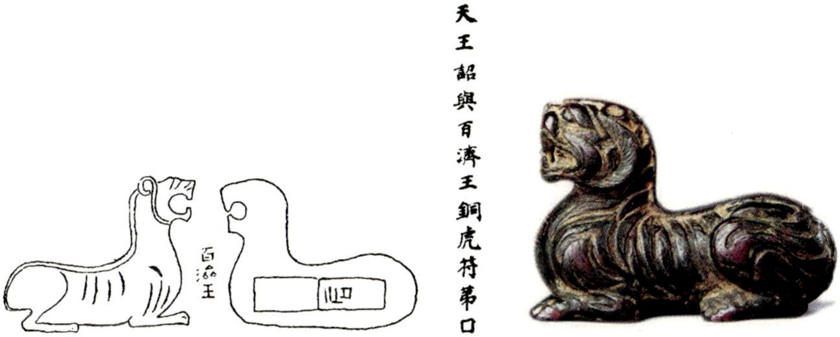

도9) 백제왕동호부, 명문 및 산동(山東) 동평현(東平縣) 진대(晉代) 호부(虎符)

4. 중국도자

1) 한성기 백제의 중국도자

한성기에서 사비기에 걸쳐 백제 지역에서는 최근 2002년까지 약 106개체의 중국 도자기가 출토되었다.[33] 그런데 원래 6개체의 시유도기가 검출된 것으로 알려진 서울 풍납토성 경당연립부지의 196호 유구에서 다시 30개체 이상의 중국 시유도기가 내부에 안치되어 있었음이 확인되었다.[34] 이로써 풍납토성 내부에서는 적어도 47개체 이상의 중국제 도자가 확인되었을 뿐만 아니라 현재까지도 그 정량적 규모는 증가하고 있다. 이에 따라 한성기 중앙에서는 생활유적(풍납토성 · 몽촌토성)에서 최소 67개체 이상이 출토되어, 고분 출토품을 수적으로 압도하고 있다. 기종은 청자靑磁로 된 반구호盤口壺와 이부호耳附壺 · 연硯 · 완盌 · 접시, 흑자반구호黑磁盤口壺, 흑갈유시유도기옹黑褐釉施釉(錢文)陶器甕 등으로서 거의 대부분의 기종器種이 출토되고 있다.[35] 이외에도 한성기 백제의 지방 영역권에서도 상당량의 중국도자가 출토되었다.

한편 공주 수촌리고분군에서 청자유개사이호靑磁有蓋四耳壺와 흑유계수호黑釉鷄首壺 · 흑갈유옹黑褐釉甕 · 청자완靑磁碗 등이 출토되었고 금산 수당리 석실묘에서도 흑유자기의 구연부편이 확인되었다. 이에 따라 한성기 지방 고

---

33) 성정용, 2003, 「백제와 중국의 무역도자」, 『백제연구』38, 충남대학교 백제연구소.

34) 한지수, 2010, 「백제 풍납토성 출토 시유도기 연구」, 『백제연구』 51, 충남대학교 백제연구소

35) 성정용, 2010, 「백제 관련 연대결정자료와 연대관」, 『호서고고학보』 22, 호서고고학회, 77쪽.

〈표 3〉 시기별 중국도자 출토현황(성정용, 2010)

時期	中央		地方		未詳	計
	生活遺蹟	古墳	生活遺蹟	古墳·其他		
漢城期	青磁(盤口壺, 耳附壺, 硯, **盌**, 접시), 黑磁盤口壺, 黑褐釉(錢文)陶器 甕〔風納土城47+, 夢村土城20+〕	青磁(盤口壺, 耳附壺), 黑褐釉陶器〔石村洞 9+〕	青磁(盤口壺, 黑褐釉(錢文)陶器〔6+〕	青磁(盤口壺, 四耳壺, **盌**, 羊形器), 黑磁(鷄首壺, 瓶, 唾壺)〔18+〕	7	107+
熊津期		青磁六耳壺, 白磁燈盞, 黑磁四耳瓶〔武寧王陵 9+〕		磁器片〔1+〕		10+
泗沘期	青磁(耳附壺, 硯, **盌**), 黑磁(耳附壺, 腕), 白磁硯〔扶餘 21+〕		青磁尊, 白磁〔王宮里 2+〕			23+
計	88+	18+	8+	19+	7	140+

도10) 한성기 백제 출토 중국도자 석촌동86-8호 출토 사이호(四耳壺)
풍납토성 출토 시유호(施釉壺) 공주 수촌리 출토 사이호 및 계수호

분에서는 18개체, 홍성 신금성 백제유적 및 부안 죽막동 등 생활 및 의례 유구 등에서는 6개체가 확인되어. 중앙과 달리 지방에서는 고분 출토품의 비율이 훨씬 높은 편이다.

이는 서울지역이 역시 당시 중국 도자의 최대 수요처이자 분배지였으며, 중앙지역에서는 이를 실생활에도 적극 이용하였음을 시사해주는 것이다. 제작 시기는 서진西晋 · 동진東晋 · 송대宋代의 것이 모두 출토된다. 그런데 서진대西晋代 것은 전문錢文이 있는 시유도기施釉陶器 등 대형기종大形器種 위주에 풍납토성 등의 생활유적에서 주로 출토되는데 비해, 동진대東晋代에는 청자靑磁 및 흑자계수호黑磁鷄首壺 · 반구호盤口壺 · 관罐 · 애硯 · 양형기羊形器 등으로 정제된 기형에 다양한 기종의 것이 대거 유입되어 중앙과 지방의 고분에 부장품으로도 매납된다. 이는 대략 4세기 중엽 무렵을 획기劃期로 하고 있어, 그 이면에는 낙랑 · 대방군樂浪 · 帶方郡의 붕괴로 군현민郡縣民이 백제지역으로 대거 유입됨으로써 지배층 사이에 중국 문물에 대한 욕구나 이해도가 높아졌던 것에 기인하는 것일지도 모르겠다. 한편 서진대西晋代 무렵에는 서울 및 서해안西海岸 쪽에서 주로 출토되다가 이 시기부터 원주原州와 천안天安을 비롯한 내륙지역으로 자기 출토 유적이 확산되는 경향을 보이는 것이 백제의 성장 및 지방 지배 과정과 밀접한 연관이 있을 것으로 지적되고 있다.[36]

백제지역 출토 중국도자에 대한 편년설정은 중국고분의 기년명 자료를 근거로 한 교차연대를 통해 유적의 연대와 성격에 대한 규명이 이루어졌다.[37] 그러나 일부 연구자들의 중국도자 전세론傳世論은 백제유적의 연대 설

36) 권오영, 2001, 「풍납토성 외래유물에 대한 검토」, 『백제연구』 37.
37) 권오영, 1988, 「4세기 백제의 지방통제방식 일례-동진청자의 유입경위를 중심으로-」, 『한

정에 중국도자의 활용이 한계점과 문제점을 내포하고 있다고 지적하면서 중국도자의 유입시점과 큰 괴리를 보이는 전세기간을 감안해야 한다고 주장하고 있다.[38] 이는 기존의 연구에서 잘 알 수 있듯이 전세론傳世論을 부정하는 연구자들의 입장[39]에서 보면 공반유물(마구, 토기, 스에키須惠器, 금은제 장신구 등)의 연대 설정 자체에 오류가 있으며[40] 이를 백제 고고학 자료와 결부하여 교차편년을 진행하는 것은 근본적으로 모순을 안고 있다고 반박하고 있다.

전세의 개념에 대한 논의는 이미 전개된 바 있으나[41] 전세론을 지지하는 연구자들은 이에 대한 대응을 아직은 하지 않고 있으며 여전히 전세에 대

국사론』 18, 서울대학교 국사학과; 박순발, 2005, 「공주 수촌리고분군 출토 중국자기와 교차연대 문제」, 『충청학과 충청문화』 4, 충청남도역사문화원; 성정용, 2003, 「백제와 중국의 도자무역」, 『백제연구』 38, 충남대학교 백제연구소; 임영진, 2012, 「중국 육조자기의 백제 도입배경」, 『한국고고학보』 83.

38) 김일규, 2007, 「한성기 백제토기 편년재고」, 『선사와 고대』 27, 한국고대학회; 「한반도 중서부지역 삼한 · 삼국시대 토기편년」, 『한일 삼국 · 고분시대의 연대관(Ⅱ)』, 국립부산대학교박물관 · 국립역사민속박물관; 이태호, 2011, 『삼국시대 고분출토 전세유물연구』, 성균관대학교대학원 석사학위논문.

39) 박순발, 2005, 「공주 수촌리 고분군 출토 중국 자기와 교차년대 문제」, 『4~5세기 금강유역의 백제문화와 공주 수촌리 유적』(충청남도역사문화원 제5회 정기 심포지엄), 충청남도역사문화원; 성정용, 2010, 「백제 관련 연대결정자료와 연대관」, 『호서고고학보』 22, 호서고고학회; 土田純子, 2012, 「백제유적 출토 중국 자기에 대한 전세론(傳世論) 검토-중 · 일의 사례와 관련하여-」, 『한국고고학보』 82; 2012, 「백제유적 출토 중국자기의 시간적 위치에 대한 검토-백제토기와 공반된 자기를 중심으로-」, 『호서고고학보』 27. 일부 부장품에 대한 보유기간에 대해서는 인정하고 있으나 전세라는 큰 폭의 시간적 낙차(20~100년차)에는 동의하지 않고 있다.

40) 諫早直人, 2009, 「中西部における馬具生産の展開とその特質」, 『古代東北アジア騎馬文化における考古學的文化の研究』, 京都大學大學院文學研究科博士學位論文.

41) 土田純子, 2012, 「백제유적 출토 중국 자기에 대한 전세론(傳世論) 검토-중 · 일의 사례와 관련하여-」, 『한국고고학보』 82.

한 입장을 거두지 않고 있다. 가장 큰 문제는 중국도자의 전세보다는 국내자료에 대한 인식의 차이가 고착화 되고 있다는 점이다. 중국도자의 성행패턴과 제작 시기는 정치精緻한 연구를 통해 향후 해결될 여지가 보이나 이와 연동하여 판단할 국내자료에 대한 시각차는 한국고고학 전반의 편년체계와 맞물려 쉽게 조정될 기미가 보이지 않고 있다. 특히 마한 및 한성기 백제의 초기국가형성 시점의 고고학 현상과 결부됨으로써 '시간의 틀'전체가 움직일 수 있는 엄중한 사안이기에 팽팽한 논쟁이 지속되고 있다.

2) 전문도기(錢文陶器) 및 시유도기(施釉陶器)의 연대에 대한 최근 논쟁

최근 중국학자인 왕즈가오王志高는 삼국시대 초기 상황을 담은 『삼국유사三國遺事』 및 『삼국사기三國史記』의 기록을 제시하며 새로운 해석을 내놓았다.[42] 국가형성 초기의 위례성을 요동지역으로 비정하고 그 후 3세기 전후 시점 주변지역의 경쟁세력을 피해 온조왕 14년 한강유역으로 천도하였다고 보고 그 후에도 도성의 명칭을 개명하지 않음으로써 위례성의 도성명은 그대로 유지되었다고 추정하고 있다. 또 풍납토성 및 주변지역 출토 중국도자의 연대를 근거로 풍납토성 초축初築의 상한을 4세기 후반 경으로 설정하고 있다. 또 기존의 전문도기에 관한 논쟁을 정리하고 최근 확보된 신자료新資料를 바탕으로 풍납토성 및 기타지역에서 출토된 전문도기의 연대와 용도에 대해 새로운 견해를 피력하였다. 특히 전문도기의 생산지를 덕청요德清窯라고 추정하고 남조의 술을 수입하는 과정에서 사용된 기종이라고 추

42) 王志高, 2012, 「풍납토성 세 가지 문제에 대한 시론」, 『동아사아 속의 풍납토성』, 제21회 한성백제문화제 국제학술회의자료집.

단推斷하였다. 매우 주목할 만한 의견이라고 생각한다.[43]

기존의 한 · 중 연구자들은 전문도기 및 시유도기의 하한을 대부분 서진 혹은 동진 이전으로 추정하고 있는데 반해 왕즈가오王志高의 연대는 그 하한을 남조초기(5세기초)까지로 내려 보고 있다. 이는 최근 남경지역에서 출토된 시유도기의 연대를 감안한 설정이다. 그러나 출토 중국계 도자의 연대를 근거로 한 '풍납토성 4세기 후반경 축조설'은 중국계 도자의 상한이 완벽하게 고정되었다는 전제하에 가능할 것이다. 그러나 한성 백제기 토기 양상을 볼 때, 토성 내부 및 주변지역 고분유적에서 출토되는 일부 한성기 양식 토기들의 상대편년이 3세기 후반이나 4세기 초에 설정되고 있는 것은, 왕즈가오王志高가 주장하는 토성축조의 시점과 모순을 낳을 수 있다. 중국계 도자의 연대가 과연 토성축조 시점을 판단하는데 필연적인가하는 점에도 의문이 든다. 또 남조 술의 수입에 시유도施釉陶가 사용되었다는 점을 구체화 하려면 남조시기 술을 수출한 사례가 좀 더 객관적으로 담보되어야 할 것이다. 다시 말해 풍납토성의 전문도기에 술을 담았다는 것은 어장魚醬과 마찬가지로 후일 백제지역에서 양조된 술을 저장했을 가능성도 배제할 수 없다.

사실 왕즈가오王志高의 발표 이후 한국 연구자의 본격적인 대응이 진행되지 못하였다. 이는 풍납토성 초축 연대 및 백제유적유물의 연대 설정에 중국도자의 제작, 유입, 전세 등의 시간적 문제가 직결되었기에 전문도기 및 시유도기에 대한 새로운 연대관의 제시가 다소 생경했기 때문일 것이다. 전문도기 및 시유도기의 새로운 연대관은 기존의 국내자료 연대와 격차를

43) 조윤재, 2012, 「"풍납토성 세 가지 문제에 대한 시론"에 대한 토론문」, 『동아사아 속의 풍납토성』, 제21회 한성백제문화제 국제학술회의자료집.

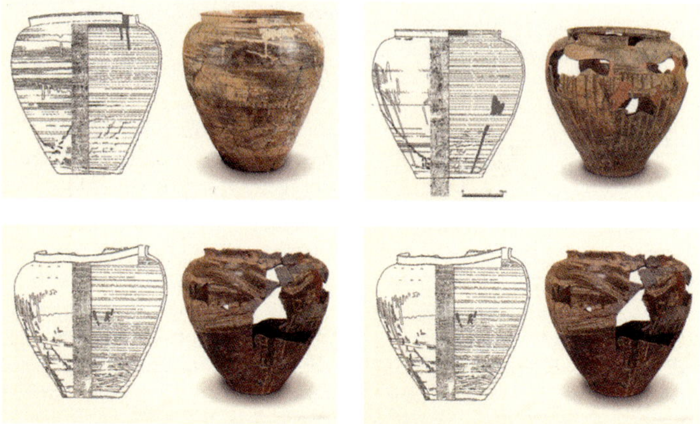

도11) 풍납토성 출토 A형 대형시유도기

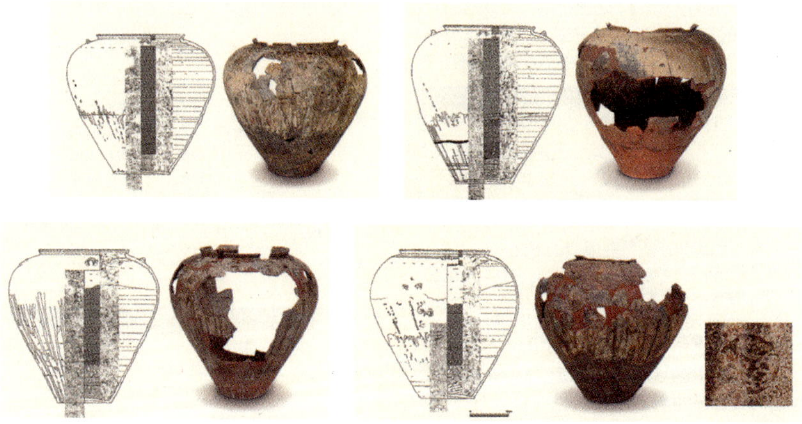

도12) 풍납토성 출토 B형 대형시유도기

보이고 있어 향후 엄밀한 토론이 진행되어야 할 것이다.

한국을 제외하고 전문도기의 출토가 확인되는 곳은 베트남이 유일하다. 베트남의 참파 고캄유적은 와제작瓦製作과 폐기를 행한 유구로서 한계 유물이 일부 출토되었다. 이 중 오수전五銖錢을 문양으로 새긴 전문도기편이 동한시기 유행하던 방각문方角紋 인문도기印文陶器와 공반 출토되었다.[44] 자료에 대한 구체적 서술이 없어 온전한 비교는 불가능하겠지만 풍납토성 및 남경 출토 전문도기와는 전문의 형태와 시유상태가 차이를 보이고 있어 다소 이른 시기의 제품으로 판단된다. 대략적인 연대는 동한말東漢末에서 동오초기東吳初期 경으로 보는 것이 적당할 것 같다. 현재까지 중국 육조권역六朝圈域의 자료 외에는 대조할 대상이 없는 상황이다.

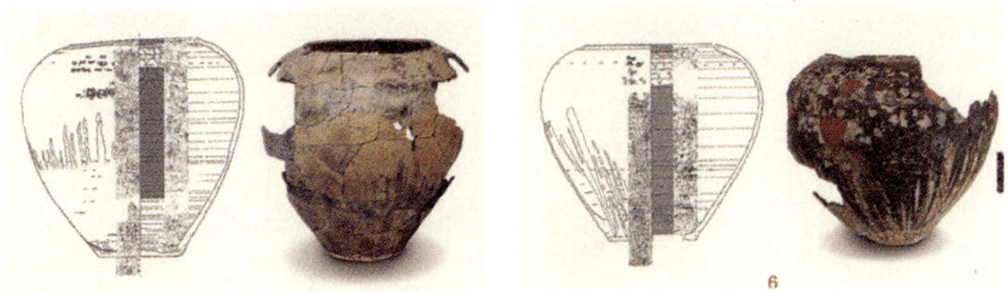

도13) 풍납토성 출토 C형 대형시유도기

44) 山形眞理子, 2001,「甕棺から王國へ-ベトナム中部, チャソパの誕生-」,『東南アジア考古學最前線』, 第15回 大學と科學公開シソポジウム組織委員會, 106쪽.

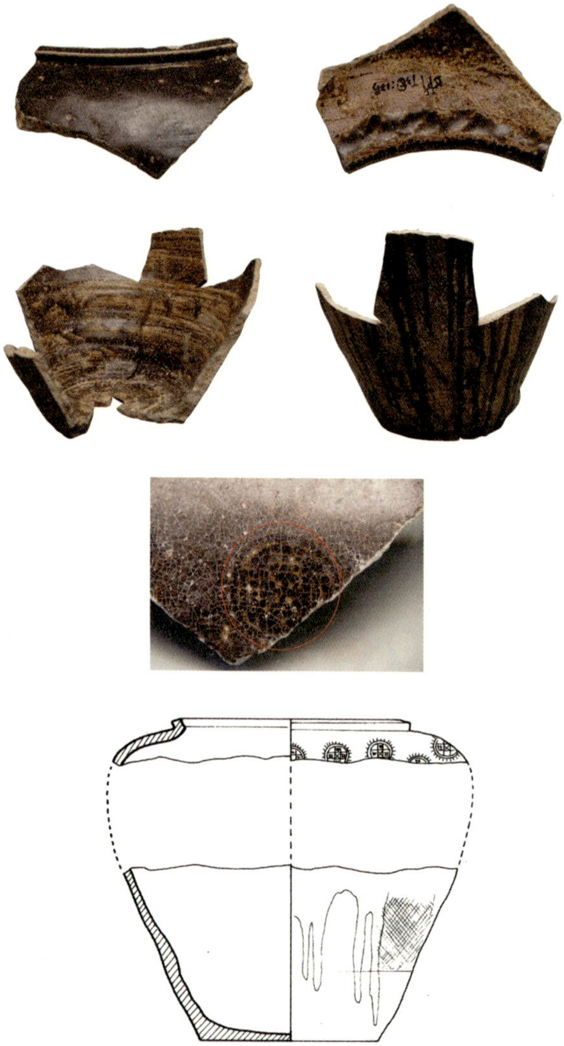

도14) 남경(南京) 중산동로(中山東路) 55소공지(所工地) 출토(出土)
남조(南朝) 흑유(黑釉) 전문도옹(錢紋陶甕) (王志高, 2012)

도15) 남경(南京) 안요방(顔料坊) 유적 출토
남조(南朝) 흑유(黑釉) 전문도옹(錢紋陶甕) (王志高, 2012)

도16) 베트남 참파 고캄유적 출토 오수전문도기

표4) 한성기 백제 출토 중국계 도자(전문도기, 시유호) 편년안 일람

연구자	한국 출토 전문도기 편년안	출전
성정용	하한: 서진 이전	「中國六朝與韓國百濟的交流-以陶瓷器爲中心-」, 『東南文化』2005年1期
周裕興	하한: 서진 이전	「中國六朝與韓國百濟的交流-以陶瓷器爲中心-」, 『東南文化』2005年1期
권오영	동오~동진	權五榮, 「百濟最初的王城-風納土城之調查-」, 『東南文化』2011年2期
賀雲翶	동진	「南京新出土六朝錢紋陶瓷器標本研究」, 『東亞考古論壇』創刊號, 2005年
韋正	동오중만기 혹은 서진시기	「試談韓國出土錢紋陶器的時代」, 『東南文化』2011年2期
王志高	동오중만기, 이후 동진 및 남조초기(유송)로 수정	「略論南京出土的孫吳人面紋瓦當對朝鮮半島的影響」, 『2007江蘇省文博論文集』, 2008年 「풍납토성 세 가지 문제에 대한 시론」, 『동아사아 속의 풍납토성』, 제21회 한성백제 문화제 국제학술회의, 2012년
한지수	3세기 후반~4세기 전반(경당지구 출토)	「百濟風納土城出土施釉陶器研究」, 『百濟研究』第51輯, 2010
임영진	하한: 4세기 전반, 3세기 말~4세기 전반	中國 六朝磁器의 百濟 導入背景」, 『韓國考古學報』第83輯, 2012

3) 백제지역 출토 중국도자의 편년설정에 대한 모색

출토 중국도자에 대한 연대설정은 백제고고학의 전반적인 편년수립 및 고찰에 상당한 영향을 미치고 있는 것이 사실이다. 특히 풍납토성의 축조연대, 백제토기 신기종의 출현시점과 기원, 공반되는 백제토기의 연대결정, 백제유적 및 유물의 전반적인 연대설정, 백제의 식생활 등 여러 문제들의 설명에 유용하게 활용되고 있다. 이러한 이유로 좀 더 치밀한 중국도자의 편년설정을 모색할 필요가 있을 것이다.

중국의 위진남북조魏晉南北朝 고분고고학 연구는 고분출토 유물에 대한 연대설정의 폭을 비교적 보수적으로 견지해 왔다. 즉 전통적으로 왕조의 지속기와 교체기를 중심으로 단락하는 방법을 선호하였기에 한국의 편년 세분화와는 항상 出入이 존재하였다.[45] 그러나 최근 합장묘 혹은 부장묘祔葬墓 등의 묘제형성에 주의를 기울이며 추가장追加葬의 횟수와 부장유물의 시간차에 대한 간극間隙을 설명하려는 노력이 진행되고 있다. 특히 육조시기 고분에서 이루어지는 합장현상에 대하여 종전의 조사보고서 및 고찰에 대해 비판적 검토를 시도하는 연구가 보이기도 한다.[46] 이는 비교적 짧은 시기 속에서도 변화가 감지되는 남방지역 청자의 유형변천에 착안한 관찰이라고 생각된다. 예로 남경 상산7호분 왕씨합장묘의 경우 출토된 청자의 기종이 한성기 백제지역에서 출토된 것과 유사하여 편년설정에 자주 언급되었다. 그 중 양형청자촛대와 호자虎子 등은 백제지역에서 출토된 것과 동일 기종으로 대중국 교섭의 시기와 실체를 반영하는 중요 자료로 활용되어 왔다. 남경 상산7호묘[47]는 삼대三代의 합장묘로서 적어도 한 번 이상의 추가장이 진행되었으며 이는 부장유물의 시기 차에서도 반영되고 있어 주목할 필요가 있다. 부장유물은 주로 청자류가 다수를 이루고 있으며 대략의 두 시기로 분류된다.

1기(동진초기): 양형청자촛대, 수족등獸足燈, 호자, 반구호(포수문, 원형지

45) 임영진, 2012, 「중국 육조자기의 백제 도입배경」, 『한국고고학보』 83, 21~27쪽.
46) 王志高, 2003, 「南京大學北園東晉大墓的時代及墓主身分的討論—兼論東晉時期的合葬墓」, 『東南文化』 9.
47) 南京市博物館, 1972, 「南京象山5,6,7號墓淸理簡報」, 『文物』 11.

마화문, 방격문)

2기(동진초기이후~중기): 계수호, 반점반구호, 향훈香薰, 완, 기개器蓋

이와 같이 육조시기 고분 중 그 연대가 확실한 합장묘 부장유물에 대한 폭 넓은 검토가 진행된다면 백제지역 출토 중국도자에 대한 조밀한 연대설정이 가능하리라 본다.

표5) 육조시기 합장묘 부장유물 사례

	남경상산M7호 동진 왕씨합장묘(3인)
동진초기 (4세기 1/4분기)	
동진초기 이후, 중 기 (4세기2/4 분기에서 3/4분기 사이)	

표6) 백제지역 주요 중국 자기의 편년(임영진, 2012)

구분	유적과 유물		김영원 (1998, 2004)	성정용 (2003)	이휘달 (2005)	조윤재 (2006)	공주박(2011) (顧蘇寧 2011)	필자안
서울 도성권	몽촌토성 시유전문도기		서진	서진	3~4C초	서진	서진 (동오)	3C말 ~4C초
	몽촌토성 흑자편						동진	4C전반
	몽촌토성 청자벼루편		3~4C		육조		동진	4C
	풍납토성 시유도기		4C	서진	3C말 ~4C초	서진~동진	서진	4C
	풍납토성 청자구연편						삼국~서진	3C말 ~4C초
	석촌동 86-8호 청자사이호		동진	4C말	4C말	동진 중만기	동진 (동진 중만기)	4C중후엽
	석촌동3호분 청자반구호편			4C후엽	5C초		동진	4C말 ~5C초
	석촌동 87-2호 흑유계수호			4C후엽				4C
공주 도성권	무령왕릉 청자육이호		6C초	6C전엽	5C후반 ~6C중엽	6C전반	남조	6C초
	무령왕릉 흑유반구병		6C초	6C전엽	5C후반 ~6C중엽	6C전반	남조	6C초
	무령왕릉 청자잔		6C초	6C전엽		6C전반	남조	6C초
부여 도성권	부소산성 흑유호						수~당 초	6C중~말
	부소산성 백자벼루			7C		(남조수당)	수~당 초 (수~당 조기)	6C말 ~7C초
	부소산성 청자호편						수~당 초	6C말 ~7C초
	능산리사지 청자첩화인물병		5~6C (567 이전)				남북 조	6C중엽
	동남리사지 청자사이호		6C중후반	7C	6C중기 이후		남조 (남조)	6C중엽

구분	유적과 유물		김영원 (1998, 2004)	성정용 (2003)	이휘달 (2005)	조윤재 (2006)	공주박(2011) (顧蘇寧 2011)	필자안
경기권	포천 자작리 청자편						동진	4C중엽
	오산 수청동 청자반구호						동진	4C중엽
강원권	원주 법천리 청자양형기		양진간	4C전반	4C	4C중엽	4C중후반 (동진 조 ~중기)	4C중엽초
충남권	공주 수촌리 흑유계수호		4C후반 ~5C초		4C말 ~5C초	동진 중기	동진~남조	4C말
	공주 수촌리 흑유양이호				4C말 ~5C초	동진	동진~남조	4C말
	공주 수촌리 청자잔				4C말 ~5C초		동진~남조	4C말
	공주 수촌리 흑유호						동진~남조	4C말
	공주 수촌리 청자유개호				5C송대	동진 중만기	동진~남조	4C중후엽
	서산 부장리 청자호						동진	4C말
	서산 부장리 흑갈유호						동진~남조	4C말 ~5C초
	홍성 신금성 흑유전문도기			진	3C말 ~4C초	서진	서진	4C초~중
	홍성 신금성 흑유도기	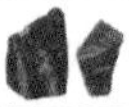			6C			6C
	천안 화성리 청자반구호		4C중엽	4C후반	4C	4C중만기	4C중기 이후 (동진 중기)	5C초엽
	천안 용원리 흑유계수호		4C후반	4C말	4C말 ~5C초	동진 말 ~남조 초	4C이른후반 (동진)	4C후엽초
	천안 용원리 연판문청자완		동진 초	5C중후반	5C후반 ~6C중엽		남조	5C중엽초

구분	유적과 유물		김영원 (1998, 2004)	성정용 (2003)	이휘달 (2005)	조윤재 (2006)	공주박(2011) (顧蘇寧 2011)	필자안
전북권	익산 왕궁리 청자첩화문병		6C후반 ~7C	6C후반		북조	남북조 (남조)	6C말
	익산 왕궁리 백자편						북조	6C말 ~7C초
	익산 입점리 청자사이호		5~6C	5C중엽	5C중엽 ~후엽	동진 말 ~송	남조 (5세기중후엽)	5C중엽초
	부안 죽막동 흑갈유옹			진	6C중기이후	양진	남조	6C초
	부안 죽막동 청자사이호					동진	남조	6C초
	고창 봉덕리 청자반구호						남조	5C중엽
전남권	해남 용두리 전문도기							6C중엽
	여수 고락산성 청자잔						남조	6C
출토지 미상	국립중앙박물관 청자호자 전 개성		서진 ~동진 초	4C전엽		서진 ~동진간	동오	4C초
	원광대 청자계수호 전 청주							4C중엽
	충남대 청자계수호			4C후반		4C중후기	동진 중 ~만기	4C말 ~5C초
	한남대 청자계수호			5C전엽		5C전기	동진	(남조)
	국립중앙박물관 청자계수호1			4C후반	4세기중반	4C후기	동진 조 ~중기	4C중후엽
	국립중앙박물관 청자계수호2			5C중엽		5C중후기	남조 조기	5C중엽초
	국립중앙박물관 청자오족벼루 전 부여		수당 초	6C	6세기중기 이후	6C	동진	6C중엽
	한남대 청자사이호							(남조)

5. 대금구

중국에서 대금구의 출현은 춘추말기부터 중원 및 주변지역에서 확인되고[48] 있으며 동한시기로 오면서 소위 "진식대금구晉式帶金具"라는 요대금구腰帶金具의 초기 양식이 출현하기 시작한다. 현재까지 가장 이른 시기의 출토품으로는 하북성河北省 정현定縣 43호묘에서 확인된바 있다.[49] 위진남북조시기魏晉南北朝時期로 오면서 대금구는 중원은 물론 북방 및 남방지역에도 광범위하게 확산된다. 삼국시기三國時期의 고분유적으로는 낙양洛陽 조휴묘曹休墓,[50] 남경南京 동오설추묘東吳薛秋墓,[51] 남경南京 상방동오묘上坊東吳墓[52] 등에서 출토된바 있으며 서진시기西晉時期에는 의흥宜興 서진주처묘西晉周處墓,[53] 낙양洛陽 서진묘西晉墓 M24 등에서도 확인되었다. 이보다 조금 늦은 시기인 십육국시대十六國時代 초기의 고분으로는 조양朝陽 원대자袁臺子, 호북湖北 한양묘漢陽墓,[54] 광주廣州 대도산동진태년2년묘大刀山東晉太寧二年墓(324년),[55] 조양朝陽 십이대향전창十二臺鄉塼廠 88M1 등에서도 대금구의 일부 장식이 출토되었다.(도17, 표7)

대금구는 일반적으로 전연부가 둥근 굴곡을 가진 호형弧形을 취하고 있으며 후연 부분은 장방형을 띠고 있다. 주로 초기 대금구는 용, 호랑이, 사

---

48) 孫機, 1996, 『中國聖火』, 遼寧教育出版社, 64~67쪽.
49) 定縣博物館, 1973, 「河北定縣43號漢墓發掘簡報」, 『文物』 11.
50) 洛陽市第二文物工作隊, 2011, 「洛陽孟津大漢塚曹魏貴族墓」, 『文物』 9.
51) 南京市博物館, 2008, 「南京大光路孫吳薛秋墓發掘簡報」, 『文物』 3.
52) 南京市博物館 · 南京市江寧區博物館, 2008, 「南京江寧上坊孫吳墓發掘簡報」, 『文物』 12.
53) 南京博物院, 1957, 「江蘇宜興晉墓發掘報告—兼論出土的清瓷器」, 『考古學報』 4.
54) 劉森森, 1994, 「湖北漢陽出土的晉代鎏金銅帶具」, 『考古』 10.
55) 夏鼐, 1972,「晉周處墓出土金屬帶飾的重新鑒定」, 『考古』 4.

슴 등의 동물문양을 투조하고 있으며 대구帶鉤, 대구帶扣 등을 갖추고 있는 요대대금구腰帶帶金具로 부장되고 있다. 학계에서는 일반적으로 서진시기 형성된 대금구 양식을 전형적 대금구로 보고 "진식대금구晉式帶金具"라는 명칭을 사용하고 있으나 최근 낙양洛陽 조휴묘曹休墓 및 남경南京 동오설추묘東吳薛秋墓 등에서 기존의 "진식대금구晉式帶金具"가 확인되고 있어 용어에 대한 재검토가 요구되기에 이에 대한 논의가 필요한 시점이다.[56]

위진시기魏晉時期 중원에서 고안된 대금구는 요령의 삼연지역三燕地域에도 파급되어 널리 사용되었는데 이를 요령형 대금구라 분류하고 있다.[57] 삼연에서는 요령형1기에 중원식대금구中原式帶金具의 초현이 확인되고 있으며 요령형2기 즉 340년경부터 중원식대금구를 번안한 요령형 대금구의 제작이 이루어진다.[58] 요령형 대금구의 기술적 계통은 동오지역東吳地域의 삼국말기 대금구 전통에서 그 연원을 구할 수 있을 것인데, 주로 원대자벽화묘袁臺子壁畵墓, 봉거도위묘奉車都尉墓, 십이대향전창十二臺鄉塼廠 88M1, 라마동喇麻洞 ⅡM101묘 등 삼연의 초기고분에서 출토되고 있다. 이들 대금구의 제작기법을 살펴보면 중원식대금구에서는 보이지 않는 독특한 도상을 채용하고 있다.

한편 이와 유사한 대금구는 백제, 고구려 및 왜의 유적에서도 출토된 바

56) "중원식대금구(中原式帶金具)"의 의미는 단지 공간적인 함의만이 아니라 대금구 자체가 중앙정부의 사여체계 안에서 분배되었던 점을 감안한 설정이기에 본문에서는 잠정적으로 "진식대금구(晉式帶金具)"라는 용어 대신 "중원식대금구"로 대체하여 서술한다. 용어에 대한 재검토 제안은 다음 글을 참고한다. 권오영, 2013, 「"대성동 88호분의 진식대금구와 중국 · 왜"에 토론문」, 『최근 대성동고분군의 발굴성과』, 대성동고분박물관 10주년 기년 국제학술회의 자료집.

57) 千賀久, 2007, 「中國遼寧地域帶金具と馬具」, 『日中交流考古學』, 同成社.

58) 藤井康隆, 2002, 「晉式帶金具製作動向」, 『古代』第111號, 早稻田大學考古學會.

있다. 고구려는 이전시기부터 중원정권인 양진兩晋과 교류하면서 중원식대금구의 고분부장古墳副葬[59]이 개시되는데 이러한 요녕형 대금구의 수용이 이루어지면서 대금구의 고분부장 현상은 더욱 선명해진다. 특히 우산하禹山下 혼강향19호, 산성하山城下 M152 등에서 출토된 대금구는 삼연에서 제작되었을 가능성이 크다. 요녕3기 시점부터는 중원식대금구의 형식이 쇠퇴하고 삼연지역의 독자적인 대금구 제작이 이루어지기 시작하는데 이는 고구려에도 영향을 주게 된다. 예로 혼강향19호 출토 대금구 및 산성하M159의 대금구는 라마동ⅡM196 출토 대금구와 매우 유사한 양식을 취하고 있는데, 이는 중원식대금구를 모방한 요녕형 대금구의 고구려 유입 동향을 반영한 것으로 이해할 수 있다.[60]

한편 백제유적에서는 모두 3점의 대금구가 출토된 바 있는데 풍납토성, 몽촌토성[61], 화성 사창리[62]에서 각각 1점씩 보고되었다. 화성 사창리의 경우 수습품이다. 풍납토성의 경우 과판銙板으로 삼엽문투각과판三葉文透刻銙板의 수하식垂下式이다.[63] 이러한 수하식은 의흥 주처묘 및 양진시기의 대금구에서 공히 보이는 특징이다. 몽촌토성의 경우 규형과판으로 이러한 유형의 과판은 대도산진묘大刀山晉墓, 웅가령진묘熊家領晉墓, 남경대학북원진묘南京大學北園晉墓 등에서 확인된 바 있다. 화성 사창리의 수습품은 사창리 산10-1

59) 町田章, 2006,「鮮卑の帶金具」,『東北アジア考古學論叢』, 奈良文化財研究所, 46~52쪽.

60) 이한상, 2011,「허리띠 분배에 반영된 고대 동북아시아의 교류양상」,『동북아역사논총』 33, 373쪽.

61) 박순발, 2004,「한성기 백제 대중교섭 일례-몽촌토성 출토 금동과대금구(金銅銙帶金具) 추고(追考)-」,『호서고고학보』 11, 호서고고학회.

62) 권오영 · 권도희, 2003,「사창리 산10-1번지 출토유물의 소개」,『길성리토성』, 한신대학교 박물관.

63) 김태식, 2001,『풍납토성 500년 백제를 깨우다』, 김영사.

번지 고분에서 수습된 것으로 교구鉸具, 대선금구帶先金具 및 과판銙板 등 1식이 출토된 것으로 보고되고 있다. 과판의 형식은 전형적인 중원식대금구와 동일하며 동진시기로 추정하고 있다. 이와 같은 중원식대금구는 여타의 중국계문물들과 백제로 이입되었을 것이다.

대금구 자체가 위세 혹은 등급의 속성을 갖춘 물건이라 당시 이러한 물품의 유입은 상당한 수준의 공적관계公的關係를 통해서 이루어졌을 가능성이 높다. 즉 당시 관복에 수반되는 장신구로써 조공 및 책봉의 순환적인 사여체계賜與體系 속에서 유입되었을 것이다. 이는 한성기 백제지역에서 출토되는 전문도기 및 청자류와 같이 백제와 양진兩晉의 교섭의 맥락을 이해할 수 있는 중요한 자료이다.

동북아시아 대금구문화의 전체적인 향배向背는, 중원정권과의 외교적 관계를 통해 직접 유입된 중원식대금구가 백제유적 및 고려고분에서 확인되고 있기에[64] 중원-요동-서북한-한반도중남부-일본으로 연계되는 공간적인 흐름을 보여주고 있다. 이는 중원식대금구 및 삼연식대금구의 동점노선東漸路線에서 백제와 고구려가 하나의 분절점分節点이었다는 사실을 의미하고 있다.[65]

---

64) 강현숙, 2010, 「대금구 부장 고구려 고분의 고고학적 함의」, 『한국고대사연구』 59, 119쪽; 이한상, 2011, 「허리띠 분배에 반영된 고대 동북아시아의 교류양상」, 『동북아역사논총』 33, 373쪽.

65) 조윤재, 2014, 「고고자료를 통해 본 삼연(三燕)과 고구려의 문화적 호교성」, 『한국 상고문화와 중국 동북지방』, 미간.

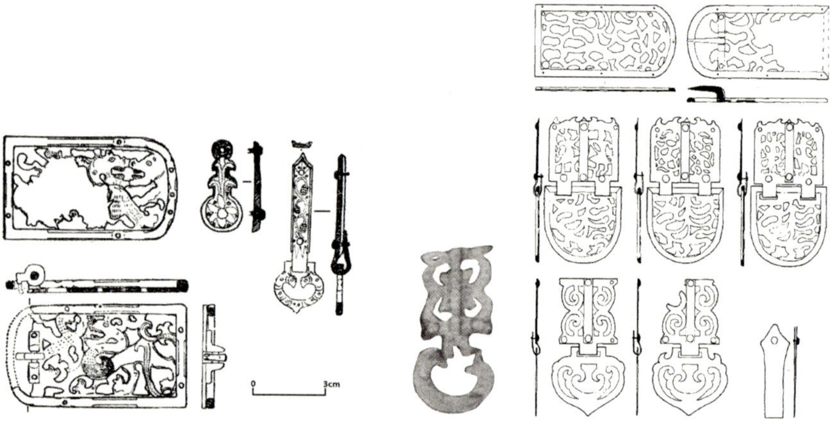

도17) 호북(湖北) 한양진묘(漢陽晋墓) 출토 대금구(帶金具), 하북(河北) 정현(定縣) 43호묘 출토 대금구 소환수형과(素環垂形銙), 남경(南京) 동오설추묘(東吳薛秋墓) 출토 대금구(帶金具)

표7) 백제 및 고구려와 중국의 대금구 대조표(조윤재, 2014)

출토 유적	출토유물
백제	 1  2  3 1.몽촌토성 2.풍납토성 3.사창리(길성리토성)
고구려 고분	 1  2  3  4

고구려 고분	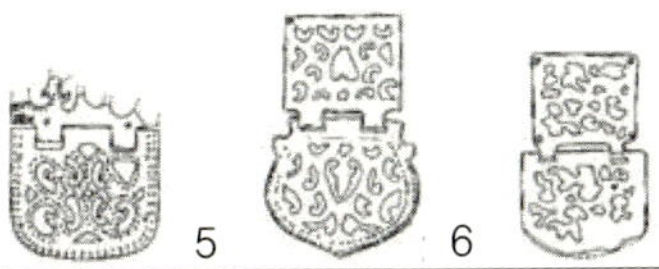 5 6 7 1.집안산성하M152 2.집안산성하M330 3.산성하M159 4.혼강향19호 5.우산하M3560 6.칠성산M96 7.평양고산동10호묘
동오	 남경 상방 동오묘 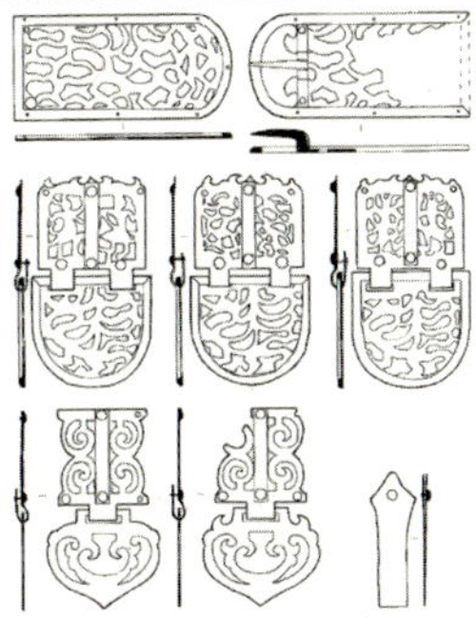 남경 동오 설추묘
서진	 호북 웅가령 진묘 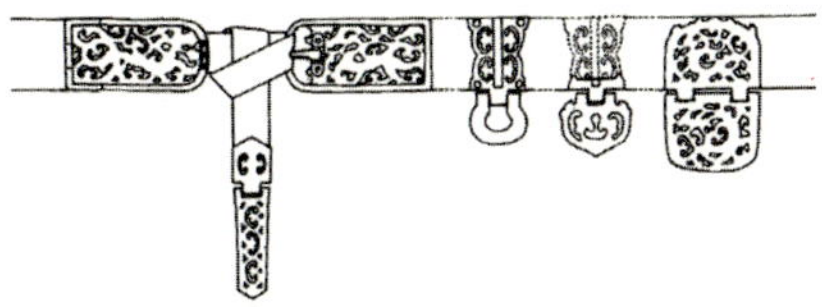 강소 의흥 주처묘(江蘇 宜興 周處墓)
삼연 고분	 1  2

삼연 고분	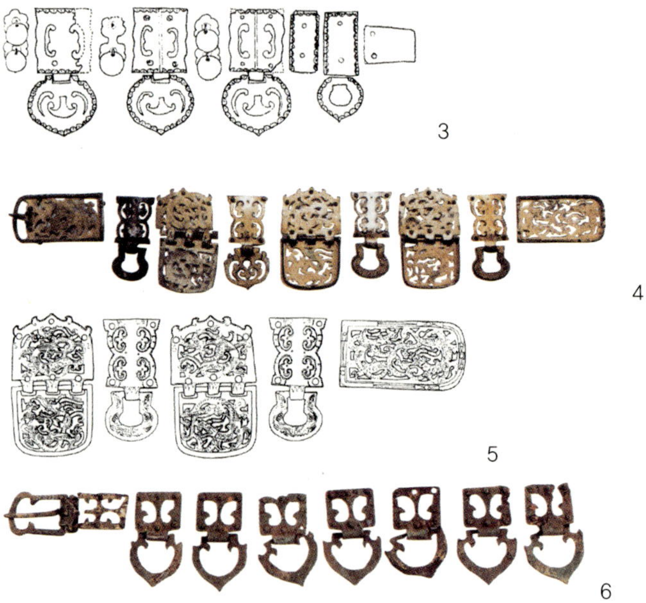
	1.왕자분산요M9001 2,3.라마동 II M196 4,5.라마동 II M275 6.서구촌채집

6. 증토축성(蒸土築城)

최근 심광주의 한성백제 '증토축성蒸土築城'에 관한 연구는 십육국시기 대하大夏의 통만성統萬城 축조기법에 대한 면밀한 고찰을 통해 풍납토성의 축조에 대한 새로운 시각을 제시함으로써 주목을 받고 있다.[66] 이에 앞서 『삼국사기』 백제본기 개로왕조에 보이는 "증토축성"에 관해 이미 논의가 있었으며 『진서晉書』 혁련발발전赫連勃勃傳의 기사에서 보이는 "증토축성"을 근거로 중국과의 연관성을 언급하였다.[67] 그러나 '증토축성'에 대한 기술적 구체성과 개념에 대한 논의는 더 이상 깊이 진행되지 못하였다. 심광주는 대하 통만성에 대한 현지답사와 고찰을 바탕으로 '증토축성'에 대한 축조기법을 분석하고 한성기 백제의 도성인 몽촌토성의 '증토축성'과의 연관성을 좀 더 구체화하였다. 특히 백제고분의 조영과정에서 포착되는 석회의 흔적을 통하여 한성백제의 석회생산기술 도입을 제시하면서 백제가 북위나 남조의 유송劉宋으로부터 석회관련 신기술을 받아들였을 가능성을 타진하였다.[68]

중국의 경우 '회토灰土'라는 명칭을 보편적으로 사용하고 있으며 숙석회

66) 심광주, 2010, 「한성백제의 증토축성(蒸土築城)에 대한 연구」, 『향토서울』 76, 서울특별시편찬위원회.

67) 노중국, 2004, 「한성백제의 몰락과 수도 이전」, 『鄕土서울』 64, 서울시사편찬위원회; 이도학, 1992, 「백제한성시기의 도성제에 관한 검토」, 『한국상고사학보』 9, 한국상고사학회; 2003, 「'백제 한성도읍기의 도성제에 관한 몇 가지 검토'의 토론문」, 『백제도성의 변천과 연구상의 문제점』, 서경; 차용걸 · 홍성표, 1996, 「백제성곽의 비교연구 시론」, 『백제논총』 5, 백제문화개발연구원.

68) 심광주, 2010,「한성백제의 증토축성에 대한 연구」, 『향토서울』 76, 서울특별시편찬위원회, 81~83쪽.

분熟石灰粉과 점토를 일정한 비율로 혼합하고 일정한 수분비율을 유지한 상태로 항축夯築에 사용되는 건축 재료로 규정하고 있다. 청대淸代 『관식석교주법官式石橋做法』에서는[69] "회토란 석회와 황토를 혼합한 것으로, 어떤 사람들은 삼합토라고도 한다.[灰土卽石灰與黃土之混合, 或謂三合土.]"라고 서술하면서 삼합토三合土라 별칭하고 있다. 중국에서 석회의 사용은 앙소문화仰韶文化 만기晩期의 주거지 시설에서 보이기 시작하며[70] 백회면白灰面[71]을 지칭하고 있다. 이후 용산문화龍山文化 만기晩期 유적인 하남河南 남음현南陰縣 백영白英 주거지住居址, 하남河南 안양시安陽市 후강後岡 용산문화유적龍山文化遺蹟, 연하도燕下都 8호 주대周代 건물지建物址[72], 낙양洛陽 주왕성지周王城址[73], 진동릉원秦東陵園 M2대묘大墓, 함양궁咸陽宮 궁전유적宮殿遺蹟의 지면시설[74], 진대秦代의 치도유적馳道遺蹟[75], 한위진남북조시기漢魏晉南北朝時期의 전실묘[76] 등 매우 광범위한 석회의 사용이 확인되고 있다. 그러나 "증토축성蒸土築城"이라는 축조방식은 유일하게 십육국시기 대하의 도성인 통만성 축조 대목에서만 보이고 있다.[77] 최근 중국학계에서도 통만성 축조방식과 건축시료에 대한 과학적 분석이 이루어져 석회사용에 대한 구체적 정황을 규명하고 있

69) 王璧文, 1935, 『淸官式石橋做法』, 中國營造學社彙刊.
70) 劉敍杰, 2003, 『中國古代建築史』 第一卷, 中國建築工業出版社.
71) 盧連成, 1985, 「關於我國新石器時代"白灰面"建築性質的探討」, 『自然科學史硏究』, 科學出版社, 107~109쪽.
72) 李曉東, 1965, 「河北易縣燕下都故城勘探與試掘」, 『考古學報』 1, 32~37쪽.
73) 徐治亞 · 趙振華, 1981, 「洛陽城戰國糧倉試掘紀略」, 『文物』 11, 24~27쪽.
74) 刑景文, 1995, 『陝西古代科學技術』, 中國科學技術出版社, 161~163쪽.
75) 王開, 1989, 『中國古代道路交通史』, 人民交通出版社, 112~124쪽.
76) 趙胤宰, 2007, 「關於磚結構墓的相關建築技術和其特征」, 『長江中下遊漢六朝磚墓的建築結構與技術硏究』, 北京大學博士學位論文.
77) 陝西省文管會, 1981, 「統萬城城址勘測記」, 『考古』 3.

는데[78] 연구자는 여전히 항축 기법에 석회를 사용한 축조방식으로 보고 있다. 심광주의 지적대로 몽촌토성의 판축토에서 확인된 석회포함층을 석회의 도입과 관련하여 남조 혹은 북위의 석회기술과 연관 지울 수 있겠으나 과연 통만성의 축조기법과 직접 닿아 있는지는 좀 더 고민해볼 필요가 있다.

도18) 대하(大夏) 통만성(統萬城)(권오영, 2012)

78) 水碧紋, 2009,「統萬城遺址灰土材料研究」,『中國古代夯土建築遺址灰土材料的初步研究』, 西北大學文物保護學碩士學位論文, 14~26쪽.

Ⅲ. 맺음말

몽촌토성과 풍납토성의 발견으로 인해 백제의 한성기는 더욱 구체화되는 전기를 마련하게 되었을 뿐만 아니라 중국과의 교류 혹은 교섭에 있어서 전에 없었던 획기적인 돌파구를 마련하게 되었다. 특히 중국의 위진남북조시기와 연관되는 외래 문물의 대량 출토는 한국학계에 새로운 과제와 문제를 던지고 있다. 중국계 유물의 유입시기, 공반하고 있는 백제유물과의 시간적 착종, 유입의 경로와 배경 등 여러 가지 고민거리들을 산적케 한 계기도 제공하였다.[79] 그래서 백제고고학의 연대 설정에 직접적인 영향을 미치는, 중국에서 수입된 도자, 청동용기, 대금구, 조와술, 축성기술 등에 대한 논쟁은 여전히 진행 중이며 간혹 시각차로 인한 논쟁의 고착화가 이루어지는 사안도 여럿 있다.

이들 논쟁의 배경에는 백제고고학의 제현상에 대한 입장 차이가 존재하면서 편년을 수립하는데 활용되는 중국계 유물이 각자의 논리 안에서 서로 다른 시간대로 해석되는 현상이 존재한다는 것이다. 특히 해당 중국계 유

79) 조윤재, 2012, 「"풍납토성 세 가지 문제에 대한 시론"에 대한 토론문」, 『동아시아 속의 풍납토성』, 제21회 한성백제문화제 국제학술회의자료집.

물의 제작시점, 유입시점, 폐기시점 이라는 순환 속에서 발생하는 각 연구자의 시간차는 점점 유착되면서 중국계 유물에 대한 본질적 접근과 이격되는 양상이 보이고 있다. 물론 이면에는 외래문물 수용의 배경과 과정을 설명하기가 쉽지 않은데서 오는 고충이기도 하다

역사고고학에서 문헌의 기능은 고고학적 맥락을 더욱 풍부하게 해주는데 미덕이 있다. 그러나 영성한 문헌기록으로 인해 상당 부분의 현안들에 대한 해결이 동력을 받지 못하고 있는데. 특히 한성기 백제의 대외교섭에 있어 서진西晉 및 십육국十六國과의 관계설정에 대한 부분은 여전히 큰 진척을 보여주지 못하고 있어 향후의 신자료 출현과 관련연구를 기대한다.

참고문헌 |

〈사료〉

『자치통감(資治通鑑)』

『진서(晉書)』

『후한서(後漢書)』

『청관식석교주법(淸官式石橋做法)』

〈국문〉

강현숙, 2010, 「대금구 부장 고구려 고분의 고고학적 함의」, 『한국고대사연구』 59.

국립문화재연구소, 2002, 『풍납토성 II』.

권오영, 1988, 「4세기 백제의 지방통제방식 일례-동진청자(東晋靑瓷)의 유입경위(流入經緯)를 중심으로-」, 『한국사론』 18, 서울대학교 국사학과.

______, 2001, 「풍납토성 외래유물에 대한 검토」, 『백제연구』 37.

______, 2005, 「백제의 생산기술과 유통체계 이해를 위하여」, 『백제의 생산기술과 유통체계』.

______, 2009, 「고대 동아시아 문물교류와 백제」, 『부여 정림사지 정비복원 고증기본조사-백제 불교사 및 고고학연구 용역 결과 보고서』, 충남대학교 백제연구소.

______, 2013, 「"대성동 88호분의 진식대금구와 중국 · 왜"에 토론문」, 『최근 대성동고분군의 발굴성과』, 대성동고분박물관 10주년 기념 국제학술회의 자료집.

권오영 · 권도희, 2003, 「사창리 산10-1번지 출토유물의 소개」, 『길성리토성』, 한신대학교박물관

권오영 · 한지선, 2008, 「베일 벗는 백제 왕성의 문화상」, 『한국의 고고학』, 주류성.

김일규, 2007, 「한반도 중서부지역 삼한 · 삼국시대 토기편년」, 『한일 삼국 · 고분시대

의 연대관(Ⅱ)』, 국립부산대학교박물관 · 국립역사민속박물관.
______, 2007, 「한성기 백제토기 편년 재고」, 『선사와 고대』 27, 한국고대학회.
김태식, 2001, 『풍납토성 500년 백제를 깨우다』, 김영사.
노중국, 2004, 「한성백제의 몰락과 수도 이전」, 『향토서울』 64, 서울시사편찬위원회.
박보현, 2005, 「풍납토성출토 초두의 편년적 위치」, 『호서고고학보』 12, 호서고고학회.
박순발, 1998, 『백제국가의 형성 연구』, 서울대학교 대학원 박사학위논문.
______, 1999, 「한성백제의 대외관계」, 『백제연구』 30, 충남대학교 백제연구소.
______, 2001, 『한성백제의 탄생』, 서경문화사.
______, 2004, 「한성기 백제 대중교섭 일례-몽촌토성 출토 금동과대금구(金銅銙帶金具) 추고(追考)-」, 『호서고고학보』 11, 호서고고학회.
______, 2005, 「공주 수촌리 고분군 출토 중국자기와 교차연대 문제」, 『충청학과 충청문화』 4, 충청남도역사문화원.
______, 2005, 「공주 수촌리 고분군 출토 중국자기와 교차연대 문제」, 『4~5세기 금강유역의 백제문화와 공주 수촌리 유적』(충청남도역사문화원 제5회 정기 심포지엄), 충청남도역사문화원.
______, 2005, 「초두고(鐎斗考)」, 『동아고고논단(東亞考古論壇)』 창간호, 충청문화재연구원.
______, 2010, 「평성단상(平城斷想)」, 『백제학보』 3.
방선주, 1973, 「예(濊) · 백제관계 호부에 대하여」, 『사총(史叢)』 17 · 18합집.
성정용, 2003, 「백제와 중국의 도자무역」, 『백제연구』 38, 충남대학교 백제연구소.
______, 2010, 「백제 관련 연대결정자료와 연대관」, 『호서고고학보』 22, 호서고고학회.
송의정 · 윤형원, 2000, 『법천리』, 국립중앙박물관.
심광주, 2010, 「한성백제의 증토축성(蒸土築城)에 대한 연구」, 『향토서울』 76, 서울특별시편찬위원회.

이도학, 1992,「백제한성시기의 도성제에 관한 검토」,『한국상고사학보』 9, 한국상고사학회.

______, 2003,「'백제 한성도읍기의 도성제에 관한 몇 가지 검토'의 토론문」,『백제도성의 변천과 연구상의 문제점』, 서경.

이태호, 2011,『삼국시대 고분출토 전세유물연구』, 성균관대학교대학원 석사학위논문.

이한상, 2011,「허리띠 분배에 반영된 고대 동북아시아의 교류양상」,『동북아역사논총』 33.

______, 2011,『동아시아 고대 금속제 장신구문화』, 삼강문화재연구원학술총서, 고고(考古).

王志高, 2012,「풍납토성 세 가지 문제에 대한 시론」,『동아사아 속의 풍납토성』, 제21회 한성백제문화제 국제학술회의자료집.

임영진, 2012,「중국 육조자기(六朝磁器)의 백제 도입배경」,『한국고고학보』 83.

정치영, 2007,「한성기 백제 기와 제작기술의 전개양상-풍납토성 경당지구 출토 기와를 중심으로」,『한국고고학보』 63, 한국고고학회.

______, 2009,「백제 한성기 와당의 형성과 계통」,『한국상고사학보』 64.

______, 2010,「백제 한성의 와당과 와즙경관(瓦葺景觀)」,『호서고고학보』 23.

조윤재, 2012,「"풍납토성 세 가지 문제에 대한 시론"에 대한 토론문」,『동아사아 속의 풍납토성』, 제21회 한성백제문화제 국제학술회의자료집.

______, 2013,「고대 중국의 객관제도(客館制度)를 통해 본 백제객관(百濟客館) 집아관(集雅館)의 실제(實際)」,『백제연구』 57.

______, 2014,「고고자료를 통해 본 삼연(三燕)과 고구려의 문화적 호교성(互交性)」,『한국 상고문화와 중국 동북지방』, 미간.

차용걸 · 홍성표, 1996,「백제성곽의 비교연구 시론」,『백제논총』 5, 백제문화개발연구원.

土田純子, 2012,「백제유적 출토 중국 자기에 대한 전세론(傳世論) 검토-중・일의 사례와 관련하여-」,『한국고고학보』 82, 한국고고학회.
________, 2012,「백제유적 출토 중국자기의 시간적 위치에 대한 검토-백제토기와 공반된 자기를 중심으로-」,『호서고고학보』 27, 호서고고학회.
한성백제박물관, 2014,「토론문: 문헌과 고고자료의 조화 모색」,『백제의 왕권은 어떻게 강화되었나-한성백제의 중앙과 지방-』(백제학연구총서 쟁점백제사 4).
한인덕, 2003,「로암리 돌천장 전돌무덤에 대하여」,『조선고고연구』 3, 사회과학원 고고학연구소.
한지수, 2010,「백제 풍납토성 출토 시유도기 연구」,『백제연구』 51, 충남대학교 백제연구소.

〈중문〉
洛陽市第二文物工作隊, 2011,「洛陽孟津大漢塚曹魏貴族墓」,『文物』 9.
南京博物院, 1957,「江蘇宜興晉墓發掘報告—兼論出土的靑瓷器」,『考古學報』 4.
南京市博物館, 1972,「南京象山 5,6,7號墓淸理簡報」,『文物』 11.
____________, 2008,「南京大光路孫嗚薛秋墓發掘簡報」,『文物』 3.
南京市博物館・南京市江寧區博物館, 2008,「南京江寧上坊孫嗚墓發掘簡報」,『文物』 12.
盧連成, 1985,「關於我國新石器時代"白灰面"建築性質的探討」,『自然科學史硏究』, 科學出版社.
陶新華, 2002,「論魏晉南北朝地方政權的軍事化」,『史學月刊』 4.
牟發松, 1985,「十六國時期地方行政機構的軍鎭化」,『晉陽學刊』 6.
徐家珍, 1958,「"熨斗"和"鐎斗", "刁斗"」,『文物參考資料』 1.
徐治亞・趙振華, 1981,「洛陽城戰國糧倉試掘紀略」,『文物』 11.
陝西省文管會, 1981,「統萬城城址勘測記」,『考古』 3.

水碧紋, 2009,「統萬城遺址灰土材料硏究」,『中國古代夯土建築遺址灰土材料的初步硏究』, 西北大學文物保護學碩士學位論文.

孫機, 1996,『中國聖火』, 遼寧教育出版社.

鳴小平, 2008,「銅鐎斗的器形演變及用途考」,『考古』3.

王開, 1989,『中國古代道路交通史』, 人民交通出版社.

王志高, 2003,「南京大學北園東晉大墓的時代及墓主身分的討論—兼論東晉時期的合葬墓」,『東南文化』9.

王志高 · 賈維勇, 2004,「六朝瓦當的發現及初步硏究」,『東南文化』8.

李曉東, 1965,「河北易縣燕下都故城勘探與試掘」,『考古學報』1.

定縣博物館, 1973,「河北定縣43號漢墓發掘簡報」,『文物』11.

趙胤宰, 2007,「關於磚結構墓的相關建築技術和其特征」,『長江中下遊漢六朝磚墓的建築結構與技術硏究』, 北京大學博士學位論文.

焦智勤, 2007,「鄴城瓦當分期硏究」,『殷都學刊』6.

劉森森, 1994,「湖北漢陽出土的晉代鎏金銅帶具」,『考古』10.

劉敍杰, 2003,『中國古代建築史』1, 中國建築工業出版社.

刑景文, 1995,『陝西古代科學技術』, 中國科學技術出版社.

夏鼐, 1972,「晉周處墓出土金屬帶飾的重新鑒定」,『考古』4.

〈일문〉

諫早直人, 2009,「中西部における馬具生産の展開とその特質」,『古代東北アジア騎馬文化における考古學的文化の硏究』, 京都大學大學院文學硏究科博士學位論文.

龜田修一, 1984,「百濟漢城時代の瓦に關する覺書」,『尹武炳博士回甲紀念論叢』.

藤井康隆, 2002,「晉式帶金具製作動向」,『古代』111, 早稻田大學考古學會.

山形眞理子, 2001,「甕棺から王國へ-ベトナム中部, チャソパの誕生-」,『東南考古學最前線』, 第15回 大學科學公開シソポジウム.

門田誠一, 2002,「百濟前期における錢文瓦當の創出とその背景-石村洞出土資料の再檢討-」,『淸溪史學』16・17合, 悠山姜仁求教授停年紀念 東北亞古文化論叢.

町田章, 2006,「鮮卑の帶金具」,『東北アジア考古學論叢』, 奈良文化財硏究所.

佐川正敏, 2009,「中國における造瓦技術の流遷」,『古代東アジアにおける造瓦技術の変遷と伝播』, 奈良文化財硏究所.

千賀久, 2007,「中國遼寧地域帶金具と馬具」,『日中交流考古學』, 同成社.

종합토론

백제의 성장과 중국

좌장 김기섭(한성백제박물관)

토론

강종훈 (대구가톨릭대학교)
김무중 (전 중부고고학연구소)
김병준 (서울대학교)
성정용 (충북대학교)
여호규 (한국외국어대학교)
윤용구 (인천도시공사)
정인성 (영남대학교)
조윤재 (인제대학교)

종합토론 1부

종합토론 2부

I. 백제의 성장과 중국과의 관계

좌장 김기섭 : 오후 종합토론을 시작하겠습니다.

인사드리겠습니다. 저는 한성백제박물관의 김기섭이라고 합니다.

(장내 박수)

오늘 종합토론 사회를 맡았는데요. 보통 이런 학술회의에서 종합토론 사회는 학계의 명망 있고 또 학계의 사정을 잘 아시고 또 박식함을 자랑하는 원로 선생님들께서 주로 맡아주셨고 지금까지 그랬습니다. 그런데 이번에 저희는 아주 쟁쟁한 발표토론자들을 모시면서 '이분들께 좀 더 심도 있는 얘기를 나눌 수 있게 하자' 또 '격의를 탈피해서 좀 더 실제 필요한, 학계에 도움이 되는 얘기를 깊이 나누자'라고 기획을 했습니다. 그래서 종합토론 사회는 조금 바보스러운 사람이 맡는 것이 똑똑한 발표자와 토론자들께 기회를 많이 드리는 것 아닌가 생각을 했고요. 그래서 오늘 바보는 아니지만 바보에 가까운 제가 종합토론 사회를 맡게 되었습니다.

잘 부탁드리고요. 앉아서 진행하겠습니다.

백제와 중국과의 관계를 살피는 데는 아까 발표 중간에도 얘기가 있었습니다만, 문헌사료와 고고자료, 물질자료를 보통 이용합니다. 그래서 여기 발표자와 토론자 여덟 분을 모셨는데, 기록을 중심으로 역사를 살피는 문헌사학자 네 분과 고고유물은 주로 매장문화재입니다만, 땅속에서 발굴한 물질자료를 가지고 역사를 연구하고 계시는 고고학자 네 분을 모셨습니다. 그래서 지금 여덟 분이 지금부터 장장 4시간 반 동안 토론에 임하겠습니다. 전체 시간이 길기 때문에 1부와 2부로 나누었습니다. 1부에서는 일단 이 여덟 분이 몇 가지 주제로 논의를 하고요. 논의 중간에 새로운 문제들이 제기가 될 텐데요. 새로운 문제가 제기되는 것도 얘기되는 중간에 충분히 예상할 수 있습니다만, 기존 학계의 연구 성과와 충돌하는 부분들의 맥을 짚을 것입니다. 그러면 그와 관련된 부분들을 오랫동안 연구하신 저명하신 선생님들께서 또 자리해 계십니다. 방청석에 앉아계신데요. 그분들과 또 얘기를 나누어서 같이 참여해서 얘기를 진행할 수 있도록 2부에서는 준비하겠습니다.

아까 안내가 있었습니다만, 1부 토론이 끝나고 나면 휴식이 잠깐 있는데요. 휴식 시간에 또 방청석에서 들으시다가 뭔가 의문 나는 부분이 있다, 또 생각이 좀 다르다고 하는 부분이 있으면 간단하게 적으셔서 저희 안내데스크 쪽에 전해 주시면 2부에서는 토론을 하면서 그런 내용들까지 포함하고, 또 같이 심도 있게 검토해 보는 시간을 갖겠습니다.

네 분이 발표를 하셨습니다만, 발표자와 토론자를 지금부터 다시

한 번 소개해 올리겠습니다.
제 오른쪽에 발표자 네 분이 앉아계신데요. 한 분 한 분 소개해 올리겠습니다.
백제사를 연구할 때 가장 큰 문제로서 낙랑, 대방과의 관련성이 백제 초기사의 굉장히 중요한 화두입니다. 그런데 오늘 백제사 전공자라고 하기는 조금 어렵고요. 그렇다고 아니라고 하기에는 백제사 논문을 제법 많이 쓰신 분입니다. 원래 주 전공은 낙랑을 오랫동안 연구하셨고, 박사학위 논문도 『낙랑호족연구』라고 하는 제목으로 내셨는데요. 학계의 아주 촘촘한 그물망 같은 기록 검토의 대가라고 할 수 있고요. 또 별명은 낙랑을 너무 사랑해서 호동왕자라는 별명을 가지고 있습니다만, 윤용구 선생님 소개해 올립니다.
(장내 박수)
그 옆에는 고고학 전공자인데요. 일본에서 오랫동안 공부를 하셨습니다. 석 · 박사 학위를 낙랑토성, 그리고 낙랑토성에서 출토된 유물에 대해서 주로 토기와 기와를 오랫동안 연구하셨고요. 그래서 아까 목소리 굉장히 크게 자신감 있게 하셨습니다만, 오늘 아주 새로운 얘기, 또 자신감 있는 얘기들을 많이 들려주실 분입니다. 제가 많이 기대하고 있는 분인데요. 정인성 영남대학교 교수님을 소개합니다.
(장내 박수)
예. 그 다음에 고구려 전문가이시지요. 그런데 백제 논문도 몇 편 쓰셨습니다. 그래서 고구려, 백제를 지금 아우르고 계시다고 저는 생각하는데 굉장히 꼼꼼하게 살피시는 분입니다. 저처럼 듬성듬성한 사람한테는 굉장히 무서운 분입니다. 한국외국어대학의 여호규 교수님 자리하셨습니다.

(장내 박수)

고구려 전공자이셨고요.

이번에는 가야 지역에서 오신 분입니다. 멀리 김해에서 오셨는데요. 아까 소개가 잠깐 있었습니다. 10년간 중국 남경대학에서 석사를 하시고 북경대학에서 박사학위를 받으셨으니까, 중국에서는 중국통이라고 해도 조금도 부족한 게 없는 분이지요. 특히 중국의 전축분, 그리고 전축분에서 출토된 유물들을 오랫동안 공부하신 분입니다. 인제대학교의 조윤재 교수님 소개해 올립니다.

(장내 박수)

제 왼편에는 토론자 네 분이 와 계십니다. 지금 중국과의 관계인데요. 아까 발표 중에 여호규 선생님이 말씀하셨습니다만, 지금까지의 연구가 백제중심으로 너무 된 것 같다는 말씀이 있었는데 저희도 공감을 합니다. 그래서 지금까지처럼 우리끼리 앉아서 이렇게 몇 마디 나누고 땅땅 결론 내는 것은 조금 지나치다. 그래서 여기에 대한 반성이 이번에 반영이 됐습니다. 자타가 공인하는 중국 고대사의 권위자이시지요. 서울대학교의 김병준 교수님 모셨습니다.

(장내 박수)

그 옆에 계신 분은 고고학자신데요. 한반도 중부지역의 토기에 대해서는 이분을 거치지 않으면 도면을 쓸 수 없을 정도입니다. 논문쓰기가 어려울 정도이고요. 모든 논문에 이 분의 도면이 인용되어 있을 정도로 많은 유물들을 보신 고고학계의 마당발이라고 할 수 있는데요. 최근에는 철기에 대해서 상당히 관심을 가지고 깊이 연구하고 계셔서 저희한테는 굉장히 무서운 분입니다. 김무중 선생님을 모셨습니다.

(장내 박수)

예. 그 옆에는 이번에는 신라지역에서 오신 분입니다. 신라의 상고기로 박사학위를 받으셨고요. 또 신라와 백제와의 관계도 끊임없이 연구하셨고. 최근에는 보니까 가톨릭의 역사에 대해서도 굉장히 해박한 지식을 보여주시더라고요. 그러니까 뭘 하면 아주 들이 파는 분 같아요. 강종훈 대구가톨릭대학교 교수님을 소개합니다.

(장내 박수)

역시 마지막 고고학자 한 분을 더 소개해 올리겠습니다. 저희 백제가 마한 지역에서 성장했다고 하는 것은 익히 널리 알려진 상식이고요. 이 마한지역, 특히 경기도, 충청도 일대의 고고자료들을 분석해서 그것을 박사학위로 발표하신 분이고요. 그 이후에 모든 자료들을 거의 섭렵해서, 또 역시 마구에 대해서는 또 이분 빼놓으면 얘기가 성립이 안 되지요. 충북대학교의 성정용 교수님 모셨습니다.

(장내 박수)

예. 이렇게 여덟 분을 모셨습니다. 소개해 드렸습니다만, 백제사 전공자가 이 속에는 몇 명 안 됩니다. 전체 퍼센티지로 치면 20%를 넘지 않을 정도로 다방면에서 모셨습니다. 그러면서도 백제를 어쨌든 관계사 속에서 끊임없이 봐오셨던 분들입니다. 그렇기 때문에 오늘 중국과 백제와의 관계를 바깥의 시각, 백제 내부의 시각이 아니라 백제 외부의 시각에서 검증하는 데 조금도 모자람이 없다고 저는 생각을 하고 있는데요. 아주 공정하고 객관적으로 어떤 면에서는 따끔하게 접근하시지 않을까 싶습니다.

여덟 분 모시고 진행할 텐데, 순서를 이렇게 해 보겠습니다. 오전에 네 분이 발표를 하셨는데요. 왼쪽의 토론자들께서는 아직 한 말씀도 하지 않으셨습니다. 이 네 분께 발표하신 네 분의 발표의 핵심이라고 할까요. 오전 발표의 중요한 맥락, 맥점을 짚어 주십사 합니다. 그래서 오전 발표에서 어떤 부분이 핵심이라고 생각을 하시는지, 또 그중에 토론자께서는 어떤 점이 발표내용 중에 자기가 받아들였을 때 이것은 충분히 납득할 수 있다, 공감한다고 하는 부분, 또 이것은 아무리 생각해도 좀 지나친 해석 같다거나 내가 알고 있는 바와 다르다는 부분을 짚어주신다면 좋지 않을까 싶은데요. 또 각각 대응이 됩니다. 제 옆에 바로 계신 윤용구 선생님의 내용들을 조목조목 짚어주실 분으로 김병준 선생님을 모셨고, 정인성 교수님의 논문발표를 조목조목 짚어주실 분으로 김무중 선생님을 모셨습니다. 이렇게 대응이 되거든요. 그래서 대응이 되는 분을 중심으로 하되 다른 분들의 전체적인 발표에 대해서도 소감을 부탁드리고, 그것을 듣고 시작하는 게 전체적인 이해에 도움이 될 것 같습니다. 그래서 5분 정도 선에서 토론자들께서 각각 느끼셨던 바, 논평을 듣고 진행해 나가도록 하겠습니다. 먼저 김병준 선생님께 부탁드리겠습니다.

1. 발표 내용 논평과 비판

1) 3세기 이전 마한 백제의 성장과 중국

김병준 : 안녕하십니까? 김병준입니다.

사회자께서 저희들한테 발표논문의 핵심을 다시 한 번 요점정리 한 뒤 전체적인 느낌을 먼저 간단하게 얘기하고 구체적인 토론은 차후에 다시 시작하자고 부탁하셨습니다. 윤용구 선생님께서 이미 나눠주신 한 페이지 요약본을 따라가며 말씀드리겠습니다.

역시 아주 꼼꼼한 문헌사학자답게 우리가 어떤 논의를 시작하기 전에 그 사료가 과연 어느 정도의 신빙성이 있는지 여부, 즉 사료 비판부터 시작하셨습니다. 1장에서는 교섭기사交涉記事를 이해하기 위해서 필요한 사료검토가 이루어졌습니다.

마한 · 백제와 관련된 중요한 사료가 크게 두 가지가 있는데 하나가 『삼국사기三國史記』 백제본기百濟本紀고 또 하나가 『삼국지三國志』 동이전東夷傳인데, 그 대외교섭 기사의 신빙성信憑性을 어떻게 볼 것이냐 하는 내용입니다. 간단하게 『삼국사기』 백제본기는 이 당시 마한 · 백제의 교섭자료로 보기에 신빙성이 부족하다고 하셨고, 반면 『삼국지』 동이전에 나와 있는 기사는 마한제국의 50여 개의 국가의 명칭이나 아니면 그 명칭의 분포상황이나 이런 것들을 당시 상황과 비교해 볼 때 매우 신빙성이 높다고 보셨습니다. 특히 『삼국지』 동이전의 50여 개 국의 이름이나 분포는 낙랑이나 대방과 마한 · 백제 사이에 실제 이루어졌던 교역에 의해서 만들어진 정보에 기초하고 있다고 보고 계십니다. 이런 과정을 짚어 가시는 과정에 한 가지 더 추가하신 것은 마한 남부에 있는 신미국新彌國이 동이전에 들어가 있지 않았는데 그 까닭은 동이전이 쓰였을 당시에 이 신미국은 아직 낙랑, 대방과 교류하지 않았기 때문이라고 설명을 해 주셨습니다.

이런 전제하에 이 당시 3세기 이전 마한 · 백제와 대외 교섭을 이해할 때 가장 중요한 두 가지 중요한 사건을 짚으셨는데요. 첫 번째가 대방군 기리영 공격 사건,[1] 두 번째는 『진서晉書』에 나오는 여러 차례의 조공朝貢[2] 이 두 가지 문제입니다. 우선 첫 번째, 2장에서

---

1) "부종사 오림은 낙랑이 본래 한국(韓國)을 통치했다는 이유로 진한(辰韓) 8국을 분할하여 낙랑에 넣으려 하였다. 그 때 통역하는 관리가 말을 옮기면서 틀리게 설명하는 부분이 있어, 신지(臣智)와 한인(韓人)들이 모두 격분하여 대방군(帶方郡)의 기리영(崎離營)을 공격하였다. 이 때 대방태수 궁준(弓遵)과 낙랑태수(樂浪太守) 유무(劉茂)가 군사를 일으켜 이들을 정벌하였는데, 궁준은 전사하였으나 2군은 마침내 한(韓)을 멸하였다.[部從事吳林以樂浪本統韓國 分割辰韓八國以與樂浪 吏譯轉有異同 臣智激韓忿 攻帶方郡崎離營 時太守弓遵 樂浪太守劉茂興兵伐之 遵戰死 二郡遂滅韓]"(『삼국지』 권30 위서30 오환선비동이전(烏丸鮮卑東夷傳) 한(韓))

2) 『진서(晉書)』 권3 제기(帝紀)3 무제(武帝) 기록을 통해, 서진(西晋) 무제 재위기(265~290)에 동이제국(東夷諸國)과의 관계를 살펴보면 아래와 같다.

함녕(咸寧) 2년(276) 2월 동이 8국 귀화[東夷八國歸化]; 7월 동이 17국 내부[東夷十七國內附]

함녕(咸寧) 3년(277) 동이 3국 내부[東夷三國內附]

함녕(咸寧) 4년(278) 3월 동이 6국 내헌[東夷六國來獻]; 동이 9국 내부[東夷九國內附]

태강(太康) 원년(280) 6월 동이 10국 귀화[東夷十國歸化]; 7월 동이 20국 조헌[東夷二十國朝獻]

태강(太康) 2년(281) 3월 동이 5국 조헌[東夷五國朝獻]; 6월 동이 5국 내부[東夷五國內附]

태강(太康) 3년(282) 9월 동이 29국 귀화[東夷二十九國歸化]

태강(太康) 7년(286) 8월 동이 11국 내부[東夷十一國內附]; 마한등 11국 견사내헌[馬韓等十一國遣使來獻]

태강(太康) 8년(287) 8월 동이 2국 내부[東夷二國內附]

다룬 대방군 기리영 공격 사건과 관련해서는 선생님의 아주 특장特長이 잘 드러납니다. 다른 분은 정말 어느 누구도 할 수 없는 아주 꼼꼼한 사료 분석, 가령 『삼국지』를 보더라도 『삼국지』의 판본板本부터 아주 철저하고 꼼꼼하게 찾아서 비교를 하십니다. 이런 방식으로 선생님은 명대明代 이후의 판본에서 나온, 그러니까 후대의 판본에 나오는 "신지격한분臣智激韓忿"을 "신분고한분臣濆沽韓忿"으로 읽어야 하고, 따라서 기리영 공격주체를 마한의 한 소국인 신분고국으로 바꿔야 한다고 강조하십니다.[3] 그동안처럼 대방군 기리영 공격 사건을 백제로 연결을 시키게 되면 그 백제가 곧 망해버렸다고 하는 이상한 결론이 나오는데, 선생님 결론처럼 공격 주체가 백제가 아니라 신분고국이고, 그 신분고국이 멸망한 것으로 이해하면 부드럽게 이 부분을 설명할 수 있지 않겠느냐는 것입니

태강(太康) 9년(288) 9월 동이 7국이 교위에 와서 내부[東夷七國詣校尉內附]

태강(太康) 10년(289) 5월 동이 11국 내부[東夷十一國內附]; 동이절원 30여국 내헌[東夷絶遠三十餘國來獻]

태희(太熙) 원년(290) 2월 동이 7국 조공[東夷七國朝貢]

원강(元康) 원년(291) 동이 17국이 교위에 와서 내부[東夷十七國詣校尉內附]

3) 부종사 오림은 낙랑이 본래 한국(韓國)을 통치했다는 이유로 진한(辰韓) 8국을 분할하여 낙랑에 넣으려 하였다. 그 때 통역하는 관리가 말을 옮기면서 틀리게 설명하는 부분이 있어, 신지(臣智)와 한인(韓人)들이 모두 격분하여 대방군(帶方郡)의 기리영(崎離營)을 공격하였다. 이 때 대방태수 궁준(弓遵)과 낙랑태수(樂浪太守) 유무(劉茂)가 군사를 일으켜 이들을 정벌하였는데, 궁준은 전사하였으나 2군은 마침내 한(韓)을 멸하였다.[部從事吳林以樂浪本統韓國 分割辰韓八國以與樂浪 吏譯轉有異同 臣智激韓忿 攻帶方郡崎離營 時太守弓遵 樂浪太守劉茂興兵伐之 遵戰死 二郡遂滅韓]"(『삼국지』 권30 위서30 오환선비동이전 한)에서 "신지격한분(臣智激韓忿)" 부분이 「송본(宋本)」에는 "신책첨한(臣幘沾韓)"으로 되어 있는 점을 들어, 이를 마한 54개국 중 "신분고국(臣濆沽國)"으로 보려는 견해가 있다.

다.

다음으로 『진서』의 조공기사와 백제라고 하는 3장의 부분입니다. 조공기사를 아주 세밀히 검토하신 결과, 서진西晉 동이전의 가장 중요한 특징은 한 맹주盟主가 그 주변에 있는 여러 나라들을 데리고 주도적으로 조공을 하고 있는 장면이라고 보시고, 이것을 두고 서진이 한꺼번에 오는 것을 별로 원하지 않았음에도 불구하고 결과적으로 한꺼번에 온 걸로 이해하고 계십니다. 한꺼번에 왔다는 것은 곧 서진이 주변 마한제국을 통치하는 그 통치력이 점점 약화되었기 때문이고, 바꿔 얘기하면 이렇게 뭉쳐서 갈 수 있었던 것은 이 당시 백제 마한지역의 정치적인 성장을 의미하는 것이라고 설명을 하셨습니다. 또한 백제가 곧바로 동이교위부東夷校尉府로 가서 조공을 하는 것이 아니라 대방군帶方郡을 거쳐서 동이교위부로 들어간다고 하는 얘기도 함께 말씀해 주셨습니다.

이상 제가 이해한 선생님 논문의 내용입니다. 저희들이 3세기 이전에 마한백제를 이해하기 위한 가장 중요한 부분들을 잘 짚어주셨다고 생각이 됩니다. 그에 대한 제 논평論評은 이따가 자세하게 다시 말씀리겠습니다만, 전체적으로 제 입장을 말하자면 기본적으로 저는 1장, 2장에 대해서 윤 선생님께 동의하는 입장이고요. 다만 3장 『진서』의 조공이라고 하는 부분, 즉 당시의 조공기사를 어떻게 이해할 것인가. 낙랑, 대방과 한 사이에서 벌어지고 있는 소위 조공무역에 대해서는 선생님과 많이 다른 생각을 가지고 있는데요. 이 점은 나중에 제가 자료를 보여드리면서 다시 말씀드리도록 하겠습니다.

좌장 김기섭 : 예. 저희는 앞으로 다른 생각에 더 주안점을 둬야 할 것 같습니다. 조공무역의 틀을 다르게 생각하신다고 말씀하셨는데요. 그 다른 점을 조금 이따가 짚어보도록 하겠습니다.

그 다음에 김무중 선생님이 정인성 선생님 발표에 대해서 말씀해 주십시오.

2) 백제 지역 출토 중국계 외래유물의 기원과 편년

김무중 : 네. 아까 사회자께서 제가 무서운 사람이라고 소개하셔서 제가 몸 둘 바를 모르겠습니다. 굉장히 부드러운 사람인데요. 왜 그렇게 표현하셨는지 잘 모르겠습니다.

사실 저는 낙랑토기樂浪土器, 아까 전국계戰國系부터 회도灰陶 내지는 낙랑토기까지의 도면을 제가 작성을 하기는 했습니다. 다만 작성하게 된 계기는 2004년도에 화성에서 전혀 이 지역에서 볼 수 없었던 토기들이 많이 나온 제철유적 하나를 발굴했기 때문입니다. 화성 기안리 유적인데요.〈그림 18〉 발굴할 때 사실은 이 토기들이 어떤 토기들인지 몰라서 한참 이런 저런 문헌을 찾다가 정인성 선생님의 여러 논문들을 보고 '아, 이거구나.'라고 해서 무릎을 치면서 공부를 했던 기억이 있습니다. 그런 점에서 보면 정인성 선생님의 기존 연구는 오늘 발표도 그렇습니다만 유물을 꼼꼼하게 관찰해서 그 제작의 원향지原鄕地 또는 생산지 판별을 분명히 해주셔서 낙랑에서 원래 생산된 물건이다 아니다, 이 정도까지 파악할 수 있을 정도입니다. 저는 그 견해를 받아들이는 입장이었습니다. 그리고 간혹 가다가 새로운 자료가 나오면 서로 의견을 교환하는 입장이었는데, 오늘 정인성 선생님께서 지난 1년 동안 중국에 다녀오시면서 나름의 연구계획이 있으셨겠지요. 그런 부분에서 새로운 견해를 발표하신 내용인데요. 아까 파워포인트 발표를 하셨습니다.

76쪽의 도면을 정리한 이유는 저는 의미를 부여하기보다는, 사실 76쪽의 도면에는 재지在地의 토기[4] 변천 〈그림 1〉을 제시하지 않았습니다만, 편년표를 작성하다 보니 이런 순서대로 배열할 수 있지 않겠느냐 하는 생각만 가지고 있었습니다. 그 후에 기원 전후한 시기부터, 백제토기 성립기까지의 편년을 좀 해보면 의미를 부여할 수 있지 않겠느냐 하는 것과, 또 하나는 그 이면裏面에는 지역성이 있지 않겠나 생각해서 작성을 했던 건데, 거기에 정인성 선생님의 발표에서 공백지 등의 의미를 다 부여해 놓으니까 마치 제가 앞으로 할 일이 없어진 듯한, 공부의 목표가 없어진 듯한 그런 느낌이 듭니다. 그런데 하나 의문스러운 점이 있어요. 물론 토기자료는 없습니다만 기원 전후한 시기 바로 다음 단계인데요. AD 1세기일 텐데 자료의 공백을 강력하게 지적을 해 주신 것은, 기존에 정인성 선생님이 이제까지 발표한 논문이나 토론 자리에서 보면 그럴 가능성을 힘주어 얘기를 하였지만, 오늘처럼 단정적으로 얘기하는 경우는 처음 봤습니다. 그래서 하나 놀랐다는 점이고요.

4) 낙랑계 토기류와 공반되는 재지토기는 경질무문토기 또는 중도식토기라고 한다.

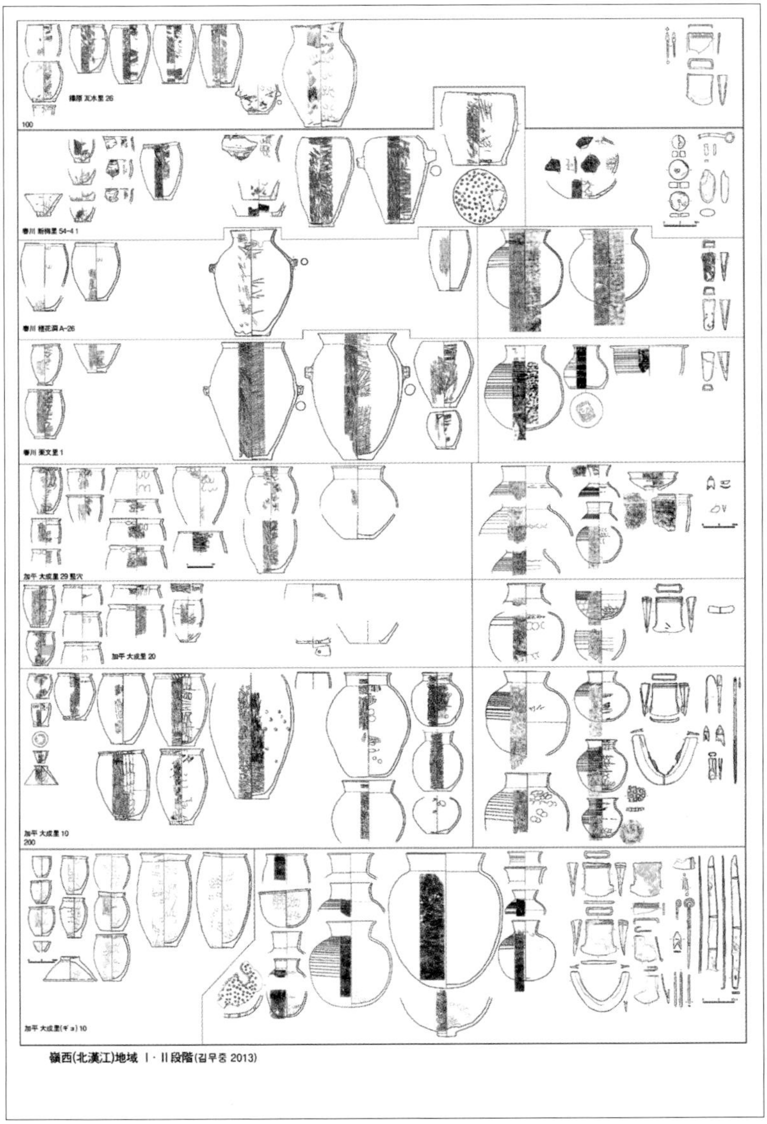

〈그림 1〉 영서지역 재지(在地)토기의 변천

또 하나는 기존에 낙랑토성의 토기를 연구하시면서 중부지역에 있는 토기들이 전국시대의 토기부터 낙랑토기까지 변화를 얘기했었는데, 오늘은 또 거기에 더해서 산동지역山東地域으로부터의 반입, 생산된 토기가 반입되었다는 견해를 발표하셔서 기존의 연구와는 상당한 진전이 있었다고 생각됩니다. 저로서는 충격적이었는데 아마 그런 것 같아요. 현재까지 마한 지역에서 나온 고고학 자료라는 것은 아까 윤용구 선생님께서 발표하셨던 것처럼 그런 문헌자료의 내용을 꼼꼼하게 분석을 해서 할 수 있는 해석이 있다면, 그것을 방증傍證하는 게 고고학 자료일 텐데, 고고학 자료의 해석 방향이 과연 일방적이었던 것이냐 하는 부분들은 좀 더 자료를 봐야 하는 것 아닌가 싶거든요. 세부적으로는 저도 동의하는 부분이 많습니다. 그러나 궁금한 것을 덧붙이자면요. 사실은 서해안지역에서 출토되는 백색토기白色土器에 대한 것으로, 서해안지역에서만 백색토기가 나오는 것인지. 그런데 이미 2009년도에 발굴조사된 내륙 북한강유역의 가평 대성리유적[5]〈그림 2 · 3〉에서 백색토기가 있다고 분류를 하시고 발표하신 적이 있는데, 오늘은 그것을 싹 빼놓고 말씀하셨다는 말이지요. 그래서 뭔가 교역과 관련된 서해안지역의 마한의 어떤 나라였는지 모르겠지만, 그런 역할을 강조하면서도 자료들을 어떻게 해석할지에 대한 여지를 남겨놓아서 그게 하나 궁금하고요.

5) 정인성, 2009, 「가평 대성리유적 출토의 외래계 유물-서북한계 유물을 중심으로-」, 『가평 대성리 유적』, 경기문화재연구원.

또 하나의 논의를 진행시킬까 하는데요. 결론 부분의 앞부분입니다. 제가 조금 아까 말씀드렸던 2004년도에 발굴됐다던 화성 기안리 유적[6]은 제철유적입니다. 이 유적에서 출토된 토기류의 60% 이상이 소위 말해서 낙랑인지 대방인지는 변별이 되지 않습니다만, 대부분이 낙랑지역의 토기 제작기술이 반영되어었으나 현지화 된 것입니다. 즉, 모방한 토기들인데 이와 함께 정인성 선생님이 그 뒤에 낙랑토성에 있는 철기 자료를 분석하면서 발표한 내용[7]에는

〈그림 2〉 가평 대성리 유적 출토 토기와 철기

6) 김무중, 2004, 「화성 기안리 제철유적 출토 낙랑계토기에 대하여」, 『백제연구』 40, 충남대학교 백제연구소, 73~97쪽.

7) 정인성, 2006, 「낙랑 토성의 철기와 제작」, 『낙랑문화연구』, 동북아역사재단.

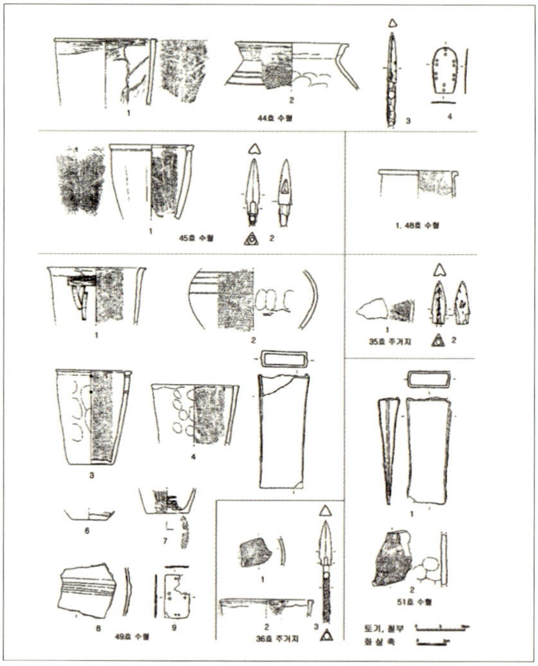

〈그림 3〉 대성리 유적의 화분형 토기와 공반 유물(정인성, 2009)

기존의 유력한 견해인 낙랑지역에 철관鐵官이 있었다는 설에 대하여, 그게 아니고 소규모의 작은 주조철기 정도의 수준이었다는 견해를 발표한 적이 있었습니다만, 오늘은 그 점에 대해서 생략하여 아쉬웠습니다. 물론 토기가 중심입니다만, 중부지역에 나오는 철기들을 보면, 기원 후 2세기대까지 중국 동북지방 계통의 철기들도 꽤 나오고, 그것을 또 재활용한 철기들도 나오는데, 이 점에 대해서는 낙랑계 토기의 출현부터 단계별 변화양상과 관련하여 어떻게 생각하시는지, 오늘 발표에서 빠져 있어서 같이 관련지어 설명해 주면 논의하는 데 참고가 되지 않을까 생각합니다. 이상입니다.

좌장 김기섭 : 예. 기존의 낙랑과의 관계로 설명했던 부분들을 오늘 발표하시면서 서해안, 그러니까 산동지역과 요동지역, 요서지역과의 관련성을 강조하셨는데, 그렇게 보기에는 빠진 자료들이 좀 있지 않느냐 그런 취지로 저는 이해를 했습니다.

그다음에 강종훈 선생님, 네 분 것 다 하셔도 좋고요. 좀 말씀해 주시지요.

3) 백제 관련 중국 문헌자료의 해석과 적용

강종훈 : 대구가톨릭대학교의 강종훈입니다. 제가 한성백제박물관에서 하는 이 학술회의에 처음 왔습니다. 처음 나와서 이렇게 토론하게 됐는데 불러주셔서 일단 감사하고요. 제가 여러 가지로 좀 놀랐어요. 보통 학술발표회를 보면 지정토론자가 정해져 있어서 자기가 맡은 논문에 대해서 미리 토론요지를 작성해서 배포하고 그것을 중심으로 토론을 하는 게 거의 일반적으로 학술발표회에서 하는 방식인데, 지금 이 심포지엄(symposium)을 보니까 그 틀을 파괴한 형식파괴가 아주 두드러진 정말 선진적인 학술발표회를 구현하고 있는 것 같습니다.

처음에 예비모임을 할 때 발표주제가 4개라고 이야기를 하고 토론자는 특정한 발표에 대해서 토론을 하는 게 아니고 전체 발표논문에 대해서 코멘트(comment)를 하는 것이라고 해서 굉장히 부담

스럽게 느껴졌어요. 실제로 제가 이 발표요지문을 늦게 받아서 이것을 다 내용을 읽고 저 나름대로 어떤 식으로 이 주제들에 대해서 토론을 해야 할까 고민을 많이 했었는데, 실제로 와서 보니까 지금 사회자께서 저 같은 경우는 여호규 선생님의 발표에 대해서 집중적으로 토론을 하라고 지정을 해 주셨습니다.

제가 애초에 생각했던 게 네 분의 주제발표에 대해서 어떤 이야기를 해야 할지 고민을 하고 왔는데, 오늘 발표에서도 다 나타났지만 전체적으로 느낀 소감은 현재 이 학술발표의 주제가 '백제의 성장과 중국'이렇게 되어 있는데, 물론 다 그런 것은 아니지만 전체적으로 백제의 성장이라고 하는 부분이 뚜렷하게 드러나지 않는다는 느낌이 듭니다. 예를 들어서 윤용구 선생님의 발표 같은 경우는 '마한백제의 성장과 중국'이라고 제목을 달고 좋은 논문을 발표해 주셨지만, 그 내용 내에서 정말 백제가 어디에 들어 있는가 하는 의구심을 들 정도로 백제에 대한 내용이 거의 없어요. 그리고 정인성 선생님 고고학적 발표도 제가 사실 고고학에 대해서는 문외한이기 때문에 뭐라고 말씀드리기 어렵습니다만, 전체적으로 보면 고고학 자료는 많이 언급을 해 주셨고 정인성 선생님도 마찬가지신데, 고고학자료에 대해서는 제가 모르던 내용도 익혀서 상당히 이 학술발표회가 저에게는 도움이 많이 되고 있습니다만, 그런데 자료가 많이 펼쳐져 있으나 이게 그러면 3세기, 4세기의 백제의 성장과 어떻게 연관이 된다는 것인가라고 하는 점에서는 제가 아직까지 머릿속에 그려지지가 않습니다. 그래서 아마 방청석에 계신 여러분들께서도 백화점에 물건들이 많이 펼쳐져 있는데 하나의 핵심적인 것으로 좁혀드는 느낌이 저처럼 아마 잘 안 드시지 않았을까 하는 생각도 좀 듭니다. 어쨌든 사회자께서 언급하셨듯이 백제만 놓고 보면 너무 시각이 좁혀지고 논의가 새로운 게 없을 것이기 때문에 펼쳐서 보겠다고 이야기를 하셨기 때문에 그런 차원에서 이 학술발표회는 나름의 의미는 가질 수 있다고 봅니다. 그런데 제 개인적으로 어쨌든 아쉬운 점은 구슬이 서 말이라도 꿰어야 보배라는 말이 있는데, 그런 점에서 꿸 수 있는 논의들이 부족했던 게 아닌가 생각이 들고 그런 점에서 사회자가 이 토론을 진행하시는 데 상당히 애로점이 있지 않겠나 하는 생각을 갖게 됩니다.

윤용구 선생님의 발표에 대해서는 김병준 선생님이 토론을 다 하셨는데요. 사실 저는 윤용구 선생님 발표에서 대방군 기리영 공격 사건이라든지 『진서』 조공기사라든지 이런 것을 통해서 3세기 단계의 백제의 상황이라는 게 구체적으로 뭔가 그려져야 한다는 생각을 개인적으로 했는데 그게 뚜렷하게 나타나지 않은 상태이고, 나중에 다시 토론기회가 있을지 모르겠습니다만, 대방군 기리영 공격 사건은 백제사에서 굉장히 중요한 획기劃期의 하나로 지금까지 인정되고 있었는데, 여기에 대해서 백제가 아닐 가능성에 무게를 두고 논지를 전개하셨기 때문에 이 부분에 대해서는 구체적인 보충 논의가 있어야 하지 않겠나 하는 생각이 듭니다.

그리고 여호규 선생님의 발표에 대해서 제가 느낀 바를 이야기해 드리면, 여호규 선생님의 가장 큰 강점이 자료를 샅샅이 뒤져서 정리를 잘 해 준다고 하는 것이지요. 그래서 이 논문도 굉장히 긴 논문이었습니다만, 문헌에 나타난 5세기 초까지의 백제와 중국과 관련된 자료들을 다 거의 망라하다시피 하면서 중국 상황에 초점을 맞춰서 그동안 백제 중심으로만 보던 것을 중국의 입장에서 바라보는 것이 필요하다는 문제의식 속에서 정리를 아주 꼼꼼하게 잘해 주셨어요. 그런데 제가 여호규 선생님의 논문을 읽으면서 느꼈던 것 중의 가장 큰 것은, 많은 사료를 제시를 해 주셨지만 사료에 대해서 '이런 자료는 이런 식으로 결론이 난다.'는 어떤 강한 선입견이 곳곳에 자리 잡고 있습니다. 그래서 사료에 대해서는 정말 이런 가능성이 있으면 그 반대 가능성에 대해서도 조금 열린 접근자세가 있을 필요가 있지 않겠나 하는 생각이 들고. 대표적인 게 『진서晉書』 모용황재기慕容皝載記[8]에 나왔던 백제를 부여로 봐야 한다고 하는, 백제라고 표기되어 있는데 부여로 봐야 한다는 논의, 그런 기사들에 대한 접근이라든지 이런 것들이,[9] 물론 이게 여 선생님이 처음 이야기한 게 아니고 상당히 오래 전에 이병도 박사라든지 이런 분들이 다 그런 식으로 바꾸어서 보려고 하는 이야기들을 했고,[10] 그것을 본인 입장에서 재확인하는 식으로 논지가 펼쳐졌는데 사료가 지금 거의 없거든요. 특히 고대사 관련된 사료는 전체적으

8) 『진서(晉書)』 권109 재기(載記)9 모용황(慕容皝) 부분을 간단히 말할 때 『진서(晉書)』 모용황재기(慕容皝載記)라고 한다.

9) 日野開三郎, 1946, 「夫餘國考」, 『史淵』 34; 1988, 「東北アジア民族史 (上)」, 『日野開三郎東洋史學論集』 14, 三一書房, 42~42쪽; 關尾史郎, 1977, 「前燕屯田政策に關する二三の問題」, 『上智史學』 22; 三崎良章, 1998, 「五胡十六國時代における遼東-遼西の地方民族構成の變化について-」, 『早稻田大學本庄高等學院硏究紀要』 16; 楊龍, 2008, 「試論十六國時期前燕的人口管理」, 『東北史地』 2008-4.

10) 이병도, 1975, 「부여고(夫餘考)」, 『한국고대사연구』, 박영사.

로 보면 빈약하지만 백제사와 관련된 자료는 정말 거의 없다고 할 정도로 정말 손에 꼽을 정도로 적은데, 그 자료들에 대해서 과연 사료적 가치를 부정하는 방향으로 논지를 끌고 가는 것이 과연 백제사 이해에, 아니면 한국 고대사 전체 이해 체계에 이게 오히려 장애가 될 수 있는 그런 면도 있지 않겠나 하는 우려가 저는 들고 있습니다. 나중에 구체적으로 다시 이야기할 기회가 있을지는 모르겠습니다만, 제가 『진서』 모용황재기에 관련된 이야기를 지금 특별히 꺼내는 이유는, 우리가 부족한 사료이기 때문에 이 사료를 어떻게 접근할까 하는 것에 대해서 고민을 많이 해야 하는데, 지금 여호규 선생님이 제기한 부여를 백제로 오기誤記했다고 하는 인식, 물론 그렇게 볼 여지가 전혀 없는 것은 아니지요. 아니나 우리가 지금 345년, 346년 연이은 두 해에 걸쳐서 다른 자료에, 『진서』라고 하는 자료[11]와 『자치통감』이라고 하는 자료[12]에 백제百濟라고 하

11) 고구려·백제 및 우문(宇文)·단부(段部)의 사람은 모두 무력으로 옮겨왔기 때문에 중국의 의를 사모하여 이른 것과 같지 않으니 모두 돌아가려는 마음을 가지고 있으며, 지금 호(戶)가 십만에 달해 도성을 비좁게 할 지경입니다. 아마도 장차 국가의 해가 될까 두려우니 마땅히 그 형제와 종족들을 나누어 서쪽 경계의 여러 성으로 옮겨 은혜로써 위무하며, 법으로써 단속하십시오.[句麗百濟及宇文段部之人 皆兵勢所徙 非如中國慕義而至 咸有思歸之心 今戶垂十萬 狹湊都城 恐方將爲國家深害 宜分其兄弟宗屬 徙于西境諸城 撫之以恩 檢之以法] (『진서』 권109 재기9 모용황; 『십육국춘추재보(十六國春秋輯補)』 권25 전연록(前燕錄)3 모용황(慕容皝) 12년조(345))

12) 춘 정월 이에 앞서 부여(夫餘)가 녹산(鹿山)에 있다가 백제(百濟)의 침략을 받아 부락이 쇠잔해지자, 서쪽으로 연(燕)과 가까운 곳으로 옮겨가 방비를 하지 않고 있었다. 이에 연왕(燕王) 모용황(慕容皝)이 세자 모용준(慕容儁)을 보내어 모용군(慕容軍)·모용각(慕容恪)·모여근(慕輿根) 등 세 장군과 군사 1만 7천 기(騎)를 거느리고 부여를 습격하게 하였다.[春正月 初夫餘居於鹿山 爲百濟所侵 部落衰散 西徙近燕 而不設備 燕王皝遣世子儁帥慕容軍 慕容恪 慕輿根三將軍萬

는 명칭이 같이 언급이 되고 있는데, 이 두 개를 모두 하나는 부여의 오기고 하나는 고구려의 오기라고 하는 식으로 부정하는 것이 과연 합리적인 자료 해석일 수 있을까, 저는 그전부터 그런 의문을 갖고 있는 것이지요. 물론 346년 기록에 부여가 멸망되는 기록이 나와 있는 백제를 고구려의 오기라고 할 수는 있습니다. 전체 정황상으로 보면. 그러나 결국 부여가 고구려에 의해서 그 지역이 편입編入되고 복속服屬이 됐다고 하는 것이 역사적 사실이라고 하더라도 특별히 그 기사에서 그게 백제가 아니고 고구려여야 할 확실한 이유는 사실상 없는 것이거든요. 고구려에 의해서 복속되어 가는 그 경향성은 인정한다고 하더라도 특별히 그 기사에 백제를 고구려라고 바꾸어서 이해할 필연성은 없는 겁니다. 그리고 345년 모용황재기에 나와 있는 기사는 여러분이 잘 보시면 아시겠지만 이게 『진서』의 일반적인 편년체로 정리된 기사가 아닙니다. 무슨 이야기냐 하면, 우리가 사료를 크게 구분했을 때 1차 사료와 2차 사료라는 것이 있어요. 1차 사료라는 것은 예를 들어서 금석문이라든지 아니면 조선시대에 상소를 했을 때 상소문 같은 것, 이것은 본인이 직접 자기의 생각을 쓴 것이기 때문에 그것을 1차 사료라고 합니다. 그리고 그런 것을 가지고 연대기年代記를 정리한 것은 2차 사료가 되겠지요. 그래서 자치통감의 기사는 2차 사료가 됩니다. 그러나 『진서』 모용황재기의 내용은 봉유封裕라는 사람이 상소上疏

七千騎襲夫餘] (『자치통감(資治通鑑)』 권97 진기(晉紀)19 영화(永和) 2년(346) 춘정월조)

를 올린 글 속에 들어 있는 거예요. 그러니까 이것은 실질적으로 『진서』라고 하는 기록 자체는 2차 사료이지만, 그 안에 직접 인용이 되어 있는 봉유의 상소문은 1차 사료의 성격을 그대로 가지고 있는 겁니다. 그러니까 1차 사료, 2차 사료를 구분하지 않고 1차 사료가 갖고 있는 특수성에 대해서 인정하지 않고 그냥 이것을 병기竝記의 가능성으로만 생각한다고 하면 이 사료가 갖고 있는, 우리가 지금 전체의 맥락을 알 수는 없어요. 앞뒤가 밝혀져 있지 않기 때문에. 그렇지만 1차 사료에서 나와 있는 표기表記 자체를 다른 2차 사료와 똑같은 차원에서 접근하면서 사료적 가치를 부정하려

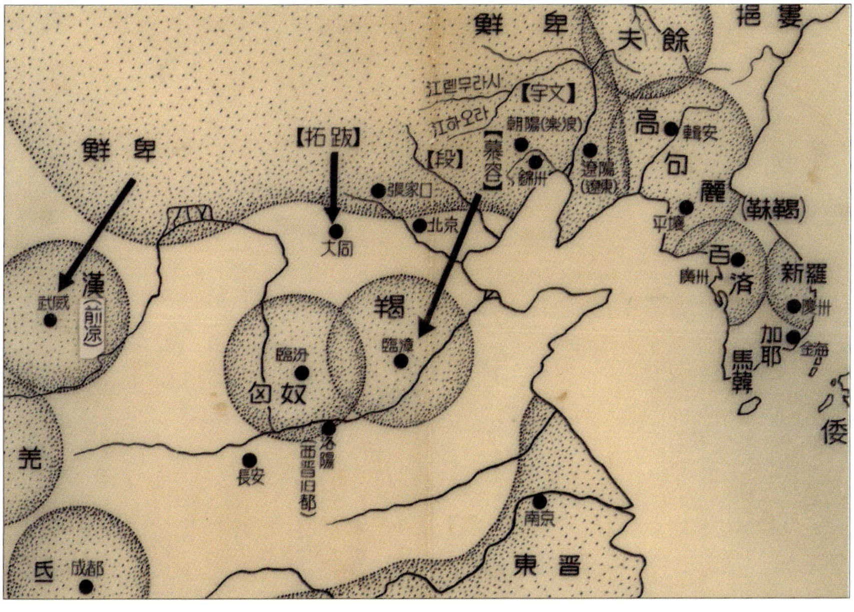

〈그림 4〉 4세기 전반 5호(胡)의 남하와 요서지역(천관우 원도, 1973)

고 하는 것은 조금 위험하지 않겠나 하는 것이 제 개인적인 생각입니다. 그래서 제가 전체적으로 말씀을 드리고자 하는 것은, 여러 가지 정리를 잘 해 주셨는데 부족한 사료라고 하는 것을 감안勘案할 때 우리가 사료 하나하나에 접근하는 데 있어서 좀 더 신중한 자세나 태도가 있어야 하지 않겠는가 하는 생각을 개인적으로 해 봤습니다.

좌장 김기섭 : 예. 벌써 전투력이 상당하지요. (웃음) 처음부터 이렇게 가면 조금 이따가 논의하기가 굉장히 어려울 수도 있겠습니다. 지금 논점이 튀고 있습니다. 지금 요서경략설遼西經略說을 안 다루기가 어렵게 상황이 그려져 있는데요. 그것은 조금 이따가, 요서경략설은 조금 뒤에 다루도록 하겠습니다.

마지막에 성정용 선생님, 시작한 지 벌써 시간이 30분이 넘었습니다.

4) 백제와 고대 중국과의 관계를 보여주는 고고자료

성정용 : 대개 토론 마지막이 되면 시간없다는 소리가 나오는데요. 제 잘못은 아닙니다. 아까 조윤재 선생님이 말씀을 하셨지요. 한성백제박물관에서 쟁점백제사 학술회의가 5차나 열렸는데, 제가 직접 참여하는 것은 이번이 처음입니다. 이전에 올 기회가 있었지만 다른 일 때문에 못하겠다고 했었는데, 비겁하게 도망갔다는 얘기도 많이 들었습니다. 그런데 오늘 보니까 도망가기 잘한 것 같아요. 이렇게

많이 준비해오고 이렇게 열심히 하고 또 토론을 다섯 시간씩 하는 학술대회는 근래에 보기 드문 것 같습니다. 말씀하실 시간이 없어서 자기가 하고 싶은 말도 제대로 다 못하는게 아닌, 이렇게 준비를 철저하게 하는 학술대회라는 것을 오늘 다시 알았습니다. 금방 강종훈 선생님 말씀에 백제가 잘 보이지 않는다는 말씀을 하셨는데, 저도 오늘 듣고 보니까 그런 생각이 많이 드네요. 문헌사文獻史 하시는 분들도 그렇고 고고학 자료에서도 뭔가 백제와 중국과의 관계가 많이 있는 것 같은데, 실제 백제가 무슨 역할을 했는지 선명하게 드러나지 않는 것 같다는 생각이 얼핏 들었습니다. 그런데 지금까지 2000년대 들어서는 백제의 시대라고 해도 좋을 만큼 백제 갖고 많은 얘기를 했던 것 같아요. 문헌에서도 그렇고 고고학 자료도 새로운 것이 많이 나오고 했는데 정작 백제가 어떤 역할을 했고 직접적으로 어떤 관계가 있었는지 그게 토론하면서 좀 더 선명하게 드러났으면 하는 생각이 듭니다.

저한테는 조윤재 선생님 것을 지정토론해 달라고 왔던 것 같은데요. 강 교수한테는 그 말씀이 없으셨나 봅니다. 저는 조윤재 선생님 것을 간단하게 리뷰(review)할까 하는데요. 왜냐면 조윤재 선생님 발표문 보니까 준비 참 많이 하셨더라고요. 저희 백제지역에서 나온 중국 관련 자료들을 지금까지 논의된 것들을 다시 한 번 짚어보면서 이러한 자료를 새롭게 봐야 한다는 얘기를 많이 하셨습니다. 그래서 조윤재 선생님이 못 하신 말씀을 제가 대신 요약정리를 했으면 좋겠는데요. 시간이 괜찮을까요? 예, 짧게요.

발표문 보시면 177쪽에 조윤재 선생님이 쓱 빼 놓고 지나가신 것 같아서. 제일 처음에 백제와 중국과의 관계를 보여주는 자료가 흑색마연토기黑色磨研土器, 백제의 상징적인 토기 같지요. 가장 정성스럽게 만든 토기인데 이게 3세기 후반 백제와 중국과의 관계를 보여주는, 그런데 그 관계는 요동지역에 있는 동이교위부東夷校尉府를 통해서 한 것이다. 그리고 그쪽 지역에 들어오는 것들이 바로 백제가 대외무역권對外貿易權을 장악한 증거가 아니겠느냐 하는 견해를 인용만 하셨습니다. 그런데 오늘 발표에는 3세기 후반 『진서』 마한조에 나오는 기사를 백제로 환치換置시켜 볼 만한 근거도 없다. 또는 전혀 다른 얘기가 되겠지요. 문헌에는 아무 얘기가 없는데 고고학에서는 자료 가지고 얘기하는 거니까 과연 이것을 어떻게 볼 수 있을지. 혹시 못 하신 말씀이 있으면 또 연대를 그렇게 봐도 좋은 것인지, 또 백제토기의 발생과도 관련이 되는 건지, 선생님께서 아니면 다른 분이라도 이때 한 번 얘기를 해 주시면 어떨까 싶은 게 있습니다.

두 번째 보실 것은 이것도 희귀한 물건 중의 하나지요. 180쪽에 있습니다. 청동초두靑銅鐎斗〈그림 5 · 6〉인데요. 두 가지의 기능을 보통 얘기한다고 적어주셨습니다. 하나는 군대에서의 취사용, 하나는 다구, 차 끓이는 도구가 있는데, 어쨌든 이 연대관도 4세기대로 보는 분하고 박순발 교수님이 옛날에도 얘기한 게 있었고,[13] 박보현 교수님은 5세기 후반대 이렇게 얘기를 한 적이 있는데[14] 백제

13) 박순발, 2005, 「초두고(鐎斗考)」, 『동아고고논단』 창간호, 충청문화재연구원.
14) 박보현, 2005, 「풍납토성출토 초두의 편년적 위치」, 『호서고고학보』 12, 호서고고학회, 11쪽.

〈그림 5〉 풍납토성 출토 청동초두

〈그림 6〉 원주 법천리 출토 청동초두

지역에 중국 유물의 연대관年代觀의 차이가 굉장히 큽니다. 그런데 이 연대관의 차이를 전세傳世나 또는 보유기간保有期間, 제가 언제 법천리 1호분〈그림 6〉의 연대를 5세기 중반 정도로 비정比定한 적이 있는데,[15] 거기에 나온 초두를 전세나 보유로 봐야 하는 것 아닌가 하고 얘기하신 것 같은데 혹시 맞는 것인지, 그렇다면 초두의 연대를 어느 정도로 보는 게, 또 다른 중국 자기와 연관해서 전세론을 과연 어떻게 우리가 백제 고고학에서 이해해야 할지 이 부분을 한 번 이야기해 보면 좋겠습니다.

세 번째로 와전瓦甎〈그림 7 · 8 · 9〉도 굉장히 중요한 문제를 지적해 주신 것 같아요. 연화문화당은 원래 웅진기 이후 사비기에나 잘 나오는 것으로 생각을 했는데, 근래에 서울 지역에서 연화문화당蓮

15) 성정용, 2010, 「백제 관련 연대결정자료와 연대관」, 『호서고고학보』 22, 호서고고학회, 77쪽.

花文瓦當이 조금씩 나오기 시작을 했습니다. 세 점이 나왔는데 "남조南朝에는 유사한 예가 없다." 정확한 지적이신 것 같습니다. 남조 답사에서 이른 시기의 것을 본 적이 없는 것 같기는 합니다. 그래서 북방계통北方系統에서 그 연원淵源을 구해야 하는 게 아닌가 했을 때 오늘 말씀하신 것 자료 중에 와전도 있고, 대금구帶金句, 증토축성蒸土築城, 그 다음에 아까 발표자료에서 빠져 있긴 합니다만, 마구馬具 문제 이런 것들이 보면 북방지역과, 또는 북조北朝지역과 굉장히 많이 연관이 됩니다. 그래서 북조가 과연 어떤 식으로, 백제가 어떻게 한성기漢城期에 연결이 되었을까. 이 문제를 좀 더 포괄적으로 다뤄봤으면 하는 생각이 있는데요. 특히나 아까 보여주신 것 중에 비밀자료, 이게 아직 비공개 자료라서 화면만 살짝 1초만 보여주시고 지나갔습니다. 그런데 거기 나온 와당 중에 사구획四區劃하고 원 안에 십자문十字文 그려놓은 이 와당이 바로 업성鄴城에서 나왔는데 후조後趙, 그러니까 3세기 중반 335년에서 337년 이 후조의 업성 조영造營 2단계와 관련되어 있지 않나. 그렇다면 업성에서 직접 후조와 관련된 건지, 아니면 쿠션(cushion)을 통해 들어

〈그림 7〉 석촌동고분 출토 와당

〈그림 8〉 풍납토성 출토 와당

〈그림 9〉 풍납토성 출토 와당

온 것인지는 모르겠습니다마는, 어쨌든 백제가 동진東晉과 공식관계를 가지기 이전에 남조도 아니고 북조와 관련된 자료일 텐데, 아마 강하게 그런 생각을 갖고 계신 것 같아서 이것에 대해서 조금 더 부연설명을 하실 게 있으면 부탁드리고 싶습니다.

또 하나가 중국 도자기 문제, 이것은 백제 고고학에서 빠질 수 없는 문제긴 한 것 같습니다. 190쪽부터 쭉 써놓으셨던데, 191쪽에 보시면 표에 정리를 해 놓은 게 있습니다. 마침 선생님이 제 표를 인용하셨네요. 제가 오늘 할 역할이 없을 것 같았는데 고맙습니다. 사실 제가 중국 도자기도 관심을 가지고 백제지역에 중국 물건이 어떤 게 있을까 쭉 찾아보니까 가장 많은 게 중국 도자기였습니다. 그런데 아까 선생님이 시간이 없어서 말씀을 못 하신 것 중의 하나가 도자기가 단순히 무덤에서 나온 게 아니라는 겁니다. 191쪽 〈표 3〉을 보시면 중앙지역 같은 경우에는 생활유적에서만 88점이 나왔습니다. 이것은 최소 개체수이지 결코 한정된 얘기가 아니고요. 문제는 고분에서는 그것의 5분의 1도 안 되는 18점이라는 겁니다. 그런데 지방으로 내려가면 생활유적은 한성기에는 딱 두 군데밖에 없네요. 하나는 홍성 신금성이라는 데에서 나온 전문도기〈그림 10〉가 있고요. 이처럼 지방에 내려가면 거의 대부분이 고분 출토품이라는 겁니다. 즉, 다른 것보다도 풍납토성이나 몽촌토성에서는 중국 도자기가 발에 채일 정도로 흔한 물건이라는 거지요. 그렇다고 해서 정말 아무나 쓰는 물건은 아니고 귀족들이 갖고 있었던 사치, 향락품享樂品이 아니었을까. 즉, 중앙과 지방이 갖고 있는 의미가 전혀 달랐다는 겁니다. 그래서 이런 도자기를 이해할

〈그림 10〉 홍성 신금성 출토 흑유전문도기편

때, 단순히 무덤에 대한 공헌품貢獻品, 위세품威勢品 이런 식으로만 이해할 게 아니라 중국도자기, 수입된 물건이 갖고 있는 의미를 좀 더 우리가 천착해 봐야 하지 않을까. 그리고 연대론에 대한 문제도 바로 이런 관점에서 접근을 해야 좀 더 풀릴 수 있는 게 있지 않을까 하는 겁니다. 단순히 수입해서 바로 갖고 있다가 바로 자기가 중요한 물건이니까 무덤에 갖고 들어가고, 이런 식으로만 이해하게 되면 아무것도 풀릴 수 없지 않을까 하는 겁니다. 그래서 조 선생님께서 이 부분에 대해서 살짝 언급만 하거나 적당히 쓰신 부분도 있어서, 연대론 문제 이런 것도 다시 한 번 밝혀 주셨으면 어떨까 싶은 생각이고요.

또 하나가 대금구 문제, 용어를 진식晉式이 아니라 중원식中原式 대금구帶金具로 바꾸자는 견해에 저는 대폭 찬성합니다. 왜냐면 진식만으로 한정되는 것은 아니기 때문에. 이것은 권오영 선생님도 이미 이전에 지적을 하셨던 바[16] 있고요. 어쨌든 저희 백제 지역에 이 대금구 자료가 몽촌에서 나온 수하식垂下飾이 하나 있고〈그림 11〉 그다음에 과대장식銙帶裝飾인 풍납토성 것〈그림 12〉, 그 다음에 사창리 것〈그림 13〉이 있었는데, 사실은 공주 수촌리에서 나온 것〈그림 14〉도 하나 더 있습니다. 제일 중요한 자료가 아닐까 싶습니다. 가장 완벽하게 나와 있는 것이고요. 수촌리 것은 아마 5세기 전반 정도가 될 텐데, 어쨌든 몽촌토성에서 나온 것 같은 경우는 4세기 전반에 남조지역과의 관계 또는 기록에 나오지 않은 책봉冊封을 받은 증거가 아닐까 하고 고고학 쪽에서 박순발 선생님이 한번 얘기했던 것 같습니다.[17] 비공식이든 공식이든 간에 굉장히 긴밀한 관계를 보여주는 자료로 이해가 됐는데, 과연 이 자료의 연대를 문헌사 하시는 선생님들의 말씀을 들으면 4세기 중반에 백제가 중국과 무슨 일을 했는지 잘 그려지지 않습니다. 그러면 이 고고학 자료를 과연 4세기 전반으로 봐도 좋은 것인지. 다시 한 번 되짚어 볼 필요가 있을 것 같습니다. 그런 점도 하나 있을 것 같고요.

---

16) 권오영, 2013, 「"대성동 88호분의 진식대금구와 중국·왜"에 토론문」, 『최근 대성동고분군의 발굴성과』, 대성동고분박물관 10주년 기년 국제학술회의 자료집.

17) 박순발, 1999, 「한성백제의 대외관계-국가 성립기 대외교섭의 실상의 의의-」, 『백제연구』 30, 29~48쪽.

〈그림 11〉 몽촌토성 출토 규형 과판

〈그림 12〉 풍납토성 출토 과판 수하식

〈그림 13〉 화성 사창리 출토 대금구

마지막으로 성벽을 쪄서 만드는, 증토축성蒸土築城 문제, 즉 회灰를 사용한 문제를 말씀을 해 주셨는데, 결국은 이것도 북조와 관련된 자료가 아닐까 하고 말씀을 해 주신 것 같아요. 그렇다면 아까 서두에 얘기했듯이 이렇게 중국도자 이런 것들도 그렇고 와당도 그렇고 흑색마연토기도 그렇고 그 다음에 증토축성 이런 부분도 북조와 관련된 것이 더 많아진 듯한 느낌이 듭니다. 그렇다면 문헌에 전혀 나와 있지 않은 북조와의 관계를 과연 어떻게 이해해야 할까 하는 부분입니다. 이와 관련하여 본문에 조 선생님이 말씀하시지는 않았지만 백제지역에서 나오는 기승마구騎乘馬具, 과연 이것을 어떻게 이해해야 할까 하는 점이 문제였습니다. 왜냐면 백제지역에 이전에는 마구가 많이 나오지 않았거든요. 4세기 중반 이후 정도 돼야 백제마구가 있는 것으로 이해했습니다. 그래서 이럴 때 나오는 마구를 저 같은 경우는 선비계鮮卑系와 관련시켜 본 적이 있었고, 그럼 그게 어떤 계기로 들어왔을까 한 번 생각을 했던 적이 있는데, 어쨌든 북방지역과 관련이 있는 것은 분명해 보이지만, 문제는 최근에 중부지역에서 4세기 중반 이전에 3세기 때까지 올라

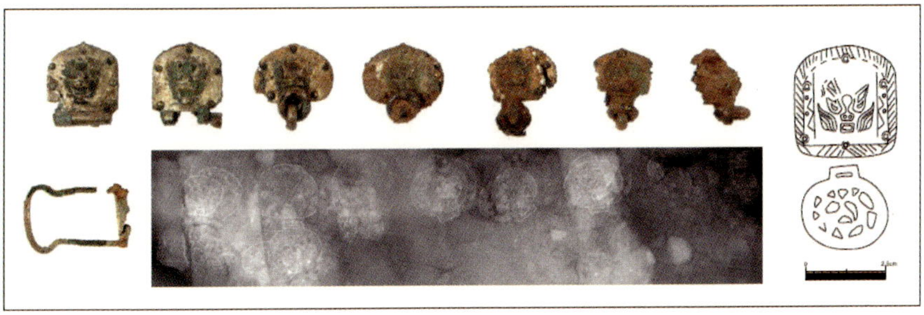

〈그림 14〉 공주 수촌리 출토 금동과대금구 일괄(상: Ⅱ-1호분, 하 · 우: Ⅱ-4호분)

가는 마구들이 나온다는 겁니다. 특히나 오늘 여기 다뤄지지 않은 충주 지역 같은 경우, 지금 충주를 마한이라고 생각하는 분은 한 분도 안 계신 것 같아요. 사실은 다 생각하면서 자료 인용을 안 하신 것 같기도 합니다만, 문헌에서도 위치를 비정할 때 충주를 마한이라고 표시한 적은 없는 것 같습니다. 54국 위치에서 충청북도 지역은 아예 빠져 있습니다. 천관우 선생님도 빼셨고, 근래 다시 음상사 작업을 하셨던 박순발 선생님도 충북지역에는 54국의 위치를 비정한 바 없습니다. 그런데 오늘 윤용구 선생님 말씀을 들으니까 이해가 됩니다. 해안가를 따라가면서 군현이 갖고 있던 정보자료를 기초로 해서 기재記載를 하면, 당연히 충북 내륙지역은 쏙 빠진 게 오히려 맞겠다는 생각이 좀 듭니다. 그런데 그쪽 지역에 현재까지 나온 것 중 가장 초기의 마구馬具가 있는데 특히 재갈입니다. 이는 중부지역 뿐만 아니라 남부지역에서도 나온 적이 없는 자료입니다. 제작 기법에 대해 이따 혹시 기회가 되면 사진을 보여드리겠습니다. 말로 하면 잘 이해가 안 돼서요. 최초로 나온 것은 청주와 충주인데[18] 3세기까지 올라간다는 겁니다.[19] 그리고 이것은 다음에 4세기 후반 이후에 백제자료와도 연결이 안 됩니다. 그래서 이 마구가 들어온 계기를 보면, 어쨌든 이것은 저희 쪽도 아니기 때문에 어디선가 와야 하는데, 이게 올 데가 결국은 북방지역밖에 없습니다. 낙랑을 경유하든 안 하든 간에. 그래서 초기에 3세기 때 들어온 마구들도 어떻게 될까. 그 다음에 다시 4세기 중반 전후해서 새롭게 들어온 마구들이 또 북방과 관련이 되는데 과연 이렇게 여러 단계를 거쳐서 들어온 것을 어떻게 이해하는 게 좋을까 이런 점들이 다시 한 번 되짚어졌으면 합니다.

좌장 김기섭 : 논평만 부탁드렸는데 네 분 말씀을 듣다 보니까 제가 얘기한 것을 포함해서 지금 50분이 넘었습니다. 이 정도로 할 얘기들이 많으신데요. 지금 거론하신 것들을 각각 나누게 되면 아마 시간이 부족하고요. 부족한 뒤에 아마 찜찜함으로 남을 가능성이 있겠습니다. 그래서 부득이 지금 말씀하신 부분들 중에 주제들을 묶어서 몇 가지로 우리가 논점을 만들어가야 하겠습니다.

3세기부터 5세기 사이에, 먼저 3세기 때에는 지금 "백제의 성장에 대한 얘기가 없다. 백제 얘기가 빠졌다. 찐빵을 얘기하는데 앙꼬가 없다."지금 그렇게 말씀을 하셨으니 이 부분은 살짝 짚고 가야하

---

18) 청주 봉명동, 충주 금릉동.

19) 성정용·권도희·諫早直人, 2009, 「청주(淸州) 봉명동유적(鳳鳴洞遺蹟) 출토(出土) 마구(馬具)로 본 백제(百濟) 마구(馬具)의 변천(變遷)」, 『호서고고학』 20.

는데요. 이게 굉장히 큰 문제입니다. 지금 이 문제에 빠져들면 오늘 토론 전체가 어려울 것 같고요.

먼저 윤용구 선생님과 정인성 선생님께 이 부분에 대한 말씀을 아주 간략하게 듣고, 그 다음에 이어서 3세기부터 시간 순으로 따라 내려가 보는데요. 백제와 관계하였던 중국 세력, 그중에 3세기는 대체로 낙랑樂浪, 동이교위東夷校尉 이렇게 오늘 거론이 많이 됐습니다만, 어디에 어떤 방식으로 사신단使臣團이 갔는지, 어떤 방식으로 교섭이 이루어졌는지. 또 어떤 루트로, 교통로를 어떻게 잡고 갔는지 중국 대륙으로 갔다고 하는 것인지 아니면 한반도 내에 어떤 지역으로 갔다는 얘기인지. 또 요서지역으로 갔다는 것인지, 또 갈 때 그 사신단의 규모는 어느 정도로 생각을 하시는지. 기록에도 있습니다. 오늘 잠깐 나오기도 했습니다만, 천여 인이 낙랑에 와서 인수印綬를 받아갔다고 하는 기록도 있는데요.[20] 천 명이 우르르 줄지어서 갔다는 얘기인지 아니면 육로로 갔다는 얘기인지 아니면 배 타고 갔다는 얘기인지, 이런 부분들에 대해서 생각하신 바를 구체적으로 짚어보는 각도에서 얘기가 진행이 됐으면 좋겠습니다.

---

20) "경초(景初) 연간(237~239)에 명제(明帝)가 몰래 대방태수 유흔(劉昕)과 낙랑태수 선우사(鮮于嗣)를 파견하여 바다를 건너가서 두 군(郡)을 평정하였다. 그리고 여러 한국(韓國)의 신지(臣智)에게는 읍군(邑君)의 인수(印綬)를 더해 주고, 그 다음 사람에게는 읍장(邑長)을 주었다. 풍속은 의책(衣幘)을 입기를 좋아하여, 하호(下戶)들도 군에 가서 조알(朝謁)할 적에는 모두 의책(衣幘)를 빌려 입으며, 스스로 인수(印綬)를 차고 의책(衣幘)을 착용하는 사람이 천여 명이나 된다.[景初中 明帝密遣帶方太守劉昕 樂浪太守鮮于嗣越海定二郡 諸韓國臣智加賜邑君印綬 其次與邑長 其俗好衣幘 下戶詣郡朝謁 皆假衣幘 自服印綬衣幘千有餘人]"(『삼국지』 권30 위서30 오환선비동이전 한)

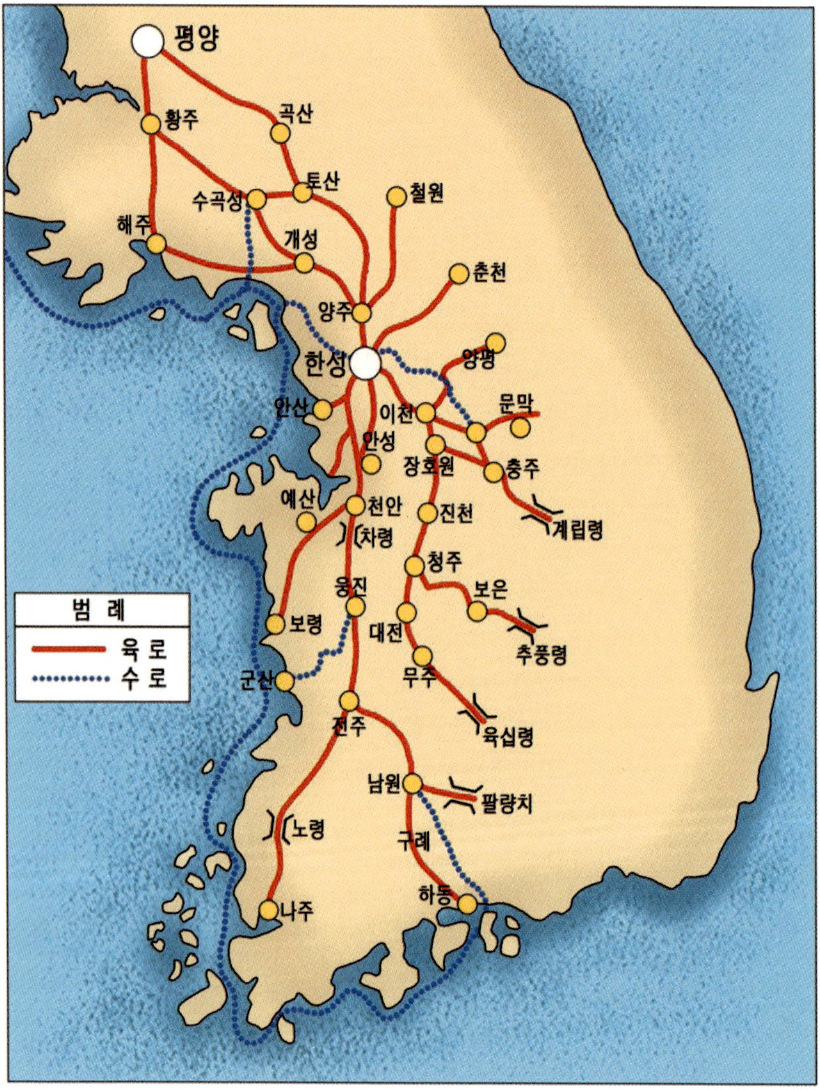

〈그림 15〉 백제 한성기의 교통로

이것을 지금 사회자를 거쳐서 논의하게 되면 쓸데없는 데 시간을 많이 뺏기잖아요. 그러니까 말씀을 들으시다가 생각이 다른 것 같다고 하면 바로 이어서 말을 가로채 가셔도 좋겠습니다. 그게 아마 논의를 좀 더 생산적으로 해 나가는 방식이 되지 않을까 싶은데요. 3세기 때부터의 백제 교섭의 방식부터 짚어갈 텐데, 그전에 먼저 윤용구 선생님과 정인성 선생님께 백제의 성장에 대한 얘기가 빠져있다고 하니까 그 이유에 대해서 잠깐 하실 말씀이 있을 것 같은데, 부탁드립니다.

2. 중국 사료에 나타난 백제의 성장 과정

윤용구 : 윤용구입니다. 강종훈 선생님 말씀 제가 충분히 수용하고요. 본 글을 제출할 때는 그 부분에 유념留念하겠습니다. 백제가 있기는 있는데 안 보인다고 저는 생각합니다. 4세기 이후에 백제 기록에 출자出自와 자신의 중심지를 설명하는 데 있어서는 반드시 마한이 나옵니다. 마한이 나오고 언제부터 자신들이 강국이 되어 주변을 병탄竝呑해서 마한의 주인이 됐다고 하는 기록들이 여기저기 흩어져 있어요. 그런데 그것은 중국인들이 자의적으로 역대 기록을 복합하고 짜깁기해서 만든 기록이기 보다, 4세기 후반 이후 백제가 중국 남북조의 여러 왕조와 빈번하게 교섭한 결과 백제의 출자와 발전에 대한 정보가 전달된 결과로 생각합니다. 백제의 시조 구태가 공손도의 딸과 결혼한 뒤에 동이강국東夷强國이 되어 주변을 병탄

했다는 기록으로 보면,[21] 3세기 전반에 백제가 한 번 주변을 영역화했다고 해석할 수도 있습니다. 그 뒤에 나오는 기록들을 보면 대개 자진이후自晋以後 백제가 커졌다는 기록이 여러 군데 나오는데, 이때 진은 동진東晋을 가리킬 가능성이 높습니다. 그런데 동진 때 갑자기 이렇게 됐다기보다는 3세기 후반에서 4세기 중반 근초고왕대에 이르는 동안 백제사회 안에 있었던 변화와 발전의 결과로 생각합니다. 그 부분은 분명하다고 생각합니다. 백제가 3세기 후반 이후 한반도 중서부 지역을 영역화하고 나름의 조직과 인력을 갖추고 고대국가체제로 나아간 것은 분명하다는 거죠. 그 과정에서 지금까지 논의되어 왔던 3세기 중엽 고이왕대의 여러 가지 위상들, 우리 교과서에도 실려 있는 통설적通說的 지식의 기초가 되는 사료에 대한 검토가 대단히 미흡하다는 사실을 말씀드리려는 겁니다. 고이왕대에 대한 우리의 인식이 이병도 박사 이후에 만들어진 허상이 아닌가 하는 생각을 할 정도인데, 백제사 이해에 있어서 3세기 중·후반에 지나치게 의미 부여가 되고 있는 느낌입니다. 그것이 사실이 아니라는 뜻이 아니라, 그것을 지지할 만한 문헌적 기초가 너무 약하다는 것이죠. 단적으로 기리영崎離營 전투의 주체를 고이왕으로 보는 것은 현재의 사료상으로는 어렵다고 말씀을

21) 동명(東明)의 후손에 구태(仇台)라는 자가 있으니, 매우 어질고 신의(信義)가 두터웠다. 대방(帶方)의 옛 땅에 처음 나라를 세웠다. 한(漢)의 요동태수(遼東太守) 공손도(公孫度)가 딸을 주어 아내로 삼게 하였으며, 나라가 점점 번창하여 동이(東夷) 중에서 강국이 되었다.[東明之後 有仇台者 篤於仁信 始立其國于帶方故地 漢遼東太守公孫度以女妻之 漸以昌盛 爲東夷强國] (『수서(隋書)』 동이열전(東夷列傳) 백제(百濟))

드리는 거고요. 서진대의 동이교위東夷校尉든 유주자사幽州刺史든 장거리 교역을 한 것은 분명하고 백제도 그 일원으로 분명히 갔지만, 그 것을 백제가 주체(맹주)로서 했다고 설명하기에는 자료상으로 성립하지 않습니다. 그나마 보이려고 하는 것을 엎어버린 듯한 느낌이 좀 있지만, 그보다는 잘 보이게 하기 위해 가지 좀 쳐야겠다는 차원에서 말씀을 드렸다고 생각을 해 주시면 어떨까 합니다.

김병준 : 윤용구 선생님이 너무 겸손하신 것 같아서 제가 토론자로 도와드리려고요. 비록 백제가 안 보이기는 하지만 아주 꼼꼼한 사료분석을 통해서 백제를 보여드리려고 했어요. 예를 들어서 '기리영 공격사건 주체가 백제다.'라고 얘기하면 얘기가 잘 안 통하는 부분, 그리고 『진서』 조공기사도 '백제가 곧바로 원거리교역 했다.'이러면 뭔가 좀 안 맞는 내용들이 많은데, 그것들에 대해 일단 사료비판을 다 하고 나서, 기리영 공격 주체가 백제가 아니었기 때문에 역설적으로 백제가 주도권을 장악할 수 있는 계기가 마련되었다고 설명을 하셨어요. 그러니까 백제가 공격한 게 아니라 신분고국臣濆沽國이 한 것이고, 신분고국이 공격했다가 신분고국이 망했으니까 이제 백제가 생겨날 수 있는 여지가 생겼다. 이런 말씀을 하셨으니까 백제를 말씀하신 거지요. 그다음에 『진서』 조공기사 얘기도 비록 저와는 생각이 다르기는 해도 이 조공기사를 통해서 서진의 통제력이 점점 약화된 것이 아니냐고 보고, 이러한 와중에 사료에서는 잘 보이지 않지만 백제가 충분히 성장할 수 있는 측면을 볼 수 있지 않느냐. 이렇게 선생님 말씀을 이해하면 윤 선생님 논문에 백제

〈그림 16〉 3세기 중엽 백제국 · 신분고국 · 기리영의 위치

가 있다고 해도 될 것 같습니다.

좌장 김기섭 : 예. 그거야 당연히 있겠지요. 저는 어떻게 이해를 했느냐면 기리영 공격을 통해서 신분고국이라고 하는 나라가 결국 최종적으로 멸망을 했고, 그 수혜受惠를 백제가 입어서 이제부터 본격적으로 백제가 컸다. 그게 말씀하시고 싶은 핵심이 아닌가 생각을 합니다. 그러니까 결국은 백제의 성장에 대해서는 앞에 어떻게 성장하게 됐는지 그 배경에 대해서는 열심히 설명을 하신 것으로 저는 받아들였습니다. 그렇게 이해해도 될까요? "됐다."라고 말씀해 주시면 좋겠습니다.

강종훈 : 지금 김병준 선생님께서도 보충설명을 따로 해 주셨는데요. 제가 처음에 아쉽다고 말씀드렸던 게, 우리가 3세기 대의 한반도 중부 지역의 상황을 알기 위해서 가장 기본적인 사료로 드는 게 두 가지인데요. 우리 측 기록인 『삼국사기』를 빼고, 하나는 『삼국지』이고 하나는 『진서』입니다. 그런데 『삼국지』 단계에 나와 있는 것은 백제가 마한의 50여 소국 중의 하나로만 들어있고 특별히 부각되어 있지는 않거든요. 그리고 대신 마한을 주도하는 세력으로서 분명하게 기록되어 있는 것이 목지국目支國의 진왕辰王입니다. 그런데 이게 3세기 후반 상황을 보여주는 『진서』 마한전의 기록[22]을 보면

---

22) 『진서』 권97 열전(列傳) 67 사이(四夷) 마한(馬韓).

목지국의 존재가 확인되지 않습니다. 그것은 결국 무슨 얘기냐면 3세기 전반 당시에 『위서』 동이전 단계의 한반도 중남부지역 상황이 3세기 후반에 들어가면 이미 바뀌었다는 것을 우리가 시사받을 수 있다는 거지요. 이게 저기 앉아계시는 노중국 선생님을 비롯해서 일반적으로 우리가 이해하고 있는 통설적인 견해라고 할 수 있습니다. 그러면 거기서 왜 이런 변화가 있었을까에 대해서 이야기를 해야 하는데, 가장 결정적인 계기로 문헌상에 나타나는 게 대방군 기리영 공격사건과 그로 인한 파장이라고 할 수 있는 거지요. 그래서 대방군 기리영 공격사건이라고 하는 게 백제가 주도했는지, 아니면 여기에 쓰여 있는 것처럼 신분고국이 주도했는지, 그것은 곧바로 이야기하기는 어려운 면이 있습니다마는, 우리가 사료의 전체 맥락을 통해서 봐야 하는데 지금 윤 선생님 포함해서 근래에 1990년대 후반 이후에 이 기리영 공격사건과 관련하여 논문을 쓰시는 분들은 『삼국지』 판본版本에 나와 있는 신분고국이라고 하는 쪽에 굉장히 초점을 맞추고 계세요. 그런데 실제로 『삼국지』 단계에서 그 부분을 제외하고 신분고국이 부각浮刻되어 있는 데가 없습니다. 목지국은 부각이 되어 있지요. 그런데 갑자기 신분고국이 주도해서 전쟁을 벌이고 신분고국이 망했다고 하는 것으로 나아가는 식의 이해는 우리가 기본적으로 알고 있는 『삼국지』 위서 동이전 한조의 사료맥락과 분명히 맞지 않고 일탈逸脫되어 있는 것이라고 하는 것을 우리가 기본적으로 인식하고 이 사료에 접근할 필요가 있다는 것을 제가 말씀을 드리고 싶은 것이고요. 그래서 사실은 제가 갖고 있는 생각이 있습니다만, 나중에 기회를 주신다면 제가 제 생각을 말씀드리겠습니다만, 어쨌든 신분고국이라고 하는 현재 판본에 나와 있는 표기에 구애拘礙돼서 대방군 기리영 공격사건의 주체라든지 파장波長이라든지 이런 것을 이해하려고 해서는 합리적인 당시 상황에 대한 이해가 저는 불가능할 것이라고 판단하고 있습니다.

좌장 김기섭 : 예. 굉장히 복잡하고 아주 깊은 얘기여서요. 그런데 이 얘기에 집중하게 되면 수렁이 하나 크게 생기지요. 그 수렁은 조금 피해갔으면 싶습니다만…

윤용구 : 우선 사료의 전체 맥락을 보아야 한다는 말씀은 동의를 합니다. 또 『삼국지』하고 『진서』에 기록된 진왕의 차이를 지적하셨습니다. 말씀하신대로 『진서』에는 진왕이 보이지 않는 것은 맞죠. 그런데 두 사서를 대등한 사료로 대비하기는 어렵다고 생각합니다. 『진서』 동이전은 동시대同時代 자료가 아니고 서진西晋이 없어진 지 400여 년이 지난 당태종 때 편찬된 것이고, 그 내용도 『삼국지』의 내용을 축약한 형태잖아요. 진한辰韓 부분도 『삼국지』 진한의 진왕辰王은 스스로 왕이 되지 못한다. 이런 부분을 『진서』에는 진왕이 아니라 진한으로 바뀌어 있어요. 그러니까 그게 진왕의 존재가 없어져서가 아니라 아마도 찬자가 그 당시에 봤던 『삼국지』의 판본에 뭔가 표현이 좀 이상하다고 생각을 했던 모양이에요. 진왕辰王이 진한에도 있고 마한에도 있으니까 찬자撰者가 좀 헷갈려서 어느 한 쪽으로 통일을 해 버린 듯한 느낌을 받습니다. 진왕이 『진서』에 없다는

점을 들어 일본학자들은 '삼한의 총왕總王이었던 진왕이 3세기 후반에 소멸하자 생긴 힘의 공백지대에 백제가 아닌 왜倭가 들어왔다.'라는 잘못된 인식이 19세기 말부터 이어져왔잖아요. 그래서 이 『진서』에 진왕이 없다는 부분은 간단히 해석할 문제가 아니라고 생각합니다. 대방군 기리영의 공격 주체가 신분고국이라는 제 의견이 많이 지지를 받습니다만, 문제는 요사이 한강 유역에서 큰 유적만 나오면 모두 신분고국에다 붙이는 경향이 있어 우려스럽습니다. 아시는 대로 신분고국이 한동안 가평에 있다가 임진강 쪽으로 옮기더니 요즈음 또 다시 김포(운양동 유적) 쪽으로 이사를 갔습니다.(웃음) 저도 기왕의 견해와 다른 의견을 내고서 아직까지 관련 사료를 좀 더 살펴보는 입장입니다.

좌장 김기섭 : 강종훈 선생님이 더 말씀하실 부분이 있을 텐데, 틀림없이 있습니다. 그런데 이것은 논문을 쓰신 부분들도 있기 때문에 이것은 조금 갈음하고 다음 단계로 넘어가야 할 것 같습니다.
정인성 선생님.

3. 백제 지역 중국계 외래유물의 출토 양상과 해석

정인성 : 예. 사회자 분께서 분명히 3세기 이후, 혹은 그 이전에 백제가 제대로 드러나지 않는 문제에 대해서 발언권을 균등하게 윤용구 선생님과 저한테 주신 것 같은데, 중간에 자꾸 끼어드는 것을 보니까

'저 사람이 그 부분을 제대로 대답을 할 수가 없을 것 같다.'고 생각을 하시는 것 같습니다. 실제 그렇습니다. 사회자님이 이야기를 끌어나가는 분위기와 다를지 모르겠습니다만, 저는 고고학자입니다. 고고학자료로 3세기 이전에, 3세기 후반이건 4세기건 갑자기 백제세력이 두각된 것은 아닐 것이기 때문에, 그 전에 분명히 준비단계가 있었을 것입니다. 그게 사료에 기록이 안 되어 있으면 그 부분을 고고학이 다뤄서, 소위 말하는 백제의 전사前史를 이야기할 수 있지 않을까라고 생각하고 저를 불렀다고 생각하는데, 토론에서 갑자기 3세기대 이후의 상황을 이야기해 보라고 하네요. 물론 문헌에는 3세기 이후를 기록한 것이 대부분이겠지만, 제가 가지고 온 76쪽의 도면들을 보면, 고고학적으로는 3세기 이전의 상황들이 잡힌다는 말이지요. 오늘 윤용구 선생님께서 이렇게 말씀하셨습니다. 백제의 성장을 이야기하려면 백제가 중국과의 대외교섭권을 언제 장악했는지를 파악하는 게 중요하다. 그렇다면 결론적으로는 3세기 이후의 상황도 추정할 수 있다는 것인데, 이미 발표에서 드러난 것처럼 3세기 이전의 상황은 문헌으로 알 수가 없다는 얘기 아닙니까. 그러면 그 전의 이야기를 알려면, 적어도 고고학에서 분명하게 정리가 안 되었습니다만, 좌판을 쫙 열어놓고 고고학적인 연구성과에 귀를 기울여야 된다고 생각합니다.

먼저 한군현漢郡縣 설치 이전에 이미 외래계外來系 유물이 이 지역에 들어오는데, 이것을 어떻게 볼 것인가 하는 이야기가 중요합니다. 또 하나, 군현이 성립한 이후에는 오히려 외래계 유물이 줄어듭니다. 이것은 뭔가 이 지역에 마한과 혹은 백제와 관련되어서 특별한 동향이 있었음을 시사示唆합니다. 그러나 이 부분은 문헌기사가 없어서인지 검토하고 토론하자는 의지가 없으신 것 같습니다. 또 하나, 제가 공백기로 설명했지만 오히려 군현이 통제력을 강화하고 대낙랑군이 설치된 이후에 가장 가까운 마한지역에는 외래계 유물이 없는 고고학적 현상이 전개됩니다. 그러면 군현에서 가장 가까운 이 지역의 성장과 군현과의 관계를 고고학적으로 설명하고 이를 문헌사의 연구성과와 대비시킬 수 있는데도 안 하고 있는 점이 의아합니다. 그러니까 제가 조금 과하게 이야기하고 있지만, 3세기 후반이건 4세기 초건 갑자기 풍납토성을 축조하는 주체세력의 성격을 이해할 필요가 있습니다. 이러한 거대 토성이 왜 출현하며 그 시기와 주체는 무엇인가를 고고학적으로 획기劃期를 설정하면서 접근해야 함에도 불구하고 그러한 연구는 없습니다.

갑자기 문헌에서 일반적으로 다루어지는 3세기 이후의 상황을 설명하면서 외래계 유물이 보이지 않는 이 시기 이후의 백제를 저한테 이야기하라고 하면, 고고학에서는 할 얘기가 없어지는 것이지요. 이상입니다. 학술대회의 흥행을 위해서 약간 흥분하는 듯한 태도로 해당 사안에 대한 고고학의 역할을 달라는 주문을 했습니다. 죄송합니다.

좌장 김기섭 : 그러면 넘어가기 전에 간단하게 여쭤보겠습니다. 그 이전에는 보인다는 말씀이신가요?

정인성 : 이런 이야기지요. 아까 고고학에서 김무중 선생님께서 철기鐵器 이야기를 했지요. 많은 철기 연구자들의 지금까지의 연구는 군현이

설치되면 주변 지역에 철기가 확산된다고 판단하였습니다. 이러한 주장이 학계의 공통인식인 것처럼 정리되어 왔습니다. 국사 교과서를 보면, 중학교건 고등학교건 초기국가의 발생 문제는 철기의 확산을 배경으로 설명되어 왔고, 그 바탕에 철기의 보급과 생산력 확대가 있었다고 이야기 합니다. 결국 이러한 철기의 보급과 확산의 배경에 군현이 있다고 설명하는 것이지요. 그런데 최근 연구는 군현의 설치가 철기문화 확산과 관련이 없다고 보기도 합니다. 의외로 군현 설치 전에 이미 철기문화가 지역으로 확산되었다는 것이지요. 그렇게 되면 지금까지 한반도에서 국가체제의 성장 등을 설명할 때 낙랑군의 설치와 철기문화의 보급을 강조할 필요가 없어지는 것이지요.

철기와 관련된 이런 이야기도 다루면 그 3세기 이전의 백제와 마한의 성장과정을 이해하는데 도움이 될 것이라 생각합니다. 이 부분에 대해서 김무중 선생님이 말씀하신 화성 기안리 유적〈그림 17 · 18〉, 낙랑 · 대방군 관련의 토기문제가 나오는 것입니다.[23] 기안리를 발굴하면서 처음 고고학자들은 "여기서 왜 낙랑토기가 나오지? 철기를 생산했네."그래서 그때는 "아, 낙랑 사람들이 조직적으로 마한 지역에 와서 철기생산에 관여한 모양이네."라고 해석했더니, 어떤 학자들은 "그 부분까지 군현이 직접 관리한 게 아닐까"라고 주장하기도 하였습니다. 그런데 그 뒤에 자료를 검토해 보니까

---

23) 김무중, 2004, 「화성 기안리 제철유적 출토 낙랑계토기에 대하여」, 『백제연구』 40, 충남대학교 백제연구소, 73~97쪽.

〈그림 17〉 중부지방 출토 낙랑계 유물 분포도(김무중 안)

그게 아니고 군현지역의 토기자료와는 약간의 차이가 있다는 사실이 밝혀졌습니다. 그래서 군현의 직접 관리가 아니라는 의견이 보다 힘을 얻었습니다. 아까 지도를 보셨겠지만 화성 기안리 유적은 한강유역권에서도 남쪽에 치우쳐 있습니다. 토기들이 완전히

〈그림 18〉 화성 기안리 유적 출토 토기

군현지역의 것은 아니고 자체 형식변화한 것들도 있습니다. 그렇다면 군현 관리하의 철기생산이 아니라 재지세력에 의한 생산이라는 주장이 가능합니다. 그래서 주체세력主體勢力이 군현이냐 아니냐 이런 문제를 고고학적으로 자세히 따져야 합니다. 논의할 부분들이 많다는 거지요.

최신 성과를 말씀드리면, 군현설치를 계기로 마한 지역의 철기문화가 발전하지 않는다는 것입니다. 제작기술을 주지도 않았고 정보를 공여供與했을 가능성도 없습니다. 한무제漢武帝가 군현을 설치했다는 얘기는 이 지역에서 자체적으로 만들어지던 철기생산을 억제할 수 있는 수단이 생긴 것을 의미합니다. 대한민국이 오랫동안 장거리 미사일을 만들지 못하듯이. 동격으로 비교하는 것은 문제가 있지만, 군현의 설치는 오히려 선진先進 한漢의 문화를 이식移植해서 선진화를 돕는 것이 아니고, 기술이나 사회발전을 통제하는 역할이 더욱 중요한 것이라고 봅니다. 그런 전략 아래에 놓여있는 지근거리의 마한백제가 초기부터 철기 제작기술이 발전할 리 없다는 것이 저의 판단입니다. 기안리에서의 철생산은 서북한의 군현지역에서 이주해 온 기술자에 의한 철기생산일 가능성이 높지만, 소형 주조철기鑄造鐵器와 단조철기鍛造鐵器를 제작하는 수준에서 그칩니다. 오히려 전단계의 철생산을 억제하는 것이 낙랑군의 역할이고, 낙랑 철기에서 그것을 읽을 수 있습니다. 초창기에 마한 지역에서 철기를 생산을 주도한 사람들은 이런 맥락하에 놓인 사람일 것입니다. 오히려 이 시기에는 진 · 변한 사회의 철기생산이 돋보이는데, 낙랑이 아니라 고조선 단계에서의 기술 이전 결과라고 여깁니다. 마한과는 역전현상逆轉現象이 인지되는 것이지요. 그러니까 이런 부분이 조금 논의가 되면, 지금 말씀하시는 3세기 이전의 마한과, 그리고 이것을 통제하는 백제가 고고학적으로 드러날 수 있다고 생각합니다. 이상입니다.

좌장 김기섭 : 그러면 제가 조금 더 여쭙겠습니다. 낙랑 한군현의 통제에서 백제가 벗어났다고, 다시 말하면 그것을 억눌렀으니까 거기서 성장을 못했다. 그런 것들이 안 나온다. 철기도 안 나오고 그런다고 말씀하셨는데, 그러면 그것을 벗어난 단계는 어디쯤인지. 또 어떤 유적이 표지가 됐는지 말씀해 주실 수 있습니까?

정인성 : 2세기 무렵, 혹은 시기가 약간 더 올라갈 수도 있겠습니다만 이런 군현의 통제가 약화되는 증거가 문헌에 등장하는 유이민遺移民의 발생이겠지요. 그런데 여기서 보면 아까도 도면에서 말씀드렸지만 임진강 유역 그 다음에 북한강유역 그리고 한강 하류지역으로 그리고 한강유역권을 벗어나서 그 아래인 기안리 주변까지 군현지역에서 소위 낙랑토기를 만들었던 경험이 있는 사람들이 들어오면서 관련 토기가 확산되고 이것이 지역화되면서 형식변화한다고 판단합니다. 그러니까 이러한 고고학적인 현상은 군현이 소위 지역 주민들을 관리 · 통제할 수 있는 능력을 잃었던 결과가 아닌가 생각합니다. 역으로 보면 이 시기가 지역의 마한세력, 그중에서 백제세력이 급성장하는 분위기와 연결되는 것이고, 그 연장선상에 기리영 전투 같은 것이 있다고 봅니다. 마한세력이 기리영 전투를

수행할 수 있는 정도로 성장하는 상황을 추적할 필요가 있는데, 고고학적으로는 적어도 2세기 무렵의 상황이라 볼 수 있는데, 약간 소급될 수도 있습니다. 이렇게 이해해야 할 것 같습니다.

김무중 : 잠깐만요. 그런데 사실은 아까 초반에 말을 너무 많이 하면 시간이 촉박해질 것 같아서 생략했었는데요. 정 선생님 오늘 발표 중에 제가 의아하게 생각하는 게 하나가 있습니다. 군현에 가까운 지역은 상당히 통제를 해서 발전을 억제하고, 그 배후에 있는 세력한테는 후원을 해서 성장의 동력이 됐는지는 모르겠습니다만, 그렇게 설명을 하시면서 여기 보면 사실 도면을 이용하시는데, 실제로 1세기 후반, 저의 편년은 그렇습니다마는, 2세기가 되면 굉장히 군현과 관련된 자료들이 급증을 하거든요. 대신 급증하는 자료들은 대부분 일상용의 토기들이 많아요. 그런데 물론 원거리는 거울이나 이런 것들이 많은데요. 그런데 정 선생님, 거기에서 약간 벗어난 듯하지만 굉장히 중요한 얘기가 백색토기만큼은 산동山東에서 왔다. 그리고 그 근거로서 얘기를 하는데, 직접 왔다고 하는 뉘앙스(nuance)인데요. 근거로 그렇게 강력하게 통제를 하고 있는 상태였기 때문에 군현을 통해서 들어왔다는 해석은 설명하기 어렵지 않겠느냐고 설명하셨다는 말이지요. 그런데 지금은 그게 서울 · 경기도 한강유역도 군현의 원거리인지 근거리인지는 잘 모르겠습니다. 자료는 물론 공백기空白期라고 설정도 해놓으셨는데, 그렇게 되면 사실 백색토기가 나오는 시점들을 보면 빠른 단계도 있어요. 기원후 2세기대 것도 있는데. 거기에 같이 나오는 니질토기泥質土器나

〈그림 19〉 니질계 토기

〈그림 20〉 석영혼입계 토기(백색토기)

〈그림 21〉 활석혼입계 토기

이런 것들은 군현에서 왔다는 것인지요. 그런데 그런 것들이 뭔가 명쾌하게 정리가 되고 나서 얘기가 돼야 될 것 같은데, 백색토기 문제가 또 걸린다는 말이지요.

정인성 : 사실은 문제가 안 된다고 생각을 하는 게 이 니질계泥質系 토기〈그림 19〉, 즉 생활용기 등의 대량 반입은 유이민을 증명하는 고고자

료라고 생각합니다. 가까운 지역이기에 군현에서 통제를 못하는 상황에서 주민들이 남으로 들어 올 수 있었던 것이지요. 그 고고학적 증거가 이 니질계 토기들인데, 주로 한강유역권에서 출토되고 있습니다. 백색토기〈그림 20〉는 워낙 특수한 용기이고 중요한 기물들을 담을 수 있는 것이기 때문에, 군현에서 공급했을 가능성은 낮다고 생각합니다. 유이민들이 마한지역으로 내려온다는 것은 이미 이 지역의 정치체 수준이 향상되어 있었다는 이야기이고, 그렇기 때문에 산동지역의 일부 세력이 따로 마한세력과 교류할 필요를 느꼈을 가능성이 있습니다. 결국 산동에서 생산된 백색토기가 한강유역에서 나오는 것은 그러한 증거라고 할 수 있지요. 그러한 맥락에서 마한권역에서 출토되는 산동의 백색토기와 서북한의 군현지역에서 반입된 니질토기는 구분하여 이해할 수 있다고 생각합니다.

김무중 : 그런데 제가 꼬투리를 잡는 게 아니고 역으로 이쪽의 편년을 가지고 외래계 토기를 편년할 수도 있어요. 그런데 외래계 토기 자체의 편년을 가지고 또 이쪽을 검증할 수 있는 부분이 있어서. 그런데 문제는 유이민들이 보통 1세기 후반, 2세기가 되면 급증했는데 통제력이 약화됐다는 시점이지요. 기록에도 있지요. "한예韓濊가 강성彊盛해서 유이민流移民이 유입流入되었다."[24]고 하는데, 그런데 백

24) "환제(桓帝)·영제(靈帝) 말기에는 한(韓)과 예(濊)가 강성하여 (漢의) 군현(郡縣)이 제대로 통제하지 못하니, 많은 백성들이 한국(韓國)으로 유입되었다.[桓靈之末 韓濊彊盛 郡縣不能制 民多

색토기의 출연시기를 보면 이제까지의 편년관編年觀인 다카쿠 겐지高久健二씨와[25] 정 선생님의 약간의 연대관 차이, 오늘 사실 그 부분은 설명을 많이 안 하셨는데, 그러면 그 시점이 1세기라는 겁니까, 아니면 그 전인 것인지, 3세기인 것인지. 통제력이 약화됐을 때에 성장을 해서 마한이 독자적으로 군현을 배제하고 산동과 직접 교류했는지. 그런데 본문에는 아직도 강력하게 통제를 하고 있는 시점에 군현을 경유해서 들어왔다고 하는 것은 설명하기 어렵다. 이렇게 하셨다는 말이지요. 그래서 그것을 조금 더 분명하게 해 주시면 좋지 않겠나 싶어서 말씀드리는 겁니다.

좌장 김기섭 : 역시 예상대로 고고학은 편년이 결국 또 발목을 잡고 있습니다. 아까 성정용 선생님 논평에서도 지속적으로 나왔던 게 편년이고요. 그때 4 · 5세기 단계에서 전세품傳世品. 그러니까 대代를 이어서 썼다는 거지요. 아버지 때 만들어서 아들한테 물려주고 아들 때 또 손자한테 물려주고. 그래서 쓰다가 나중에 무덤에 묻혔는데, 연대를 어떻게 알 수 있겠느냐. 이런 문제제기가 학계에 있었고요. 이 부분에 대한 해석이 조금 골치 아픈 부분이 있다. 이런 것이 아까 말씀하신 중에 나왔는데, 지금 여기 앞 단계에서도 역시 또 편

流入韓國]"(『삼국지』 권30 위서30 오환선비동이전 한)

25) 高久健二, 1995, 『낙랑고분문화(樂浪古墳文化) 연구(硏究)』, 학연문화사.
　________, 2010, 「楽浪 · 原三国時代研究の新動向」, 『季刊考古学』 5, 雄山閣.
　________, 2011, 「楽浪 · 帯方郡との関係」, 『弥生時代の考古学』 4, 同成社.

년이 문제가 되고 있습니다. 이렇게 되면 좀 복잡해지는데, 지금 제가 던진 말씀에 대해서 지금 한 발자국도 못 나가고 있는데요. 아까 정인성 선생님이 "2세기 이전에 이미 낙랑 통제를 벗어났다."이렇게 말씀하셨는데 통제는 어떤 방식으로 했을까요? 한군현이 백제를 비롯해서 마한의 국가들을 어떤 방식으로 통제했을까요? 그 부분에 대해서 혹시 윤용구 선생님…

4. 고대 중국의 교역과 주변 민족 통제 방식

윤용구 : 낙랑을 공부했어도 다 하거나 다 알아야 하는 것도 아니며 다 알 수도 없습니다. 다만 이에 대해서는 권오중 선생님이 낙랑군의 관부의 역할과 기능에 대해서 쓰신 글이 있어요.[26] 중국 역대 정권이 변경에서 주변 민족들을 통제하는 것은 항상 일률적인 것은 아니고 통제의 필요가 있을 때는 통제하고 굳이 통제할 필요가 없을 때는 적당히 관리하는 측면도 있을 수 있어서 일률적으로 이야기하기는 어렵다고 생각이 들고요. 대체로 낙랑군이 설치되고 나서 반세기 정도는 낙랑군과 삼한지역三韓地域은 아마 직접적이거나 실질적으로 공식적인 관계는 없지 않을까 하는 생각을 해 봤는데요. 그 뒤에 전한 후기에, 아무래도 한 무제 때 그런 강력한 대외정책

26) 권오중, 1992, 『낙랑군 연구－중국 고대 변군(邊郡)에 대한 사례적 검토－』, 일조각.

의 여파로 주변 민족과 교역과 같은 평화적인 교류는 상당히 제약이 있었다고 생각이 들고요. 그 뒤에 전한 사회가 전체적으로 한 무제 때 그러한 전쟁 위주의 사회분위기에서 내정內政을 중시하는 단계로 전한 후기에 대체로 바뀌게 되고, 그런 것이 대개 후한後漢 안제安帝 때[27]까지는 기본적으로 대외정책에서 큰 변화가 없다고 이야기를 하고 있습니다. 실제로 염사치廉斯鑡 기록[28]이라든가 바다 건너 왜의 통교 기록이라든가 실제로 한반도 중남부지역의 영남지역, 일본지역에서 나오는 대부분의 중국계 유물들도 대개 전한 후기 이후에 편년되는 것들이기 때문에 그런 것과 짝해서 맞는다고 하는 건데, 이러한 평화시에 결국은 중국 군현들이 토착민족을 관리하는 방법은 아까 말씀드린 대로 군사적으로나 정치적으로 위협이 되지 않는 한 크게 압박을 한다든가 그런 일은 없었을 것이라고 생각이 되고, 하지만 같은 시기에 서쪽 강족羌族이라든가 이런 지역에서는 아주 강력한 정복 행위를 볼 수 있습니다. 그렇기 때문에 토착세력이 정치적으로 성장했느냐 여부와 중국 왕조의 대외정책의 변화, 이것이 끊임없이 연동하면서 변화 · 발전했다고 말씀드릴 수 있습니다. 후한 말부터 조위대曹魏代까지 중국은 요동의 공손씨라든가 손오孫吳의 남쪽에 있는 사씨士氏라든가 각 지역

27) 후한의 6대 황제인 효안황제(孝安皇帝) 유호(劉祜)의 재위 기간은 106년~125년이다.

28) "왕망(王莽)의 지황(地皇) 연간에, 염사치(廉斯鑡)가 진한(辰韓)의 우거수(右渠帥)가 되어 낙랑(樂浪)의 토지가 비옥하여 사람들의 생활이 풍요하고 안락하다는 소식을 듣고 도망가서 항복하기로 작정하였다.[至王莽地皇時 廉斯鑡爲辰韓右渠帥 聞樂浪土地美 人民饒樂 亡欲來降]"(『삼국지』 권30 위서30 오환선비동이전)

의 중국의 여러 크고 작은 정치 주체들이 새롭게 등장할 때, 결국 중원 안의 분쟁에서 살아남기 위해서는 자기 배후가 안정이 되어야 하고 배후를 통해서 물적, 인적자원을 공급받아야 하기 때문에 공손씨 같은 경우에도 주변의 동이족들에 대하여 정벌과 교섭이라는 화전和戰을 겸비한다고 할까요. 그런 방법을 썼고, 조위대는 권오중 선생님 표현에 따르면 토착사회를 분리 · 조정하여 통합을 저해하는 외교술, 또 그것을 교역을 통해서 자중지란自中之亂이 일어나도록 조종하는 단계가 있었습니다. 사실 그런 부분은 한대의 여러 가지 간독자료簡牘資料를 갖고 최근에 연구하신 김병준 선생님이 더 실제적인 상황을 설명해 주실 수 있지 않을까 합니다.

김병준 : 자연스럽게 제가 말씀을 드리게 됐습니다. 지금 윤 선생님이 설명하신 대로, 중국 측에서 어떤 대외팽창의 정책을 갖느냐 여하에 따라서 그 주변 통제의 강약이 달라지고, 또 하나는 마한을 포함한 한반도에 있는 여러 주변 세력들의 성장여부가 중국 쪽에 영향을 주어 통제를 하느냐 마느냐를 결정하는 가장 중요한 척도가 되는 것임에는 틀림이 없습니다. 다만 제가 한 가지 더 추가하고 싶은 부분은, 대외정책과 무관하게 통제와 교역이 동시에 이루어진다는 점입니다. 예를 들어서 한무제 때는 굉장히 통제를 하는 때잖아요. 그렇지만 통제를 한다고 해서 꽉 막아놓고 절대로 못 나간다고 하는 게 아닌 거지요. 또 반대로 정권이 느슨해졌다고 해서, 예를 들어서 왕조 말기가 됐다고 해서 곧바로 제멋대로 가는 것도 결코 아닙니다. 제가 말씀드리려고 하는 것은 통제와 교역이 병존하고

있다는 얘기입니다. 한무제 때 한나라 법령에 따르면 아까 정 선생님 말씀하신 것처럼 철기와 같이 중요한 물자가 변군邊郡 바깥으로 나가는 것을 엄격하게 금지합니다. 심지어는 금속제품이 나갈 수가 없도록 관문에서, 거기에 못이 몇 개 박혀 있는지까지 확인하는 상황입니다. 아주 엄격하게 통제를 하지요. 따라서 이 점만을 강조를 하면 낙랑에서 기본적으로 철제나 금속제품이 바깥으로 나갈 수가 없다고 보아야 합니다. 그렇다고 해서 정말 이렇게 다 막았느냐 하면 그렇지 않습니다. 정 선생님이 강조하신 것처럼 일부 사적인 무역을 통해서, 밀무역을 통해서 나가는 것도 있지만 그것 말고 한 쪽에서 공식적으로 내보내는 것도 있다는 사실이 중요합니다. 그게 조금 이따가 제가 자료를 보여드리겠다고 하는 겁니다. 크게 보면 윤 선생님 말씀하신 것처럼 대외정책의 변화에 따라서 혹은 토착세력의 성장에 따라서 이해해야 할 부분도 있겠지만, 그것 못지 않게 중국측에서 평상시에 통제와 교역을 동시에 추구했다는 점도 고려해야 할 것 같습니다.

어제 관련 자료를 보여주는 편이 어떻겠냐고 말씀을 듣고 자료를 준비해 왔습니다. 제가 백제사를 이해하는 데, 특히 백제와 군현 또 백제와 중국과의 대외교섭을 이해하는 데 가장 중요하다고 생각하는 것이 이현혜 선생님도 자주 말씀하신 조공무역입니다. 그런데 이것과 관련된 아주 흥미 있는 자료가 중국에서 얼마 전에

〈그림 22〉 돈황현천치한간(敦煌懸泉置漢簡)

나온 바가 있어서 소개를 드리고자 합니다.[29] 제 생각에는 여기서 보이는 시스템이 3세기 이전은 물론이거니와 4세기 이후에도 기본적으로 계속 진행되는 기본적인 방침이 아닐까 하는 생각을 합니다. 중원에서부터 시작해서 서역으로 빠져나가는 마지막 변군, 그러니까 돈황군敦煌郡은 우리 동쪽으로 치면 낙랑이나 대방에 해당되는데, 그 돈황군의 관문 바로 옆쪽에 역참驛站에서 다량의 목간木簡이 발견되었습니다. 그 중의 하나를 보여드리겠습니다.〈그림 22〉 기원전 39년 서역의 사자들이 조공을 하러 한제국에 들어왔던 상황을 잘 보여주고 있는 자료입니다.[30] 그 내용은 이렇습니다. 강거康居라고 하는 서역의 한 나라의 사자使者인 양백도楊佰刀, 그리고 부사자副使者인 현백이라는 이 두 사람과, 그 다음에 강거 바로 옆에 있는 소해蘇薤라고 하는 나라의 사자인 고묵姑墨과 부사자인 사균즉沙囷即이라고

29) 김병준, 2011, 「돈황(敦煌) 현천치한간(懸泉置漢簡)에 보이는 한대(漢代) 변경무역-삼한과 낙랑군의 교역과 관련하여-」, 『한국 출토 외래유물 ②: 초기철기~삼국시대』, 한국문화재조사기관협의회.

30) "康居王使者楊佰刀 副扁闐 蘇薤王使者姑墨 副沙囷即 貴人爲匿等 皆叩頭自言 前數爲王奉獻橐佗入敦煌關 縣 次續食 至酒泉 昆歸官 大守與楊佰刀等雜平直肥瘦 今楊佰刀等復爲王奉獻橐佗 入關行 直不得食 至酒泉 酒泉大守獨與小吏直畜 楊佰刀等不得見所獻橐佗 姑墨爲王獻白牡橐佗一匹牝二匹 以爲黃 及楊佰刀等獻橐佗皆肥 以爲瘦 不如實 冤"(『敦煌懸泉置漢簡』 永光五年康居王使者訴訟册)

하는 사람, 또 귀인貴人 누구누구가 머리를 조아리며 말하기를 "내가 지난번에 여기 몇 번 왔다."고 말합니다. 즉 과거에 조공하러 몇 번 왔다는 얘기입니다. 강거와 소해라는 데는 지금의 우즈베키스탄, 카자흐스탄 그 언저리인데요. 그쪽에 있는 몇몇 나라들이 지금 처음이 아니라 몇 번째 오고 있으며 그 목적은 한에 와서 봉헌奉獻을 하기 위해서라는 겁니다. 여기 나오는 봉헌과 『진서』 동이전에 나오는 공헌貢獻 이게 다 같은 말입니다. 그리고 또 말하기를, "지난번에도 몇 번 와서 내가 낙타를 갖다 바쳤다."고 합니다. 이들은 돈황으로 들어온 뒤에 돈황에서 일을 처리하는 게 아니라 일단 돈황으로 들어온 주천이라는 곳까지 이동하게 됩니다. 즉 돈황에 머문 것이 아니라 한나라에서 계속 교통편과 먹을 것을 제공해 주면서 주천이라는 곳에까지 오게 했다는 겁니다. 그러니까 돈황에 들어온 외국사절들에게 통행증을 발급한 뒤에 이들을 데리고 한 제국의 안쪽에 있는 주천酒泉이라는 곳까지 데리고 간다는 겁니다. 주천에 들어가면 그곳에서 이른바 호시互市가 열리게 됩니다.[31] 제 생각에는 주천이 동쪽 편의 진대晋代 동이교위부에 해당된다고 생각합니다. 호시에서 한나라 주천 태수太守와 서역 사절인 양백도 등이 같이 만나 "지금 내가 갖다 바친 낙타가 얼마짜리인지를 감정했습니다."그 낙타가 어떤 낙타인지, 살이 쪘느냐 말랐느냐를

31) 호시(互市)에 대해서는 윤용구, 1999, 「삼한의 조공무역에 대한 일고찰」, 『역사학보』 162와 정병준, 2010, 「당대(唐代)의 호시(互市)와 장보고(張保皐)의 대당교역(對唐交易)」, 『중국사연구』 69 참조.

결정한 뒤에 가격을 결정한 거지요. 그러니까 결국 겉으로는 사신 노릇을 하지만 실은 돈벌이가 목적인 장사꾼이었던 거지요. 그런데 이번에 다시 왔더니 지난번과는 달리 손해를 보게 된 상황이 발생했습니다. 즉 이번에도 다시 마찬가지로 내가 낙타를 봉헌하러 들어왔더니만, 돈황에서 주천으로 가는 길에 숙소도 제공 안 해주고 먹을 것도 안 주더라는 겁니다. 이런 법이 어디 있느냐고 따진거지요. 두 번째 항의 내용은 어찌어찌 주천까지 갔더니만 지난번과 달리 주천 태수가 그 휘하 소리小吏들과 함께 모여서 가격을 책정했다는 겁니다. 가지고 온 것 중에는 원래 굉장히 가격이 비싼 흰 색 낙타가 있었는데, 이것을 가격이 싼 누런 색 낙타라고 하질 않나, 살이 찐 낙타를 가져왔는데, 이것을 삐쩍 말랐다고 감정을 하면서 값을 엄청나게 떨어뜨렸다는 겁니다. 이게 지금 보여드린 목간의 내용입니다. 당시의 한나라와 외부와의 교역을 보여주는 아주 중요한 사료지요. 여기서 알 수 있는 건, 첫째 이 사신들이 기본적으로 장사꾼이라는 얘기지요. 이것은 사실은 『한서』 서역전에도 이미 나왔던 얘기입니다. 따라서 지금 저희들이 논의하고 있는 『진서』 조공전에 나와 있는 이 많은 사신들이 요즘으로 말하자면 외교부의 공식 대사, 예컨대 아그레망(agrément)을 갖고 다른 나라로 가는 그런 공식적인 사신이 아닐 가능성이 높다는 겁니다. 이 당시의 분위기로 봐서는요. 또 『삼국지』 동이전을 보면 하호下戶가 변군에 가서 조알朝謁을 했는데 거기서 의책을 빌려 인장과 의책을 갖추게 된 자가 천여 명이다라는 기록이 있는데,[32] 여기에 등장하는 하호가 지금 얘기한 장사꾼일 가능성이 굉장히 큰거지요. 또 한 가지, 사절단의 구성이 흥미롭습니다. 아까 보여드린 사절단에는 총 다섯 명이 등장했습니다. '강거'와 '소해'두 나라의 다섯 명의 사신이 함께 등장했던 장면입니다. 한편 여기서 발견된 다른 목간을 보니까, 한 번 몰려들어온 사신단의 규모가 제일 많은 경우에는 1,074명이나 됩니다. 1년에 걸쳐서 여러 번 들어오는 게 아니라, 한 번에 돈황 관문을 통해 들어오는 사신단 규모가 한 번에 1,074명이나 된다는 거지요. 물론 목간 중에는 한 명씩 들어온 케이스도 있습니다. 어떨 때는 방금 전에 본 것처럼 다섯 명이 들어오는 경우도 있고, 어떨 때는 64명, 혹은 470명 등 여러 경우가 있는데, 제가 찾은 것 중에 제일 많은 것은 1,074명이 들어온 거지요. 우전왕于竇王 이하 1,074명이라고 여기 나와 있는데, 당시 기록에 우전국은 인구가 19,000명밖에 안 되는 나라입니다. 그런데 그중에서 1,074명 데리고 왔다는 얘기는 말이 안 되지 않습니까. 그럼 이 안에 있는 이 천 명은 도대체 누굴까요. 방금 전에 강거국과 소해국이라는 두 나라가 들어온 케이스를 봤는데, 이것처럼 대월지大月氏와 구차龜茲가 같이 들어오거나 오손烏孫과 대월지가 같이 들어오는 경우가 있는가 하면 고묵姑墨, 위수危須, 오뢰烏壘 이렇게 세 나라 이상이 같이 들어오기도 하고, 대월지大月氏, 대원大宛, 소륵疏勒, 우

32) 『삼국지』 권30 위서30 오환선비동이전 한.

전于闐, 사거莎車, 거륵渠勒, 정절精絕, 우미扜彌 등 8개국이 동시에 들어오는 사례도 보입니다.[33] 이렇게 1,074명이라고 하는 최대의 사신단 규모는 결코 한 나라가 들어오는 게 아니라, 지금 보시다시피 여러 나라가 한꺼번에 끼어들어오는 겁니다. 이쯤 되면 『진서』에 조공사절단의 모습도 이것과 매우 유사하다는 생각을 하실 거라고 봅니다. 『진서』 무제기武帝紀를 보면 분명히 태강 7년에 부남등 21국과 마한등 11국이 조공하러 왔다는 기록이 있습니다.[34] 이 기록을 마한 등 11개국 사람들이 1년에 걸쳐 들어왔을 것이라고 생각하기 쉽지만, 『진서』의 다른 기록을 보면 이 조공단이 같은 해 8월에 들어왔다는 기록이 있습니다.[35] 그러니까 마치 1년에 걸쳐 들어온 것처럼 기록되어 있지만, 실은 어느 1달에 들어온 것이라는 것이지요. 다른 해 기록에도 7월 달에 들어왔다거나 6월 달에 들어왔다는 식으로 기록되어 있습니다. 그런데 어떤 기록을 보면 어느 날, 예를 들면 갑신일에 열 나라가 들어왔다고 한 기록이 있어요.[36] 결국 이런 기록들을 다 합쳐보면 비록 태강 7년에 들어왔다고 한 기록도 태강 7년 어느 하루에 들어왔을 가능성도 배제할 수가 없는 거지요. 자세히 들여다보면 더 재미난 부분이 있습니다. 『진서』 사이전에 의하면 진한이 태강 7년에 들어왔다고 되어 있는

33) "客大月氏 大宛 疏勒 于闐 莎車 渠勒 精絕 扜彌王使者十八人 貴人 口人"(『敦煌懸泉置漢簡』)
34) "(太康7年)是歲 扶南等二十一國 馬韓等十一國遣使來獻"(『진서(晉書)』 권3 제기(帝紀)3 무제(武帝))
35) "(太康7年8月)東夷十一國內附"(『진서(晉書)』 권3 제기(帝紀)3 무제(武帝))
36) "(太康元年6月甲申日)東夷十國歸化"(『진서(晉書)』 권3 제기(帝紀)3 무제(武帝))

데,[37] 『진서』 무제기를 보면 여기도 마찬가지로 7년에 동이 11국이 들어왔다고 되어 있지요. 또 태강 7년 뒤편에는 같은 내용을 다시 마한 등 11국이 들어왔다고 기록하고 있습니다. 똑같은 내용인데, 사이전에서는 진한이 들어 왔다고 해 놓고, 무제기에는 마한 등 11국, 혹은 동이 11국이 들어왔다고 했으므로, 동이 11국에는 마한과 진한이 다 같이 들어왔다는 뜻이 되는 겁니다. 그런데 마한과 진한은 우호적인 관계라고 할 수 없는데도 마한, 진한이 함께 들어오는 상황이 발생하는 겁니다. 그럼 이렇게 서로 우호적인 관계이거나 정치적 동맹관계라고 할 수 없는 여러 나라들이 도대체 어떻게 같이 들어왔을까 하는 얘기인데요. 이 답도 『돈황현천치한간敦煌懸泉置漢簡』에서 찾을 수 있습니다. 즉 한꺼번에 들어오는 나라들이 전부 하나의 교통로에 위치해 있더라는 겁니다. 예를 들어서 서역 북로를 따라 위치해 있는 나라들 중 몇 개의 나라들이 같이 들어오고, 어떨 때는 이렇게 서역 남로에 위치해 있는 여러 나라들이 함께 들어오게 됩니다. 다른 교통로에 위치해 있는 나라들이 같이 들어오는 경우는 없습니다. 다시 아까 지적했던 마한과 진한의 경우도 서역의 경우와 동일하다고 생각합니다. 적대적 관계에 있는 나라들끼리 하나의 조공사절단 안에 같이 끼어들어오는 사례가 한 제국의 서쪽과 동쪽에 모두 보인다는 겁니다. 이것은 결국 한 제국 측에서 먼저 교통로를 따라 사신을 보내면서 조공을 할 국가

37) "(辰韓)武帝 太康……七年又來"(『진서』 권97 열전(列傳)67 사이(四夷))

의 사신을 함께 데리고 오는 형식입니다.

마지막으로 하나만 더 말씀드리고 끝내겠는데요. 아까 말씀드린 대로 서역의 사신이 돈황에 들어왔다가, 그곳에 있는 게 아니라 이곳 현관에서 통행증을 발급받아서 한참 떨어져 있는 주천까지 와야 했습니다. 그럼 여기에서 내가 가지고 온 낙타가 얼마인지를 감정하고, 그 다음에 황제가 있는 곳으로 가서 조알을 해야 합니다. 종종 주천 태수의 재량으로 장안으로 갈 건지, 그냥 장사를 하고 되돌아 갈 건지가 결정되기도 합니다. 이런 것들이 전부 결정되는 지점이 돈황이 아니라 주천이라는 것인데요. 이 지점은 한 제국의 서쪽 지역에서 서역을 관장하는 중심지에 해당이 되는 거지요. 따라서 이것을 이 동쪽에 만약 적용한다면, 마한이나 진한 혹은 왜국 어느 경우라도 좋습니다만, 이 지역에 있는 여러 동이의 여러 나라들의 사신들이 기본적으로 낙랑 혹은 대방으로 들어온 뒤에 거기서 통행증을 발급받은 뒤 낙랑이나 대방에서 제공해 주는 각종 음식과 교통편, 호송 이런 것을 모두 제공받으면서 동이교위부라고 하는 동이를 관장하는 중심지로 가서 그곳에서 호시를 하든 아니면 그곳에서 귀화를 하든, 황제가 있는 서울로 갈지 여부를 결정하든 이런 문제를 처리하는 것이 아닐까, 저는 그렇게 생각하고 있는데요. 어쨌든 이 관련 자료가 논의에 참조가 되셨으면 좋겠습니다.

좌장 김기섭 : 제 예상과는 달리 복잡한 자료를 보여주셨는데요. 저는 보면서 일단 이런 생각이 들었습니다. 통행증을 발급받고 교통로상에 있는 원수지간에 있는 나라들끼리 모여서 갔다는 얘기는, 오는 시

점을 한에서 조정했다는 뜻으로 볼 수 있고, 그게 곧 지금 선생님 말씀하시는 배면背面에는 통제를 하는 방식이라고 이해를 해도 되나요?

김병준 : 한 가지 얘기가 빠졌습니다. 아까 말씀드린 대로 한 제국의 원칙은 사적으로 무역을 하는 것은 금지되어 있습니다. 변경을 자기 멋대로 바깥으로 나가서 철기를 가져간다거나 이런 것은 원칙적으로 절대로 안 됩니다. 하지만 지금 보았듯이 국가가 정해놓은 이 조공무역을 통해서 호시互市라고 하는 곳에서 국가가 허용하는 범위 내에서의 교역을 하고, 그리고 교역품을 가지고 다시 제 나라로 돌아갈 수 있었습니다. 이 점에서 엄격한 통제가 있었음에도 불구하고 충분한 교역이 가능했다고 할 수 있습니다.

마지막으로 하나만 더 말씀드리면, 저희 논의는 늘 바깥에 있는 주변 국가들이 중국으로 들어와서 어떻게 조공했고 무슨 물건을 가지고 갔느냐 주로 이것만 생각을 하는데, 문제는 이러한 조공이 주변세력의 자발적 의지보다는 한제국이 제공해 주는 인프라(infrastructure)에 의해 결정된다는 겁니다. 예컨대 한나라에서 먹을 것을 제공하고, 또 군대를 동원해 이들을 호송하며 도적으로부터 보호하면서 사막을 오가게 하는 겁니다. 사실 이게 없으면 사막이 가로막혀 멀리 격절되어 있는 서역에 여러 나라들, 오손, 대월지 이런 나라들이 자기 비용을 들여가며 올 수가 없는 거지요. 그러니까 한의 입장에서 보면, 돈을 엄청나게 투자를 해 가면서 그 사람들을 데리고 오는 거고요. 그리고 또 갈 때도 다 데려다 주는 겁니다. 한편 이때 한나라 상인도 같이 갑니다. 저쪽만 오는 게 아니라 한나라 상인도 떼거리로 사신을 칭하면서 서역으로 나갑니다. 한나라에서 보내주는 사신들의 상당수도 실제로는 상인의 성격이 강한 겁니다. 한나라 사람들도 소위 사신의 복장을 하고 이 서역에 있는 여러 나라들에 다 파견이 되는 거지요. 또 그렇게 파견이 된 뒤에 금방 돌아오는 게 아니라 후대의 소그드(Sogd) 상인처럼 아예 그 곳에 가서 몇 달 동안, 길면 몇 년 동안 장사를 하고 난 다음에 들어옵니다. 저는 이 과정, 즉 조공하러 잠깐 왔다가 거기에서 뭘 받아가는 게 아니라 호시에서 장사를 하는 것이고, 또 반대로 한나라 쪽에서도 상인들이 엄청나게 주변으로 이동해서 장사를 하는 과정, 그 과정에서 발생하는 교역이나 상업 이런 것을 우리 시야에 넣어야 하지 않을까 하는 생각을 했습니다.

좌장 김기섭 : 지금 어떻게 받아들이셨는지 모르겠는데, 저는 교섭과 교역이 헷갈리기 시작했고요. 또 그렇다면 정치적인 의미로만 우리가 얘기하고 있는 통제라고 하는 것을 경제적인 측면으로 바꿔서 생각을 해 보면 뭔가 통제를 했으면 근거가 남아야 한다. 유물이 나오는 게 정상이다. 조금만 봐서는 그렇게 이해가 가는데, 누르면 누른 흔적이 있어야 한다. 그것은 없는 게 아니고 오히려 그럴수록 나와야 한다고도 사실은 해석할 수도 있는 것 아닌가 이런 생각이 들었는데 어떻게들 생각하십니까? 이 부분에 대해서 정인성 선생님부터 얘기를 하시지요.

정인성 : 예. 예전에 김병준 선생님이 발표하신 관련 논문을 재미있게 읽었

습니다. 큰 참고가 되었는데요. 논문을 읽고 난 후 전화를 드려서 질문한 바도 있었습니다. 저도 군현이나 중국 정부에서 기본적으로 조공무역을, 각종 교역행위를 통제한다고 생각합니다. 다만 이미 서남이西南夷 지역 등에서의 상황들을 보면, 한의 중앙정부가 공식적으로 인지하기 이전에 교역로가 형성되어 있었음을 알 수 있습니다. 서남이 루트를 공략하는 이유도 그렇습니다만, 이미 한이 인지하기 이전에 무역로가 있었음은 사천지역에서 팔려나갔던 물품이 이미 지금의 중앙아시아에서 팔리고 있었음을 장건이 확인했다는 사실은 시사하는 바가 있습니다. 이는 군현에서 통제하기 이전부터 지역 간 원거리 교역이 존재했다는 것이죠. 기본적으로 그보다 이후의 시기입니다만, 반복해서 말하지만 물론 군현이나 소위 말하는 한의 조정에서 통제한 무역이 기본이 되겠지만, 중앙에서 인지하지 못하던 다양한 무역의 형태가 존재할 가능성이 높음을 생각해야 한다고 생각합니다. 이런 형태의 교역행위를 동이 혹은 삼한사회에도 적용이 되어야 한다고 생각하고 있고, 그런 맥락이 아니면 군현에서 들어온 것이 아니라고 밝혀진 인천의 운북동 유물들〈그림 23〉은 이해하기 힘들다는 이야기를 드린 바 있습니다.[38]

38) 이길성·조순재, 2010, 「인천 운북동 유적」, 『이주(移住)의 고고학』(제34회 전국고고학대회 발표요지문), 한국고고학회.
정인성, 2013, 「한강 하류역 운북동 유적의 한식유물로 본 대중교역의 한 형태」, 『한국기독교박물관지』 9, 숭실대학교 박물관.

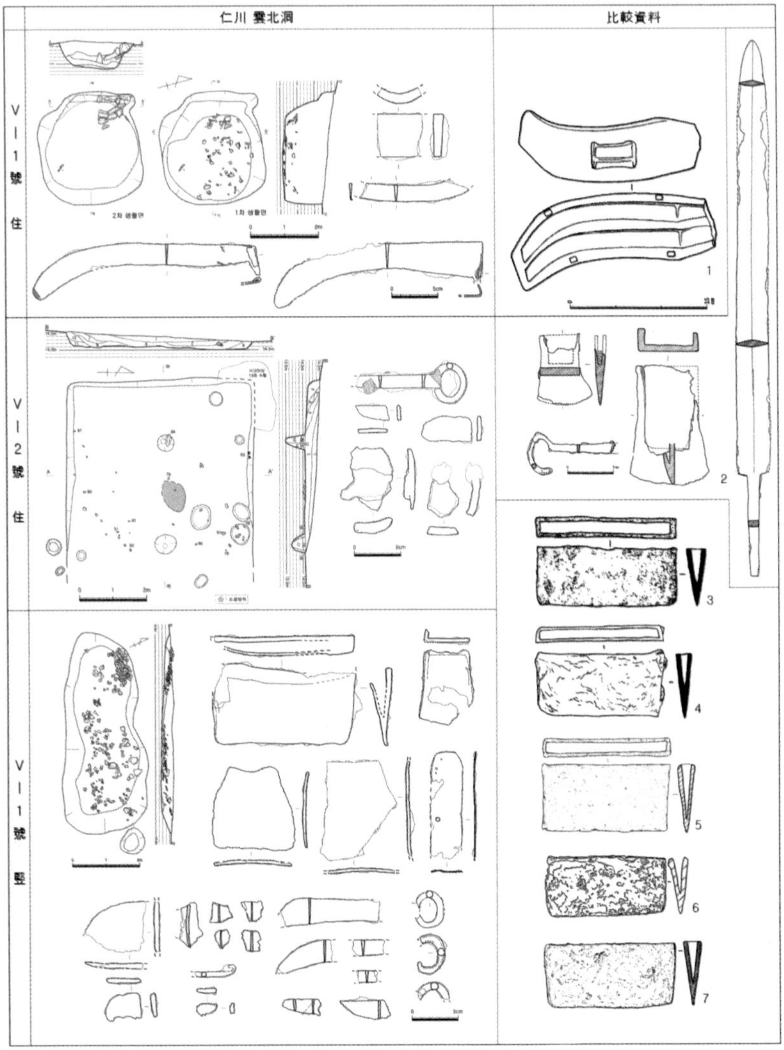

1. 山東 萊蕪縣 亓省莊, 2. 대동군 상리, 3. 臨憧鄭莊, 4. 高昌 M78, 5. 袁台子 M71, 6. 호곡동 6기, 7. 老河深 中層

〈그림 23〉 인천 운북동 V지점 출토 유물과 비교 자료

김병준 : 선생님 말씀하신 것처럼 명백히 군현통제가 있었다고 해서 모든 물건을 정말 물 샐 틈 없이 못 빠져나가게 한다는 것은 말이 안 됩니다. 선생님이 말씀하신 것처럼 분명히 다른 방법, 즉 사적인 무역으로 나갈 가능성이 있습니다. 특히나 군현이 아직 실시가 되기 전 단계라면 예를 들어서 낙랑군이 설치되기 전 단계라면 당연히 이런 밀무역을 통해서 교역이 이루어졌을 겁니다. 하지만 비용이 꽤 들었을 겁니다. 조공 대외무역이 활발해지기 위해서는, 제 의견에 의하면 한군현이라고 하는 인프라가 뒤에서 백업을 해주어야 가능합니다. 다시 말해 제국이 경제적 손실을 감내하고 인프라를 제공해줘야 교역이 가능해지는 겁니다. 그 당시 대외교역은 기본적으로 장사를 하는 데 필요한 돈이 너무 많이 드는 거예요. 서역 같은 경우는 돈황부터 우즈베키스탄(Uzbekistan), 키르기스스탄(Kyrgyzstan)까지 가기 위해서 사막을 거치면서 물과 식량, 도둑떼 때문에 못 가는 곳이었지요. 물론 절대로 못 온 게 아닙니다. 오긴 왔었습니다. 하지만 이른바 한에서 안전과 모든 음식을 다 제공해 주고, 충분한 교역 이익을 보장해 주겠다고 해야 무역의 규모가 엄청나게 커질 수 있다는 겁니다. 다시 말씀드리면 이전에도 최소한의 무역은 반드시 있었을 텐데, 군현을 통한 조공무역이 시작하면서 그 규모가 엄청나게 커졌을 것입니다. 일단 군현에 의해서 이렇게 조공무역이 활성화 됐다면, 제가 장사꾼이라도 당연히 이 시스템을 이용하며 장사를 하지, 제가 스스로 모든 위험비용을 지불하며 장사를 할 것 같지는 않습니다. 물론 한에서 금지하는 거야 뭐 별도로 하겠습니다만, 그 밖의 물품은 당연히 기본적으로 움직

이고 있는 조공무역에 의해 움직이지 않을까 하는 얘기입니다. 군현에 의해서 이런 시스템이 작동하는 한, 이 시스템은 한뿐만 아니라 제 생각에는 서진 이후까지 충분히 지속되는 것이라고 보는데요. 그런 게 지속되는 한 다른 사무역私貿易은 기본적으로 크게 줄어들었을 것이라고 보는 겁니다.

여호규 : 제가 조금만 보태겠습니다. 고구려 지역의 상황이 사례가 될 수 있을 것 같은데요. 잘 아시는 것처럼 창해군滄海郡을 설치할 때 팽오彭吳라는 상인집단이 등장을 합니다. 그래서 아마 창해군 설치하는 과정에서는 초창기에서는 팽오彭吳라는 상인이 어떤 형태로든 요동군을 중심으로 해서 무역을 하고 있었고 그를 통해서 압록강 중류나 동해안 지역과 교역의 필요성들이 확대가 되고 그런 과정에서 예군濊君 남려南閭 등을 끌어들여서 요동군에 내투來投하게 하고, 그리고 나서 공식적으로 한漢 중앙정부에 건의해서 창해군의 설치라는 절차가 이루어졌던 게 아닌가 생각됩니다. 그래서 이 군현이 설치되기 전에는 김병준 선생님이 말씀하신 것처럼 요동 주변지역에서도 민간상인이 중앙정부의 통제를 받지 않는 상태에서 활동하는 모습들이 유추가 가능할 것 같고요. 그런데 서기 2세기 단계로 들어서면 몇몇 연구자들이 말씀하셨습니다만 고구려가 어떤 때는 현도군에 내속內屬을 하고 어떤 때는 요동군에 내속을 하게 됩니다. 그런데 그 당시 현도군이나 고구려하고 전투하는 모습을

보면, 121년 기사[39] 등을 보면, 한 군의 출발지점으로 출새出塞라는 표현이 명확히 나오고 있습니다. 아마 그 출새라고 했을 때 그 '새塞'라고 하는 게 고구려에서 현도군이나 요동군 지역으로 들어가는 관문이었던 국경이 아닐까 하는 생각이 되고요. 그렇게 본다면 역시 새가 설치된 지역의 관문을 통해서 군현이 설치된 이후에는 일단 공식적인 여러 가지 교섭들은 철저하게 군현의 통제 하에 이루어지고 있는 모습이고요. 그런 의미에서 고구려가 어떤 때는 현도군에 속하려고 하고 어떤 때는 요동군에 속하려고 자청해서 요청을 하는데요. 역시 이러한 것들은 현도군이나 요동군이 가지고 있는 여러 가지 정치적 결정 권한의 문제와 경제적인 교역상의 볼륨(volume)의 문제하고 이런 것들이 다 연동이 되어 있는 게 아닌가 하는 생각들을 해보게 됩니다. 그래서 이쪽 한반도 중남부 지역의 경우에도 역시 낙랑 · 대방군과의 문제들을 검토할 때 바로 인접사례니까 이런 것들이 충분히 참조가 돼서 논의가 될 필요가 있지 않을까 하는 생각을 해 봤습니다.

김병준 : 어차피 제가 이 자료를 보여드렸으니까 조금 더 말씀을 드리겠습니다. 아까도 잠깐 말씀드린 것처럼, 그동안 백제사 연구나 고구려

39) "건광 원년(121) 봄 유주자사 풍환과 현도태수 요광과 요동태수 채풍 등이 군사를 거느리고 국경을 넘어 고구려를 공격하여, 그 우두머리(渠師)를 붙잡아서 목베고 병마와 재물을 노획하였다.[建光元年春 幽州刺史馮煥玄菟太守姚光 ·遼東太守蔡諷等 將兵出塞擊之 捕斬濊貊渠帥 獲兵馬財物]"(『후한서(後漢書)』 권85 동이열전 고구려)

연구를 보면 사신을 당연히 공식적인 정치사절로 이해를 하지요. 물론 조공을 한 뒤에 책봉을 받는 정치적인 관계가 만들어진 뒤는 그렇겠습니다마는, 적어도 그 이전 단계에는 책봉이 이루어지기 전 단계의 이런 조공기사의 경우에는 지금 말씀드린 '교역'이라고 하는 측면에서 더 많이 이해를 해야겠다는 생각을 합니다. 방금 전에 고구려가 현도군으로 가서 조공할까 낙랑군으로 가서 할까라고 하는 것도 제 생각에는 그게 돈하고 관련되는 거지요. 왜냐하면 서역 사절들이 호시에서 교역을 할 때에 어떤 태수는 돈을 많이 쳐 주고 어떤 태수는 돈을 덜 쳐주는 태수들이 있습니다. 또 낙타 감정 가격을 둘러싸고 서로 분쟁이 발생하는 것을 보면 고구려 쪽에서도 당연히 그 부분을 염두에 두지 않을 리는 없는 거고요. 좀 더 나아가서 마한을 비롯한 여러 나라들이 집단적으로 조공하러 가는 것도 이것과 연관이 있을 겁니다. 마한에 있는 여러 나라들이 한꺼번에 가자고 했던 것은 바로 이런 이유지요. 한꺼번에 가야 높은 가격을 받을 수 있을 겁니다. 일종의 가격담합을 하자. 이런 입장으로 이해하는 게 더 좋지 않을까 합니다. 한 마디로 그동안 이 조공사절을 정치적으로 이해해 왔지만, 집단 조공과 관련해 교역이 일어나고 있는 게 자료에서 계속 발견되고 있으므로, 정치적 측면보다 교역이라는 측면으로 돌려서 조공 사료를 이해하는 것은 어떨까 하는 생각인데요.

그 다음에 두 번째는 윤선생님께서는 『진서』 조공기사에서 마한 등 20국이 조공을 하러갔다고 하면, 20국 중에 마한이 맹주이고 나머지 19개 나라가 그 밑에 있는 속국이다. 혹은 속국은 아니더라도 마한과 상하관계에 있다고 이해 계신데, 제가 보여드린 저 자료에 의하면 마한 20국이라고 해서 결코 마한 밑에 속해있는 19국이 같이 조공하러 가는 게 아니라는 거지요. 마한과 진한이 같이 조공했던 사실을 그냥 "마한 등 11국이 조공했다."이렇게 얘기하고 있다고 생각합니다. 따라서 맹주관계 혹은 주도적 관계, 이렇게 얘기하기 좀 어렵지 않겠느냐 합니다. 여기에 대해서 여쭙고 싶습니다.

윤용구 : 아까 첫 번째 말씀하셨던 것은 조공사절이 반드시 책봉을 전제로 한 외교적인 것인지, 조공사절의 실상은 무엇인가 하는 문제와 『진서』에 나오는 조공관계기사에서 집단적으로 조공한 주체인 마한이나 신미국이 과연 맹주였겠는가? 나아가 그 조공이 리더를 중심으로 이루어 진 것인가 하는 두 가지 말씀으로 생각이 됩니다.

조공무역이라고 하는 기록은 이현혜 선생님도 쓰셨고 그전에는 누가 썼는지를 잘 몰랐어요. 그런데 이병도 박사의 1959년 진단학회에서 나온 『한국사-고대편』의 해당 부분을 여러 차례 읽게 됐어요.[40] 그 가운데 "조공무역朝貢貿易"이라는 표현도 이병도 박사가 쓰고 계시더라고요. 그래서 '아, 과거에도 쓰셨구나.'하는 생각을 하게 됐는데 조공무역이라는 표현을 했지만 실제로 지금 책봉체제와 같은 것을 염두에 둔 것은 아닙니다. 다만 사행이든 조공이든

40) 이병도, 1959, 「백제의 흥기(興起)와 마한의 변천」, 『한국사』 고대편, 진단학회.

아니면 교역이든 간에 그 실제 내용이 어쨌든 간에 기록으로 남아 있는 것은 조공이라는 식으로 표현이 되어 있고, 사료에 의해서 조어造語를 만들어야 하기 때문에 조공무역이라는 표현을 썼을 뿐이지, 그 조공무역이 책봉에 따라 그에 따르는 의무를 다하는 엄격한 제도하의 조공과는 다릅니다.

잠시 전 서역 지역 현천치懸泉置의 간독자료簡牘資料를 가지고 실제 교역의 실상에 대해서 이야기를 하였는데, 중국 고대 기록 중에서 서역 쪽에서 오는 조공사절들의 실체는 상인이라는 것은 이미 한대 때부터 조위대曹魏代 때까지 계속되어 왔습니다. 이들 서역의 세력들은 중국에 군사적인 위협을 가하지 않는 존재들입니다. 또한 이들의 조공품이라는 조악한 물건은 중국의 귀한 물건과 교환할 등가等價가 되지 않습니다. 때문에 이를 받을 수 있는 방법은 오직 조공이라는 형식을 빌어야 했습니다. 황제의 덕화德化에 감화感化를 받아서 왔다는 그 표현 아니면 좋은 물건을 받을 수가 없었던 것이죠. 하지만 중국과 전쟁 등 분쟁이 지속된 흉노匈奴나 선비鮮卑, 오환烏桓이라든가 동이東夷 등 중국의 북방과 동북지역에서의 교역은 서역하고는 다르다고 생각합니다. 다만 교역의 실상을 이해하는 데 있어서는 서역지역의 간독자료가 그 실제 모습을 구성하는 중요한 자료라고 생각합니다.

여호규 선생님 말씀 중에 고구려가 요동군과 현도군을 번갈아 가면서 교섭하였다는 것을 언급하셨는데요, 요동군을 공격하고는 사죄의 의미로 표현된 조공을 현도군에 하는 경우도 많이 있습니다. 이런 모습은 김병준 선생님이 소개한 현천치懸泉置 한간의 자료와 같이 조공은 결국 쌍방이 서로 이해관계의 접점이 생겼을 때 이루어지는 것으로 설명할 수 있습니다. 곧 가고 싶다고 해서 받아주는 것이 아니며, 반대로 오라고 해서 가는 것도 아니죠. 이게 무슨 상하관계가 있어서 반드시 어느 날짜에 조공을 바치지 않으면 무슨 징계가 가는 것도 아닙니다. 후한 때 제동祭肜[41]이라는 요동태수가 당시에 이민족 통호에 굉장한 능력을 발휘해서 상당히 장기간 태수직을 역임하는데요.[42] 그 제동이 요동태수로 있을 때 심지어는 저쪽 주천군酒泉郡, 돈황군敦惶郡 쪽에 있는 유목민족들도 요동군遼東郡까지 와서 조공을 바치는 모습을 보이고 있습니다. 그것은 말씀하신 대로 순전히 제동이 더 많은 값어치를 쳐주기 때문에 그 먼 데서부터 요동군까지 오고 있는 것이거든요. 그래서 김병준 선생님께서 말씀하신 서역 쪽 사정도 동이 쪽 사정에 충분히 응용 가능한 부분이 있지만, 다른 한편으로는 중국 북방지역과 서역지역은 중국에 가해지는 위협의 정도라든가, 아니면 토착민족을 제어할 필요에서는 차이가 있다고 하겠습니다. 그래서 북방과 동북

41) 제동(祭肜)은 후한 초기의 강력한 지방관으로, 41년부터 69년까지 거의 30년에 달하는 기간 동안 요동태수로 재직하였다. 그의 이름이 『후한기(後漢紀)』 권7 광무황제기(光武皇帝紀)에는 '요동태수(遼東太守) 제동(祭肜)'으로 되어있지만, 『후한서(後漢書)』 권20 제융전(祭肜傳)과 『동관한기(東觀漢紀)』 권10 제융전(祭肜傳)에는 제융(祭肜)으로 표기되었고, 『삼국사기』 권14 고구려본기2에는 '요동태수(遼東太守) 채동(蔡肜)'으로 기재되었다. 제동이 요동태수로 재직하던 시기에 그가 나타낸 영향은 매우 광범하여 동쪽의 현도군과 낙랑군은 물론, 서쪽의 무위군(武威郡, 현재의 감숙성(甘肅省) 무위(武威))에 미칠 정도였다고 한다. 제동의 활약 덕분에 요동의 영향은 동이에게도 미쳤으니, 이 시기에 이루어진 고구려, 한, 예, 왜 등의 조공은 요동의 영향에 의한 것으로 평가된다(권오중, 1992, 『낙랑군연구』, 일조각, 100~101쪽).

42) 권오중, 2011, 「요동 공손씨정권의 대방군 설치와 그 의미」 『대구사학』 105.

변경에서는 호시互市와 같은 것을 이용해서 토착민족들을 분리하고 그들을 조종해서 통합을 방해하는 방식이 더 보편적이었다고 생각합니다.

좌장 김기섭 : 지금 자연스럽게 입장 차이가 있습니다만, 양국가의 이해관계에서 각도에 따라서 표현방법이 굉장히 다를 수 있다는 것을 실제로 보면서 느낄 수가 있습니다. 중국 측에서는 분명히 조공해 왔다, 통제에 성공했다고 표현했을 가능성이 높고요. 또 반대의 경우에는 우리가 저들한테 지금 이득을 봤다고 생각할 수도 있을 것 같습니다. 그 과정에 자연스럽게 교통로 쪽으로 옮겨가는 분위기가 제가 봤을 때는 됐다고 생각을 하는데, 잠깐 쉬었다가 가는 게 좋을 것 같습니다. 10분 정도 쉬었다가 4시에 다시 이어가겠습니다.

Ⅱ. 백제의 고대 중국 사행로와 교역품

좌장 김기섭 : 2부 순서 이어가도록 하겠습니다. 제가 오늘 시간 관리를 못 하고 있습니다. 예정됐던 시간을 5분 넘겼는데요. 또 한 번 죄송하다는 말씀을 드리고 시작하겠습니다.

아까 국가 간의 관계가 굉장히 복잡하구나 하는 정도로 우리가 이해를 했습니다. 그런데 낙랑군 같은 경우는 백제나 마한 쪽에서 육지 혹은 바다로 아마 교통했을 것이라고 충분히 예상해 볼 수 있습니다만, 딱 하나만 더 짚고 가보겠습니다. 4세기 초를 기준으로 백제 혹은 마한 사신들은 어디까지 갔을까요? 혹시 물질자료라든지 어떤 근거가 있다면 아마 훨씬 강력한 증거가 될 텐데요. 그게 안 되면 문헌자료 기준으로라도 어디쯤까지 보통 갔다고 보시는지. 낙랑군까지 갔다면 따로 고민이 없겠습니다만, 3세기 말 아까 사료에 많이 나왔습니다. 진나라에 조공했다고 했을 때 조공하러 갈 때에 목적지가 과연 진晉나라의 수도, 당시 낙양洛陽인가요. 낙양까지 갔는지 아니면 동이교위부東夷校尉府까지 갔는지, 양평襄平까지 갔는지 아니면 낙랑군에서 갈음하고 낙랑군에 온 것으로 진나라에 조공한 것으로 치는 것인지. 어떻게 봐야 할까요?

1. 백제의 대중국 사행로

김병준 : 중국 측에 자료가 있기 때문에 그런 건데요. 기본적으로 변군의 관문으로 들어갑니다. 변군으로 들어가서 통행증 받고 동이교위부 같은 변경을 관리하는 중심기관이 있는 곳까지 가서, 그곳에서 호시를 하고 거기서 결정을 합니다. 원래는 기본적으로 이게 조공으로 들어왔기 때문에 다 황제가 있는 곳으로 가는 게 기본형이지요. 수도로 가는 게 기본형이고요. 수도에 황제가 없게 되면 황제가 있는 곳으로 간다는 게 원칙입니다. 그런데 경우에 따라서는 그 변군에 있는 태수나 아니면 변군에 있는 동이교위부에서 자체판단을 할 수 있게끔 해 줍니다. 그래서 조공을 하러 왔으면 일단 조공했다고 치고 나서, 들어온 목적이 경제적인 목적이면 '여기서 경비를 처리해 줄 테니까 고국으로 돌아가고 싶으면 여기서 돌아갈 수 있도록'하고, 반면 '황제가 있는 중앙까지 가겠느냐?' 의사타진을 하고 중앙까지 가겠다고 할 경우에는 황제에게 조알朝謁을 하도록 중앙으로 보내는 거지요. 조공사신 입장에서 보면 정치적인 목적을 처리하기 위해 황제를 조알하기도 하지만, 정치적인 목적 이외에 중앙에 가서 한 번 더 크게 장사하겠다는 뜻도 남아있을 것입니다.

좌장 김기섭 : 경우마다 다르다.

김병준 : 그런데 기본형은 당연히 황제가 있는 곳까지 가는 거지요.

좌장 김기섭 : 최종목표는 수도까지 가는 건데 그때마다 선택사항이 있다는 말씀이신데요. 다른 사례나 의견 말씀하실 분이 있으신가요?

강종훈 : 사실 이런 문제는 문헌상에 너무나 명백하게 나오기 때문에 굳이 이게 주제가 될 거리는 아니라고 저는 보거든요. 지금 윤용구 선생님이 작성하신 39쪽 〈표 2〉 서진대 동이조공 일람을 보면, 물론 밝히지 않은 부분도 많이 있습니다만, 예를 들어서 태강 9년 사례 같은 것을 보면, 9월 달에 동이 7국 예교위내부詣校尉內府 이렇게 되어 있어요. '예詣'라고 하는 것은 이르렀다는 뜻이지 않습니까. 그러니까 여기까지는 왔다는 이야기인 거지요. 그러니까 변군邊郡에서 그치는 것이 아니고, 예를 들어서 대방군이라든지 낙랑군에 와서 교역행위를 하고 그치고 가는 것이 아니고 양평의 동이교위부까지 직접 왔다고 하는 것을 보여주는 아주 명백하고 뚜렷한 문헌자료 근거가 되고 이미 나타나 있는 겁니다. 그래서 마한을 비롯해서 한반도 남쪽에 있었던 세력들이 적어도 3세기 말에서 4세기 초가 되면 서진의 상황이 달라지니까 이런 상황은 좀 변동이 생길 수밖에 없지만, 어쨌든 3세기 후반, 서진西晉의 무제武帝 연간(236~290년)에는 동이교위부가 만주와 한반도 일대에 있었던, 물론 선비라든지 이런데를 관장하기 위한 목적에서 동이교위부가 설치되기는

합니다만 그와 함께 한반도와 만주지역에 있었던 여러 세력들이 결국 동이교위부를 찾아가서 교역交易을 하든지 교섭交涉을 하든지 하는 상황이 됐던 것이고, 그런 차원에서 본다고 하면 한반도 남부지역에 있었던 세력들이 상당히 원거리의 항해를 하면서까지, 물론 그게 윤용구 선생님이 얘기하시는 것처럼 대방군이라든지 낙랑군의 도움을 받아서 갔을 가능성은 물론 있지요. 있으나 여기에 써져 있는 것처럼 '예詣'했다고 하는 것은 이 세력들이 갔다고 하는 것은 분명한 것이지요. 그건 교역을 하기 위해서 갔을 가능성이 물론 큽니다만, 어쨌든 이 세력들이 전혀 요동까지 가는 것을 몰라서 변군에서의 활동에 그쳤다든지 교역활동에 그쳤다든지 이런 식으로 우리가 단정할 수는 없다. 적어도 3세기 후반에는 낙랑군, 대방군 지역뿐만 아니라 한반도 서북부지역을 넘어서서 양평에 있는 요동지역까지 교역활동을 하기 위해서 직접 갔다고 우리가 이해를 하는 것이 순리적인 사료의 이해가 아닌가 하는 생각이 듭니다.

김병준 : 제가 다시 날을 세우겠습니다. 역시 중국 사료를 또 대는 수밖에 없는데요. '예詣'의 대상이 다르더라도 동일하게 이동했을 겁니다. 동이교위부로 '예詣'해도(도달해도) 일단은 변경관문邊境關門으로 들어가는 게 정상이고, 관문으로 들어간 뒤에는 그 관문부터 교위부까지 백제가 직접 스스로 가는 게 아니라, 백제사신을 호송하는 관리가 붙게 됩니다. 그래서 호송하는 팀이 먹을 것과 이런 것을 계속 대주면서 가는 게 원칙이지요. 따라서 그때 해로를 타고 올라

갔는지 육로를 타고 올라갔는지는 잘 모르겠습니다만, 일단 대방으로 들어갔으면 대방군에서 통행증을 발급하고 대방군의 관리들이 이 사신들을 호송을 해서 먹을 것까지 다 대주고 동이교위부까지 가는 게 정상루트인 것 같습니다.

강종훈 : 제가 지금 말씀드렸던 것은 변군의 도움을 받았든 어쨌든 간에 지금 마한지역이라든지 한반도 남부지역에 있던 세력들이 보낸, 교역을 위해서 보냈을 것으로 추정되는 집단들이 동이교위부가 있었던 요동지역의 양평까지는 간 것은 분명하다는 것이지요. 그것을 부정하고 변군의 비중이라든지 위상이라든지 기능 이것만을 강조하는 것은 사료를 왜곡해서 이해하려고 하는 것이 아닌가 하는 생각을 말씀드린 겁니다.

여호규 : 여러 가지 가능성이 있겠습니다만, 하나의 참조사항일 수 있을 것 같은데요. 가령 한반도 중남부 지역에서 해로로 간다고 할 경우에 238년에 사마의司馬懿가 공손씨公孫氏 정권을 무너뜨릴 때 수군을 같이 동원합니다. 그것은 뭘 얘기를 하냐면 요하遼河나 태자하太子河의 수량이 충분할 때는 바다로 갔던 배가 충분히 양평까지 곧장 갈 수도 있는 상황이다. 다만 그 중간에 이 낙랑, 대방과 같은 변군이 얼마나 개입하느냐 하는 것은 별도의 문제겠습니다만, 중서부에서 출발했던 배를 가지고 양평까지 곧장 갈 수도 있는 상황을 염두에 두고 검토할 필요가 있지 않을까 하는 생각입니다.

좌장 김기섭 : 3세기 말에 이미 요동, 요서지역까지 교통… 무시無時로 이렇게 조공사절이… 조공사절이라면 아마 배가 한 척 정도는 아니겠지요. 여러 척일 정도로 규모가 나름대로 되어 있을 테고. 아까 김병준 선생님이 보여준 자료로 치면 1,000명 정도 된다거나 아니면 수백 명 된다고 하면 배가 여러 척이 떠서 가야 하는 상황일 테고, 거기에 호송하는 호송관護送館까지 있다고 하면 훨씬 더 많은 사례를 생각해야 할 텐데요. 이렇게 해서 적어도 3세기 말경에는 요동, 요서까지 왕래를 했다. 이렇게 먼저 하고 시작하겠습니다.

그리고 이것은 지금 낙랑, 대방이 있을 시절에는 그렇게 중국 쪽에서 뭔가 루트를 개발했다. 물론 선사시대부터 있던 루트겠습니다만, 그것을 이용해서 뭔가 정치적인 액션을 취해가면서 그렇게 했다고 보는데, 낙랑, 대방이 멸망한 뒤에는 어떻게 됐을까요? 그러니까 백제에서 중국의, 이를테면 낙양이라든지 동진의 건강까지 가는 방식은 이것은 또 어떻게 상정할 수 있겠습니까? 가장 가까운 것으로는 아까 요서지역에서 건강까지 가는 루트를 여호규 선생님이 말씀하셨습니다만.

여호규 : 예. 그래서 그동안 90년대 후반 이래의 연구에서는 우리가 아까 계속 논의를 했던 『진서』에 나오는 서진과의 교섭기사, 그다음에 몽촌토성이나 풍납토성에서 대거 출토되었던 전문도기를 중심으로 하는 중국산 물품, 이런 것들을 서진대, 조금 내려 보더라도 동진 초로 봤기 때문에 그래서 이 동진 건국 직후에 벌써 동진과 직접 교섭했지 않았을까. 이게 대체로 지금까지도 제가 보기에는 백제

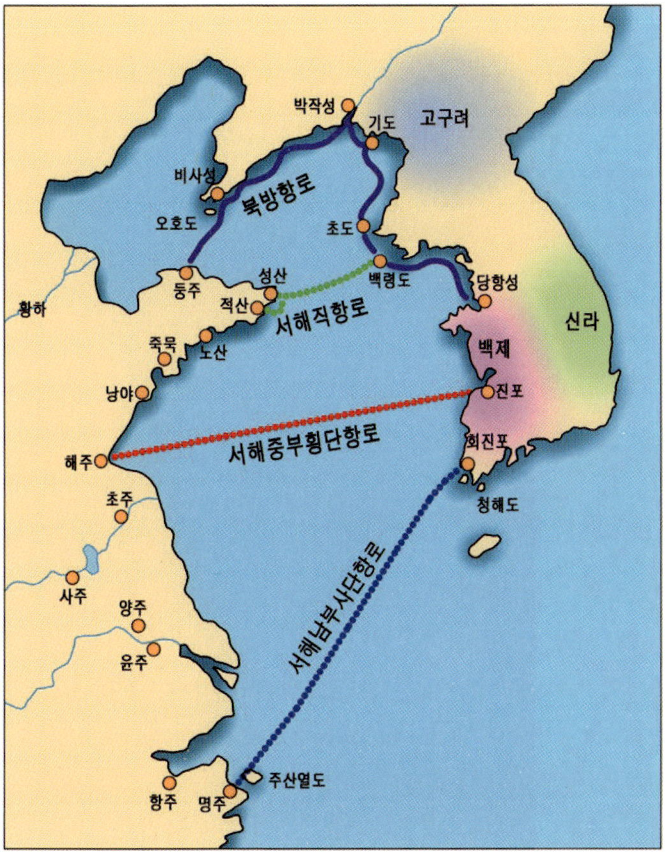

〈그림 24〉 백제의 서해 항로

사를 연구하시는 분들의 주류적인 견해인 것 같습니다. 그런데 아까 제가 전연前燕이 동진東晉에 사신을 보냈던 사례들도 말씀을 드리고 했는데요. 기본적으로 당시 항로 자체가 서해안에서 요동반도까지 가서 산동반도로 건너가서 양자강 하구로 내려가는 연안항로沿岸航路입니다. 그리고 전연이 대체로 동진까지 가는 데 3개월 정도 소요되었으니까, 가령 백제를 상정한다면 한강하류에서 가려면 최소한 그보다 조금 더 많은 시간이 소요될 테고요. 문제는 그런데 그렇게 장기간 시간이 소요되는데, 중간기착지로부터 물자보급을 받지 않고 동진까지 곧바로 갈 수 있느냐. 역시 이 문제가 제일 중요한 문제인 것 같습니다. 그래서 아까 여러 선생님들이 말씀하신 것처럼 『진서』에 나오는 서진과의 교섭기사, 그게 여러 가지 검토할 사항이 있고, 몽촌토성이나 풍납토성에 나오는 전문도기를 서진대나 동진 초로 확장해서 얘기를 하기가 좀 어렵다면, 특히 이 4세기 전반의 상황이라는 게 과연 한강 하류유역에 자리 잡고 있는 정치세력이 곧장 여기서 출발해서 남중국의 동진의 도성인 건강성建康城까지 직접 갈 수 있었겠느냐. 역시 그 부분은 좀 회의적이지 않을까 그런 생각입니다. 그래서 제가 생각하기에 그 부분은 앞으로 여러 가지 가능성을 열어놓고 검토를 해야 할 문제이지, 너무 어느 쪽으로 단정을 지어놓고 얘기를 하는 것은 현재 상황에서는 무리가 따르는 게 아닌가 하는 생각이 많이 들었습니다. 그래서 제가 아까 낙랑, 대방군이 멸망된 이후에 낙랑 유민들의 동향을 제 나름대로 재구성을 해 본 이유도 그렇습니다. 그래서 이게 3개월 이상 소요되는 원거리 항해를 하고 여러 중간기착지로부터 물자 공급을 받고 하려면 그에 따르는 많은 네트워크들이 다 존재를 해야 하는데, 그러려면 국가차원이 아니라고 하더라도 그런 네트워크를 확보한 유력세력이 존재해야 하고, 이 4세기 전반의 백제사회의 양상으로 봐서는 그 유력세력은 낙랑, 대방군의 유민세력이 가장 유력할 수 있는데, 그러니까 서진대의 상황과 비교를 해서는 안 될 것 같습니다. 왜냐면 서진대는 서진의 국가지배질서가 안정된 상황이었고, 이 한반도 중남부지역의 세력이 서진의 경계 내로 들어가면 거기에서 아까 김병준 선생님이 여러 차례 말씀하신 것처럼 서진의 정부로부터 다양한 여러 가지 편의를 제공받으면서 가는 것이기 때문에, 그런데 지금 4세기 전반의 상황은 그런 상황이 아니거든요. 그래서 그런 상황을 충분히 염두에 두고 앞으로 논의를 전개해야 하지 않을까. 그래서 현재 상황에서는 동진까지 직접 갔다고 단정하기는 여러 가지 논거가 아직까지는 부족한 상황이 아닌가 하는 생각이 저는 강하게 들고 있습니다. 물론 그렇다고 해서 남중국산 물품이나 이런 것들이 한강 하류유역으로 전혀 안 들어왔다는 얘기는 아닙니다. 그 들어오는 루트는 얼마든지 여러 가지 형태들이 있을 수 있다는 것이고요. 그 다양한 루트들을 조금 더 가능성들을 열어놓고 검토를 하는 것이 지금 연구의 여러 가지 상황들의 중요한 상황이 아닌가 그런 생각들을 하고 있습니다.

좌장 김기섭 : 아무래도 시기를 조금 옮겨야 할 것 같습니다. 지금 잘못하면 추정치만 얘기할 수도 있을 것 같아서요. 조금 옮겨서 시간이 많지 않으니까 4세기 후반 기준으로 한 번 가볼까요. 372년에 백제에서 근초고왕이 동진으로부터 '진동장군령낙랑태수鎭東將軍領樂浪太守'

라는 작호를 받았습니다.[43] 이것은 사신이 서로 오가지 않으면 어려운 것이고, 또 그렇게 왔다 간 흔적은 사료에도 분명하게 남아있는데요. 그때 건강까지 갔던 루트를 그려볼 수 있을까요? 4세기 후반 기준으로.

여호규 : 그것을 하기 전에 한 가지만 말씀드리겠습니다. 370년 이전 상황과 관련해서 아까 강종훈 선생님이 제 발표에 대해서 논평을 해 주시면서 345년에 봉유封裕가 모용황한테 건의했던 상소문[44] 또 그 다음에 346년 정월에 전연前燕이 부여를 공격하면서 그 이전에 나오는 부여를 침공했다고 하는 백제 사료[45]는, 이것을 어떻게든 가

43) 백제(百濟)의 이름으로 중국과 통교(通交)한 최초의 기록은 『진서(晋書)』 간문제본기(簡文帝本紀) 함안(咸安) 2년의 "춘 정월 신축에 백제와 임읍의 왕이 사신을 보내어 공물을 바쳤다. 6월에 사신을 보내어 백제왕 여구(餘句)에게 진동장군 령 낙랑태수를 제수하였다.[春正月辛丑 百濟·林邑王各遣使貢方物 六月 遣使拜百濟王餘句爲鎭東將軍領樂浪太守]"기사이다.

44) 고구려·백제 및 우문(宇文)·단부(段部)의 사람은 모두 무력으로 옮겨왔기 때문에 중국의 의를 사모하여 이른 것과 같지 않으니 모두 돌아가려는 마음을 가지고 있으며, 지금 호(戶)가 십만에 달해 도성을 비좁게 할 지경입니다. 아마도 장차 국가의 해가 될까 두려우니 마땅히 그 형제와 종족들을 나누어 서쪽 경계의 여러 성으로 옮겨 은혜로써 위무하며, 법으로써 단속하십시오.[句麗百濟及宇文段部之人 皆兵勢所徙 非如中國慕義而至 咸有思歸之心 今戶垂十萬 狹湊都城 恐方將爲國家深害 宜分其兄弟宗屬 徙于西境諸城 撫之以恩 檢之以法] (『진서』 권109 재기9 모용황).

45) 춘 정월 이에 앞서 부여(夫餘)가 녹산(鹿山)에 있다가 백제(百濟)의 침략을 받아 부락이 쇠잔해지자, 서쪽으로 연(燕)과 가까운 곳으로 옮겨가 방비를 하지 않고 있었다. 이에 연왕(燕王) 모용황(慕容皝)이 세자 모용준(慕容儁)을 보내어 모용군(慕容軍)·모용각(慕容恪)·모여근(慕輿根) 등 세 장군과 군사 1만 7천 기(騎)를 거느리고 부여를 습격하게 하였다. 모용준은 중앙에 있으면서 지휘만 하고 군사에 관한 일은 모두 모용각에게 내맡겼다. 드디어 부여를 격파하고 부여왕 현(玄)과 부락 사람 5만여 명을 포로로 잡아 돌아왔다. 모용황은 부여왕 현을 진군장

능성을 열어놓고 검토를 해야 하지 않느냐라고 말씀하셨는데요. 저도 당연히 강 선생님 말씀처럼 고대사 문헌사료들이 대단히 부족한 상황이고 그래서 한 줄이라도 있는 사료들을 최대한 가능성을 열어놓고 검토를 하는 게 타당하다고 생각을 하고 있습니다. 또 그렇지만 다른 한편으로 가능성이 거의 없는 사료를 갖고 논의를 전개를 하다 보면 너무 엉뚱한 길로 이를 수도 있다고 생각을 합니다. 그래서 여러 가지 주변 상황들을 놓고 봤을 때, 지금 345년이나 346년에 나오는 백제는 아무리 봐도 345년은 부여의 오기일 가능성이 대단히 높고요. 346년은 고구려의 오기일 가능성이 대단히 높습니다. 구체적인 논문은 최근에 발표했는데요.[46] 그럴 경우 이것을 자꾸 백제라고 하고 논의를 정리하면, 그 당시 상황과 전혀 동떨어진 얘기들을 너무 많이 하게 된다는 겁니다. 그래서 사료를 최대한 신중하게 봐야겠습니다만 또 가능성이 낮은 것은 일단 예외로 하고 논의를 전개하는 게 필요하지 않을까 생각을 하고요. 다만, 강 선생님이 아까, 봉유의 상소문이 나오는 것은 상소문이니까 1차 사료에 가깝다고 말씀하셨어요. 그런데 이 사료가 『진서』 모용황재기慕容皝載記에도 나오지만 『자치통감』에도 그대로 나옵니

군(鎭軍將軍)으로 삼고 딸을 그의 아내로 주었다.[春正月 初夫餘居於鹿山 爲百濟所侵 部落衰散 西徙近燕 而不設備 燕王皝遣世子儁帥慕容軍 慕容恪 慕輿根三將軍萬七千騎襲夫餘 儁居中指授軍事皆以任恪 遂拔夫餘 虜其王玄及部落五萬餘口而還 皝以玄爲鎭軍將軍 妻以女] (『자치통감(資治通鑑)』 권97 진기(晉紀)19 영화(永和) 2년 (346) 춘정월조)

46) 여호규, 2012, 「4세기~5세기 초 고구려와 모용'연'의 영역확장과 지배방식 비교」, 『한국고대사연구』 67.

다. 내용은 대동소이한데 진서의 문장과 『자치통감』의 문장을 비교하면 조금 다른 부분이 있습니다. 특히 거기 보면 "구려句麗 백제급우문百濟及宇文 단부지인段部之人", 이것은 사민徙民된 사람들을 지칭하기 그 앞부분에 제일 첫 번째 단락에서 봉유가 모용황의 업적을 칭송하는 부분이 나옵니다. 그러면서 『진서』에서는 이렇게 나옵니다. '남으로는 강한 조를 꺾고, 동으로는 구려를 멸해서, 삼천을 개경하고, 호는 10만이 증가되었다.'라고 네 자 네 자, "남최강조南摧强趙, 동멸구려東滅句麗, 개경삼천開境三千, 호증십만戶增十萬"이라고 네 자씩 딱딱 끊어서 『진서』 모용황재기에 나옵니다. 그런데 『자치통감』에 가면 이 구절이 어떻게 되어 있느냐 하면, 남으로는 강조를 꺾고 그런데 동으로는 동경고구려라고 되어 있습니다. 그리고 그 뒤에 뭐라고 나오느냐면 "북취우문北取宇文"이 나옵니다. 북으로 우문을 취하고 그다음에 "개경삼천開境三千"은 "척지삼천리拓地三千里"로 표현되어 있고요. "호증십만戶增十萬"은 "증민십만增民十萬"으로 표현되어 있습니다.[47] 이것은 뭔가하면 봉유의 상소문이기는 합니다만, 『진서』가 편찬되는 과정에서 사관들로 해서 일정한 윤문潤文이 이루어졌을 가능성을 시사하는 것이고요. 특히 "북취우문北取宇文"은 344년에 전연이 우문부宇文部를 멸망시킨 것을 지칭하는 것으로 보이는데요. 바로 봉유가 상소하기 1년 전의 사건입니다. 그런데 그 부분이 『진서』 모용황재기에 가면 생략이 되

47) 『자치통감(資治通鑑)』 권97 진기(晉紀)19 영화(永和) 원년((345) 정월(正月).

어 있습니다. 그래서 이 『진서』를 편찬하면서 상소문이라고 해서 전혀 이 문장에 대한 윤색작업이 없었던 것은 아니고요. 있었다는 것이고, 다만 제 논리에서 문제는 뭔가 하면 『자치통감』에도 "구려句麗 백제급우문百濟及宇文 단부지인段部之人"은 똑같은 구조로 나옵니다. 그래서 그게 좀 문제가 되기는 하는데요. 어쨌든 그래서 『진서』의 이 사료는 이 발표문에는 난잡亂雜해질 것 같아서 적지는 않았습니다만, 『진서』가 갖고 있는 사료적 성격, 특히 그 편찬과정 여러 가지 것들을 종합해서 이 부분은 검토할 필요가 있는 사료라는 것이고요. 현재 상황에서는 일단 논외로 하고 이 시기의 백제의 대중교섭을 검토하는 게 여러 가지 정황상 타당하지 않을까 생각하고 있습니다.

강종훈 : 예. 좋은 지적을 해 주셨는데요. 여기서 우리가 이런 생각을 해 볼 필요가 있습니다. 지금 정말 자료가 없어요. 이것을 가지고 그동안 백제의 요서지역 진출에 관련된 자료를 활용한 경우도 사실 있습니다마는, 전후맥락이 뚜렷하게 드러나지 않은 상황에서 돌발적으로 지금 두 개만 있기 때문에 이것을 가지고 뭔가를 그려보기가 어려운 상황인 거지요. 어려운 상황인데 그려내기가 어렵다고 해서 가능성이 없다고 단정할 수는 없는 거지요. 전혀 가능성이 없다고 하는 것은 여호규 선생의 선입견인 거지요. 여호규 선생의 이 사료를 보는 고정관념이 그 언급에 들어있는 것이지, 이런 기사가 있었을 때 이것을 전후맥락 속에서 어떻게 파악할 것인지에 대한 여러 가지 관점에서의 고민이 들어가고 그것을 가지고 이게 정말

받아들일 수 없는 기사라고 하는 것에 대한 결론을 내야지, 지금 당시 상황인 4세기 전반에서 이게 거의 불가능하다고 하는 고정관념 속에서 이 사료를 보면 다 부정적으로 보일 수밖에 없습니다. 그리고 하나 더 이야기를 드리면 이것은 정말 중요한 것인데 1차 사료를 보는 관점의 문제예요. 1차 사료를 금석문金石文 상태라면 그대로 남아 있습니다. 상소문 같은 경우는 예를 들어서 조선시대의 상소문이 실록에 기록될 때도 실록에 그 내용 그대로 다 싣지는 않지요. 핵심내용만 뽑아서 싣는 거예요. 그렇지만 문제는 뭐냐면, 없던 내용을 일부러 기록하는 자가 덧붙여서 수록을 한다든지 있는 표현을 일부러 변경해서 싣는 경우는 그다지 나오지가 않습니다. 그래서 지금 여기 345년 모용황재기에 나와 있는 백제를 부여라고 쓰여 있는데 『진서』의 편찬자가 일부러 그것을 '내가 생각할 때는 이게 부여가 아니고 백제로 써야 하겠다.'고 해서 백제로 썼다고 할 수가 없는 거지요. 그러니까 그렇게 단정할 수 있는 근거가 아무것도 없는 겁니다. 왜 굳이 7세기 상황에서 『진서』를 편찬한 사람들이 기존에 있었던 기록을 보면서 그것을 옮기는 과정에서 굳이 그것을 그 당시에 자기들의 생각으로 부여를 백제로 바꿔야 할 이유가 없는 것이지요. 실제로 『진서』는 그동안 이야기가 쭉 나왔습니다만, 부여전이 이미 동이열전에 들어가 있습니다.[48] 그래서 부여에 대한 인식은 물론 4세기 이후 상황에 대한 것이 제

48) 『진서』 권97 열전67 사이(四夷) 부여(夫餘).

대로 수록이 안 되어 있습니다만, 기본적으로 『진서』를 기록한 사람들이 부여에 대한 인식은 충분히 갖고 있었던 것이지요. 그래서 부여와 백제를 이 사람들이 다 상황이 지금 어떻다는 것을 알고서 일부러 변개變改했다고 하는 것은 그 자체가 지나친 추측이라고 할 수가 있다는 것이지요.

여호규 : 제가 그냥 선입관에 의해서 추정을 하는 것은 아니고요. 그동안 많은 연구자들이 이 사료에 대해서 언급들을 하셨고요. 그것을 종합한 겁니다. 132쪽에 보시면 고구려高句麗, 백제百濟, 우문宇文, 단부段部 4개가 나오는데요. 실제 제가 써놓았습니다만, 고구려 같은 경우는 342년에 5만 명이 강제 사민이 됩니다.[49] 그리고 단부 같은 경우도 338년에 멸망당하는데요. 그래서 약 5,000가 정도가 사민을 당합니다.[50] 우문부 같은 경우는 325년에 5만 가, 344년에 또 5만 가가 사민을 당합니다.[51] 실제 다 사민을 당한 실체입니다. 그런데 부여의 경우에도 285년에 한 10,000여 명 정도가 사민을 당하

49) 咸康七年 率勁卒四萬 入自南陜 以伐宇文 高句麗 (중략) 乘勝遂入丸都 釗單馬而遁 皝掘釗父利墓 載其尸并其母妻珍寶 掠男女五萬餘口 焚其宮室 毁丸都而歸 (『진서』 권108 재기8 모용외)

50) 皝以段遼屢爲邊患 遣將軍宋回稱藩于石季龍 請師討遼 季龍於是總衆而至 皝率諸軍攻遼令支以北諸城 遼遣其將段蘭來距 大戰 敗之 斬級數千 掠五千餘戶而歸 (중략) 恪伏精騎七千於密雲山, 大敗之 獲其司馬陽裕 將軍鮮于亮 擁段遼及其部衆以歸 (『진서』 권108 재기8 모용외)

51) 尋又率騎二萬親伐宇文歸 以翰及垂爲前鋒 歸使其騎將涉奕于盡衆距翰 (중략) 於是前戰 斬奕于 盡俘其衆 歸遠遁漠北 皝開地千餘里 徙其部人五萬餘落於昌黎 改涉奕于城爲威德城 行飮至之禮 論功行賞各有差 (『진서』 권108 재기8 모용외)

고요.[52] 그 다음에 그 이후에도 매년 노략을 해서 서진에 노예로 팔았다는 기사가 나오고 있습니다.[53] 결국 동일하게 부여도 이 시기에 선비 모용부인 전연에 의해서 강제적으로 집단적인 사민을 당했는데, 이 기사에 부여만 빠져 있는 거예요. 그래서 백제는 부여의 오기일 것이라고 보는 것이고요. 전반적인 상황상으로는 역시 그 이해가 타당하지 않나 하는 것이고, 오히려 제가 보기에는 이것을 백제로 볼 수 있는 명확한 논거를 이 사료를 신빙하는 분들이 제시를 해야 한다고 저는 오히려 역으로 생각하고 있습니다. 그 명확한 논거가 제시되지 않는 한, 이 사료에 나오는 백제를 우리가 생각하고 있는 한반도 중부 지역의 백제로 보는 것은 대단히 어렵다. 오히려 그것이 선입견일 수 있다고 생각하고 있습니다.

좌장 김기섭 : 잠깐만요. 이것은 이미 두 분이 사실 이와 관련된 논문을 쓰셨습니다. 그리고 그것도 꽤 오래 전에 쓰셨고요.[54] 이것은 대단히 중요한 문제이기는 한데 지금 여기서 다루기에는 너무 시간이 촉박

52) 率衆東伐扶餘 扶餘王依慮自殺 廆夷其國城 驅萬餘人而歸 (『진서』 권108 재기8 모용외)

53) "그 후에도 (모용)외는 매번 (부여의) 사람들을 잡아다가 중국에 팔았다. 황제는 그것을 가엾게 여기어 다시 조서를 내려 국가의 비용으로 속전(贖錢)을 주고 (그들을 부여로) 되돌려 보내었으며, 사주(司州)와 기주(冀州)에 명하여 부여 사람의 매매를 금지시켰다.[爾後每爲廆掠其種人 賣於中國 帝愍之 又發詔以官物贖還 下司冀二州 禁市夫餘之口]"(『진서』 권97 열전67 사이(四夷) 부여(夫餘))

54) 여호규, 2001, 「백제의 요서진출설 재검토-4세기 후반 부여계 인물의 동향과 관련하여-」, 『진단학보』 91.
강종훈, 2003, 「4세기 백제의 요서 지역 진출과 그 배경」 『한국고대사연구』 30.

하고 다른 주제들이 꽤… 지금 우리한테 주어진 주제가 더 있습니다. 지금 조윤재 선생님은 한 말씀도 안 하고 지금까지 오셨습니다. 이 부분은 굉장히 중요한 부분이어서 관장님, 다음번에 요서경략〈그림 25〉을 가지고 따로 한 번 해야 할 것 같습니다. 이것은 따로 정리를 하고요. 그때 두 분 모셔서 좀 더 심도 있게 또 깊이 논의하도록 하겠습니다. 이것은 사료를 보는 시각부터 얘기를 해야 하는 것이니까요. 일단 양해를 해 주셨으면 좋겠습니다.

그렇게 하고 지금 제가 교통로와 관련되어서 말씀을 좀 드렸는데, 지금 교통로가 중요한 게 아니고 그 이후의 교역품이라고 할까요. 물질자료들이 굉장히 많습니다. 지금 그 얘기는 한마디도 못했는

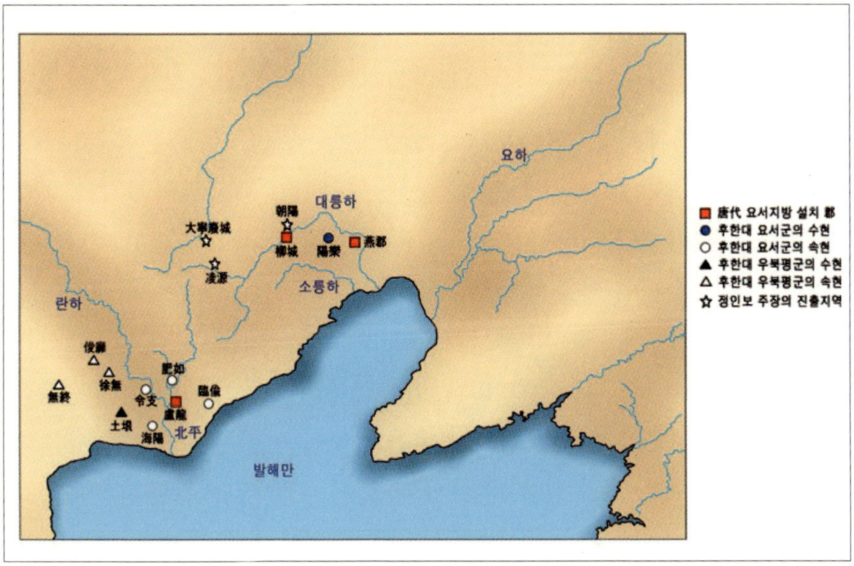

〈그림 25〉 백제 요서진출설과 관련된 지명

데요. 그것을 가기 전에 조윤재 선생님 먼저 물질자료에 대해서는 아까 발표하시며 얘기하셨는데, 건강까지 이르는 루트 그리고 어떤 방식으로 그것을 가져왔을까 하는 부분까지, 가능하면 선단船團이 어떻게 꾸려졌을 것이라는 추정까지 해 주시면 더 좋겠습니다.

조윤재 : 갑자기 말을 하려니까 말이 안 나옵니다. 너무 쉬어서요. 동력을 받아야 하는데. 먼저 강종훈 선생님께서 아까 대충 논평에 갈음하는 말씀을 한 번 해 주셨습니다. 역시 저도 마찬가지 생각을 가지고 있습니다. 왜냐면 1차 기획회의를 할 때 개별주제를 전부 정해줄 때, 일단 시기를 끊고 그리고 그에 관련된 교류에 대한 물질자료를 고고학을 하는 파트에서 해달라고 해서 '그러면 잘됐다. 그러면 양진남북조兩晉南北朝를 다 하면 양이 좀 나오겠다.'했는데, 기획회의에서 보면 노중국 선생님께서 "그거 하지 말고 16국을 해 봐라."고 해서 그 다음부터는 딜레마에 빠졌습니다. 잘 아시다시피 16국 문제는 서두에도 얘기를 했지만, 딱히 할 말이 그렇게 많지는 않은 편입니다. 그러다가 나중에 원고를 작성해 놓고 보니까 결국은 우리가 아주 비교적 자주 써먹는 제목이 나올 수밖에 없더군요. '고고자료로 본 한성백제와 양진 16국 대외교섭'을, '교섭'을 써놓고도 상당히 고민이 많았습니다. '교섭', '교류'다 좋습니다. 이것을 뭉뚱그려서 과연 백제의 성장과 어떻게 연결을 해야 하겠느냐. 성장의 문제를 저는 두 가지로 보고 있습니다. 성장이 내재적인 성장이 있을 겁니다. 이 내재적인 성장은 국내의 국사라든지 국가 운영체계를 다 가다듬으면서 성장하는 것이 있고, 그 다음에

바깥일을 이용해서, 그게 아마 교류가 될 것입니다. 교섭이 될 수도 있을 것이고, 아마 정치적인 의도든 아니면 경제적인 의도도 상당히 깔려 있는 부분들이 가끔 있습니다. 그래서 이러한 교류를 통해서 아마 국제사회에서, 당시에 동북아시아겠지요. 거대한 한 제국이 있습니다. 한을 기점으로 해서 위진남북조 시대, 남북조가 걸리는 아주 혼탁한 정치상황을 가지고 있습니다. 여기서 과연 백제는 인근에 있는 대방, 낙랑, 고구려 그리고 또 다시 동쪽에 있는 가야와, 또 왜 그리고 신라까지 과연 어떤 생각을 했을까? 성장이라는 것이 과연 내가 의도해서 저쪽하고 교류를 할 때 그게 성장인 것인지, 안 그러면 우리가 너무 백제 중심으로 얘기를 할 때는 그렇게 생각할 수도 있겠지만, 과연 그러면 중국 왕조에서 백제를 생각하는 인식, 그리고 중국 사람들의 백제관, 이것을 과연 우리는 꼼꼼하게 살펴본 적이 있느냐 하는 생각도 해 봤습니다. 그렇기 때문에 성장이라는 것을 직접적인 연동을 시키고 가시화시켜서 보여줄 수 있는 것은 1차적으로 이런 외래 물질자료밖에는 현 상황에서는 없습니다. 문헌은 빼놓고요. 문헌은 제가 말씀을 안 드리겠습니다. 여러분 계시니까. 이 부분에서 과연 성장이 어떤 모습으로 나타나는 게 성장이냐. 초두 아니면 중국 도자, 아니면 축성기법 이것이 과연 백제의 그 단계마다 성장에 어떤 식으로 작용을 했느냐. 그게 성장이냐. 그게 왜 성장이라고 보느냐라고 질문했을 때 실질적으로 단도직입적으로 저도 이 자리에서 말씀은 못 드리겠습니다. 그런 부분에서는 일단 여태까지 나왔던 외래계 유물에 대한 집성과, 그리고 저는 사실 아까 성정용 선생님께서 조목조목 얘기를 해 주시면서 비껴가셨다고 해서요. 애초부터 저는 비껴가려고 했습니다. 왜냐면 편년 작업에 저까지 끼어들어서 논쟁을 할 필요가 없는 시점이고, 여기 김일규 선생님 나와 계시지요? 제가 일부러 여기 참고문헌 다 넣었습니다. 오늘 다행히 성정용 선생님[55] 계시고 김일규 선생님[56] 계시니까 편년 작업을 하려면 플로어도 좀 활용을 해서 하는 방법이 충분히 있습니다. 그러나 제가 이 자료를 정리하면서 편년 논쟁까지 넣어서 한다고 하면 이게 아마 또 방향이 다른 데로 갈 수가 있습니다. 그래서 1번 머리말에서도 얘기를 했고, 흑색마연토기〈그림 26 · 27〉에서도 성정용 선생님께서 확실하게 필자는 어떤 생각을 가지고 있느냐 질문하셨는데, 저는 아직 정리된 생각이 없습니다. 왜 그런 말씀을 드리느냐 하면, 저는 백제 자료를 가지고 편년 작업을 제대로 정치하게 접근을 해 본 적이 없습니다, 저의 전공 자체가 그러한 접근을 시도할 사안이 아니었기에 아직도 공부를 하는 입장이고, 그렇지만 그 필요성은 느꼈습니다. 과연 편년 논쟁이 조정이 안 되는 가장 큰 요인이 뭐냐, 저는 대단히 고심을 했습니다. 너무 이상한 겁니다. 왜냐면 과연 국내자료가 왜 이렇게 조정이 안 되느냐. 다 똑같이 볼 수 있는 자료를 가지고 왜 이렇게 조정이 안 되느냐 등인데요.

---

55) 성정용, 2005, 「中國六朝與韓國百濟的交流-異瓷器爲中心-」, 『東南文化』 05-1, 南京博物院.
______, 2010, 「백제 관련 연대결정자료와 연대관」, 『호서고고학보』 22, 호서고고학회.

56) 김일규, 2007, 「한성기 백제토기 편년 재고」, 『선사와 고대』 27, 한국고대학회.
______, 2007, 「한반도 중서부지역 삼한·삼국시대 토기편년」, 『한일 삼국·고분시대의 연대관(Ⅱ)』, 국립부산대학교박물관·국립역사민속박물관.

〈그림 26〉 백제 각 지역에서 출토된 흑색마연토기

전세傳世의 문제는 저는 아니라고 봅니다. 전세보다는 먼저 이 국내자료에 대한 연구자들 간의 인식차를 어느 정도 조금 조정하는 게 가장 중요하지 않은가. 그게 한 걸음 나아가는 길이지. 전세론을 얘기하고 또 전세를 다르게 보고, 그리고 전세의 폭은 얼마냐. 그리고 전세라고 볼 것이냐 안 그러면 용어를 바꿔라. 보유라고 할 것이냐. 그 기간을 A는 얼마나 상정할 것이고 B 연구자는 얼마나 상정할 것이냐. 이렇게 해서 고착화라는 말을 썼습니다만, 제가 보기에는 그렇습니다, 논쟁이. 그래서 지금 기와 문제도 있고, 여러 가지 사실은 전부 편년과 걸리는 문제입니다. 하나도 지금 편년과 안 걸리는 문제가 없습니다. 그중에서 제가 편년 문제에 조금이라도 얘기를 할 수 있는 부분은, 마구 전공자도 아니고 또 기와 전공자도 아니기 때문에, 적어도 아마 중국 도자에 관련된 문제는 제가 좀 얘기를 할 수 있지 않을까 합니다.

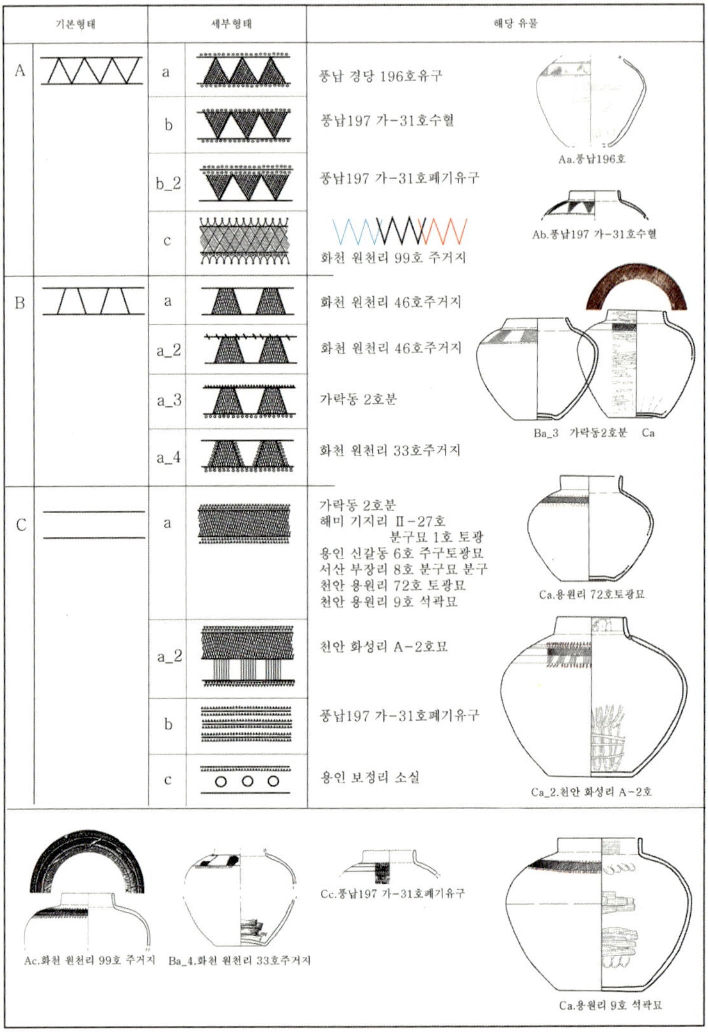

〈그림 27〉 한성백제기 직구유견호 문양 나열(한지선, 2013)

아까 발표시간에도 얘기를 했지만 역시 시유도기, 전문도기 대단히 중요한 문제입니다. 지금 시유도기와 전문도기가 계속 나오고 있습니다. 지금 전라도 지역에서도 나오고 있고 조금 늦은 시기까지도 나오고 있습니다. 함평에서도 나오고 용두리에서도 나오는데, 제가 2006년도에 중국에서 유학을 할 때 성정용 선생님이 논문을 하나 써놓고, 중국도자에 대해서 중국 잡지에 기고를 하는 과정에서 편년을 한 번 훑어보게 됐습니다. 저도 그 당시에는 왜냐면 국내 자료가 조금 인식이 안 되어 있었기 때문에 편년을 상당히 참고를 했습니다. 그 이후로 보니까 개인의 편년차가 이렇게 심한가. 그래서 아까 제가 왜 모색이라는 사례로 동진 상산 7호묘를 보여드렸느냐 하면, 이런 작업이 조금 더 많이 되어야 하지 않을까. 저를 포함해서 이런 부분을 좀 맡아서 연구를 해 주는 사람들이, 이런 부분이 좀 되면 한국 연구자들이 국내 자료를 보는 그 판단 기준, 시간의 틀 문제가 거기에 조금 도움이 되지 않을까 생각을 해 봤습니다. 시유도기, 전문도기는 지금 최근 자료로 말씀을 드렸듯이 왕지고王志高 선생이 발표한 자료가,[57] 그 자료 외에도 제가 개인적으로 물어봤습니다. 보고가 안 된 자료가 훨씬 더 많다는 거예요. 사실 이 자료를 우리 한국 측 연구자들이 한 번도 지금까지 가서 실랑이 한 사람이 없어요, 그 이후에. 그래서 이 작업이 먼저 선행이 되어야 할 것 같고, 조만간에 이게 선행이 된다면 과연 왕

57) 王志高, 2012, 「풍납토성의 세 가지 문제에 대한 시론」, 『(동북아시아 속의) 풍납토성』, 학연문화사.

지고 선생 말대로 전반적인 시유도기, 전문도기를 구별하지 않고 전부 남조 때까지 내려갈 수 있느냐. 이 문제와 정말 동진 초기나 서진 말기 것은 정말 없느냐, 이 문제도 한 번 심각하게 논의를 해봐야 합니다. 이게 만약에 틀어지기 시작한다면 심지어 왕지고 선생이 무슨 얘기까지 하느냐면, 풍납토성 초축 문제까지 이 문제를 연결시켰습니다. 이것은 대단히 엄중한 문제입니다. 초축 연대를 시유도기, 전문도기와 연결시켰다고 하는 것, 저는 그때 토론문에서는 일단 부정적으로 봤습니다. 왜냐면 중국 내에서도 시유도기, 전문도기 분류가 현 자료까지 포함해서 정치하게 구분이 되어 있지 않고, 그 다음에 상한도 고정이 안 되어 있습니다. 이 부분은 감안할 필요가 있지요. 그래서 시유도기, 전문도기는 우리한테 상당히 중요한 자료이기 때문에 이것을 빠른 시일 내에 한국 연구자들이 논의를 해야 하지 않을까 하는 생각이 듭니다. 그 이후로 사실은 우리는 구체적인 대응이 없었어요.

좌장 김기섭 : 잠깐만요. 지금 봇물이 터졌습니다. 오랫동안 참고 계시다가 한꺼번에 다 쏟아내시는데, 단계를 약간 쉬었다가 갔으면 좋겠습니다. 교통로 부분은 지금 현 단계에서는 자연스럽게 교역품의 내용으로 옮겨간 상태입니다.

조윤재 : 교통로 얘기를 한 번만 하고 제가 다음 쉬고 하겠습니다. 금방 물으셨기 때문에 제가 가지고 있는 개인의 생각을 한 번 잠깐만 얘기하겠습니다.

교통로 얘기는 사실 어제 사전회의 때 발표문에 담지 못한 여러 가지 얘기들을 했습니다. 저는 남조와 백제 얘기를 할 때 정말 공부가 부족했구나. 막연한 생각을 하고 있었구나. 김영심 선생님의 발표가 있었습니다. 일본 학자들도 마찬가지지만 금강까지의 항로를 정말 치밀한 고증이 없이 사단항로斜斷航路를 거침없이 한 선으로 쭉 그은 지도들이 대부분이었습니다. 그런데 최근 항해술을 연구하고 고대학문을 연구하는 연구자들한테 얘기를 들어보니까 이게 보통문제가 아니구나. 사단항해라는 것은 보통문제가 아니다. 심지어 어떤 연구자들은 우리나라에서 계절풍이나 아니면 조류를 이용하고 어느 정도의 항해술을 활용한 이용한 사단항로는 11세기 이전으로는 절대 못 올라간다.[58] 이렇게 단정하시는 분도 있습니다. 거기에는 분명히 근거가 있습니다. 그분이 하시는 말은 뭐냐면 과연 당신이 밤에 그 당시 항해기술을 가지고 배를 타면 갈 수 있겠느냐 이겁니다. 상당히 어려운 문제라는 거지요. 그렇게 항해술을 간단하게 보면 안 된다는 거지요. 그래서 연안항로 얘기를 많이 할 겁니다. 그렇게 할 수밖에 없고요. 낮에 만약에 항해를 하게 된다면 날씨가 상당히 좋다고 하면 육안으로 보이는 어느 정도의 다음 기착지寄着地가 보이지 않으면 항로를 진행할 수가 없고, 그 다음에 야간에 안 보일 때는 실제적으로 불빛이냐 아니면 이런 것이 없으면 항해가 안 될 것이고, 그리고 기착지마다 보급품들, 그리고

58) 김성준, 2013, 「고대 동중국해 사단(斜斷)항로에 대한 해양기상학적 고찰」, 『해양환경안전학회지』 19.

여러 가지 문제들이 수반되는 문제이기 때문에 과연 한강 하구에서 금강선까지 어떻게 갔을까. 결국은 시대적으로 가능한 이야기는 역시 연안항로를 따라서 갔지 않겠느냐. 그 부분을 제가 작년에 백제의 외교공관外交公館인데 남경 금강선에서의 백제인들, 백제사신들 그리고 백제의 외교전선에 있는 사람들이 가서 어디에서 묵었을까? 뭔가 외교 공관이 있지 않겠느냐를 찾기 위해서 한 번 글을 쓴 적이 있습니다.[59] 물론 고고자료나 물질자료는 전혀 없습니다. 그러나 중국인들도 상당히 의심스러워하는 약간 후반기 자료들을 저는 지리지地理志나 여지輿地를 이용해서 한 번 쓴 적이 있는데, 거기에서 제가 제일 서두에 한 얘기는 뭐냐면, 우리나라에는 조선사신단 그림이 하나 있습니다. 그 그림에 보면 중국 사신들이 조선 사신을 배웅을 하는 장면이 있습니다. 지금도 가면 남경의 장강대교 바로 건너편이지요. 당시 금강선 바로 그쪽에서 배웅을 하고 이 사람들이 어디로 갔느냐 알아보니까 중국 선박을 이용해서 강을 건너고, 강을 건너서 육로로, 결국은 그 당시에도 등주까지 간 겁니다. 그러니까 이 항로가 얼마나 불안정하고 위험하면, 결국 웬만하면 육로를 최대한 선택하고 막판에 물을 선택해서 강을 건넌다든가 이런 항로를 취하는 것을 보면, 지금 봤을 때는 바로 가는 사단항로 이것은 신중하게 생각을 해 봐야 할 것 같습니다.

59) 조윤재, 2013, 「고대 중국의 객관제도(客館制度)를 통해 본 백제객관(百濟客館) 집아관(集雅館)의 실제(實際)」, 『백제연구』 57.

좌장 김기섭 : 마침 항로 관련된 전문가라고 하실 분은 없습니다만, 이 부분이 굉장히 복잡하더군요. 그래서 일본 학자들 중에는 항로와 관련해서 의견을 내신 전문가 중에 나이토 순보內藤雋輔라고 하는 분이 "3세기 무렵에 황해도에서 산동반도를 건너갈 정도는 됐다"그 정도이고, 후대에 얘기하는 신라에서 당나라를 오간다든지 또 그 이후 고려시대의 사단항로에 해당하는 강남에서 한반도 남부로 바로 직통으로 오는 항로는 없었다고 얘기하는 분이 있고요. 그리고 국내의 학계에서는 "그것은 너무 빠르다. 5세기 이전에는 어림도 없었다."이렇게 보시는 게 보통의 경우입니다. 그래서 아까 여호규 선생님이 보여주신 것처럼, 요동반도에서 산동반도로 건너가는 그 루트까지 거슬러 올라가야 하는 것이지요. 이렇게 되면 무슨 문제가 생기느냐면 백제의 경우 4세기 중 · 후반부터는 고구려가 중도에 있기 때문에 요동반도까지 올라가는 게 굉장히 상황적으로 겁나는 일이 되는 겁니다. 그러니까 만약에 황해도에서 산동반도로 바로 건너갈 수 없는 당시의 항해기술 상황이라면 고구려 영토를 거쳐서 가야 하는 것이고, 하루에 갈 수 있으면 모르는데 만약에 몇 군데의 기착지를 정해서 쉬었다가 가고 그렇게 해야 하는 상황이라면, 식량을 공급해야 하는 상황이라면 대단히 위험한 교통로가 되는 것이지요. 그래서 이런 경우 과연 어떻게 4세기 후반에는 분명히 건강까지 갔던 것으로 보이니까 어떤 방식으로 갔느냐 하는 것이고요. 또 그 이후에 지속적으로 동진과의 교류, 송과의 교류에서 어떤 방식을 썼느냐 하는 것이 반드시 검토가 되어야 다른 얘기들도 좀 가능하지 않겠느냐 하는 것이 제가 화두를 던진

배경인데요. 이 부분에 대해서 말씀해 주시지요.

윤용구 : 제가 전반부에 너무 말을 많이 해서 임무를 다 했다고 생각하고 가급적 자제하려고 했는데요. 한두 가지 말씀을 드리겠습니다.

우선 낙랑 · 대방군이 존재하고 있던 시기에는 서안평을 통해서 요동을 통해서 들어오는 육로가 기본적인 교통로였겠지만, 2세기 후반, 3세기 들어서 교통로가 고구려에 비해서 자주 차단되고 또 요동지역의 분쟁이 많아지면서부터는 해로도 사용빈도가 늘어나게 됩니다. 이 시기 기록을 보면 배를 타고 중국으로 가다가 좌초되어 익사한 낙랑 사람들 얘기가 꽤 많이 나와요.[60] 또 하나는 낙랑지역의 무덤에서 나오는 여러 가지 유물 가운데는 산동山東에서 절강浙江, 그 다음에 과거 촉지蜀地의 산물이 많습니다. 특히 칠기 같은 경우는 사천지역四川地域 공관工官에서 만들어진 것이 중국의 내군內郡 상인들이 해로를 통해서 낙랑군에 공급한 것으로 생각됩니다. 실제로 황해도나 평안도에서 산동지역으로 건너가는 교통로는 일찍 군현세력들에 의해서 개발되었을 가능성이 있다는 생각이 들어요. 그런 부분들을 군현이 소멸한 뒤에 일정 부분 고구려나 백제가 계승한 측면도 분명히 있다는 것을 생각해 봐야 할 것 같

60) 삼국 오(吳)나라 육기(陸璣, 260~303)가 『모시(毛詩)』에 붙인 소(疏) 가운데 『모시초목오수충어소(毛詩草木鳥獸蟲魚疏)』 권하(卷下) 유전유유조(有鱣有鮪條)의 "鮪 大者爲王鮪 小者爲叔鮪 一名鮥 肉色白味不如鱣也 今東萊遼東人 謂之尉魚 或謂之仲明魚 仲明者 樂浪尉也 溺死海中 化爲此魚"에 보이는 낙랑군부의 군위(郡尉) 중명(仲明)이 바다에 빠져 익사한 기록이 대표적이다. 군리(郡吏)의 익사는 당시 해로 이용이 일상화되었음을 보여주는 기록으로 주목된다.

고요.

또 하나는 아까 조윤재 선생님이 말씀하신 대로 해로는 화물을 대량으로 옮길 수 있는 장점은 있는 반면, 기상氣象이라든가 여러 것에 의해서 가변성이 많은 불안한 루트죠. 그래서 해로海路는 해난사고의 위험이 높기 때문에 육로를 선호할 수도 있습니다. 비근比近한 예로 원나라 말기부터 명나라 초기까지 고려와 조선의 사신들은 대부분 모두 산동을 다 횡단해서 금릉金陵 곧 남경南京으로 들어갔어요. 이후 중국에서는 고려와 조선의 사신이 너무 자주 오기 때문에 좀 뺑뺑이를 돌리기 위해서 요동을 거쳐서 조공을 하는 번거로운 사행로를 제시합니다. 그런데 장거리 해로의 위험성을 줄이기 위해 대부분 육로로 의주까지 가서 거기서 배를 타고, 아까 여호규 선생님이 말씀하신 요동 일대를 따라서 산동으로 내려와서 가급적이면 육로를 이용하고 그 다음에 금릉으로 들어갈 때 일부 구간만 배로 이동하였습니다.

여호규 : 이 문제와 관련해서 저희가 한 가지만 고려해야 할 사항이 뭔가 하면, 149~150쪽에 백제하고 동진의 교섭을 연대별로 정리를 해 놨습니다만, 실제 372년에 동진에 사신을 파견한 이후에 동진이 완전히 멸망하는 420년까지 모두 다섯 차례의 견사기록이 확인이 되는데요. 실제 그 견사기록이 조밀한 것은 372년부터 384년까지 네 차례로 확인됩니다. 그리고 406년에 『삼국사기』에 한 차례가 확인되는 상황입니다. 대체로 369년부터 고구려와 백제가 각축전을 벌여서 초기에는 백제가 우세를 점하다가, 대체로 380년대 중

반을 넘어서면서 고구려 우세로 전환되기 시작합니다. 그래서 그 때 386년으로 기억되는데요. 청목령青木嶺에서 서해西海에 이르는 관방시설을 백제가 구축하고 이렇게 되는데요.[61] 그러면서 아마도 종래의 대방고지帶方故地인 황해도 쪽 멸악산맥 이북 지역은 완전히 고구려가 장악을 하는 상황이 되는데, 그 상황 이후에 백제가 동진으로 견사한 게 딱 한 차례밖에 확인이 안 됩니다. 그렇게 본다면 이쪽 황해도의 툭 튀어나온 장산곶長山串에서 산동반도山東半島로 바로 넘어가는 횡단항로가 언제 개발되었는지는 모르겠습니다만, 적어도 4세기 후반 단계는 아무리 서해를 횡단한다 하더라도 황해도 장산곶에서 산동반도를 건너가는 정도만 상정할 수 있지 않을까. 그래야만 이 사료의 상황을 이해할 수 있겠다는 것이고요. 저는 조금 더 보수적으로 보자면 역시 최근에 중국의 조유씽周

61) "2년 봄에 국내의 15세 이상 되는 사람들을 징발하여 관문의 방어 시설을 설치하였다. 청목령(青木嶺)에서 시작하여 북으로는 팔곤성(八坤城), 서로는 바다에 닿았다.[二年春 發國內人年十五歲已上 設關防 自青木嶺北距八坤城西至於海]"(『삼국사기』 권25 백제본기3). 백제는 예성강 하구의 바닷가에서 시작하여 마식령산맥의 줄기를 따라 관방을 설치하여 고구려의 남하에 대비하였다. 청목령은 개성 북쪽의 송악산 또는 개성에서 북으로 12km 올라간 금천과의 경계인 청석동에 위치하였다. 그리고 팔곤성은 마식령산맥의 동북쪽 끝자락에 위치한 것으로 판단된다. 마식령산맥은 이천의 개연산에서 시작하여 서남쪽으로 흘러 신계의 화개산, 금천의 백치, 금천의 성거산, 송도의 천마산과 부소압(송악), 개풍의 진봉산과 백룡산을 거쳐 풍덕 읍치(邑治)에 이른다. 따라서 팔곤성은 이천의 개연산 부근에 위치하였을 가능성이 높다. 또한 개연산은 멸악산맥(개연산~장산곶)과 마식령산맥(개연산~풍덕)이 분기되는 곳에 해당된다. 진사왕대에 설치된 관방은 장성(長城)의 형태가 아니라, 마식령산맥을 넘나드는 주요한 고개를 차단하는 방식으로 조성되지 않았을까 한다. 이는 백제가 대방 지역에서 밀려나 예성강 중하류의 나루와 마식령산맥을 경계로 하여 고구려와 대치하게 되었음을 의미한다(이도학, 『백제 집권국가형성과정 연구』, 한양대 대학원 박사학위논문, 1991, 171~172쪽).

裕興: Zhou Yu-xing[62]이나 박순발[63] 선생님께서는 대체로 5세기 초 단계에 들어가야 그 항로도 개발된다고 얘기하셨는데요. 실제 그래서 475년에 이 한성이 함락되고 웅진으로 내려갔다가 그게 문주왕 때인가 보면 백제가 송에 견사하려다가 고구려군에 막혀서 차단당합니다. 그것은 역시 475년 무렵에도 백제가 웅진으로 천도한 상황에서 북쪽으로 거슬러 와서 어느 지점에서 황해를 횡단하려다가 고구려군에 차단당한 것으로 해석할 수밖에 없는 상황입니다. 그래서 역시 이 항로문제는 조금 더 저희들이 보수적으로 봐야만 사료상황들을 조금 더 정확하게 이해할 수 있지 않을까 하는 생각입니다.

정인성 : 조금 전에 윤용구 선생님이 말씀하신 낙랑에서 보이는 강남지역 관련 고고자료라면, 조금 더 구체적으로 말씀드리면 토성동 45호〈그림 28 · 29 · 30〉 같은 데에서 나오는 강남지역의 도기 그리고 연유도기가 있습니다. 그 외 빗이나 머리꽂이 등의 재료가 강남산 거북등이라는 주장도 있습니다. 이런 자료들은 중국 강남지역에서 반입되었을 것인데 단순히 물건만 온 게 아니고 이 지역 출신의 사람이 와서 살았을 가능성이 높습니다. 토성동 45호분의 무덤은 부장유물 뿐만이 아니라 무덤구조도 강남이나 장강 중류지역의 것들과 유사하기 때문입니다. 현실과 전실의 배치형태와 벽면구

62) 주유홍, 2009, 「백제문화와 중국의 남조문화」, 『백제문화』 40, 공주대 백제문화연구소.
63) 박순발, 2013, 「연운항(連雲港) 봉토석실묘(封土石室墓)의 역사 성격」, 『백제연구』 57.

〈그림 28〉 평양 토성동 45호분 내부 구조

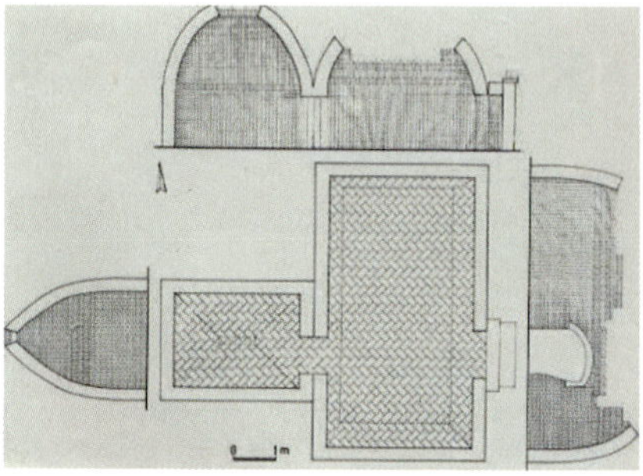

〈그림 29〉 평양 토성동 45호분 도면

〈그림 30〉 평양 토성동 45호분 출토 연유도기

〈그림 31〉 고성 동외동 패총 출토 인문도(印文陶)편

조, 벽돌의 축조방법 등이 강남지역이나 장강 중류지역의 것들과 흡사하기 때문입니다. 참고가 된다고 판단됩니다.

이런 것들을 오해하고 한때 고고학계에서는 45호 출토의 격자문 타날토기, 격자문이라는 요소는 마한지역에서도 많이 출토됩니다. 그런데 그 내용을 자세히 따져보지 않고 낙랑 · 대방지역에서 반입된 것으로 판단하기도 하였습니다. 결국 의외로 중국 강남지역과 한반도의 상호관계를 암시하는 자료가 있다는 사실은 중요한데, 관련해서는 국내 연구자가 그다지 인식하지 않습니다만, 고성 동외동 패총[64]에서 출토된 바 있는 인문도 토기편〈그림 31〉도 중요한 자료로 여겨집니다. 김원룡 선생님 이래로 선행 연구자들이 '인문도印文陶', '인문도'하던 것인데 강남지역과 관련이 있을 가능성도 있습니다. 그런데 설마 패총이 형성되는 시기에 강남에서 도기편이 들어올까 하고 무시했던 자료가 있습니다. 동외동 뿐만 아니라 영남지역을 포함해서 제법 출토량이 있었습니다. 물론 재지에서 제작되었을 가능성도 배제할 수는 없지만, 이런 자료들을 보면 아마 기록되지 않았지만, 그 이전에 이렇게 강남에서 지금 우리가 논의하고 있는 경로가 아니라 파격적으로 남쪽에서 직접 들어왔을 가능성도 있다는 거죠. 물론 그 가능성을 부정하는 의견이 많겠지만, 고고학적으로는 가능성을 이야기할 약간의 자료가 있다고 이해해 주십시오. 그리고 이야기가 약간 벗어납니다만, 일제강점기에 도리이 류조鳥居龍藏라는 사람이 황해도 몽금포 등지에서 고적조사를 수행하는 과정에서 채집한 현지인들의 전언이 있습니다. 그것은 산동지역에서 밤마다 몰래 작은 정크선junk船을 타고 황해도로 건너오는 사람들이 너무 많다는 이야기입니다. 그리고 일본의 타니 도요노부谷豊信 선생이 낙랑관련 자료를 정리하는 과정에서 들은 이야기라고 하는데, 일제강점기에 한성 근처에 거주한 일

---

64) 김동호, 1984, 『고성동외동패총발굴조사보고』, 동아대학교박물관.

본인의 말에 의하면, 산동반도에서 몰래 들어온 중국인들이 많았다고 합니다. 그렇다고 본다면 기록되지 않은 루트로써 횡단루트나, 혹은 우리가 생각하지 못했던 강남에서 들어오는 루트도 존재했을 가능성이 높다는 것이죠. 그게 소위 말하는 군현에서 파악하지 못했던 비공식적이고 상시적이지 않은 루트일 가능성이 있습니다. 너무 군현의 역할을 강조하는 해석에서 얼마간 자유로워질 필요가 있다고 생각합니다. 즉, 기록되지 않은 교역관계, 교역로를 생각해야 된다고 생각합니다.

좌장 김기섭 : 적당한 사례가 될지 모르겠습니다만, 건축학 쪽에서 건축사의 입장에서 대패는 굉장히 늦게 발명이 됩니다. 그런데 대패 전에 아주 판판하게 판자처럼 만든 판목들이 일찍부터 만들어지는데 '무엇으로 만들었을까' 여기에 대해서 '자귀를 썼을 것이다'라고 추정을 하는데요. 대패가 발명되고 대패가 일반적으로 사용되기 전에는 아주 미끈하지는 않더라도 자귀로 판판하게 만들 수 있었는데, 대패가 만들어진 뒤에, 널리 사용되고 난 뒤에는 자귀로 그렇게 할 생각조차도 못한다. 이것은 다시 말하면 어떤 기술의 발전이 있으면 그 기술의 발전에 맞춰서 또 사람들의 사용방식도 달라지는 것 같다. 이렇게 얘기하는 것을 들은 적이 있습니다. 배에서도 역시 똑같은 주장을 하는 것을 들었습니다. 한선韓船에 익숙하신 분들, 한말부터 한선을 만들었다고, '아버지 때부터 만들었다', '할아버지 때부터 만들었다'하시는 분들 중에 주장하시는 분들이 강배는 돛대 하나로 가능한데 돛대가 하나밖에 없는 배는 강은 가능하지

만 바다로는 절대 못 나간다고 주장을 하십니다. 다시 말하면 항해를 하려면 돛대가 두 개여야 한다고 주장을 하시지요. 그런데 고대 배를 연구하시는 정진술 선생님[65]이나 최항순 선생님, 이런 전문가들의 얘기를 들어보면 고대 한반도에서, 적어도 삼국시대에 썼던 배는 돛대가 무조건 하나짜리라고 얘기를 하십니다. '그러면 강만 타고 다녔느냐?'이렇게 이해를 할 수 없는 상황들이 생기는 거지요. 이럴 때 아까와 같은 기술의 발전에 맞춰서 어떤 배의 어떤 조건들이 달라지니까 예전의 항해술을 잊어먹었다. 이렇게 편의적으로 해석하기도 합니다. 어느 쪽이 맞는지는 잘 모르겠습니다만 참고가 될 수는 있을 것 같습니다.

하나 더 말씀을 드리면 견당사를 오래 연구하신 신라사의 권덕영 선생님[66]이 계신데, 권덕영 선생님의 말씀에 따르면 일본에서 당나라 사신들이 왔다가 갈 때, 대개 사신을 보내고 받을 때 무조건 복수, 두 척 이상의 배를 보냈다는 거지요. 정사 · 부사인지는 모르겠으나 어쨌든 그렇게 두 척 이상의 배들이 사신단에 꾸려지는데, 두 척짜리가 있고 네 척짜리도 있고 그렇답니다. 8세기 무렵을 기준으로 했을 때 견당사의 사신단이 타고 다니는 배가 길이가 약 30m짜리가 있었다고 하고요. 그 30m짜리의 배 한 척에 100명 가까이 타거나 그것을 넘는 경우도 있었다고 합니다. 그렇게 해서 사신단을 꾸려서 가는데, 중국에서 사신단이 왔을 경우 일본에서 배

65) 정진술, 2009, 『한국의 고대 해상교통로』, 한국해양전략연구소.
66) 권덕영, 1997, 『고대한중외교사(古代韓中外交史)-견당사연구(遣唐使硏究)-』, 일조각.

① 돛:중앙에 하나가 고정되어 있고, 삼베로 만들었다.
② 배의 표면:옻칠이나 기름칠을 하였는데, 바닷물이 닿는 부분에는 방수를 위해 동백기름에 횟가루를 발랐다.
③ 바닥:우리나라 해안에 맞게 평평한 평저선으로 만들었다. 평저선은 썰물 때 갯벌에 안전하게 내려앉아 물건을 옮길 수 있다.
④ 닻:수레 형태로 만들어 감아올릴 수 있다. 돌을 많이 이용했다.
⑤ 노:양쪽에 3개씩 있었고, 연안을 항해할 때 사용했다. 힘을 크게 들이지 않고 저을 수 있도록 노의 끝을 비스듬히 회전시켜 물을 저었다.
⑥ 키:배의 뒤꽁무니에 고정시켜 좌우로 회전하는 전용키 역할을 했다.

〈그림 32〉 한성백제박물관 복원 백제배

웅하기 위해서 배가 꼭 따라붙었답니다. 한 척 내지는 두 척인데요. 한 척이 가는 경우보다는 두 척이 보다 많았던 모양입니다. 그러니까 당나라에서 사신이 왔다가 갈 때, 두 척 정도가… 아주 큰

배지요, 그 배가 중국의 선단들을 이끌고 어느 일정한 시점까지 중국까지 갔던 모양입니다. 갔다가 돌아오는 경우가 있었고요. 그게 아니고 일본에서 본격적으로 출발할 때는 적어도 네 척 정도가 출발을 했다는 글을 본 적이 있습니다. 참고하실 수 있겠습니다만, 이처럼 경우가 시기에 따라서 다르고 지역에 따라서 다르기 때문에 이 부분은 특정할 수는 없겠습니다. 다만 항로 부분도 계속 논의해도 답이 잘 안 나오는 부분이 있거든요. 혹시 이 부분 관련해서 참고로 말씀하실 분이 있으면 부탁드리고요. 시간을 다들 아껴주시는 것 같습니다. 성정용 선생님! 자기, 도기 얘기 나오고 했는데, 또 성정용 선생님이 오랫동안 연구하신 부분이 청자 · 도기 이런 부분들, 중국과의 관계에서 굉장히 중요한 화두지요. 이 자료와 아까 잠깐 얘기가 나왔습니다만, 마구류에 대해서 아주 정통하시지요. 아까 삼연三燕과의 관계도 있었습니다만, 그 두 개 중심으로 관계사료를 좀 엮어주시지요.

2. 백제 마구의 변천과 중국과의 관계

성정용 : 아까 조윤재 선생님이 말씀하신 것 이상으로 사실 저도 할 말은 없습니다. 왜냐면 편년 문제 갖고 하게 되면 여기서는 정말 수렁입니다. 연대가 뒷받침되지 않고 어떤 자료의 성격을 얘기하는 것은 사실 더 어렵기는 하지만, 이 자리에서 연대 문제가 어떻고 미주알고주알 따지다 보면 아마 오늘 밤 새고 있다가 내일 아침에 나가

야 하지 않을까 싶기도 합니다, 결론도 안 날 거고. 그렇지만 어쨌든 연대 문제를 직접 건드리지는 않더라도 아까 조윤재 선생님이 말씀하신 것에 전적으로 동감하는 바가 '우리 지역에서 나온 자료를 우리 기준으로 재단해서는 안 된다.'라는 점, 그것 하나만 정말 동감하고 싶습니다. 제가 12년 전쯤에 자료를 집성할 때는 이쪽 지역에서 나온 자료들을 여러 연구자들이 얘기는 했는데, 정확하게 중국자료와 자세히 대비해서 해본 적이 별로 없는 것 같더라고요. 그래서 그냥 얼마나 나왔나 일단 양부터 모아봤고, 그리고 전혀 연대를 모르니까 중국에서 기년명紀年銘 자료에서 나온 것과 비교해서 일단 연대 비정을 시도했던 겁니다. 그리고 그게 지금 이쪽 지역의 기준처럼 되었는데요. 앞으로 중국 쪽의 자료를 좀 더 우리가 정확하게 이해하는 견지에서 그 다음에 이쪽과의 자료에 대해서 얘기하는 상식적인 것을 좀 더 발휘했으면 좋겠다는 생각을 하나 말씀드리고 싶습니다.

마구 쪽은 오늘 본격적인 토론주제가 아니라서 제가 얘기하기가 좀 애매합니다마는…

좌장 김기섭 : 본격적인 토론 주제 안에 들어가 있는 부분입니다.

성정용 : 아, 들어가 있나요? 그런데 사실 마구는 너무 어려워서 여기 연구자들끼리는 다 알아듣습니다만, 연구자가 아니라 플로어에 앉아계신 분들은 사실 일반인 분들이 많이 계시거든요. 아마 말로 하면 아무도 못 알아들을 텐데 괜찮으실까요? 아니면 도면을 좀 보여드

릴까요? 연구자한테 보여드릴 필요는 없습니다만.

좌장 김기섭 : 그러면 쉽게 말로 풀어서 해 주시면 감사하겠습니다.

성정용 : 아무리 풀어서 해도 말에 한계가 있기는 합니다만, 아까 말씀드린 것처럼 이쪽 중부지역에 마구〈그림 33〉가 들어오는 게 한 10년 전까지는 사실 잘 몰랐습니다. 청주 신봉동[67]이라는 고분에서 나온 마구가 거의 유일하다시피 했기 때문에 그게 그냥 백제 마구라고만 생각했던 적이 있었는데요. 역시 2000년대 이후에 백제지역의 발굴이 활성화되면서 —물론 그 활성화는 국토 파괴였습니다. 국토가 파괴가 되어야 고고학이 살아나는 이 현실은 어쩔 수가 없네요. 저희가 발굴할 수 있으니까요.— 많은 고분들과 생활유적이 조사되면서 '아, 우리 지역에 또 새로운 자료들이 있구나.'하는 것을 최근 10년 사이에 인지를 하게 되었습니다. 그 가운데 하나가 바로 3세기까지 올라가는 자료들로서 그런 자료들을 만드는 기법들이 특히 어떤 물건들이나 제작기술이 없으면 못 만드는 것은 똑같습니다. 그런 가운데서도 이게 정말 기술을 모르면 못 만드는 물건

67) 이융조·차용걸, 1983, 『청주 신봉동 백제고분군 발굴조사보고서-1982년도조사-』, 충북대학교박물관.
충북대학교박물관, 1990, 『청주 신봉동 고분군 발굴조사보고서-1990년도 조사-』, 충북대학교박물관.
차용걸·조상기·오윤숙, 1995, 『청주 신봉동 고분군-1995년도 조사-』, 충북대학교박물관.
차용걸·노병식·우종윤·박중균, 2002, 『청주 신봉동 백제고분군-2000년도 발굴분 조사보고서-』, 충북대학교 박물관.

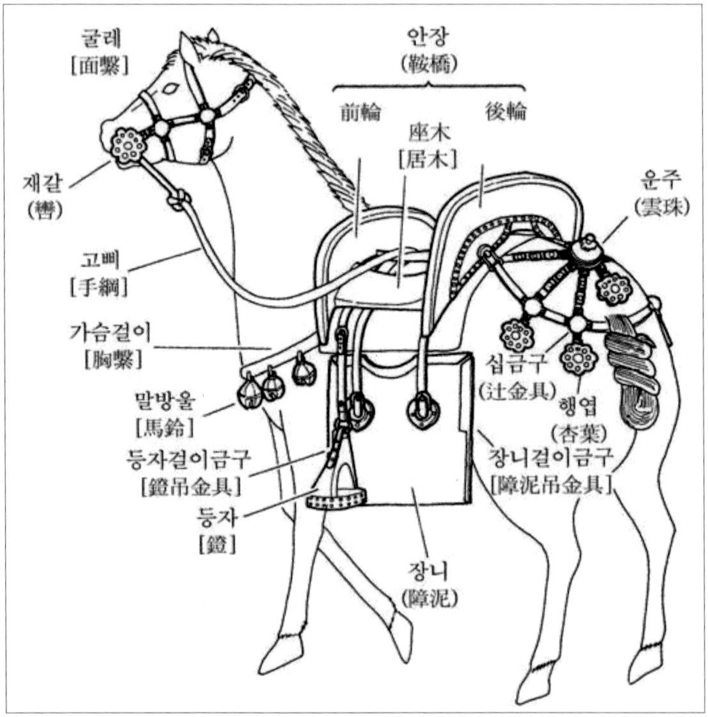

〈그림 33〉 마구의 명칭(성정용, 2009)

들이 특히나 몇 가지들이 있거든요. 이런 것들 중에 특히 재갈 같은 경우도 그냥 보고만 모방하기 어려운 것들이 있습니다. 그중에 아까 말씀드린 대로 중부 지역에 3세기대로 올라갈 수 있다. 물론 이것은 연구자별로 차이는 있을 수 있습니다. 왜냐면 자기와 똑같이 연대를 늦게 볼 수도 있기는 합니다만, 그래도 어쨌든 4세기가 됐든 3세기가 됐든 백제 본래의 마구와는 전혀 다른 것들이 중부 지역에 들어와 있더라는 겁니다. 그럼 이것을 갖고 들어올 수 있는 주체 아니면 어떤 과정 속에 이런 교역이 있든 인적인 이동이 됐든 간에 뭔가 수반되지 않고는 올 수 없는 것이기 때문에 이것도 3세기, 4세기 때 마을의 성격을 얘기할 때 포함시켜야 하는 게 아니냐 하고 제가 제안하고 싶은 것이고요. 그 다음에 4세기 중반쯤 이후에 분명히 백제지역에는 계통이 다른 마구가 또 하나 들어와 있기 때문에, 이 마구는 아까 말씀드린 것보다 또 한 단계 다른, 재갈에 판을 사용해서 장식적인 것으로 만드는 판비板轡라는 게 있습니다.〈그림 34〉 처음에 말씀드린 것은 표비鑣轡였고요. 막대기형으로 되는 재갈을 붙이는 방식인데요. 고정시키는 것이 어떤가에 따라서 구분을 합니다. 그런데 4세기 중반 이후에는 전혀 다른 북방, 특히 선비 또는 고구려에서 많이 보이는 것들이 들어오기 때문에

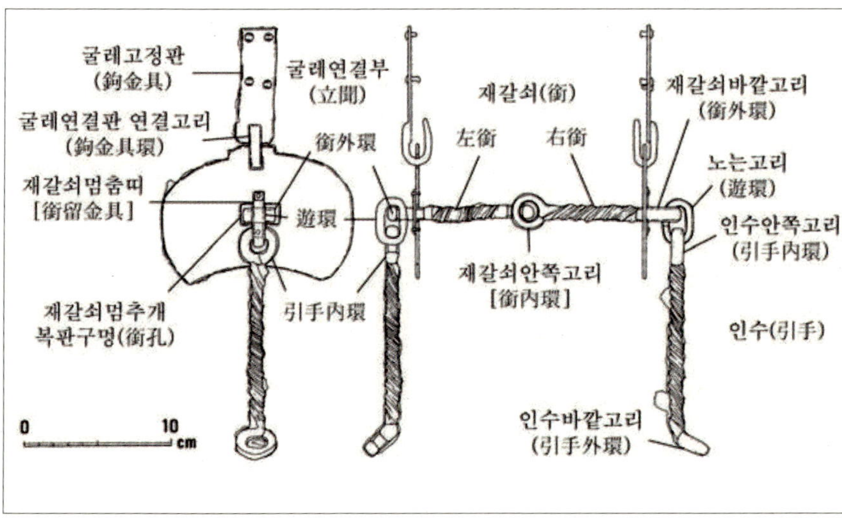

〈그림 34〉 재갈(판비)의 부분 명칭(성정용, 2009)

분명히 북방지역하고도 또 한 번의 관계가 있을 텐데, 이 관계의 내용 그리고 주체는 또 뭘까. 이런 부분을 한 번 논의를 해 볼까 해서 아까 말씀드린 것이었습니다.

좌장 김기섭 : 점점 어려워지고 있습니다. 그래서 이것을 좀 쉽게 풀어갔으면 좋겠는데요. 조윤재 선생님과 성정용 선생님께 두 분께 드리고 싶은 질문인데, 시유도기 안에 뭘 담아 왔을까요?

3. 백제의 중국자기 이용 방식과 의미

조윤재 : 하나도 안 쉽군요. 여러 가지 생각들을 가지고 계실 겁니다. 오래 전에 권오영 선생님도 그렇고 여러 가지 가정을 세우고 얘기를 해 봤습니다. 기본적으로 시유도기 그다음에 전문도기라는 것은 운반이나 이동에 상당히 취약한 물건입니다. 그래서 중국 강남지역 특히 남방 장강 중하류 지역에 당시 육조시기의 큰 요들을 보면 대부분 아주 잘 되어 있는 수계를 가지고 있습니다. 그렇지 않으면 바로 그 요지는 짧은 시간 안에 더 이상 굽지를 못합니다. 그렇기 때문에 월주요越州窯, 덕청요德青窯 그리고 아직까지도 경항운하京杭運河가 살아 들어올 수 있는 것은 그게 소위 목적성이 있다는 겁니다. 특히 이 자기 같은 경우는 육로로 조금만 장거리를 다니게 되면 상품성이 완전히 훼손돼버리지요. 그리고 풍납토성에서 나온 시유도기는 체적體積이 큰 편입니다. 거기다가 과연 액체를 담아서

원거리를 와야 하는데 담아서 왔을까. 아니면 그릇만 가져왔을까 하는 문제가 있습니다. 그런데 이것은 그 안에서 나온 유기물질, 아직 완전히 부식하지 않은 유기물질을 근거로 해서 우리가 얘기하고 있는데요. 지금 풍납토성 얘기 같으면 거기서 생선뼈라든지 여러 가지 어류의 흔적들이 나왔기 때문에〈그림 35〉 젓갈이 아닌가. 가장 우리가 먼저 생각할 수 있는 부분이 젓갈이거든요. 그러면 과연 강남지역 특히 연해안 동남지역에 젓갈을 먹는 전통이 있는가. 이것을 한 번 논의를 한 적이 있습니다. 그래서 사실은 그 지역의 출신들한테도 물어보니까 젓갈을 먹은 기억이 별로 없다고 그래요. 없다고 하는데 일부 복건성福建省에는 복어를 이용해서 젓갈을 담았던, 아직도 먹는 사람이 있다고 합니다. 분명히 있고 그 다음에 『제민요술齊民要術』 같은 책에 보면 실제적으로 젓갈의 역사가 상당히 올라갑니다, 한대까지도. 그렇기 때문에 아마 이 동남 연안해안의 어장이랄까 젓갈 먹는 문화는 분명히 있었던 것 같습

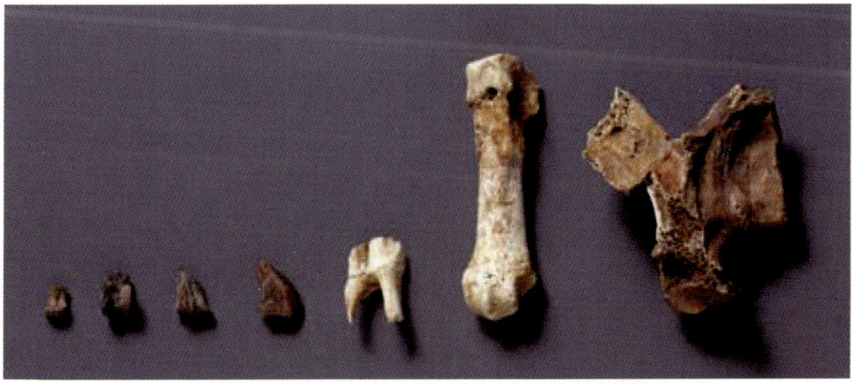

〈그림 35〉 풍납토성 출토 시유도기 내에서 발견된 동물뼈
(1~3 닭, 4 복어, 5 사슴, 6 곰, 7 멧돼지)

니다. 그런데 과연 건강성建康城 중심부에 가서 젓갈을 담아왔을까. 그보다는 저는 지금 개인적으로 생각하기로는 아마 연대를 바로 비교할 수는 없을 겁니다. 연대를 아직까지는 좀 더 검토해 봐야 하니까. 역시 최근 자료인 남경지역에서 출토된 시유, 전문도기 안에서의 흔적, 유기물질의 흔적 이것이 화학적 분석이나 과학적 분석으로 조금 더 데이터가 많이 나오면 안정된 얘기를 할 수 있는 수준이 나오는데, 지금만 하더라도 이 시료를 가지고 정확하게 분석을 못 내놓고 있습니다. 그러나 왕지고 선생 같은 경우는 여러 가지 문헌과 도성의 상대적인 위치 그다음에 술을 제조했던 양조장釀造場의 위치까지도 고정을 하면서 이것은 상당히 술과 관련된 기종일 가능성이 상당히 크다. 그렇기 때문에 단순하게 '술이 맛있다.'의 문제가 아니고, 술은 사실은 중국에서 예제禮制와 연결되는 대단히 특수한 물질입니다. 그래서 단순한 알코올만 가지고 있는 술이 아니고, 예제와 연동이 되는 물건이기 때문에 상징성이 저는 있다고 봅니다. 아무리 장거리라도 이 상징성이 백제한테 크나큰 영향력을 준다고 하면, 예를 들어서 남조정권에서의 중심부에서 그 술을 우리 왕실이나 황실에서 쓰는 특정한 술이다. 이렇게 된다면 그것이 아무리 무겁다고 해도 그 상징성에 무게가 더한 거지요. 그랬으면 충분히 술을 담아서 건너왔을 가능성도 있다고 생각합니다. 그리고 물론 그 노정은 쉽지가 않을 겁니다. 그리고 우리가 술을 다 소진을 하고 난 다음에 다른 용도로 쓰지 않았냐 이런 추측에 저는 1차적으로 동의를 하는 편입니다.

성정용 : 또 한 번 얘기하는데요. 조윤재 선생님의 말씀에 일단 기본적인 것은 동감을 합니다. 그런데 하나 생각해야 할 게 있을 것 같습니다. 중국 자기가 올 때 우리 시유도기가 이쪽 지역에서 활용되는 것을 보면, 위세품 등은 아닌 것 같습니다. 역시 여기서 실생활에 활용되는 양상들이 훨씬 더 많이 보이고 아까 말씀하신 대로 복어 뼈 같은 생선뼈들이 풍납토성에서 담긴 채로 발견되었기 때문에, 아무리 그쪽 지역에서 어떤 것이 오든 간에 여기서 이렇게 활용됐다면 올 때도 뭔가를 갖고 왔을 가능성은 충분하다고 생각합니다. 그중에 일부는 조그마한 물건들은, 아주 귀한 물건은 따로 갖고 왔겠지만 그런데 이 시유도기에 뭔가는 분명히 담아왔을 것이라고 생각을 합니다, 올 때부터. 그 자체는 다른 위세품이 아니라고 생각을 하는데, 하나 문제가 있습니다. 술 같은 경우에 저도 이것은 항해를 통해서 갖고 오지 않으면 안 될 것이라고 생각합니다. 워낙 금방 깨지기 때문에요. 그런데 술 같이 액체 같은 경우는 밀봉이 문제가 됩니다. 시유도기 입구를 보시면 액체를 담았다면 그 입구를 어떻게 밀봉密封을 할 수 있을까. 저도 술을 담아왔으면 딱 좋겠다 생각하고요. 제가 좋아하기 때문에요. 그게 가장 좋은 물건일 것 같습니다. 그런데 문제는 하여튼 어떻게 운반이 가능할까. 그 흔들리는 배 안에서 안 넘치게 어떻게 갖고 올 수 있을까가 제일 문제이기 때문에, 저는 오히려 가장 가능성이 높은 것이 술이기는 하지만 액체가 아닌 다른 것을 담아왔을 가능성을 충분히 생각해 봐야 하겠다. 특히 액체를 담는 용기 같은 경우에는 오히려 입구가 똑같이 그렇게 생긴 게 아니고 토기 가운데도… 좀 표현이 잘 안

되네요. 입구가 산처럼 돼서 뚜껑을 덮을 수 있는 물건이 있습니다. 뚜껑 덮으면 외부에 하나 더 보호하는 게 있어서 그럼 거기는 밀봉이 가능합니다. 거기는 초 같은 것으로 밀봉을 하면 되거든요. 그러니까 뚜껑이 산자 모양처럼 생겼다고 생각하면 될 것 같습니다. 그 산자 모양 같은데 뚜껑을 덮으면 그 부분은 다른 것으로 밀봉이 가능하거든요. 그런데 시유도기는 그렇게 밀봉이 가능한 구조가 아니기 때문에 액체류보다, 물론 여기서 확정할 수 있는 것은 없습니다. 그리고 저희가 백제에서 갔을 때 사신들이 가서 시유도기는 자기만 갖고 온 게 아니지 않겠습니까. 아까 여러 번 논의가 나왔습니다만 일단은 어떤 경제적인 이득, 무역 이런 것이 강조된다면 백제 지역에서 없는 것, 필요한 게 무엇이었겠느냐 하는 생각을 해 봐야 할 것 같습니다. 그중에서 가장 떠오르는 것은 비단 같은 직물류들. 그리고 4세기 때 이후에 늘어난 것들이 하나 있습니다. 바로 금 · 은 제품들입니다. 물론 4세기 때 이쪽 충청도 이런 지역에서 소백산맥 수변에 제가 2002년도에 쭉 조사를 해 본 적이 있는데요. 채광할 수 있는 산지들이 꽤 있기는 있습니다만 백제지역에서 3세기 때, 4세기 때 직접 채광을 할 수 있는 곳이 있었다고 하는 것은 알지 못합니다. 그래서 혹시 그런 원재료로서 귀금속류들을 갖고 왔을 가능성 이런 것들을 생각해 보고 싶습니다.

조윤재 : 그러면 제가 잠깐만 하나 참고사항으로 말씀을 드리자면 저도 성정용 선생님이 하신 부분에 동의를 합니다. 그래서 저도 좀 고민을 했습니다. 그래서 한신대학교에 나온 시유도기를 자세히 실견할

기회가 있었습니다. 그 부분 중에 몇 기종은 사실 이부耳部가 있었습니다. 귀가 달린 게 있었습니다. 그래서 절단된 부분이 몇 개 있었어요. 그래서 저것은 분명히 뭔가 실을 넣어서 밀봉을 했을 가능성이 있다. 재밌는 현상이 하나 있습니다. 여태까지 중국학자들이 상당히 오해하고 판단을 잘못한 게 뭐냐면 남방지역 특히 장강중류지역에 기원전 7 · 8세기 초나라 청동기 부분에 대해서 중국학자들이 이전에 상당히 다른 생각을 하고 있었어요. 최근에 연구성과가 나왔는데 뭐냐면 그 지역은 상상도 못하게 전부 청동정青銅鼎 그리고 청동기의 상당 부분 뚜껑 부분을 전부 목질木質이나 초본류草本類로 만들었습니다. 그것이 최근에 발굴이 되고 그에 대한 학위논문이 나왔지요. 아무도 생각 못 했지요. 하반부에 삼족三足을 가지고 있는 청동정이 그렇게 근사하게 만들었는데 결국은 뚜껑은 시골에서 쓰는 솥뚜껑 나무로 만드는, 그렇게 만들어서 썼다는 겁니다. 그렇기 때문에 우리가 뚜껑이 만약에 시유도기가 뚜껑이 안 나오고 뭔가 접합하고 구연부口緣部하고 뚜껑 부분이 안 맞는다는 것은 이것도 좀 고민을 해 봐야 할 부분입니다. 그래서 제가 잘못 본지는 모르지만 귀가 달렸는데 떨어져 나간 부분을 제가 분명히 몇 군데 본 것 같아요. 그렇다고 하면 위에 초본류나 안 그러면 목질 뭐든 좋습니다. 분명 유기물질이 될 겁니다. 그 위에 넣고 귀에 실을 걸어서 밀봉을 하는 방법이 있을 겁니다. 그런데 저도 일차적으로 동의를 한다는, 술이 될 가능성도 있다고 말씀을 드린 이유는 뭐냐면 여기에서 나오는 풍납토성의 A형, B형, C형의 모든 이 시유도기〈그림 36〉에 술을 다 담아왔다고 생각하지는 않습니다. 그래서 뭔가 또 다른 물질도 담아왔지 않겠느냐고 생각을 하는데, 그래서 아까도 말씀드렸지만 시유도기, 전문도기의 용도를 금방 말씀하셨는데, 성정용 선생님께서 "이것은 생활용기다. 이것을 뭘 그렇게 청자나 이런 것 같이 그렇게 할 필요가 있느냐. 생활용기인데." 그러면 생활용기이지만 술을 사실은 그쪽에 소량으로 담아서 오는 것은 저는 별로 의미가 없다고 생각해요. 왜냐면 남경에서도 진궁이 되는, 그러니까 궁에 넣는 술을 전부 시유도기에 담았다는 기록이 있지 않습니까. 그러면 술을 담는 용기로 보면 됩니다. 그러니까 생활용기지만 술을 담는 용기기 때문에 여기에는 아마 술을 담았을 가능성이 있을 것 같아요.

김무중 : 참고로 하나 말씀을 드릴게요. 권오영 선생님도 몇 년 전인가 인용을 했는데 김태식 기자의 풍납토성이라는 소책자가 있습니다.[68] 거기에 보면 을축년 대홍수 때 초두鐎斗가 수습됐지요. 그게 시유도기인가 대옹인가 그 안에 있었다, 거기에서 발견됐다고 하거든요. 그러니까 꼭 음식물이나 이런 것을 생각하지 마시고 소형기물들 같이 넣어서 반입했을 가능성도 생각을 해 보고 그렇다고 하면 정인성 선생님 말씀하신 백색토기처럼 그냥 컨테이너 역할을 했을 가능성도 있을 것 같습니다.

68) 김태식, 2001, 『풍납토성 500년 백제를 깨우다』, 김영사.

〈그림 36〉 풍납토성 경당지구 196호 출토 시유도기

좌장 김기섭 : 그때 그 기록을 써 놓은 것을 보니까 '큰 항아리였다'고 그러는데, 그 항아리의 존재가 어떤 기종인지, 재질이 어떤 것인지는 모르니까 시유도기일 수도 있다, 이렇게 볼 수도 있겠군요. 그런데 이게 술이라면 쉬어버릴 수도 있기 때문에. 제가 예전에 겪은 건데요. 한산 소곡주를 누가 아주 귀하다고 해서 갖다 줬는데 여름에 잠깐 바깥에 놔뒀더니 쉬어서 한 잔도 못 먹은 적이 있거든요. 그런데 만약에 가져오면 겨울에 가져와야 하겠군요. 여기에 대해서 아마 김병준 선생님 재미있는 말씀 있을 텐데요.

김병준 : 예. 다 가능성이 있는데, 또 한 가지의 가능성을 생각해 볼 필요가 있겠습니다. 시유도기나 아니면 백색토기나 모두 중국 쪽에서 가지고 왔을 때는 한반도 쪽에 필요한 물건이라는 것을 먼저 생각해야 할 것 같습니다. 저희들이 너무 중국 쪽에서 주는 하사품만 머릿속에 생각하고 있는 건 아닌지 하는 얘기지요. 잠깐 말씀드렸습니다만, 사신들이 가서 하사품을 받고는 '하사품이니까 이것을 그대로 가져가서 왕에게 바쳐야겠다.'라고 생각하기 쉽지만, 그 하사

품을 받아서 곧바로 그 자리에서 자기가 필요한 돈이나 다른 것으로 바꾼 뒤에 본국으로 다시 가져오는 기록이 남아 있습니다. 이를 보면 우선은 하사품도 있겠습니다만, 정작 가지고 와서 내가 팔아먹을 수 있는 것 혹은 유용한 것들을 생각할 수 있을 것 같습니다. 생활용품 얘기도 하셨고 술, 의뢰용 물품도 다 가능성이 있다고 생각하는데 다른 한편 정말 일반적으로 생각하지 않는, 오다가 썩어서 정말 없어질 것 같은 것들도 분명히 그 안에 있을 것 같다는 얘기입니다. 예를 들어서 기원전 2세기 초 남월왕국이 있었던 광동성 광주에서 목간이 발견됐는데, 그 목간에는 상납한 물품들이 적혀있었습니다. 거기에 보면 광동성에서 도저히 나올 수 없는 조그마한 과일이 보입니다. 그런데 그 과일에 대한 설명을 보면, 남월왕국을 세운 자가 조타라는 사람인데, 그 고향이 하북 출신이라서 그걸 먹고 싶어 멀리 북쪽에서 구해와 상납했던 과일이래요. 이렇게 왕이 개인적으로 무엇을 먹고 싶어서 사신이 이것을 구해온 케이스도 있을 수 있는 것이고요. 이처럼 정말 별것 아니지만 황제가 필요해서 또 혹은 개인적으로 귀족이 필요해서 정말 많은 돈을 투여해서 구입한 경우가 많습니다. 어떤 경우는 새 한 마리를 잡아오라고도 합니다. 다만 잡는 것은 문제가 아닌데 딱 잡고 난 다음에 이것을 상납하는 과정에서 사람들이 싸우기도 합니다. 왜냐면 일단 이 운송 업무를 맡아서 도중에 이 새가 죽든지 하면 전부 내 책임이거든요. 그래서 못하겠다고 하다가 싸움이 나기도 하는 일들이 발생하는 것을 보면, 그 일상적으로 꼭 필요한 것이 아니라 귀족이나 어느 누구에게 필요한 과일, 새 이러한 것들도 우리 교역품에 넣었으면 어떨까 하는 생각이 듭니다.

좌장 김기섭 : 그때도 책임감 없는 공무원은 있었군요. 아마 그 책임이 굉장히 컸을 것 같습니다. 그리고 또 뭔가 필요한 것을 가져왔을 것이라고 하는 그 대목에 이르게 되면 저는 들으면서 물을 담아, 일단 배에 타고 오는 사람들이 제일 필요로 하는 것은 물일 테고 또 물은 언젠가 공급하기 전에 뭔가 안전한 곳에 담아왔으면 백제에 도착했을 때는 비어 있을 수도 있겠다는 생각을 사실 하게 되는데요.

정인성 : 한대漢代 토기의 쓰임새 중에서는 곡물을 담는 용도도 많이 있습니다. 구체적으로 쌀이나 콩 등을 담아두는 용기라는 글자가 쓰인 경우도 많습니다. 아마 종류를 특정하는 것은 어렵지만, 항해 도중에 물을 먹으면 안 되는 곡물들을 담아왔을 가능성도 충분히 있다고 생각합니다.

좌장 김기섭 : 예. 습기로부터 또 보호해야 하니까 아마 밀봉해서 담아서 와야 아마 안전했을 것 같습니다. 가마니에만 넣어도 벌써 습기 먹어서 쉽게 상해 버릴 테니까요. 다양하게 생각해 볼 수 있을 것 같습니다.

반대로 이쪽에서 중국으로 건너간 것들을 찾아볼 수 있을까요? 조윤재 선생님 찾아보셨나요?

조윤재 : 찾을 게 너무 많습니다. 아무리 찾아도 딱히, 너무 아쉽게도 우리

가 상대적으로 대응으로서 무역이든 아니면 조공의 수단이든지 뭔가 백제에서도 괜찮은 물건은 아마 가는 과정에서 가져갈 수도 있지 않았겠느냐. 분명히 품질이 좋은 것들이 있고 어제도 좀 얘기를 하면서 문헌에 나오는 백제 인삼 그리고 세포 같은 것들 그리고 김 선생님께서 말씀하셨던 이런 것들이 아마도 넘어갔으면 중국에서 봤을 때는 괜찮은 물건이지 않았겠느냐. 그렇지만 중요한 것은 이러한 물건들이 공교롭게도 넘어간 것은 다 유기물질이라는 거지요. 안 남아 있다고 하면. 뭐 향후 나올 일이 있을 수도 있겠지만 아직은 중국 현지에서의 우리 백제의 그런 모습들은 물질자료로서 아직 포착되는 부분들이 아직 안 보이고 있는 것 같습니다.

좌장 김기섭 : 네. 신라 같은 경우는 쇠뇌를 중국 쪽에 보냈다는 기록이 있기는 합니다만 그 외에 어떤 것들이 있었는지 소개를 해 주시지요.

김병준 : 그것도 똑같이 생각을 넓히면 어떨까 생각합니다. 너무 좋은 것만 가져갔다고 생각하지 말고요. 꼭 중앙에서 황제가 원하는 것만을 가져가지는 않았을 수도 있을 것 같아요. 서쪽 얘기지만 아까 제가 보여드린 대로 낙타를 봉헌물로 바치는데요. 낙타를 계속 가져오거든요. 오늘도 가져오고 또 내일도 10마리 가져와서 갖다 바치고. 이걸 모두 황제에게 다 가지고 가지는 않았을 거예요. 중요한 것은 이 사람들에게는 일단 조공으로 물건을 가져왔다는 게 훨씬 더 중

요한 것이고요. 그렇다고 해도 정말 아무 쓸모가 없으면 돈도 쳐주지도 않았겠지만 그 변군에서 뭔가 쓰임새가 있다면 꼭 황제가 필요한 게 아니라도 뭔가 쓰임새가 있는 것을 가져갈 수 있지 않을까 하는 생각도 합니다.

좌장 김기섭 : 예. 교역의 차원에서 또… 그 말씀 들으니까 하나 생각나는 게 있는데요. 고려 태조 왕건 때 거란에서 낙타를 보냈다는 기록이 있습니다. 그랬는데 이 낙타가 고려로서는 신기한 동물이지요. 매어놓고 음식을 안 줘서 굶겨서 죽입니다. 죽이는 이유가 굉장히 흥미로운데요. 못 먹으면서 낙타가 울지요. 하루 종일 낙타가 밤새 울었다고 나오는데요. 그 우는 것을 보면서 거란이라는 나라를 좀 가슴속에 새겨놓는 거지요. "거란이라는 나라는 발해를 멸망시킨 나라다."그런데 그 발해의 왕자가 고려에 귀순해 왔거든요. 그래서 지금 당장 고려사람이 됐는데 그 발해를 멸망시킨 거란이 미워서 거란 쪽에서 오는 낙타 선물을 그런 식으로 썼다는 게 기록에 나옵니다. 그런 것을 보면 하여튼 거란 쪽에서 낙타를 줬다고 하는 것도 좀 되새겨볼 대목이 될 것 같습니다.

그 외의 기록 중에 이 부분은 강종훈 선생님이 얘기해 주시면 참 좋은데, 발해라든지 담비 이런 물품들 중국 측의 기록에 많이 나오고 있어서, 유감스럽게도 대부분 다 썩는 물질들이어서 지금 잘 남아있지 않습니다만, 이런 여러 가지 물품들이 있다고 볼 수 있겠습니다. 이 부분과 관련돼서 여기보다도 이런 디테일한 부분들을 오랫동안 고민하시고 연구하시고 또 최근에는 사람이 아픈, 의학 관련된 것에 심취하셔서 오랫동안 깊이 공부하고 계신 노중국 선생님 여기 자리하고 계십니다만, 고민을 틀림없이 많이 하셨을 것 같습니다. 노중국 선생님께 이 부분에 대해서 말씀을 들었으면 좋겠습니다.

노중국 : 예. 노중국입니다. 갑자기 지명 받으니까… 생각나는 대로 몇 가지만 얘기하겠습니다.
아마 상당수는 오늘날 남지 않는 물건들이 왔다 갔을 겁니다. 대개 금속제품이나 또는 토기든 도자기든 이런 것은 남아있었는데 이게 전부가 아니라는, 우선 제일 전제에 깔아야 하겠다는 것을 말씀드리고 싶고요. 그 다음에 두 번째는 보내는 쪽에서 봤을 때는 저쪽에서 요구하는 것을 보내기도 하고 저쪽에서 전혀 요구하지 않지만 이쪽에서 가져가는 경우들도 있다는 것도 전제해 둘 필요가 있을 것 같습니다. 예를 들면 양나라에서 신라입니다만, 향을 보냈는데 신라에서는 이 향의 용도를 몰라요. 그런데도 양나라에서 보내주는 이런 것도 하나의 사례가 될 것 같습니다. 아마 상당수는 유기물일 가능성이 큰데요. 다행스럽게도 통일 이후 신라 같은 경우에도 당나라에 보낸 물건들의 이름이 굉장히 많이 나옵니다. 경우에 따라서는 머리카락도 보낸 일까지도 있고 해서 거기에 나오는 물건들의 이름을 보면 상당수 썩는 것들입니다. 지금은 남아있지 않게 될 텐데 이것은 삼국시대에 고구려나 백제나 신라도 마찬가지로 중국에 보내는 물건 중에 상당수는 오늘날 썩어 없어져서 오늘날 전해지지 않는 것들이 많았을 것이라고 보면 좋을 것 같습

니다. 한편 제 기억입니다만, 『삼국지』 외전에 보면 위나라, 조위曹魏에 보낼 때 대개 직물입니다. 상당히 이름이 긴데요. 그런 직물을 보내는데 조위에 직물도 보내면서 칼하고 동경을 보내는 기사들이 하나가 참조될 것 같습니다. 구체적인 사례로 한다면 백제 같은 경우에 무엇을 보냈나 했을 때 중국은 아닙니다만, 신라에 사신을 보내면서 매를 보낸 게 나옵니다. 왜에 물건을 보낼 때 이 '금錦'자를 쓴 게 있습니다. 백금인가 아마 그렇습니다. '백금白錦'이런 것을 보냈다는 사례를 보면 아마 그것도 중국에 갔을 가능성도 좀 있을 것 같고요. 그 다음에 신라의 경우입니다만, 아마 흥덕왕 쪽일 겁니다. 앵무 얘기가 나오는데, 당나라에 보냈다는 이런 것을 보면 우리가 일상적으로 먹고 하는 이런 것 외에도 사실 진귀하다고 생각하는 것들을 보냈을 가능성도 많았겠다는 생각을 하고요.
그 다음에 아까 시유도기 안에 무엇을 가져왔겠느냐 해서 여러 가지를 생각할 수 있겠습니다만, 경우에 따라서는 백제가 불교를 받아들인 이후라면 향이나 여타 향료 같은 것들도 담아올 가능성이 있어요. 음식할 때 쓰는 향료들. 이런 것은 그냥 추정이지요. 그 다음에 교류를 얘기할 때 지금까지 논의된 것은 주로 남아있는 물건들 위주인데 사실은 제도의 도입이라든가 기술의 도입 같은 이런 것들도 같이 얘기가 되면 좋지 않겠느냐 이런 정도의 말씀을 드리겠습니다.
막판에 시기가 좀 늦어서 그렇습니다만, 『양서』에 나오던가요?

『남제서』에 나오던가요? 소자운蕭子雲(487~549)[69] 얘기가? 『남사』 소자운 얘기 같은 것을 보면 사실 글씨를 받아오거든요. 백제 사신은 소자운이 글을 잘 쓰니까 그것을 받아오는데 그것도 거금을 주고... 수만 금입니다. 수만 금을 주고서 몇 십 장의 글씨를 받아오는 것, 이런 것은 우리가 생각을 해 볼 수 있는 하나의 단서가 되지 않을까 생각을 한 번 해 봅니다. 이상입니다.

좌장 김기섭 : 예. 제도와 기술 이렇게 약간 추상적인 부분들은 거론 자체를 저희가 안 했습니다. 못 했습니다.

가까이 계시는데 이현혜 선생님, 저희가 아까부터 교통로와 교역 방식을 하면서 놓치고 있는 부분들 혹시 있을까요?

이현혜 : 저는 앉아서 말씀드리겠습니다. 오늘 발표 잘 들었고 저는 더 이상 보태고 싶은 얘기는 없고 한 가지 성정용 선생님께서 아까 청주 신봉동 마구 그림 좀 보여주셨으면 합니다. 낙랑하고 4세기 중엽 백제하고 혹시… 가지고 오셨습니까? 그림 좀 보여주시면 감사하

69) 백제국 사신이 건업(建業: 동진의 수도)에 이르러서 소자운의 글씨를 구하였는데, 소자운이 마침 동양으로 가게 되어 배가 장차 출발하려고 하였다. 사신이 물가에서 기다리고 있다가 30여 보쯤 떨어진 곳에서 배를 바라보고는 절을 하면서 앞으로 나왔다. 이에 소자운이 사람을 보내서 물으니, 답하기를, "시중(侍中)의 척독(尺牘)의 아름다움은 멀리 해외에까지 전해졌는 바, 오늘 구하고자 하는 바는 오직 명적(名迹)입니다."하였다. 그러자 소자운이 3일 동안 배를 머물러 두고 30장을 써서 주고는 금화(金貨) 수백만을 받았다.[百濟國使人至建鄴求書 逢子雲爲郡 維舟將發 使人於渚次候之 望船三十許步 行拜行前 子雲遣問之 答曰 侍中尺牘之美 遠流海外 今日所求唯在名迹 子雲乃爲停船三日 書三十紙與之 獲金貨數百萬] (『남사(南史)』 권42 열전32)

겠습니다. 이상입니다.

성정용 : 준비하는 동안 그럼 다른 논의를 하시면 되겠습니다.

좌장 김기섭 : 그러면 노중국 선생님께 제가 교역품에 대해서만 여쭤봤는데 앞에 교통로와 교통방식 관련해서도 좀 말씀해 주시면… 논문도 여러 차례 쓰셨기 때문에 하실 말씀이 있지 않을까 싶습니다. 앞에 한참 지난 부분, 1부에서 한 얘기들.

노중국 : 저는 들으면서 중국 쪽에서 마한이든 또는 백제든 중국에 보낼 때 중국에서 그 사신들을 어떻게 목적지까지 가게 하느냐 하는 점이 상당히 도움이 많이 되는데, 그럼 역으로 중국에서 사신이 왔을 때 수도까지, 백제 당시 예를 들어서 470년 이후라고 합시다. 왔을 때 어떻게 수도까지 오게 했느냐, 이 과정에 대한 얘기들은 없는 것이지요. 어떻게 해야 하는지. 그것도 한 번 좀 어떤 형태로든 추정을 해볼 필요가 있지 않겠나 하는 생각입니다. 그랬을 때 고민을 해 볼 필요가 있는 게 왜의 경우에, 저는 중심지를 야마대국을 기나이畿内 쪽으로 봅니다. 그쪽으로 가기 전에 중국의 군현이나 한반도에서 보낸 사신들이 갈 때 일단은 1차적으로 체크하고 보낼 것이냐 말 것이냐 결정하는 게 규슈九州의 다자이후大宰府〈그림 37〉입니다. 거기에서 일차적으로 하고서 기나이畿内로 보내는 것이지요. 그 다음에 또 하나는 비록 조선시대입니다만, 부산 동래지요. 왜의 사신이 왔을 때 바로 인천을 통해서 서울로 들어가는 게 아니라는

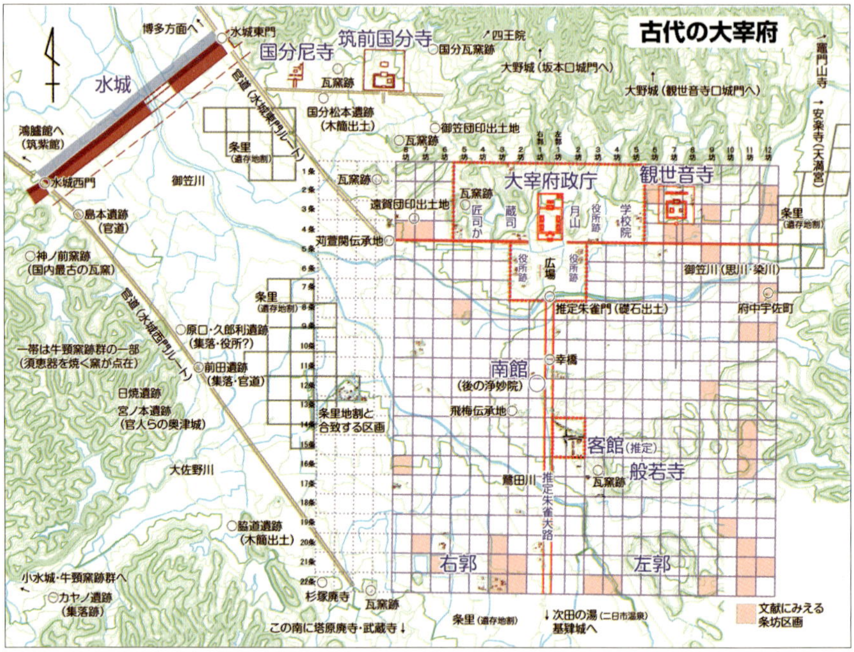

〈그림 37〉 규슈(九州) 다자이후(大宰府)의 옛 모습 추정도

사실. 이런 것들이 상당히 시사해 주는 것이 아니겠느냐. 그러면 그게 중국 쪽에서 온 사신들이, 또는 왜에서 온 사신들이 이런 절차를 거쳐서 수도까지 왔는데. 이것은 백제뿐만 아니라 고구려나 신라도 마찬가지겠다. 이런 생각을 하고 이런 쪽까지 외연이 확대됐으면 좋겠다. 얘기를 들으면서 그 정도로 생각해 봤습니다.

좌장 김기섭 : 준비하는 동안에 저도 잠깐 한 말씀만 더 보탤까요. 151~152쪽 아까 여호규 선생님 사료 말씀하셨습니다만 재밌는 현상이 있습니다. 372년 춘정월에 백제사신이 진나라에 가서 조공을 합니

다. 그리고 같은 해 6월에 진나라 사신이 백제로 오지요. 그 이듬해 373년 춘2월에 또 백제사신이 진나라로 갔다, 이렇게 나옵니다. 똑같지는 않습니다만 거의 5~6개월 뒤에 백제사신이 갔다가 진나라로부터 사신이 오고 또 여기서 6개월 정도 뒤에 진나라에 백제사신이 도착하는 거지요. 이런 것을 가지고 추정을 하나 해 보면, 진나라 사신이 왔을 때 백제사신이 가는 절호의 찬스를 백제로서는 잡았을 것 같다는 생각이 듭니다. 고구려가 방해를 한다하더라도 진나라를 통해서 진晉 사신을 호송하는 것이고, 따라가는 것이면 고구려가 진晉을 치지는 않을 테고 방해하지도 않을 테니 아마도 허리띠 붙잡고 쫄래쫄래 따라가면, 혹은 허리띠를 잡고 앞에서 인도해서 가면 안전하게 도착하는 방법은 되겠구나. 이렇게 생각할 수도 있겠습니다. 그러니까 생각보다 국제관계가 굉장히 복잡다단하게 펼쳐지게 되는데요. 이렇게 펼쳐지게 된 배경 속에는 백제는 백제대로 고구려는 고구려대로 신라는 신라대로 또 백제 이전에 마한 등 여러 국가들은 국가들대로 중국을 이용하면서 중국 중심으로 봤을 때는 통제라고 생각했을지 모르지만 백제의 입장에서는 중국을 이용하고 있다. 이렇게 생각했을 수도 있겠구나 하는 생각을 했습니다. 역시 이게 말하는 각도에 따라서 달라질 수 있다는 것을 다시 한 번 느끼는데요.

준비가 됐습니까? 성정용 선생님 설명해 주시지요.

4. 백제 지역 마구의 기원과 변천 양상

성정용 : 예. 간단하게 말씀드리겠습니다. 이게 충주에서 나온 건데요. 같이 공반된 유물들입니다.〈그림 38〉 전체적으로 통통하게 보이지 않습니까. 화면이 약간 옆으로 이렇게 돼서 좀 그렇습니다. 원래는 이것보다 좀 날씬한 모습들입니다. 저희가 전형적으로 알고 있는 중부지역의 원삼국시대의 원저단경호하고 경질무문토기하고 같이 공반이 되었습니다. 그런데 철기들은 대부분 다 아시다시피 부식되서 나오기 때문에 원래 모습을 알기가 참 어렵거든요. 그런데 오늘 오신 권도희 선생님하고 일본의 이사와야諫早直人 선생님하고 같이 백제지역의 마구를 몇 년 전부터 계속 관찰한 적이 있었습니다.[70] 그때 하면서 보니까 이 상태로 보면 이것도 잘 이해하기 힘들기는 하시겠지만 일단 이 부분이 입에 들어가는 함銜입니다. 그 다음에 이게 인수引手 같이 조그맣게 붙어있는 아주 새로운 형태입니다. 인수는 고삐에 연결시켜 주는 건데요. 이게 있는 것도 굉장히 새로운 겁니다. 그런데 이 부분을 이렇게 만들었습니다. 보통 원삼국시대의 재갈을 보면, 말 입에 끼울 때 그냥 철기를 철 하나만 갖고 만드는 게 아니고 동그란 고리를 꼭 만들어야 하기 때문

70) 성정용·권도희·中條英樹·諫早直人, 2006,「백제 마구 재보 1: 청주 신봉동고분군 출토 마구」,『선사와 고대』 24, 한국고대학회, 319~335쪽.
성정용·권도희·諫早直人, 2009,「청주 봉명동유적 출토 마구의 제작기술 검토」,『호서고고학』 20, 호서고고학회, 106~132쪽.

에 고리 만드는 방법이 제일 중요하거든요. 그럴 때 가장 일반적인 방법이 이렇게 세 가닥으로 해서 확 돌려서 꼬아버리면 됩니다. 그런데 충주에서 나온 것은 그냥 한 선을 갖다가 이렇게 해서 끝에 붙이고 끝에 다시 붙여서 그냥 망치로 두드려서 단접鍛接을 해버렸습니다. 그래서 전혀 다른 제작기술로 되어 있는데, 이처럼 제작기술도 다르고 형태가 다른 것들이 지금까지 한반도 중남부 지역에서는 충주 금릉동〈그림 38〉과 청주 봉명동〈그림 40〉에서 딱 두 점이 나왔습니다. 쌍둥이 같이 되어 있습니다. '어떻게 이렇게 똑같은지 모르겠다.' 싶을 정도로 청주 · 충주에서 나온 게 아주 흡사합니다. 그런데 이런 것들이 바로 부여 그 다음에 고구려 지역 그 다음에 북방지역 특히 중앙박물관에서 발굴한 흉노 무덤이 있는데요. 거기에서 나온 것과도 똑같았습니다. 그러니까 북방지역에 널

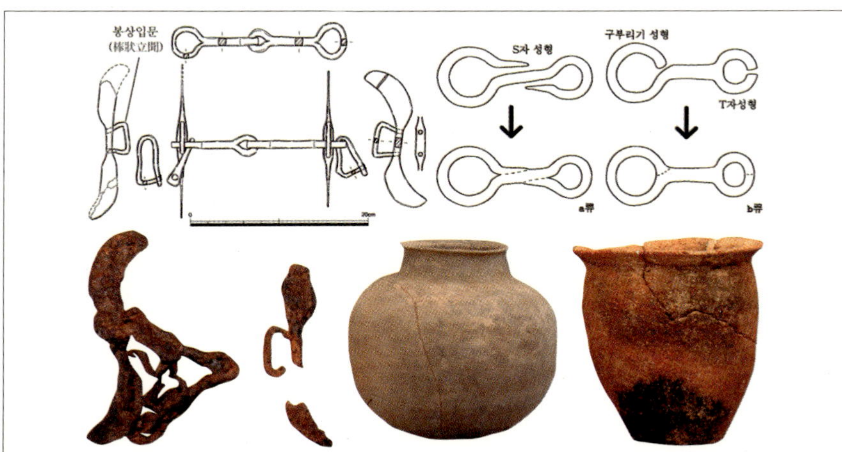

〈그림 38〉 충주 금릉동 78-1호 출토 표비 · 공반유물 및 함의 제작기법 모식도

리 퍼져있는 제작기술 가운데 하나인데 이게 저희 중부지역으로 들어와 있더라는 얘기입니다. 백제지역의 가장 전형적인 마구는, 이렇게 도면을 옛날식으로 그려놓으면 잘 이해가 안 되기는 합니다마는, 이게 가장 전형적입니다. 그냥 철봉 하나로 끝에 가서 환을 만들고 인수가 길게 되어 있습니다. 이것도 그냥 철봉 하나로만 되어 있습니다. 그리고 이것을 쉽게 만들려고 가운데 고리를 하나 연결시키게 되는데 이게 바로 백제 5세기 때의 전형적인 형식입니다.〈그림 41〉 그래서 이것과는 너무나 다른 것들이 있다는 것이고요. 그리고 백제지역에서 나온 것 중에 선비지역에서 나온 것들과 좀 닮은 형태가 나오기 시작하는 것 중의 하나가 바로 여기 천안 두정동에서 나온 재갈멈추개〈그림 39〉인데요. 재갈멈추개가 다른 앞에 보여드렸던 것들은 막대기 형태로 되어 있는데 이것만큼은 판 형태로 되어 있는 게 새로운 들어온 요소 같습니다. 이 판은 장식을 하기에 좀 좋습니다. 넓어졌기 때문에 여러 가지 나름대로 좀 할 수가 있는 건데 어쨌든 전혀 다른 계통의 마구가 또 한 번 들어오더라. 그리고 아까 뒷부분에 있는 것 같이 5세기 때 백제의 전형적인 마구 형태로 이렇게 정착이 되어가는 과정을 보여주고 있어서 최소한 백제지역에 외부와 관계돼서 들어온 마구의 유입이 두 단계에 걸쳐서 있는 것 같다는 게 최근의 제 생각입니다.

좌장 김기섭 : 예. 이현혜 선생님 질문 있으신 모양인데요.

이현혜 : 부여와의 관계가 어느 정도입니까?

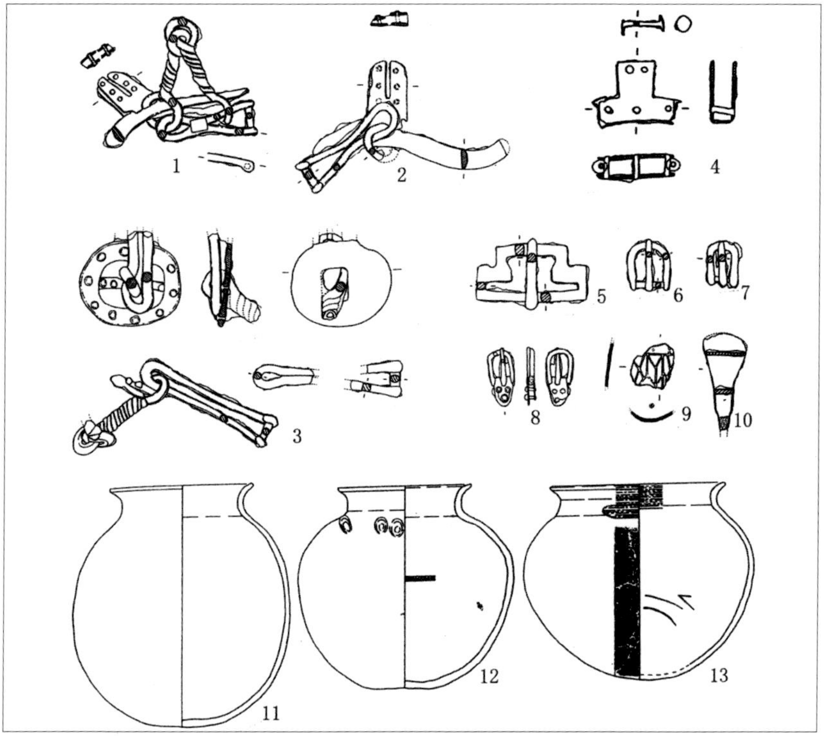

〈그림 39〉 천안 두정동I-5호묘 출토 표비와 타원형 판비, 공반유물 각종

성정용 : 어디가 관계가 될지 잘 모르겠습니다.

이현혜 : 아까 그림에서 보여주셨는데요.

성정용 : 예. 부여에도 있고 고구려에도 있고 북방지역에 널리 퍼져 있습니다. 심지어 아마 저는 낙랑에도 있을 것이라고 생각합니다.

이현혜 : 제가 알고 싶은 것은 과연 낙랑을 통해서 들어온 것인지 그렇다면

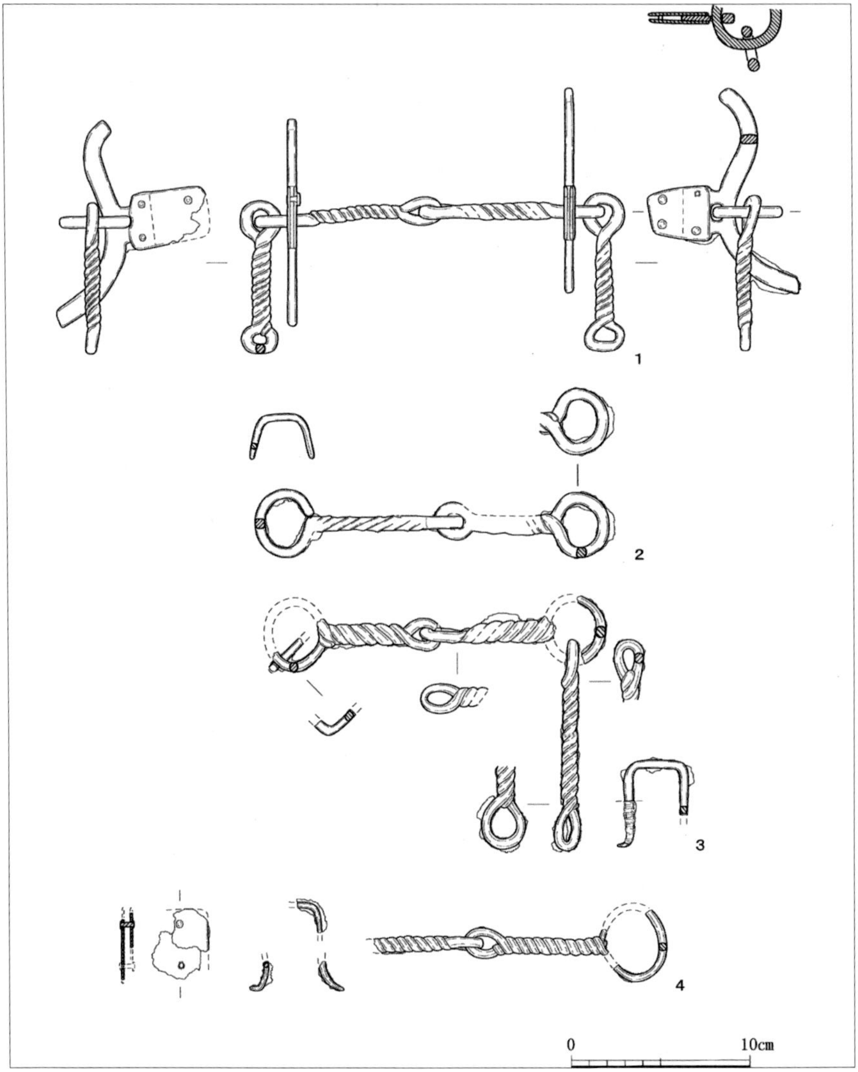

〈그림 40〉 청주 봉명동고분군 출토 표비 각종

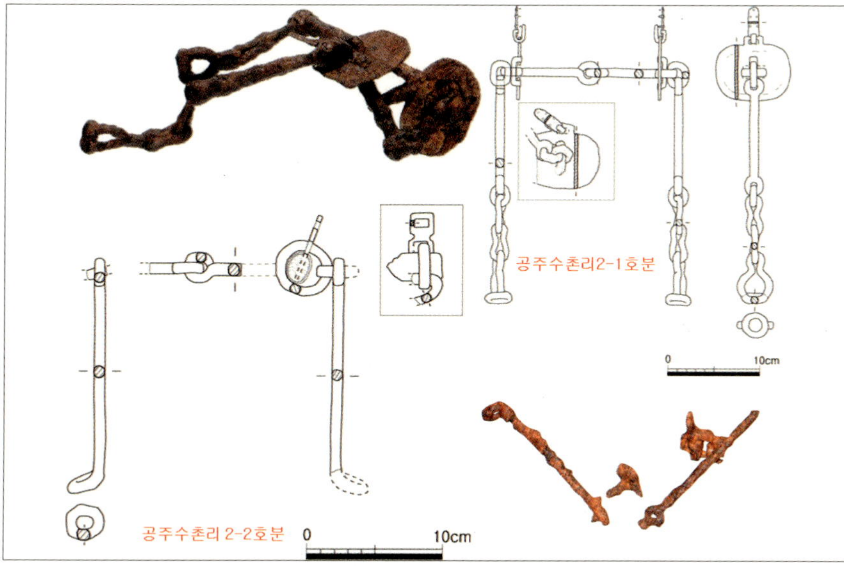

〈그림 41〉 공주 수촌리고분군 출토 판비와 표비(백제화된 재갈의 모습)

낙랑에 뭔가 비슷한 게 있었을 것 같은데 혹시 유사한 게 있었어요? 혹시 철이 아니고 청동으로 된 것이라도 없는지요?

성정용 : 이것은 단조해야 하기 때문에 청동으로 만들 수는 없는 것 같습니다. 단조 기술이 필요한데 청동을 갖고는 단조하기가 어렵지 않습니까. 그래서 철로 해야 하는데 낙랑에도 있을 가능성은 충분히 있다고 생각하는데 혹시 정인성 선생님 확인해 주실 만한 게 없으실지요?

정인성 : S자형 표비鑣轡는 있는데 재갈과 같은 구체적인 보고 자료는 알지

못 합니다.

성정용 : 아직까지 낙랑지역에서는 S자로 단접한 기술이 명확하게 알려진 예는 없습니다. 그래서 이게 부여에서 올 수도 있고 고구려에서 올 수도 있고 아니면 정말 흉노에서 3세기 때 아니면 4세기에 올 수도 있기는 합니다만 가능성은 다 열려 있습니다.

좌장 김기섭 : 정인성 선생님 아까 말씀하신 것 좀 마이크에 대고 다시 한 번 해 주시지요.

정인성 : S자형 표비는 낙랑에도 있는데 재갈은 구체적으로 제가 자료를 본 적이 없습니다.

좌장 김기섭 : 아까 보여주신 자료는 대체로 4세기, 5세기,

성정용 : 아닙니다. 몰라요. 연구자마다 조금씩 연대가 다르기는 합니다마는, 지금 현재 가장 올라가는 게 이 자료일 것 같습니다. 저희들 어쨌든 중부지역에서 마한계통이라고 할 수 있는 토기들일 텐데요. 물론 경질무문토기로 중부지역에서는 4세기 후반까지 계속 나옵니다. 안 나오는 게 절대 아닙니다. 4세기 때까지 나오는데 양이 줄어들 뿐이지요. 그런데 이 사진이 좀 퍼진 것을 감안하셔야 합니다. 그래서 저는 3세기 때까지 충분히 올라갈 수 있다고 생각하는데 조금 더 늦춰볼지도 모르겠습니다.

Ⅲ. 객석 질문과 총평

좌장 김기섭 : 예. 연대에 대해서 생각들이 약간의 차이가 있는 것 같습니다. 아까 휴식시간에 제가 뭔가 질의가 있으시면 적어서 달라고 말씀을 드렸는데 한 분이 적어서 주셨습니다. 성남문화원의 한동률 이사님 오셨는데요. 질문을 두 장을 적어서 주셨어요.

첫 번째 질의가 중국의 의미가 무엇이며 지리적으로 어느 지역을 말하는가. 또 동진과 서진이 중국대륙을 양분하고 있었나. 그런데 뒷부분은 좀 오해가 있으신 것 같고요. 서진과 동진은 시간 순서 차이지요. 통일제국이 있었고 이 통일제국이 나중에 분열이 되면서 중심부가 남쪽으로 이사를 갑니다. 그리고 예전보다 훨씬 더 작은 나라로 명맥을 유지해 가는데요. 그것을 우리가 동진이라고 부르지요. 그런데 앞의 질의는 '중국의 의미가 무엇이며 지리적으로 어느 지역을 말하는가.'라고 하는 부분은 다소 생각을 달리할 수도 있겠습니다. 그러니까 조금 불편하게 생각하신 것 아닌가. 저희가 지금 중국이 너무 막연하다고 하는 것 하나하고, 지금 논의의 배경이라고 할까요, 한국사의 범주를 너무 좁게 생각하는 것 아닌가, 이렇게 우려하신 게 아닌가 싶은데요. 중국이라고 했을 때는 시대마다 개념을 좀 달리 쓰지요. 지금 이런 경우는 고구려, 백제, 신라에 상대되는 혹은 마한 진한 변한 그리고 거슬러 올라가면 고조선에 상대되는 개념으로 썼기 때문에 시대에 따라서는 한나라가 될 수도 있겠고요, 또 어떤 경우는 서진을 기준으로 하는 것이고요. 지리적인 관점에서 과거의 역사를 지금 현대의 중화인민공화국의 영토를 기준으로 중국 역사라고 하는 개념과는 조금 다른 측면으로 접근을 했기 때문에 시대마다 다르게 접근한 측면이 있어서 이 부분은 오해가 없으셨으면 좋겠습니다.

다른 질문 하나는 '삼한의 위치를 한강 이남으로 본다면 대륙의 서북부에 위치한 전진시대에 무슨 영향을 미쳤으며 또 관계를 어떻게 이해해야 하느냐?'라고 말씀을 하셨는데, 앞에서 제가 말씀드렸던 것과 관계 지어서 이해를 해 주셨으면 좋겠습니다만, 제가 삼한얘기가 나왔기에 여기에서 제일 가까운 윤용구 선생님께 이것을 살짝 보여드렸습니다. 윤용구 선생님 혹시…

윤용구 : 질문해 주신 내용은 삼한과 전진의, 5호 16국의 하나였던 저족氐族의 전진前秦과의 관계를 말씀하신 것 같습니다.〈그림 42〉 그런데 전진은 350년대에서 390년대까지 존속했으니까 300년대 이전에 있었던 삼한과는 직접적인 관련을 가질 수 없습니다. 여기서는 질문하신 내용이 한강이남 지역과 전진이 무슨 관계를 갖고 있었느냐 하는 점에서 말씀드리겠습니다. 이 시기 백제는 근초고왕, 신라는 내물왕 시기입니다. 백제와 신라 모두 전진과 통교를 했고, 전진을 통해 불교도 들어왔습니다. 그런데 신라도 전진에 사신을 보내서 조공을 하게 되는데요. 『삼국사기』에도 나오는데 전진의 역

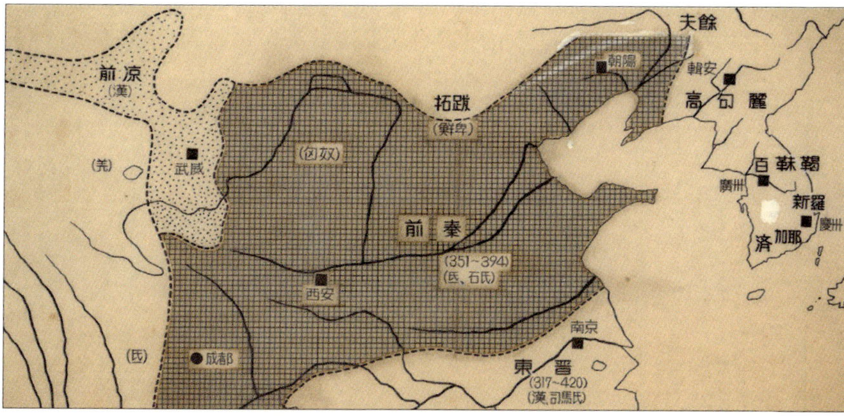

〈그림 42〉 전진(前秦)의 화북지배와 동아시아 (천관우 원도, 1973)

사책이 『진서秦書』인데 지금은 『태평어람太平御覽』등에 관련 내용이 인용이 되어 있습니다. 거기에 신라에서 보낸 사신 위두衛頭와 관련된 내용이 네 군데 정도 나옵니다. 그래서 『삼국사기』에 인용되어 있는 것은 그 일부이고 『태평어람』의 기록을 다 모아보면 양이 꽤 길어요. 그 중에서 신라가 전진에 조공을 바칠 때 바친 물품이, 물품이라고 하기는 어렵습니다만 미녀美女를 바칩니다.[71] 예전에는

71) 『태평어람(太平御覽)』에 인용된 『십육국춘추(十六國春秋)』 전진록(前秦錄)에는 진왕(秦王) 부견(符堅, 338~385)이 말년에 여색을 몹시 밝혔다고 하는데, 역시 『태평어람』에 인용된 전진(前秦)의 역사서 『거빈진서(車頻秦書)』에는 부견의 말년이라 할 수 있는 건원(建元) 18년(382)에 신라국에서 미녀(美女)를 바쳤다는 기록이 보인다.

"前秦録曰 苻堅末年好色 寵幸鮮卑 有趙整者 援琴歌曰 昔聞盟津河千里 作一曲 此自本來清 是誰亂使濁"(『태평어람』 권577 악부(樂部) 금상(琴上))

"車頻秦書曰 符堅建元十八年 新羅國獻美女 國在百濟東 其人多美髮 髮長丈餘"(『태평어람』 권373 인사부(人事部) 모발조(毛髮條))

그 기록을 보고 나면 무심결에 '뭐 그럴 수 있는 거니까.'그냥 이렇게 생각하고 말았어요. 그런데 그 시기 전진의 군주 부견付堅의 기록 중 부견이 그 말년에 여색을 몹시 밝혔다는 내용이 있습니다.(웃음) 이를 보고 아! 신라가 뭘 알고 미녀를 바친 게 아닌가. 당시 신라의 외교술이 대단하다는 생각을 혼자 해보기도 했는데요. 하여간 미녀를 바친 것은 분명하고 부견이 여색을 밝힌 것도 분명한 기록이 있어서 엉뚱한 생각을 한 번 해 보기는 했습니다마는, 전진이 말씀하신 대로 중국의 서쪽 장강 상류지역에서 출발을 해서 중원의 화북 지역을 통일을 하면서 산동까지 진출을 하게 되고 북쪽으로는 요서지역까지 진출하면서 한반도 중부 이남의 과거 삼한지역의 백제, 신라와 다 연동돼서 밀접한 관계를 갖고 있지 않았나. 그리고 전진이 화북의 주인이라는 생각을 아마 하게 되면서 동이지역에 대한 관심도 일정 부분 보이게 되고 그 과정에서 백제와 신라가 접촉을 하게 된 것 같습니다. 뭐 이런 정도로 말씀드릴 수 있을 것 같습니다.

좌장 김기섭 : 역시 또 중국 쪽에서 원하는 것을 보낸 사례를 하나 짚어주셨는데, 말씀 들으니까 기록에 나온 것입니다만 머리카락을 중국 쪽에 보낸 기록들이 있지요, 견당사에서도 있고. 그래서 중국에서 가체加髢와 같은 장식을 할 때 그런 소재들을 이쪽에서 찾았던 것 같고 거기에 대응한 사례들도 있습니다.

지금 시간이 거의 다 됐습니다만, 지금처럼 말씀하시면 안 되고요. 마지막에 오늘 주제, '중국과의 관계'라고 하는 것을 교역과 방식에 약간 한정해서 본 느낌이 있는데요. 이것을 좀 포함해서 조금 더 넓게 말씀하셔도 좋은데, 발표자 쪽에서부터 먼저 얘기하시면 좋을 것 같습니다. 조윤재 선생님부터 오늘 시간을 다 못 드려서 죄송합니다만, 1분 정도씩 해서 순서대로 오늘 전체 총평을 해 주시면 좋겠습니다.

조윤재 : 이번에 원고를 준비하면서 저도 상당히 공부가 많이 됐습니다. 산발적으로 자료가 많이 나오고 논의도 많이 됐는데 이 기회를 통해서 성과를 한 번 정리해 보고 또 지금의 성과를 바탕으로 어떤 시각을 가지고 조금 더 유연하게 생각하고 또 어떤 고민을 해야 하느냐 그 부분에 대해서 저도 상당히 많은 공부가 됐습니다. 그리고 앞으로 신 자료가 분명히 더 나올 겁니다. 언제 나오느냐가 문제겠지만 기존에 있는 자료에 대한, 물론 연구가 오래된 것도 있겠지만 좀 더 논의를 해 보는 기회가 있었으면 좋지 않겠느냐. 아마 여기에 모이신 분들이 대부분 다 같은 생각을 가지고 계실 겁니다. 문헌사를 하시는 분도 계시고 고고학을 하는 분도 계시겠지만 아마도 백제라는 실체에 대해서 실체적으로 좀 더 객관적으로 접근하는 것이 아마 최종목표가 되지 않겠나 생각합니다.

여호규 : 사실 백제사를 저는 잘 모르는 상황에서 박물관으로부터 이 부탁을 받고 "한 번 해보겠습니다."라고 답변한 이유는 이 기회를 통해서 그동안 4세기 국제정세 등을 작업해 왔는데요. 백제와의 관련은 조금 더 깊이 있게 생각해 보겠다는 생각을 갖고 해왔는데, 제

가 아까 아침에 시간을 끌면서 발표를 하면서 조금 백제사 연구하시는 분들께서 백제 중심 시각에서 벗어나서 당시 동아시아 전체를 놓고 특히 중국 측 자료들을 꼼꼼하게 검토를 하면서 372년 근초고왕 책봉 수여받는 문제나 이런 것들이 검토가 됐으면 좋겠다는 것이고요. 개인적으로 제가 어쭙지 않은 생각을 말씀드렸습니다만 검토를 받고 싶었는데 그렇지는 못했던 것 같고요. 그래서 앞으로 여기 계신 김병준 선생님이나 특히 중국사 하시는 분들이 시작을 해주셔야 할 것 같습니다. 한국사 하는 사람들로서는 작업할 때마다 한계만 느끼고요. 너무나 힘들다. 또 자신도 없고 그런데 그래서 좀 앞으로는 중국 고대사 하시는 선생님들께서 한국고대사에 더 관심을 기울이셔서 한국사와 직접 관련된 자료 이외에 연동된 자료들을 폭넓게 검토를 해주시면 저희들이 많은 도움을 받지 않을까 생각하고 있습니다. 이상입니다.

좌장 김기섭 : 예. 앞으로 중국사에서 좀 더 많은 관심을 기울여달라는 부탁 말씀이 있었습니다.
정인성 선생님.

정인성 : 오늘 학술대회의 큰 주제가 '백제의 성장과 중국'입니다. 그래서 주로 3세기대 이후의 상황들이 중국과의 관계를 중심으로 계속 논의되었는데 사실 최근에 이루어진 고고학적인 성과를 고려한다면 지금 관건이 되어 있는 것은 마한 지역과 진 · 변한사회과의 상호관계입니다. 특히 2세기대의 경우 개인적인 연대관의 차이를 반영

해서 그 시기를 조금 올리거나 내리는 경우도 있습니다만, 사람도 있습니다만 마한지역의 출현기 철기가 어디에서 생산되어서 공급된 것인지에 대해서 다양한 신의견이 쏟아지고 있는 상황입니다. 그게 진한사회에서 생산되어서 오히려 마한사회로 공급되었다는 주장도 있어 지지도를 얻어가는 형국입니다. 주거지의 형태에서 보이는 양자의 유사성도 그러하고 주구를 수반하는 무덤도 마찬가지이고 토기에서도 소백산맥을 넘어서 양쪽으로 통하는 자료가 늘어가고 있습니다. 이러한 고고학적 자료를 잘 정리한다면 그 까닭을 추론할 수 있을 것으로 판단됩니다. 즉 오늘 심포지엄(symposium)처럼 마한과 백제의 성장을 중국하고의 관계라는 틀 속에서 살피는 시각도 필요하겠지만, 앞으로 한반도 내부의 상호관계, 나아가 차후에는 일본열도, 즉 왜까지 시야에 넣어서 다루는 학술대회나 연구가 이루어지기를 기대합니다. 즉 좀 더 다양한 시각의 접근이 이루어진다면 마한이나 백제의 성장을 이해하는데 좀 더 도움이 될 것이라고 판단합니다.

처음에 제가 드린 말씀은 백제의 두각을 고고학적으로 어떻게 인지할 것이냐라는 문제였습니다. 저는 문헌사료에 대한 이해가 크게 부족합니다만, 오늘 토론을 해보니 시사하는 점을 발견할 수 있었습니다. 즉 풍납토성에서 출토된 76쪽 16번 혹은 18번 토기들이 한강 하류유역에서만 보이던 토기들과 같은 성질의 것이라고 한다면, 이런 현상은 풍납토성의 조영과 사용 주체가 주도적으로 통제하였을 가능성을 시사한 것이라고 볼 수 있습니다. 그렇다면 그 시기를 동정同定하는 것이 백제의 두각을 고고학적으로 인지하는 방법이라고 생각해 보았습니다. 이상 감사합니다.

윤용구 : 부족한 부분과 앞으로 보완할 부분은 여호규 선생님이 말씀해 주신 내용과 같습니다. 다만 그동안 백제사 논문을 쓴다고 쓴 글은 사실 없었는데요. 백제사 전공자가 아니니까 너무 깊이 들어가면 안 된다는 제 나름대로의 강박관념이 좀 있기도 하고, 한편으로는 제가 할 수 있는 얘기만 하는 게 좋겠다는 생각을 늘 해오고 있었습니다. 오늘 발표도 그런 기조에서 하다 보니까 백제에 애정이 없는 듯한, 좀 싸늘하게 대한 느낌이 있습니다. 지적하신 문제를 감안하여 마무리 하겠습니다.

좌장 김기섭 : 오늘 사실 발표문 중심으로 가는 게 아니고 쟁점백제사 집중토론, 아예 제목이 그렇습니다. 쟁점백제사 집중토론이기 때문에 발표문대로 가지 않은 부분에 대해서 너무 서운하게 생각하지 않으시면 좋겠습니다. 애초에 이 학술회의의 의도 자체가 발표자의 발표한 내용을 가지고 따지지 않고 좀 더 주제를 집중시켜서 모아 보자고 하는 취지가 있어서요. 그런 부분들은 조금 양해하시고, 지금 상태에서도 굉장히 훌륭한 발표니까 마무리만 해 주시면 될 것 같습니다.

그리고 참고로 하나 말씀드리면 지금 중국과의 관계 했잖아요. 내년 봄에 일본과의 관계를 합니다. 그러니까 백제와 일본 열도와의 관계, 거기에는 일본의 왜만 있는 것이 아니고 왜와 교통하는 과정에 뭔가 거쳐야 하는 여러 루트가 있고, 또 거쳐야 하는 또 만나야 하는 사람들이 있기 때문에 그런 지점들에 대해서 종합적으로 검토해 보는 학술회의를 예정하고 있습니다.

이번에는 오늘 토론으로 참석하셨는데, 저쪽 성정용 선생님부터 해 주시지요.

성정용 : 오늘 끝장토론 하면 다 나올 줄 알았습니다. 그런데 듣다 보니까 할 게 또 많이 생겼구나라는 생각이 들기도 하고요. 또 하나 공부가 많이 되었던 게 문헌사 쪽에서 다르게 보는 시각들이 다시 있구나 하는 것 때문에 오늘 한 번 더 놀라는 기회가 되었습니다. 한 10년 동안 저희 백제사가 부흥되는 것 같은 느낌이 들었거든요. 다 백제만 하면 다 통하는 줄 알았습니다. 그런데 백제가 거꾸로 살짝 지워진 듯한 느낌이 들었던 것은 시계추가 한 번 당겨졌다가 다시 정상으로 돌아가는 과정, 백제가 뭔지를 다시 이해하는 과정이 되었지 않았을까 하는 생각을 합니다. 그래서 다음에 한 번 더 논의를 한다면 백제를 저희가 진정으로 이해할 수 있지 않을까. 더 알 수 있지 않을까 기대를 해 봅니다.

강종훈 : 모두에 이런 식의 학술발표가 처음이라고 제가 말씀을 드렸는데 한 번 경험해 보니까 진짜 힘드네요. 토론시간만 해서 네 시간 반 한 거지요. 그동안 하신 분들 정말 존경스럽습니다.

전체적으로 제가 처음에 일종의 총평식總評式으로 간단하게 말씀을 드렸는데 전체적인 오늘 논의가 펼쳐져서, 물론 집중적으로 교통로 등에 많은 시간이 할애됐습니다만 실제로 우리가 이 주제를 가지고 논의할 수 있는 정말 중요한 것들이 시간문제로 인해서 충분히 논의가 안 되고 마무리되는 느낌이 좀 듭니다. 그러나 어쨌든 주제 자체가 워낙 컸기 때문에 다뤄야 하는 내용도 많았던 것 같고 그런 점에서 불가피한 상황이었다고 생각이 되고요. 어쨌든 보통 학술발표회에서 지정토론하는 형식으로 해서 발표자와 토론자 사이에 핵심적인 논점에 대한 의견교환 그리고 종합토론 이렇게 하는 방식이 아닌 아주 새로운 방식으로 진행되다 보니까 논의가 더 필요한 부분에 있어서 제가 생각하고 있는 것을 더 실질적으로 말씀을 드릴 수 있는 기회가 부족해서 개인적으로 좀 아쉬움을 갖습니다만 어쨌든 네 분의 발표자의 발표내용에 대해서 고르게 충분하게 잘 발표진행이 된 것 같습니다.

마지막으로 처음에 제가 "백제가 빠져있다. 사실상 백제가 잘 드러나지 않는다."고 뼈아픈 지적을 해서 발표자 여러분께서 혹시 마음 상해하지 않았을까 걱정이 되는데 양해해 주시기 바라고요. 네 분 모두 훌륭한 발표 잘 들었습니다. 고맙습니다.

김무중 : 저는 1분보다 좀 더 길게 하겠습니다. 양해해 주십시오. 먼저 우스갯소리 비슷하게 말씀을 드려야 할 것 같은데요. 사실 저는 원래 기획 단계부터 여기에 참여해서 토론을 맡을 상황이 아니었습니다. 그런데 갑자기 대타를 하게 됐는데 그나마 초반에 제가 연대 얘기를 했더니 사회자 선생님께서 연대가 나오면 사실 골치 아프거든요. 이야기하면 끝이 없다고 늘 얘기를 하는데 그럼에도 불구하고 피할 수 없는, 피해가서는 안 될 사항입니다. 연대를 얘기 안

하면 문화의 흐름을 얘기할 수 없다고 생각을 하기 때문입니다. 사실 내심 고고학 쪽에서는 그런 연대의 흐름을 제대로 정리를 안 했던 것 같아요. 물론 도면도 있었습니다만, 그러나 윤용구 선생님이나 여호규 선생님 발표를 보면서 윤용구 선생님은 3세기대의 문헌기록이 부족하니 고고자료에 대한 문화적인 실상을 다시 검토해 볼 필요가 있다고 해서 내심 기대를 했습니다. 또 하나는 여호규 선생님은 4세기 전반대까지는 거의 인정하지 않는 편이어서 뭔가 물질자료를 얘기를 해야 보완이 될 텐데 그것을 내심 기대했습니다. 그럼에도 불구하고 제가 이제까지 여기 쟁점 지정토론회를 방청석에서 세 번 참석 해봤는데, 그때마다 항상 얘기를 하시는 것은 문헌사료에 대한 얘기거든요. 물론 그게 고고학자의 책임도 있어요. 논쟁이 많고 서로 이견이 많아서 명확하게 설명하기 어려운 부분이 있지요. 그렇지만 적어도 발표와 토론이라면 그 이론이 있다고 하더라도 논의를 진행했어야 한다는 아쉬움이 있습니다.

또 하나, 정인성 선생님께서 조금 전에 말씀을 하셨듯이 물론 낙랑이든 낙랑 이전의 위만조선이든 전국시대든 그때부터 문화의 흐름은 쭉 있습니다. 그런데 저도 최근에 한 지역만 집중적으로 정리를 하고 있습니다만, 어떤 현상이 있느냐 하면 백제가 존재하였던 중부지역, 한강유역도 마찬가지이고 다른 지역도 마찬가지인데, 북쪽지역이나 중국본토에서 내려오는 것만 있는 게 아닙니다. 인접지역, 가까운 가야든 신라에서 온 물건들이 많이 섞여있어요. 그게 굉장히 역동적이어서 각 지역마다 문화상을 설명하고 다양성을 이야기해 줘야 하는데, 그러면서 백제가 나중에 부각된다든가 이런 얘기들이 될 수 있겠지요. 최근에 그런 자료들을 정리한 결과, 삼한 내부의 관계에 대하여 생각을 하게 되었습니다. 그래서 어떻게든지 풀어내 보려고 하는 단계인데요. 앞으로 이런 부분들이 정리가 되지 않으면 백제사를 얘기하거나 아니면 한반도 남부의 신라, 가야를 얘기하든 간에 굉장히 어렵다는 생각을 많이 해봅니다. 또한 앞으로는 일본열도와의 교섭에 대한 토론회를 하신다고 하는데, 일본 쪽에서 바라본 백제의 모습을 보면, 최근에 일본의 연구 경향을 보면서 깜짝 놀라는 게 하나 있습니다. 일본에서 많이 나오는 유물이면 다 왜계라고 얘기하는 경우가 있거든요. 앞으로 그런 부분은 다음 토론회 때 참고를 하셔서 여러 가지 생각을 하시는 게 좋지 않을까 싶고요. 그래서 삼한 내부의 관계를 주제로 토론회를 하는 것도 한 번 검토를 해볼 필요가 있다고 생각합니다. 이상입니다.

김병준 : 다른 분들과 마찬가지로 정말 많이 배웠습니다. 또 하나의 소회가 있다면 대한민국에서 중국사나 동양사를 하는 존재의 이유를 오늘 좀 더 깨달았던 것 같습니다. 그동안 사실 고고학과 지금 역사학 사이에 조금 거리가 있다. 이게 좀 아쉽다고 말씀하셨지만 저희 한국사와 중국사, 동양사와의 거리는 그보다 훨씬 더 멀지요. 특히 왜냐면 중국사 하는 사람들의 입장에서 보면 사실 한국사에서 필요한 이런 자료들이 눈에 잘 안 들어오는 경향이 있습니다. 첫 번째는 너무 작은 문제라서 넘어가는 경우가 많고요. 두 번째는 변방의 문제이라서 관심을 안 갖고 중앙에 대한 문제만 관심을 갖기 때

문입니다. 하지만 오늘 중국사 연구자가 공부해야 할 것, 그리고 함께 공유해야 할 것들이 생각보다 너무 많다는 사실을 깨달았습니다. 사실 그뿐만 아니라 공부를 하는 방식에 대해서도 공부를 많이 하게 되었는데요. 소위 자료가 좀 더 많다고 그냥 전체적인 흐름만 훑고 가는 중국사와는 달리 오늘 정말 거의 없다고 해야 할만큼 적은 백제사료를 두고 이렇게 많은 시간 또 많은 분들이 집중적으로 공부하는 것을 보면서, 이 연구방식을 거꾸로 중국사나 동양사에 적용해봐야겠다는 생각을 오늘 하게 됐습니다. 이상입니다.

좌장 김기섭 : 예. 고맙습니다. 지금까지 들으시면서 아마 초반부터 들으신 분들은 같이 느끼셨을 텐데요. 4시간 반 길다고 생각을 했는데 실제로 다룬 내용은 몇 개 안 됩니다. 그리고 몇 개 다뤘는데 결론도 잘 안 난 것 같지요? 이게 우리가 공부하는 역사가 아닌가 싶습니다. 역사라는 게 칼로 딱딱 잘라서 정확하게 보여줄 수 있는 것이라면 진즉에 하나의 교과서만 달달달 외워도 됐을 텐데요. 굉장히 어렵습니다. 그중에 백제는 더 어려운 부분이 있습니다. 계속 말씀하셨지만 자료가 굉장히 부족하기 때문이지요. 이런 가운데 억측을 해 내라고 제가 떼쓴 부분이 있습니다. 그것 때문에 사실 야심차게 준비하셨거나 또 혹은 기대감을 가지고 이 자리에 참석하신 분들 중에 실망하신 부분이 있습니다. 마음속에 저 같은 경우는 걸리는 부분이 윤용구 선생님, 기리영 전투를 대단히 발표문에서 자세하게 다루고 또 이 부분에 대해서 하실 말씀이 많은데 그것을 아주 초반에 싹둑 잘라내고 진행한 부분들은 굉장히 죄송하게 생

각하고요. 여호규 선생님도 역시, 그리고 강종훈 선생님 두 분이 불꽃이 튀려고 하는데 제가 그냥 중간에서 소방호스 대듯이 물을 뿌려댄 것은 그것이 중요하지 않기 때문이 아니고 그것은 아껴두고 싶은, 그리고 본격적으로 논의해야 할 주제라고 제가 현장에서 지금 즉석에서 판단해서 그렇게 했던 것인데, 이 판단이 옳은 것인지 그른 것인지는 조금 더 시간이 지나 봐야 하겠고요. 일단 두 분께는 굉장히 죄송하다는 말씀을 드립니다. 그리고 그런 부분들에 대해서 기대하신 방청석의 여러 선생님들께도 역시 마찬가지로 사과의 말씀을 드리고요. 다음번에 그와 같은 기대를 충족시킬 수 있는 기회를 마련했으면 하는 것을 저도 바라고 있습니다. 오늘 여러 가지 기대에 부응하지 못하고 진행된 부분은 제가 매끄럽게 진행해야 할 책임이 있는 부분인데 제가 소임을 다하지 못한 부분들을 다시 한 번 죄송스럽게 생각하고요. 나머지 모자란 부분들은 다 같이 숙제로 남겨두고 앞으로 같이 공부해 갔으면 싶습니다. 조금 미진하시더라도 오늘 이 정도로 양해해 주시고 앞으로 같이 연구해 나가고 좀 더 밝혀 나가면 좋겠습니다.

내년도 봄, 아까 말씀드렸지요, 일본과의 관계라고 하는 것이고 구체적인 주제는 지금 준비하고 있는 중입니다만, 다시 그런 주제로 여러분 모시겠습니다. 오늘 이것으로 마치겠습니다. 감사합니다.